Historia de la integración europea

Ariel

Ariel Estudios Europeos

Ricardo M. Martín de la Guardia
Guillermo A. Pérez Sánchez
(coordinadores)

Historia de
la integración
europea

Ariel

Diseño cubierta: Nacho Soriano

1.ª edición: junio 2001

ISBN: 84-344-3111-4

Depósito legal: B. 22.514 - 2001

Impreso en España

A los españoles de nuestro tiempo, ciudadanos de Europa.

EUROPA, MOSAICO DE TIERRAS Y PUEBLOS: UNIDAD EN LA DIVERSIDAD

por RICARDO M. MARTÍN DE LA GUARDIA
y GUILLERMO Á. PÉREZ SÁNCHEZ
Profesores titulares de Historia Contemporánea,
Universidad de Valladolid

«Nunc vero in Europa, id est, in patria, in domo propria, in sede nostra, percussi caesique sumus.»

ENEAS SILVIO PICCOLOMINI

En la tradición del mundo clásico, Europa era nombre de mujer: la de ojos grandes y mirada bonita. Esta Europa, hija de Fénix o en otras versiones de Agenor, bautizada así para distinguirla de entre las tres mil ninfas u Oceánidas del mar, según señala Hesíodo en la *Teogonía o el nacimiento de los Dioses*, fue raptada por Zeus en forma de toro, y mediante la imagen del rapto fue distinguida por la mitología con los atributos de la fertilidad y la fecundidad. Europa estaría así destinada a engendrar nuevos pueblos y naciones llamados a dirigir el mundo desde una pequeña península e islas adyacentes situadas a Poniente, en la punta occidental de Eurasia, en el ocaso de la tierra habitada, según la acepción de la raíz semítica *Ereb*: relata el *Génesis* que los descendientes de Noé, con su hijo Jafet al frente, poblaron la tierra hacia la que sopla el *Euro* o viento del oriente.

Europa, con una extensión de unos diez millones y medio de km², y situada en el extremo occidental de Eurasia, incrustada en el corazón de la zona templada del hemisferio boreal, está limitada al norte por el océano Ártico, al oeste por el océano Atlántico, al sur por el mar Mediterráneo y el mar Negro, hasta la cadena montañosa del Cáucaso, y al este por el mar Caspio y los montes Urales; aunque para otras interpretaciones geográficas, los confines de Europa hacia el este tendrían que establecerse en las llanuras del Don. En el ámbito del continente europeo, sus regiones tradicionales o naturales, de una gran variedad, se caracterizan por la actuación del hombre desde tiempos inmemoriales a través de importantes poblamientos en un medio físico variado, tanto desde el punto de vista de tierras, con sus relieves y paisajes como de mares y climas, ya sean éstos de tipo continental, oceánico o mediterráneo.

Así, Europa, por su posición geográfica, como ya escribió Estrabón, la «parte del mundo más variada y la más favorable para la industria», se presenta como una tierra abierta y comunicada en la dirección de los cuatro puntos cardinales del planeta: aquí está una clave para entender su predominio mundial desde los albores de la modernidad, ya explicada en la *Géographie Universelle* de Mantelle y Brun en su edición de 1816:

> Al salir de las manos de la naturaleza, nuestra parte del mundo no había recibido ningún título para gozar de esta gloriosa preeminencia que la distingue hoy. Siendo un pequeño continente con menos riquezas territoriales que ninguno..., sólo somos ricos en préstamos. Sin embargo, es tal el poder del espíritu humano que esta región, a la que la naturaleza no había adornado más que con bosques inmensos, se ha poblado de naciones poderosas, se ha cubierto de ciudades magníficas, se ha enriquecido con el botín de dos mundos; esta estrecha península, que sólo figura en el globo como un apéndice de Asia, se ha convertido en metrópoli del género humano.

Pero para entender la trascendencia de Europa en la construcción del mundo tal como lo conocemos debemos superar el ámbito de lo geográfico y adentrarnos en el campo de la historia, porque sin auténticas fronteras que la delimiten, sobre todo en la vertiente suroriental, Europa, en afirmación de Edgar Morin, «está desprovista también de unidad geográfica interna. Desde este punto de vista, su originalidad es su falta de unidad: No había nada, pues, que destinara a Europa a convertirse en entidad histórica, y sin embargo en eso se convirtió». Así, para una gran parte de los estudiosos sobre Europa, la originalidad o individualidad del Viejo Continente se percibe más claramente en los comunes lazos culturales, de civilización o históricos que en la realidad geográfica, con la península de los Balcanes, al sureste, y el mundo panruso, al este, como los ámbitos más débiles de la estructura cultural y de civilización europea debido a su aislamiento del resto del continente por razones geopolíticas, y también ideológicas y socioeconómicas, durante buena parte de la modernidad e incluso de la contemporaneidad.

Por ello, el fundamento último del proceso de integración puesto en marcha después de la Segunda Guerra Mundial consiste en reducir esa falta de unidad, no sólo geográfica, sino sobre todo política y económica, a la mínima expresión, en hacer de la diversidad, de sus costumbres, tradiciones culturales, intelectuales, religiosas y sociales, lenguas y nacionalidades, el patrimonio fundamental del ser europeo, de este mosaico de tierras, hombres y pueblos que llamamos Europa. Dicha unidad en la diversidad fue entendida por los fundadores de las Comunidades Europeas en la segunda mitad del siglo XX como el gran catalizador de todo el proceso de integración europeo. Pensaban los fundadores, con los Ilustrados, que «Europa —en palabras de Rousseau— no es sólo una imaginaria colección de pueblos que sólo tienen en común el nombre. Es una auténtica sociedad».

Europa, una vez rota definitivamente a comienzos del siglo X la unidad imperial patrocinada por Carlomagno —el *Pater Europae*—, se mostrará a través de dos grandes contrastes: entre el norte y el sur, por una parte; y entre el oeste y el este, por otra; contrastes que, vistos desde los ámbitos de la geografía, la lengua, el alfabeto y la religión, «presentan —según Michael Emerson— variantes sustancialmente coincidentes pero parcialmente divergentes de las líneas de falla de Europa. Identifican cuatro zonas culturales que, a grandes rasgos, tienden a coincidir con las geográficas: el noroeste, predominantemente germánico y protestante; el suroeste, predominantemente latino y católico; el noreste, predominantemente eslavo y ortodoxo, y el sureste, con sus incursiones de culturas turco-arábigas y religión islámica. La cuestión global de la integración europea es hasta qué punto la historia ha condicionado las lealtades de poblaciones, facilitando u obstaculizando la integración a través de esas cuatro zonas culturales». Esta Europa de los contrastes anunciaba la división, el conflicto, Europa a punto de quebrarse, Europa como problema tal como la imaginó y la sintió Vives, Europa víctima de «tanta confusión y barahúnda», condenada a pensarse, a buscarse y a recrearse indefinidamente. Este peregrinar de Europa hacia sí misma, su destino, estaba anunciado en el mito clásico, según el cual, Cadmos, hijo de Agenor y hermano de Europa, emprendió una gran odisea en busca de su hermana, motivo por el cual, como señaló Denis de Rougemont, desde siempre «buscar a Europa es hacerla».

Contrastes, escisiones, problemas o conflictos que, como señaló Leibniz a Bossuet a finales del siglo XVII (18 de abril de 1692), comenzaban a ser muy importantes, favoreciendo la ruptura terrible y definitiva entre el norte y el sur —o entre el noroeste y el suroeste— en la esfera del pensamiento, de la religión o las costumbres, y que marcaron su destino de manera trágica e indeleble hasta nuestros días, un destino conformado por las rivalidades y los conflictos entre los monarcas, las naciones, las iglesias o los pueblos: «Ahora es casi todo el Norte el que se opone al Sur de Europa —sentenció apesadumbrado Leibniz—; es la mayor parte de los pueblos germánicos, opuestos a los latinos», es por esta radical desunión de Europa que anida en la conciencia de sus hombres por la que en verdad se preocupa y sufre Leibniz. Paul Hazard sentenció que «tan pronto como se considera Europa, salta a la vista una llaga: desde la Reforma, su unidad moral se ha roto». Europa, rota, conturbada y en crisis de identidad, entra en una nueva etapa crepuscular con el signo de la división que alentó un conflicto sin fin.

Pero, paradójicamente, como señaló Pierre Chaunu, fue a partir del traumático siglo XVII cuando se extiende su uso por los cuatro puntos cardinales del Viejo Continente el término «Europa», concepto culto y erudito debido originariamente a Hipócrates en su *Tratado de los Aires, de las Aguas y de los Lugares* y a Aristóteles en su *Política*, y que Dante logró preservar para la posteridad en páginas escritas tres siglos antes. Desde entonces —en palabras de Federico Chabod—, «la idea de Europa se abrió paso como entidad civil y moral, más que como enclave geográfico. Esa idea, tal y como nos ha llegado, es una obra típica del XVIII; los síntomas, que ya aparecían en el siglo XVI, no van a definirse ni a adquirir forma hasta el XVIII. El "sentir europeo" tiene la marca de la Ilustración».

Dos siglos más tarde, empujada por la fuerza del ideal europeísta, el contraste y posterior ruptura entre las dos Europas, la del norte y la del sur o la del noroeste germánico-protestante y el suroeste latino-católico, que tanto conturbó a Leibniz, podía considerarse superado en función del proceso de integración que dio lugar después de la Segunda Guerra Mundial a las Comunidades Europeas y más tarde a la Unión Europea, y que integra en la actualidad a trescientos setenta y cinco millones de personas, que pueden llegar a quinientos en la primera década del siglo XXI, con la presumible ampliación de la Unión Europea a los países de la antigua Europa del Este, sovietizados durante más de cuatro décadas; después de las «revoluciones gloriosas» de 1989, estos países de la Europa central y oriental no fueron negados por la parte occidental del Viejo Continente, como lo habían sido al terminar las dos grandes guerras del siglo XX, y se produjo el reencuentro entre las dos partes del Viejo Continente

Datos demográficos de los países de la Unión Europea

País	Superficie (km²)	Población (año 1996) (en miles)	Densidad/ km² (año 1996)	Población estimada (año 2000) (en miles)	Población estimada (año 2020) (en miles)
Bélgica	30.518	10.143,0	332,4	10.279	10.535
Dinamarca	43.094,1	5.215,7	121,8	5.295	5.264
Alemania	356.974	81.845,0	229,3	83.625	81.478
Grecia	131.957	10.474,6	79,4	10.573	10.080
España	505.990	39.241,9	77,6	39.848	38.348
Francia	543.965,4	58.265,4	107,1	59.412	63.453
Irlanda	70.285,1	3.591,2	51,1	3.613	3.791
Italia	301.322,7	57.330,5	190,3	57.254	53.649
Luxemburgo	2.586,4	412,8	159,6	426	488
Holanda	41.526	15.492,8	373,1	15.881	17.148
Austria	83.858	8.054,8	96,1	8.163	8.370
Portugal	91.905	9.920,8	107,9	9.807	9.730
Finlandia	338.145	5.116,8	15,1	5.165	5.223
Suecia	449.964	8.837,5	19,6	8.986	9.442
Reino Unido	244.101	58.684,0	240,4	59.287	61.082
Unión Europea	**3.236.191,7**	**372.662,1**	**115,2**	**377.614**	**378.081**
EE.UU.	**9.372.614**	**264.257,1**	**28,2**	**276.242**	**325.939**
Japón	**377.801**	**125.320,4**	**331,7**	**127.385**	**128.345**

FUENTE: *Estadísticas básicas de la Unión Europea. Comparación con los principales socios de la Unión Europea*, Luxemburgo, Oficina de Publicaciones de las Comunidades Europeas, 1997.

que aspiran a vivir y a progresar unidas. Como escribió R. H. Tawney en *Why Britain Fights*, si «la Naturaleza ha hecho difícil que las distintas partes de Europa vivan en paz, también ha hecho imposible que vivan aisladas».

Bibliografía

Calero, F., *Europa en el pensamiento de Luis Vives*, Valencia, Ayuntamiento de Valencia, 1997.

Chabod, F., *Historia de la idea de Europa*, Madrid, Edersa, Editorial de la Universidad Complutense, 1992.

Chaunu, P., *La civilización de la Europa clásica*, Barcelona, Juventud, 1976.

Emerson, M., *El nuevo mapa de Europa*, Madrid, Alianza Editorial, 1999.

Hazard, P., *La crisis de la conciencia europea*, Madrid, Alianza Universidad, 1988.

Morin, E., *Pensar Europa. Las metamorfosis de Europa*, Barcelona, Gedisa, 1994.

Rougemont, D. de, *Europa como probabilidad*, Madrid, Taurus, 1963.

— *Vingt-huit siècles d'Europe. La conscience européenne à travers les textes. D'Hésiode à nos jours*, —«Préface» de Jacques Delors—, París, Christian de Bartillat, Éditeur, 1990.

CAPÍTULO I

EL IDEAL EUROPEÍSTA:
DE LA MODERNIDAD A LA CONTEMPORANEIDAD

por GUILLERMO Á. PÉREZ SÁNCHEZ
Profesor titular de Historia Contemporánea,
Universidad de Valladolid

«¡Oh género humano, en qué luchas y guerras, en qué tempestades vas a naufragar! Te has convertido en un monstruo de múltiples cabezas y te pierdes en esfuerzos contradictorios. Tienes enfermas tus dos cabezas.»

DANTE, *De Monarchia*

1. A la búsqueda de Europa

Dueña de una inquietud inquebrantable, el destino de Europa sería pensarse y recrearse permanentemente, llena de voluntad por encontrar su lugar en el mundo, su vocación. ¿Qué es Europa?, podemos preguntarnos para contestar con Paul Hazard: «Un pensamiento que no se contenta nunca. Sin piedad para sí misma, no deja nunca de perseguir dos búsquedas: una hacia la felicidad; la otra, que le es aún más indispensable y más cara, hacia la verdad. Apenas ha encontrado un estado que parece responder a esa doble exigencia, se da cuenta, sabe lo que no tiene todavía, como una presa insegura, más que lo provisional, lo relativo; y vuelve a empezar la búsqueda desesperada que constituye su gloria y su tormento.» A ello se dedicó, en efecto, desde la antigüedad clásica —griega y romana— pasando por la era dorada del cristianismo hasta los siglos modernos en que las mejores mentes del Viejo Continente comenzaron de nuevo a repensar la idea de Europa y a elaborar su identidad común mediante la búsqueda de la «paz perpetua», el «buen gobierno» y el «bienestar socioeconómico» de sus pueblos. Pero como sostiene Jacques Delors, refiriéndose al libro *Vingt-huit siècles d'Europe* de Denis de Rougemont, «la conciencia europea es casi sinónimo de la aspiración a la paz», porque la guerra con su caudal de muerte y destrucción, cada siglo, del XVII al XX, más trágico que el anterior, había estado a punto de destruir la civilización europea, enterrando para siempre el ideal europeísta fundamentado en la concordia y el progreso de los pueblos.

Según afirma Edgar Morin, «aun cuando parcial e insuficientemente democrática en su historia, Europa occidental ha llegado hoy en día a ser democrática en su totalidad, [y si contamos a los antiguos países de la Europa del Este, hoy también comprometidos con los valores de la democracia occidental, podemos concluir que] la democracia ha pasado a ser el carácter político común de este fin de siglo», motivo por el cual se entiende por buen gobierno el fundamentado en la democracia liberal parlamentaria, garante del Estado de Derecho. Fue el economista John Mainard Keynes, uno de los primeros pensadores preocupados por el futuro del Viejo Continente, quien vio en los postulados expuestos por Briand en la Sociedad de Naciones en 1929 y 1930, la apuesta por una especie de Mercado Común, la condición básica e indispensable para la mejora del bienestar socieconómico de los pueblos de Europa. En lo anterior vemos representado el intento secular de Europa de llegar a la verdad, al progreso, a la justicia, su sino intemporal lleno de grandeza y de tragedia. Así, «buscar más lejos y de esta forma crear tantos riesgos como problemas se resuelven, tal es —en opinión de Denis de Rougemont— la verdadera fórmula del Progreso en su definición occidental», europea.

Durante los últimos siglos del segundo milenio esta tarea intelectual ocupó a los pensadores europeos con el propósito de dotar de sentido al concepto de Europa y consolidar un proyecto propio hacia sí misma. Aunque hemos centrado nuestro interés en los forjadores de la idea de Europa a partir de la época de las Luces, también debemos nombrar a los precursores del siglo XVII, tratados más adelante, tales como Emeric Crucé y su obra titulada *Le Nouveau Cynée ou discours d'Estat représentant les occasions et moyens d'établir une paix générale et la liberté du commerce par tout le monde. Aux monarques et princes souverains de ce temps*; el duque de Sully y su «*Grand Dessein*»; Amos Comenius con su «*Réveil Universel*»; o William Penn y su *Essay towards the Present and Future Peace of Europe*. En el siglo XVII, el abad de Mably, con una importante experiencia en el Ministerio de Asuntos Exteriores francés, puede ser considerado como un precursor de la idea de un derecho común europeo. Según él, los acuerdos y tratados internacionales de la época constituían un eje a partir del cual podría generarse un derecho público que fuera reconocido y aceptado por las potencias europeas e, incluso, que este «corpus» de tratados tuviera la misma eficacia que la legislación civil propia de cada país, tal y como expuso en 1773 en su *Le Droit public de l'Europe fondé sur les traités*. Según Jacques Delors, la contribución más importante de los pensadores europeístas fue pasar de la «nación apaciguada a la Europa unida», y en este sentido, como ha señalado Dusan Sidjanski, «su aportación es decisiva: contribuyeron a introducir y difundir la idea de una Europa Unida».

Así, para Giovanni Spadolini, «europeísmo quiere decir, en determinados momentos, progreso, ansia de lo nuevo, superación de los límites y barreras de los viejos Estados. Europeísmo se identifica con liberalismo económico, con reformas sociales y educativas». En definitiva, el europeísmo como concepto superador de los viejos contrastes diferenciales entre el norte y el sur y el este y el oeste, responsable de la complejidad étnica, lingüística y de identidad que la caracteriza: «Era menester, pues —en palabras de Paul Hazard—, volver a empezar el gran viaje; dirigir a la caravana humana por otros caminos, hacia otros fines.» Un europeísmo entendido también, según Denis de Rougemont, como proyecto de alcance universal:

> Europa ha ejercido desde su nacimiento una función, no solamente universal sino de hecho también universalizante. Ha fomentado el Mundo, en primer lugar explorando, y después suministrando los medios intelectuales, técnicos y políticos de una futura unidad del «género humano». Sigue siendo responsable de una vocación mundial, que sólo podrá sostener federando sus fuerzas.

Era necesario, en definitiva, sustituir la idea-fuerza de lo meramente nacional por la idea-fuerza de lo supranacional para llenar de sentido el ideal europeísta e integrar en un mismo esfuerzo creativo al viejo mosaico de tierras y pueblos europeos, a la «nación de naciones» que era Europa, parafraseando a Montesquieu; admitiendo con Ortega y Gasset, que «lo propio nuestro es el pertenecer a una nación al mismo tiempo que a la superior comunidad europea». En este sentido, como afirmó Luis Díez del Corral, apoyándose en *El Criticón* de Baltasar Gracián, «no habría contraposición entre entidades distintas, sino que era un mismo sujeto, Europa, el que se aparecía con semblante distinto a través de las diversas naciones europeas». Empeñadas, sobre todo desde mediados del siglo XX, en un proceso de integración o de «unificación de una sociedad». Como afirmó Henri Brugmans, el ideal europeísta, como gran reto que es, anima una «voluntad creadora de unión», superadora de la secular división nacional de Europa en Estados rivales y a menudo enfrentados por la supremacía continental e incluso universal.

De esta manera, ¿la Unión Europa que está surgiendo del proceso de integración podría ser considerada como una nueva nación? Ello dependerá, como explica a continuación Carl J. Friedrich, de nuestra definición de nación: «Si por nación entendemos esa entidad con estrechos lazos políticos y culturales que ha producido la moderna nación-Estado —Gran Bretaña, Francia, España, Italia, Alemania—, entonces Europa ni es ni será nunca una nación naciente. Si, por otra parte, se considera nación a una entidad vasta y compleja como la India, entonces Europa puede muy bien describirse como una nación naciente.» Como tal «nación naciente», la Europa unida se mostraría al mundo como portadora de una inquebrantable voluntad de destino impulsora de un proyecto de integración hacia el interior, favorecido por la cohesión que da la pertenencia a una misma civilización, pero también de alcance universal, como pieza fundamental en el nuevo tablero mundial conformado por una pluralidad de civilizaciones, distintas pero no necesariamente enfrentadas.

1.1. Hacia la «paz perpetua»

Edifiquemos la paz para desterrar definitivamente la guerra entre las naciones, este objetivo nunca plenamente logrado hasta nuestros días, marcados por la herencia de una «Europa policéntrica» en oposición y constante conflicto, fue un referente fundamental para filósofos, pensadores y políticos europeos. De esta manera, como ha escrito Edgar Morin, «todo aquello que forma la Europa moderna la divide y todo aquello que la divide la forma. Ésta nace, se desarrolla y afirma en la guerra consigo misma. El caos genésico es ininterrumpido: se ha convertido en una anarquía euroorganizadora permanente». Así, ante la pregunta tantas veces formulada, ¿qué ha sido Europa, qué es Europa?, surge una respuesta que no admite dudas y que encontramos al abrir los manuales de historia: «Guerra general», divisiones continuas, conflictos permanentes, rivalidades entre países, Francia contra España, Gran Bretaña contra Francia, Francia contra Austria, Alemania contra Francia, y así indefinidamente, hasta llegar al gran momento destructivo de la primera mitad del siglo, el fatídico Harmagedón de la época contemporánea, presagiado por el genio intelectual de Nietzsche:

> Debemos esperar una larga serie de demoliciones, de ruinas, de cataclismos; habrá guerras tales como la tierra aún no las ha visto; Europa va a verse pronto envuelta en sombras, y asistiremos a la irrupción de una marea negra.

Pero después de los trágicos enfrentamientos bélicos entre las naciones de Europa durante el siglo XX, el mantenimiento de la paz se convirtió en la máxima aspiración de los «nuevos» europeos, como ha demostrado Carl J. Friedrich: «Uno de los grandes obstáculos para la unificación de Europa ha sido la oposición emocional del nacionalismo. El federalismo no tiene un atractivo comparable. La paz, sin embargo, sí lo tiene, y gran parte del apoyo emocional a la integración de Europa, especialmente en Francia y Alemania, proviene de esta fuente.»

Es cierto, en la visión que de Europa tienen sus mejores pensadores, el problema del Viejo Continente es la división, el conflicto, la guerra, pero al mismo tiempo, incluso antes de llegar a los albores de la modernidad, nos encontramos con documentos pensados para edificar la paz y la seguridad entre los príncipes de la cristiandad: de 1306 contamos con el plan pergeñado en la *República Cristiana* de Pierre Dubois, dos años más tarde aparece la obra *De Monarchia* de Dante, y de 1463 es el *Tractatus* o *Tratado de alianza* del rey Jorge Podiebrad de Bohemia; en 1517, Erasmo escribe un manifiesto pacifista, *Querela pacis* donde, a propósito del enfrentamiento entre Francia y Borgoña, afirma con rotundidad la necesidad de alcanzar una paz duradera entre las naciones: para Erasmo, la unidad de la cristiandad y, por tanto, de Europa era algo básico. Documentos continuados en el siglo XVII, en 1623, con *El Nuevo Cineas, o Discurso de Estado representando las ocasiones y medios de establecer una paz general y la libertad de comercio para todo el mundo. A los Monarcas y a los Príncipes soberanos de este tiempo* de Emerico Crucé; al cumplirse el primer tercio del siglo, sobre 1638, con el *Proyecto Político del Duque de Sully, ministro de Enrique IV*, también conocido como el «*Gran Proyecto*» o «*Gran Designio*» («*Grand Dessein*»), que años más tarde formó parte de las *Memorias* del mencionado Maximilien de Béthune, duque de Sully; y al finalizar dicho siglo, en 1693, con la aportación de William Penn titulada *Ensayo por la Paz presente y futura de Europa*. Pero entre todos estos escritos de la modernidad destacó el documento presentado en 1712 por Charles Irénée Castel, abad de Saint-Pierre (1658-1743) titulado *Proyecto para Restituir la Paz Perpetua en Europa*, en el cual, este autor reflexionaba muy agudamente sobre la necesidad de lograr entre las naciones la «paz perpetua» como primera y fundamental garantía para la convivencia de los pueblos, según acuerdo que debía suscribirse en una Asamblea o Congreso general reunido en La Haya. En síntesis, el abad de Saint-Pierre planteaba lo siguiente:

> Si la Sociedad Europea que proponemos puede procurar a todos los Príncipes Cristianos seguridad suficiente en la perpetuidad de la Paz dentro y fuera de sus Estados, todos tendrán sin excepción más ventajas firmando el Tratado para establecer esta Sociedad, que no firmándolo.

Según Carl J. Friedrich, la Sociedad de Naciones y la Organización de Naciones Unidas «han sido consideradas como intentos de realizar esta idea», apuntada a principios del siglo XVIII por el abad de Saint-Pierre; de hecho, doscientos treinta y seis años después del *Proyecto* del abad de Saint-Pierre se reunió en La Haya la Conferencia conocida como el «Congreso de Europa»: uno de los momentos aurorales del actual proceso de integración.

Después de la paz, la unidad sobre la base del espíritu europeo, que articula y da coherencia al proyecto organizativo del abad de Saint-Pierre: «Que lo escuchen —señaló Paul Hazard— y Europa, en lugar de seguir siendo un campo de batalla, formará una Sociedad», palabras que debieron hacer suyas los mejores espíritus de la época, aunque fracasaron en sus buenos propósitos de establecer la paz entre los Estados y después la justicia entre los pueblos. Como ha escrito Paul Hazard, «el Abad de Saint-Pierre, lleno de un ardor nuevo y en busca de apoyos, ha comunicado sus planes a Leibniz, campeón envejecido de la gran causa pacífica, y Leibniz (desde Hannover, el 7 de febrero de 1715) le ha contestado con melancolía: "Hay la mayoría de las veces fatalidades que impiden a los hombres ser dichosos." Le ha respondido que lo que más les faltaba a los hombres para librarse de una infinidad de males era la voluntad.» En efecto, falta de respuesta o de voluntad es lo que recibió el proyecto del abad; no lo escucharon en su tiempo, y Europa sufrirá durante más de dos siglos la corrosión de las rivalidades imperiales o nacionales y las sacudidas suicidas, destructivas y mortales de las guerras.

Con la intención de poner al día los planteamientos del abad de Saint-Pierre, Jean-Jacques Rousseau (1712-1778) vuelve a hacer hincapié en la necesidad de extirpar los conflictos bélicos en su *Juicio sobre la paz perpetua* y también en su *Extracto del Proyecto de Paz Perpetua del señor Abad de Saint-Pierre*, proyecto que si quedó sin aplicación práctica no era porque fuera «quimérico: es porque los hombres son insensatos y es una especie de locura el ser cuerdo en medio de los locos»; y para terminar con el conflicto, Rousseau apeló la formación de ligas impulsadas por la ciudadanía como mejor garantía de la paz permanente y verdadera entre los Estados, y que haga de Europa —en palabras de Federico Chabod— un «verdadero cuerpo político», fundamentado en la soberanía popular como garante de la libertad y de la ley. También el economista y pensador francés Pierre Paul Le Mercier de la Rivière (1720-1792) retomó el objetivo de conformar uniones o ligas entre los pueblos para consolidar la unión de éstos en una especie de confederación de Estados, dado que constituían una misma sociedad dentro de la identidad cultural o de civilización europea.

Pero, sin lugar a dudas, fue gracias a los escritos del filósofo alemán Immanuel Kant (1724-1804), entre otros su proyecto filosófico *Sobre la Paz Perpetua*, cuando los planteamientos en pro de la extinción de los conflictos y la apuesta decidida por la conservación de la paz, garantizada por la soberanía popular y el imperio de la ley, se hicieron más universales que nunca. Los vínculos entre los planteamientos europeístas del abad de Saint-Pierre y Kant son innegables, siendo Kant uno de los primeros pensadores sobre la idea de Europa en entender el mensaje de aquél y la importancia del mismo para el futuro de los pueblos: «Aun cuando esta idea pueda parecer utópica —decía Kant refiriéndose al proyecto pacifista de Saint-Pierre—, es la salida inevitable de la indigencia en que los seres humanos se sumen unos a otros [a causa de la guerra].» Sólo así, pensaba Kant, se podría llegar a una organización de la sociedad más perfecta y justa, incluso a una federación de Estados:

> Pues si la fortuna dispone que un pueblo fuerte e ilustrado pueda formar una república (que por su propia naturaleza debe tender a la paz perpetua), ésta puede constituir el centro de la asociación federativa para que otros Estados se unan a ella, asegurando de esta manera el estado de libertad de los Estados conforme a la idea del derecho de gentes y extendiéndose, poco a poco, mediante otras uniones.

Muy conectado con los planteamientos de Kant en lo relativo a la paz perpetua, el pensador alemán Wilhelm Josef F. von Schelling (1775-1854) resaltó en sus escritos que el mantenimiento de la paz y la posterior unión de la naciones sólo podría lograrse mediante el federalismo y consolidarse en función del imperio de la ley. En cuanto a Friedrich von Gentz (1764-1832), discípulo de Kant y uno de los políticos más sobresalientes del momento, después de rechazar como solución a los problemas de Europa la formación de la llamada «república universal y unitaria» y despreciando también las prácticas autárquicas, reflexionó no sin ocultar un gran escepticismo sobre la virtualidad del federalismo para avanzar en el camino de la paz y el progreso. Enrico Michele L'Aurora también destacó en los afanes europeístas por su creencia en que una «carta magna» aceptada por todos los Estados europeos contribuiría decisivamente a la unidad y concordia de los pueblos. A este respecto, proclamaba lo siguiente:

> [...]. ¡Y que las naciones, al unirse y liberarse, se gobiernen según los derechos sacrosantos de la libertad y de la igualdad, dirigidos según los principios de la paz, la virtud, la justicia... que todas las naciones de Europa puedan considerar que pertenecen a un solo Estado, que sus intereses son comunes, y que Europa pueda ser considerada como madre universal de todos sus habitantes!

Por lo mismo, debemos resaltar en este afán por consolidar la paz perpetua y el buen gobierno al jurista británico J. Lorimer (1818-1890), que, como se desprende de sus aportaciones intelectuales, pretendía el establecimiento de un verdadero Estado federal europeo, y a Johan Caspar Bluntschli (1808-1881), jurisconsulto e historiador suizo, fundador del Instituto Internacional de Derecho de Gentes y profesor de Derecho Internacional en Heidelberg, autor de una obra aparecida en 1878 con el título de *La Organización de una Sociedad de Estados Europeos*, en la cual se plantea una «comunidad europea» de «estructura flexible». Sin embargo, esas esperanzas puestas en el buen hacer del pueblo, de la ciudadanía, pronto fueron puestas en cuestión por la Revolución francesa: «la inmensa esperanza universalista del principio —en palabras de Henri Brugmans— degeneró en un chovinismo guerrero más tarde. En otras palabras, la democratización de la soberanía absoluta no hizo más que reforzarla, dándole una justificación democrática moderna».

En todo caso, primero la paz y luego el «buen gobierno» para desterrar de la faz de Europa las disputas nacionalistas y lograr a continuación el sueño de los Estados Unidos de Europa, en donde los pueblos alcancen su más pleno desarrollo y bienestar socioeconómico: he aquí, según Edgar Morin, cómo estas tres grandes ideas-fuerza «adquieren la consistencia de un sistema de ideas» en el que forjar el futuro de las naciones europeas sobre la base de la democracia y el federalismo.

1.2. HACIA EL «BUEN GOBIERNO»

Fue en la Inglaterra de la segunda mitad del siglo XVII, y en especial después de la llamada «Gloriosa revolución» de 1688, en donde se estableció por primera vez la forma de gobierno liberal democrática fundamentada en la división de poderes al hacer prevalecer la ley, emanada del Parlamento, por encima de la voluntad absoluta del monarca. Se entraba en una nueva época, en la cual, según estableció John Locke (1632-1704) en su *Segundo Tratado sobre el Gobierno Civil*, de 1690, el poder de las autoridades públicas nace de la libre «convención recíproca» entre los gobernantes y los gobernados, ya que son éstos —el pueblo— el auténtico sujeto de la soberanía, con derechos, además de deberes, inalienables como el *habeas corpus* o la Declaración Universal de Derechos Humanos; en este sentido, y según Paul Hazard, «los dos tratados que John Locke publica en 1690 quieren ser el nuevo código de la política moderna». El ejemplo inglés tuvo su primer y mejor reflejo en las antiguas colonias británicas de Norteamérica: «La utopía religiosa y política de John Locke —según Northrop—, derivada de las investigaciones de Galileo y Newton, tomó cuerpo en la república bien constituida de los Estados Unidos.» Pero fue Charles-Louis de Secondat, barón de Montesquieu (1689-1755), cuyo sentido europeísta queda claramente expuesto en su célebre máxima: «Si supiera de algo que me fuera útil y perjudicara a mi familia, lo rechazaría. Si supiera de algo que fuera útil para mi familia y que no lo fuera para mi patria, intentaría olvidarlo. Si supiera de algo útil para mi patria y que perjudicara a Europa y al género humano, lo vería como un crimen», quien mejor recalcó en sus obras —especialmente en *Del Espíritu de las Leyes*— la importancia de lograr una auténtica división de poderes para desterrar de la vida pública el absolutismo y la corrupción y así consolidar el «buen gobierno» al «garantizar la libertad política». En este sentido, y como escribiera Spinoza a comienzos de los años setenta del siglo XVII, «la democracia o gobierno del pueblo sería el régimen más sencillo y natural, el mejor razonado».

Muy influenciado por las prácticas del liberalismo inglés, en especial después de la «Gloriosa revolución» de 1688, el escritor y pensador británico Jeremy Bentham (1747-1832) cree firmemente en que sólo se podrá lograr la paz universal y perpetua —recuérdese su escrito titulado *Plan para una Paz Universal y Perpetua*, de 1789, que forma parte de su estudio sobre *Principios de Derecho Internacional*— a través del buen gobierno, el cual, mediante el funcionamiento de una serie de instituciones que deben garantizar el ejercicio de la ley, propicia la unión de los pueblos representados en Asambleas de ciudadanos. A partir de ese momento, y mediante las debidas prácticas económicas (que Benthan como británico fundamenta en el librecambismo), los pueblos podrán avanzar hacia el progreso dirigidos por gobiernos competentes y estables, defensores de las libertades de la persona. Con tales premisas, es decir, con la paz, el desarrollo socioeconómico y el gobierno del pueblo, desaparecerían los motivos de conflicto y enfrentamiento entre las naciones. Fue John Stuart Mill (1806-1873), filósofo, economista y politólogo británico, quien se encargó de mostrar las virtualidades y límites de la obra de su maestro, además de realzar y dar publicidad a la misma, con un estudio titulado precisamente *Bentham*, publicado en 1838 en la *London and Westmister Review*; años más tarde, en 1861, el propio Mill en *Del Gobierno representativo* señalaba los valores de dicha forma de gobierno —el buen gobierno—, fundamentado en el imperio de la ley, viendo en el federalismo la mejor fórmula para la integración de los pueblos en una unidad superior, eficiente, igualitaria, justa y de futuro: «Cuando se reúnen las condiciones necesarias para la existencia de uniones federales duraderas y poderosas su formación es siempre una ventaja para el mundo, ejerciendo el mismo efecto saludable que toda extensión de la práctica de las asociaciones, merced a la cual los débiles, uniéndose, se colocan bajo un pie de igualdad con los más fuertes.»

Precursor del federalismo universalista fue el filósofo alemán Christian F. Krause (1781-1832) quien publicó, a principios del siglo XIX, en 1814, el tratado titulado *Proyecto de una federación de Estados europeos como base de una paz general*. Sobre la inutilidad de la fuerza de las armas para edificar la unidad europea pretendió aleccionarnos Benjamin Constant (1767-1830), un adelantado del federalismo contemporáneo, en su obra de 1814 *Del Espíritu de Conquista y de la Usurpación en sus relaciones con la civilización europea*.

Mayor relevancia tuvo Claude Henri de Rouvroy, conde de Saint-Simon (1760-1825), como se demostró por ejemplo en el trabajo titulado *De la Reorganización de la Sociedad Europea, o de la necesidad y los medios de agrupar los pueblos de Europa en un solo cuerpo político, conservando cada uno su independencia nacional*, una obra publicada en París, en 1814, con la colaboración de Augustin Thierry, «bajo la influencia de Madame de Stäel, que acostumbró a Saint-Simon, aunque no sólo a él, a "pensar en europeo"»; escrito en el que apuntó que toda sociedad justa y próspera se asienta en la confianza de los ciudadanos en el gobierno establecido por ellos a través de sus representantes reunidos en Asamblea o Parlamento: «La transformación, en sentido unitario, de Europa —escribió Saint-Simon a principios del siglo XIX—, se realizará únicamente el día que todos los pueblos gocen de un régimen parlamentario.» Éste es el legado de Saint-Simon, fundamentado en la búsqueda de un nuevo orden mediante el cual, como ha señalado Jesús Fueyo, se ponga fin al antagonismo entre las naciones y se edifique una «unidad política superior». Con estas palabras, sacadas de su *Mémoire sur la Science de l'Homme* de 1813, presentaba Saint-Simon su credo europeísta:

> Yo no tengo más que una pasión, que es la de pacificar Europa; más que una idea, la de organizar la sociedad europea. Elevad vuestros corazones a estas alturas del sentimiento. Elevad vuestros espíritus a este gran pensamiento.

Cooperación contra oposición desmedida por ganar territorios o mercados, colaboración pacífica para el debido impulso de la común capacidad económica, integración política para construir una nueva Europa sin ataduras ultranacionalistas, unida mediante instituciones políticas y económicas comunes. Sólo de esta manera, sostenía Saint-Simon, se podrá desterrar el enfrentamiento permanente entre Estados que desde el tratado de Westfalia ha caracterizado la marcha de Europa:

> El tratado de Westfalia estableció un nuevo orden de cosas con una operación política que se llamó equilibrio de potencias. Europa se repartió en dos conferencias que se intentan mantener igualadas por todos los medios: era crear la guerra y mantenerla constitucionalmente, ya que dos ligas con la misma fuerza son necesariamente rivales, y no hay rivalidades sin guerras.

Europeísmo contra nacionalismo y religiosidad exacerbados: estamos ante uno de los momentos críticos de Europa, ante un arrebato de «locura de Europa», como lo calificó el pensador y político español Diego Saavedra Fajardo, embajador de España en las negociaciones de Westfalia. Por esos años, momento que Paul Hazard fecha en torno a 1680, se produjo también «una crisis en la conciencia europea; entre el Renacimiento, del que procede directamente, y la Revolución francesa, que prepara, no la hay más importante en la historia de las ideas. A una civilización fundada sobre la idea de deber, los deberes para con Dios, los deberes para con el príncipe, los "nuevos filósofos" han intentado sustituirla con una civilización fundada en la idea de derecho: los derechos de la conciencia individual, los derechos de la crítica, los derechos de la razón, los derechos del hombre y del ciudadano».

A partir de los escritos del conde de Saint-Simon y de algunos de sus discípulos, por ejemplo, Thierry, Lemonnier o Comte, asistimos a la consolidación de las señas de identidad del ideal europeísta en el siglo XIX. A la altura de 1814, Saint-Simon, con la colaboración de Thierry, presenta un documento, especie de *Memoria*, dirigido a los diplomáticos participantes en el Congreso de Viena en el que adelanta sus ideas para una nueva Europa en paz, construida sobre las ideas de progreso intelectual, desarrollo socioeconómico y gobierno parlamentario y representativo de toda la sociedad: es lo que Saint-Simon considera la plasmación inicial del «buen gobierno». Es el momento de soñar con los Estados Unidos de Europa, vinculados entre sí a través del nexo confederal o incluso del federalismo, y dirigidos por un Gobierno —Comité— salido de la Asamblea o Parlamento en donde está representada la soberanía popular. Pero para que el proceso de integración que Saint-Simon imagina pueda llegar a consolidarse tendrá que producirse, en primer lugar, el acuerdo entre Francia e Inglaterra, hermanadas por la fuerza de la paz, el progreso y el buen gobierno:

> Si Francia e Inglaterra —dirá Saint-Simon— siguen siendo rivales, de sus rivalidades nacerán los mayores males para ellas y para Europa; si se unen en intereses como lo están ya en principios políticos por el parecido de sus gobiernos, estarán tranquilas y felices y Europa podrá confiar en la paz.

Una vez puesto en marcha el proceso hacia la unidad con Francia e Inglaterra, aquél deberá contar con las restantes naciones europeas, empezando por Alemania, la cual, según Saint-Simon, «está destinada a desempeñar un papel protagonista en Europa, tan pronto como se reúna bajo un gobierno libre», y sin cuyo concurso, la pretendida unificación confederal o federal sería una entelequia, como acertadamente intuyó Lamartine a mediados del siglo XIX. Aunque los postulados de Saint-Simon no fueron tenidos en cuenta por los congresistas de Viena, sí ejerció gran influencia en pensadores y políticos del ochocientos que aspiraban a la creación de la llamada «Europa de los pueblos».

En este sentido, fue Charles Lemonnier, discípulo de Saint-Simon, uno de los más ardorosos defensores del federalismo como la mejor práctica política posible para lograr la unión efectiva y positiva de los pueblos. Sin lugar a dudas, también Lemonnier puede ser considerado como modelo de intelectual europeísta, entusiasmado con el ideal «paneuropeo», miembro de la «Liga de la Paz y la Libertad» e impulsor del periódico *Estados Unidos de Europa*. Pero fue Auguste Comte (1798-1857) —el padre del positivismo y la sociología— el primer pensador en llevar a sus escritos la plasmación de una unión de Estados europeos dirigida por un comité con representación de todos los Estados miembros, que se hará realidad un siglo más tarde. La república occidental europea imaginada por Comte estaría integrada por los pueblos francés, alemán, británico, italiano y español —pueblos sobre los que había girado el desarrollo de Europa desde la época medieval, haciendo del Viejo Continente hasta el siglo XIX el centro del mundo—, y contaría con otra serie de pueblos asociados: griego, portugués, belga, holandés y los nórdicos de Escandinavia, todos ellos agrupados con los mismos lemas: «Orden y Progreso» y «Vivir para los demás».

En pleno siglo XIX asistimos a un nuevo impulso de las tesis en favor de los Estados Unidos —federados— de Europa, sobre la base del liberalismo demócrata, radical y republicano, en la línea de lo anunciado por Fourier en 1840, cuando anunciaba la superación de la soberanía de las naciones por otra de rango superior. Uno de los momentos estelares de esta tendencia política radical coincidió con la fundación en 1867 de la «Liga de la Paz y de la Libertad», en donde destacaron Lemonnier y Garibaldi, entre otros. Uno de los más importantes representantes de esta tendencia fue Pierre-Joseph Proudhon (1809-1865), quien pensaba a la altura de mediados del ochocientos que Europa estaba por hacer, destacando en el quehacer europeísta con su obra de 1863 titulada *Del principio federativo*; Proudhon sostenía que sólo una confederación de confederaciones, sobre la base del municipalismo y el regionalismo, ayudaría a encontrar el mejor gobierno posible, fundamentado en la participación democrática de los ciudadanos, además de impulsar la ansiada unidad federal europea, una vez enterrado el nefasto «principio de las nacionalidades». «Despúes de la revolución de las ideas —escribió Proudhon en *Del principio federativo*— debe llegar, como consecuencia lógica, la revolución de los intereses. Con el siglo XX empezará la era de la federaciones, o la humanidad iniciará de nuevo un purgatorio de mil años.» En este sentido, y según Jesús Fueyo, «el panfederalismo de Proudhon, desborda incluso el esquema europeo. Su idea de la confederación es laxa y flexible que hasta puede parecer actual». También Carlo Cattaneo (1801-1869), quien según señala Bernard Voyenne utilizó por primera vez, en los momentos revolucionarios de 1848, la expresión «Estados Unidos de Europa», imaginó el futuro de la Europa unida forjado en el federalismo; principio en el que creyó firmemente Constantin Frantz, discípulo de Schelling, y cuyos postulados sobre el «federalismo integral» entroncan con el pensamiento federalista a ultranza de Proudhon, ya que para Frantz, la primera confederación de la gran confederación europea era la de los países germánicos, la llamada *Mitteleuropa*.

Pero en este empeño federalista el que destacó fue Giuseppe Mazzini (1807-1872) mediante el movimiento «La joven Europa», fundado en Berna el 15 de abril de 1834, y el manifiesto publicado de presentación titulado *Carta de la Joven Europa*, con el lema de «Libertad, Igualdad, Humanidad», para lograr que la asociación de naciones soberanas y fraternas, comprometidas en un mismo empeño de libertad, igualdad, progreso y asistencia mutua configure una «Europa libre y unida». Según Mazzini:

> Existe, pues, en Europa, una concordia de necesidades y de deseos, un pensamiento común, un alma universal que encamina a las naciones por senderos convergentes en una misma meta.

Con Mazzini estamos, como señala Federico Chabod, ante «el más típico, el más alto representante de una importante corriente de pensamiento europeo que trata de salvaguardar al mismo tiempo los derechos de las diferentes naciones y los derechos de esa mayor comunidad que se llama Europa», y no es de extrañar, por tanto, que sus discípulos, entre ellos, Crispi, siempre mantuvieran vivo el fuego sagrado del europeísmo: «la idea de los Estados Unidos de Europa —dirá Crispi en el último tercio del ochocientos— flota en el aire… es una resultante histórica y clave del porvenir». Muy influenciado por Mazzini estuvo el español Fernando Garrido, quien en 1851, gracias a su exilio en Londres, actuó como delegado español en el «Comité de la democracia europea», en el que coincidió —entre otros radicales demócratas y republicanos de la época— con el propio Mazzini, publicando en 1855 el opúsculo *La república democrática federal universal*. En esta misma línea federalista, republicana y demócrata radical podemos citar, entre otros políticos españoles, a Castelar y Pi y Margall.

Pero el europeísta más célebre de su época fue Victor Hugo (1802-1885), defensor de los «Estados Unidos de Europa», instituidos en una república federal de ciudadanos libres, impulsora de la paz perpetua y del buen gobierno. Su sueño, sin embargo, se difuminó después de los acontecimientos revolucionarios de 1848 en Francia, en donde, según él, debía iniciarse el movimiento europeísta, momento esperado y anunciado también por Lamartine, ministro de Asuntos Exteriores de Francia, por medio de su «Manifiesto a Europa»:

> La razón irradiando sobre todo, salvando las fronteras de los pueblos, ha creado entre los espíritus esta gran nacionalidad intelectual que será el fin de la Revolución francesa y la constitución de la fraternidad internacional sobre el globo.

Pero poco tiempo más tarde, con motivo de la celebración en París en agosto de 1849 de un «Congreso de la Paz», Hugo volvía a insistir en que la unión de Europa era una apuesta revolucionaria, progresista y moderna, llamada a cambiar la realidad de la vieja Europa. Así lo anunciaba Victor Hugo:

> [...] ¡Llegará un día en que los únicos campos de batalla que habrá serán los mercados abiertos al comercio y los espíritus abiertos a las ideas. Llegará un día en que las balas y las bombas se sustituirán con los votos, con el sufragio universal de los pueblos, el verdadero arbitraje de un gran senado soberano que será para Europa lo que el Parlamento es para Inglaterra, la Dieta para Alemania, la Asamblea legislativa para Francia!... ¡Llegará un día en que veremos a esos dos grupos inmensos, los Estados Unidos de América, los Estados Unidos de Europa, situados enfrente el uno del otro, tendiéndose la mano sobre los mares [...]! [...] No serán necesarios cuatrocientos años para introducirla [la organización confederal o federal de los Estados Unidos de Europa], pues vivimos en un tiempo rápido, vivimos en una sucesión de acontecimientos y de ideas que ponen en movimiento a los pueblos con una fuerza que nunca antes se había conocido. En el siglo XX habrá una nación extraordinaria [...], se llamará Europa. Se llamará Europa en el siglo XX y en los siglos siguientes, y aun transfigurada se llamará la Humanidad.

A partir de ese momento, y a pesar de la frustración política que supuso el fracaso del segundo experimento republicano francés, Victor Hugo reafirmó sus convicciones europeístas, llegando a proclamar el 17 de julio de 1851 en la tribuna de la Asamblea Nacional francesa su aspiración permanente a los «Estados Unidos de Europa». Reflexionar sobre Europa, sobre la patria de los europeos, siguió siendo una necesidad vital e intelectual para Victor Hugo, salida de su férrea voluntad de imaginar una Europa libre, justa, culta, ilusionada, apacible y próspera, dueña de su destino y volcada al mundo, pletórica de actividad y referencia obligada para toda la humanidad, la «nación extraordinaria» del siglo XX que imaginó en un escrito aparecido en 1867, a modo de introducción de una *Guía de París*, titulado *El Porvenir*.

1.3. Hacia el «bienestar socioeconómico»

Si Saint-Simon consideró fundamental establecer vínculos entre los europeos, entre ellos los de tipo económico para defender los «intereses comunes», para en paz y por medio del buen gobierno avanzar en el bienestar socioeconómico general, Proudhon, además de sus reflexiones sobre el necesario proceso de unión desde abajo de los pueblos —confederación de municipios—, no dejó de insistir en la necesidad de dotar de contenido social al proyecto europeísta si de verdad se quería contar con la adhesión de la ciudadanía en un momento en que los grupos populares estaban a la conquista de derechos, no sólo civiles o políticos sino también sociales fundamentados en la dignidad de la persona. El propio Friedrich Nietzsche, años más tarde, y a propósito de la Europa unida de los pueblos que venía perfilándose a lo largo del siglo XIX, intuyó también, en *Más allá del bien y del mal*, que el futuro pasaba por la unión: «Europa quiere llegar a ser una», primeramente en forma de integración económica: «los pequeños Estados de Europa —me refiero a nuestros Imperios y los Estados actuales— se harán económicamente inconsistentes en breve plazo», he aquí, como dice Bernard Voyenne, que nos encontramos al «filósofo de la voluntad de poder» convertido en «profeta de la cooperación económica», en consonancia con los postulados de Adam Smith, expresados en la *Investigación sobre la naturaleza y causas de la riqueza de las naciones*, según los cuales, la ampliación de mercado conduce a un mejor desarrollo económico de las naciones, fundamentos de vital importancia para la puesta en marcha y consolidación del proceso de integración europea a partir de la segunda mitad del siglo XX.

Bienestar socioeconómico para impulsar y extender los valores comunes de la educación y de la cultura, porque, como ha escrito Denis de Rougemont, «Europa sin cultura no es más que un cabo de Asia». Así, para François Marie Arouet —Voltaire— (1694-1778), sólo la percepción de pertenencia a una misma cultura —según él, la esencia de Europa, como se percibe, por ejemplo, en su *Ensayo sobre las costumbres*— crearía el marco adecuado para que, en ausencia de guerra y regidos por el buen gobierno, los pueblos pudieran aspirar a una existencia lo más justa y digna posible y así, fundamentada en la tolerancia, consolidar una sociedad de «bienestar» para todos. Los postulados sobre los valores culturales que hace suyos Voltaire tuvieron su precursor en el siglo XV en la figura de Eneas Silvio Piccolomini, elegido Papa, en 1458, con el nombre de Pío II, a quien se debe, además, el rescate culto y generalización del término «europeo», y para quien Europa es «nuestra patria, nuestra casa»: «*Nunc vero in Europa, id est, in patria, in domo propria, in sede nostra, percussi caesique sumus.*» En este personaje, en palabras de Federico

Chabod, «se advierte la estimación de los valores culturales *europeos*, fundados en la tradición clásica, en el culto a Roma y al pensamiento antiguo: se empieza a entrever a Europa en el conjunto de humanistas dedicados a glosar los textos antiguos, como —por utilizar la expresión de Voltaire— la "república" de la inteligencia y la cultura. Eneas Silvio está al comienzo del camino que lleva a la concepción volteriana de la *república literaria*. Su sentido humanista le lleva a advertir afinidades culturales, de vida moral y espiritual». Estas ideas humanistas, fundamento de la cultura europea, ya nunca dejarán de fomentarse, destacando, entre los continuadores de Eneas Silvio Piccolomini, humanistas de la talla de Jacobo Wimpfeling, Jean Amos Komenski, conocido como Comenius, precursor de las llamadas ciencias de la educación, consideradas por este humanista como uno de los puntales básicos de toda sociedad bien organizada, o Erasmo de Rotterdam, humanista «europeísta», quien —en palabras de Jorge Uscatescu— «proclamó una civilización y una política europea bajo el signo de la paz». Con estos y otros pensadores, patriotas europeos, llegamos a Voltaire en quien, según Federico Chabod, «culmina aquel proceso de europeización, surgiendo así Europa con una fisonomía bien acusada en medio del "cosmopolitismo"».

En esta misma línea se inscribe el pensamiento europeísta fundamentado en los valores de la cultura y la civilización que defendió Johan Wolfgang von Goethe (1740-1832), y de otros muchos pensadores europeos de la contemporaneidad; pensamiento que puede resumirse en las palabras escritas por Ernest Renan en 1871, cuando Europa comenzaba a deslizarse por la senda de la «paz armada» de trágicas consecuencias: «Europa es una Confederación [o Federación] de Estados reunidos por una idea común de la civilización.» Como sostiene Luis Díez del Corral, «sólo atravesado por el eje esencial, aunque esté degradado, del cristianismo puede comprenderse la historia europea y su emplazamiento en la universal», porque Europa, tal como la entiende Enrique Moreno Báez, «es el conjunto de pueblos forjados en la herencia común del cristianismo», y «sobre esta base —en palabras de Edgar Morin— ha producido Europa una civilización original, marcada por la espiritualidad, el humanismo, la racionalidad, la democracia, es decir, virtudes y valores superiores a los de cualquier otra civilización». Firme impulsor de los valores de la instrucción y por ende de la civilización y la cultura fue también el español Gaspar Melchor de Jovellanos (1744-1811), quien creía que a través de la educación se podría llegar a preservar la dignidad humana y lograr la adhesión de la población a los principios supremos de tolerancia, libertad y justicia propios de un mundo civilizado, sobre todo ello versan algunos de sus trabajos, por ejemplo los titulados *Sobre la necesidad de cultivar en el Principado el estudio de las ciencias* o *Informe sobre la necesidad de unir el estudio de la literatura al de las ciencias*.

Al finalizar el siglo XX, esos valores comunes de la civilización europea deberían servir para unir a los pueblos europeos inmersos en el gran proyecto de integración en marcha, pueblos que, parafraseando la expresión de Walter Hallstein sobre sus recuerdos de escuela, habían dejado de verse como «enemigos hereditarios». Para que la Unión Europea pueda consolidarse como vínculo efectivo de integración económica, jurídica, social y política, los mejores esfuerzos de las generaciones presentes, como hubiera querido la generación de los fundadores de la Europa comunitaria, la generación del 50, representada como veremos más adelante por Schuman, Monnet, Adenauer, De Gasperi o Spaak, tendrán que dirigirse a potenciar los vínculos culturales y de civilización que dan forma y «cohesión familiar» al Viejo Continente, que conforman, como sostenía Edmund Husserl, la realidad unitaria de Europa. Sin tener en cuenta dichos vínculos unitarios, en palabras de Henri Brugmans, la «unión de Europa estaría vacía de contenido, estaría desprovista de sentido». En el tiempo actual de Europa, marcado por el proceso de integración, corresponde a los espíritus más preclaros del europeísmo, lo que Salvador de Madariaga definió como la creación de una verdadera «solidaridad moral», entendida como «la vera médula de Europa», conformadora de una auténtica comunión en el pensar y el actuar para llenar de sentido e impulsar la comunidad de destino, el proyecto de alcance universal que es Europa. Así lo expresó en 1948 el propio Salvador de Madariaga en el Congreso europeísta de La Haya:

> Ante todo amemos a Europa, nuestra Europa sonora de las carcajadas de Rabelais, luminosa de la sonrisa de Erasmo, chispeante del ingenio de Voltaire, en cuyos cielos mentales brillan los ojos fogosos de Dante, los claros ojos de Shakespeare, los ojos serenos de Goethe, los ojos atormentados de Dostoievski; esta Europa a la que siempre sonríe la Gioconda, y en la que Moisés y David surgen a la luz perenne del mármol de Miguel Ángel, y el genio de Bach se alza espontáneamente en los aires de la melodía para quedar captado en su geometría intelectual; donde Hamlet busca en el pensamiento el misterio de su inacción y Fausto busca en la acción consuelo al vacío de su pensamiento; donde Don Juan ansía hallar en las mujeres que topa la mujer que nunca encuentra, y Don Quijote, lanza en ristre, galopa para obligar a la realidad a alzarse sobre sí misma; esta Europa en donde Newton y Leibniz miden lo infinitesimal, y las catedrales, como dijo inmortalmente Musset, rezan de rodillas en sus trajes de piedra; donde los ríos, hilos de plata, hacen rosarios de ciudades, joyeles cincelados en el cristal del espacio por el buril del tiempo... Esta Europa tiene que nacer. Y nacerá cuando los españoles digan «nuestro Chartres», y los ingleses «nuestra Cracovia», y los italianos «nuestra Copenhague»; y cuando los alemanes digan «nuestra Brujas» y retrocedan de horror a la mera idea de poner sobre ella manos asesinas. Entonces Europa vivirá, porque entonces, el Espíritu que guía la Historia habrá pronunciado las palabras creadoras: *Fiat Europa*.

Richard Mayne, funcionario británico de las Comunidades Europeas desde 1955, resumía todo este espíritu europeísta de la siguiente manera: «Al examinar la evolución de la idea de Europa, han surgido varios temas principales: la influencia del mundo clásico, en especial del Derecho Romano; la huella del cristianismo; la unidad lograda por el Imperio medieval y el Pontificado; el sentido de solidaridad encarnado en la idea de las Cruzadas; la nostalgia post-medieval por un pasado, a menudo mal comprendido; el deseo vehemente de paz duradera; los efectos de la cultura cosmopolita; el ejemplo de los Estados Unidos; el imperio de Napoleón; el romanticismo y el nacionalismo; el socialismo internacional; el federalismo y el auge del movimiento sindical europeo. Todos estos factores contribuyeron, en su época, a formar la noción de Europa, y algunos de ellos todavía hoy hacen sentir su influencia en nuestro continente. El movimiento "europeo" de hoy en día está marcado por las huellas de su historia; pero es también algo más que la suma de sus huellas.» Que el testamento europeísta de Jean Monnet, resumido por quienes le conocieron en la célebre afirmación: «Si tuviera que empezar, empezaría por la cultura», sirva de ejemplo y estímulo para las generaciones sucesivas en el afán común y permanente de hacer Europa.

2. La recuperación de la idea de Europa en el siglo XX

2.1. LOS PRIMEROS IMPULSORES DE LA IDEA

El incremento de las relaciones comerciales y culturales entre los países europeos tuvo un crecimiento espectacular entre 1850 y 1870, camino que se frustró con las tendencias militaristas que conducirían en el nuevo siglo a la Gran Guerra. Según Carl Strikwerda, en el período de entreguerras, el repliegue de los países europeos hacia sí mismos fomentó las tendencias aislacionistas frente al europeísmo integrador. De esta forma, después de 1945, la construcción europea siguió más la línea de defensa de las políticas estatales, herencia de los recelos de la época de entreguerras, que apostar más decididamente por una integración más rápida y amplia. La Unión Europea compartiría, pues, una necesaria línea integradora pero junto al «rescate de la nación-Estado» en apreciación de Alan Milward.

Después de los años de «Paz armada» (1871-1914) y de la Gran Guerra (1914-1918), una época poco propicia para el avance del ideal europeísta, casi condenado al ostracismo intelectual y sólo preservado a través de los contactos de «catacumba», los viejos sueños europeístas de «paz perpetua», «buen gobierno» y «bienestar socioeconómico» de los pueblos, pergeñados por los pensadores y filósofos de los siglos XVII al XIX, quedaron recogidos y reformulados por los defensores de la idea de la unidad de Europa en el novecientos: «En todas partes de Europa —señalaba B. Croce— se asiste a la germinación de una nueva conciencia, de una nueva nacionalidad, así también los franceses, alemanes, italianos y todos los demás se elevarán a europeos y sus pensamientos se dirigirán a Europa, y sus corazones palpitarán por ella como lo hicieron por unas patrias más pequeñas, no olvidadas, sino mejor amadas.» Parecía en efecto llegado el momento en que la Europa nacionalista e imperialista comenzaba a declinar, exhausta por el precio pagado por la victoria o la derrota en la Gran Guerra y por la carga añadida que suponía el mantenimiento de su imperio colonial, y otra Europa aspiraba a crearse: la Europa hija de la idea de la paz, necesitada de entendimiento fructífero entre las naciones y empeñada en un novedoso e ilusionado proyecto de integración supranacional podía empezar a construirse. Pero, como recordó Jean Monnet, incluso en estos momentos que parecían aurorales de una nueva época, el virus del nacionalismo impidió que en el corazón de Europa surgieran nuevos Estados prestos a fusionarse, a federarse en entidades superiores que pudieran garantizar su existencia y consolidación en el nuevo orden internacional creado después de la Primera Guerra Mundial; en este sentido, el caso de Checoslovaquia, según los postulados nacionalistas de Beneš, que llegaría a ser presidente de la República, incluso alentados por potencias como Francia, es paradigmático de aquellos años de la inmediata posguerra: a la sugerencia de Monnet de que Checoslovaquia, especialmente por motivos económicos, se «convirtiera en el instrumento de una federación», Beneš contestó «jamás»: «tal era —sentencia Monnet— el estado de ánimo de un hombre joven, consejero muy escuchado en Ginebra, comprometido ya en un destino grande y trágico, completamente dominado por la pasión nacionalista».

Pero ya desde comienzos del siglo XX las señas de identidad de la idea de Europa comenzaron a ser recuperadas. El primer impulso en la recuperación de los valores europeístas, de la misma idea de Europa, lo encontramos en fecha tan señalada como 1900: en el Congreso de Ciencias Políticas de París, celebrado por iniciativa de Anatole Leroy-Beaulieu (1842-1912), hombre de letras, sociólogo y jurista, se presentaron importantes aportaciones sobre «Los Estados Unidos de Europa», entre ellas las del propio Leroy-Beaulieu, que demostraban que los ideales de «paz perpetua», «buen gobierno» y «bienestar socioeconómico» de los pueblos, seguían en pie y que a las puertas del nuevo siglo las mejores mentes europeas podían apostar definitivamente por ellas para intentar convencer a los responsables de los distintos gobiernos de que el futuro de Europa, su reorganización sobre las pautas de la colaboración y la integración confederal o federal, pasaba por asumir los postulados del ideal europeísta, recordados tan oportunamente por Leroy-Beaulieu en la apertura del mencionado Congreso de Ciencias Políticas:

> No son solamente los soñadores o los filósofos, los hombres dominados por un ideal tal vez sobrehumano de paz y de justicia, quienes sueñan con realizar esta vieja utopía de una unión europea, lo son también los espíritus positivos, preocupados ante todo por los intereses materiales o ventajas políticas y preocupados también por el peligro que pueden acarrear a la vieja Europa, en el dilatado mundo de los pueblos contemporáneos, sus odios y divisiones intestinas.

Entre los defensores e impulsores de la idea de Europa en los años de entreguerras destacaron especialmente el aristócrata y conde austriaco Richard Coudenhove-Kalergi (1894-1972) y el político francés Aristide Briand (1862-1932). Antes de que Coudenhove-Kalergi y Briand apostaran decididamente por la nueva Europa modelada en el ideal europeísta, o al mismo tiempo que ellos, una serie de personalidades con grandes inquietudes socieconómicas sobresalieron en el empeño, tal fue el caso de Tullio Martelo, quien en 1905 publicaba una obra titulada *Lo Zollverein italofrancese e gli Stati Uniti d'Europa*; Alfred Vanderpol, impulsor en 1912 de la *Union Internacionale pour l'Étude du Droit des Gens d'après les Principes Chrètiens*, organización de cuya constitución fue testigo Robert Schuman; Max Waechsler y la *European Unity League*, fundada en Londres en 1913; Gaston Rilou, autor de un libro aparecido en 1928 con el título de *Europa, mi patria*, y cofundador con Charles Gide en 1926 de la «Asociación para la Unión Económica y Aduanera Europea», inspirada en el «Consejo Económico Paneuropeo» presidido por Louis Loucheur; Émile Mayrisch, impulsor del cártel del acero; sir Arthur Salter, quien, con su *The United States of Europe. Idea and Others Papers*, obra publicada en Londres en 1933, es presentado como el inspirador de la Asociación Europea de Libre Cambio; o Vladimir Woytinsky, político alemán, quien desde la izquierda puede ser considerado, en virtud de su obra de 1927 *Les États-Unis d'Europe*, uno de los precursores de la Comunidad Económica Europea, fundada en Roma treinta años más tarde; en suma, una representación de la elite europeísta del momento, conocedores de la realidad de Europa y que, en palabras de Henri Brugmans, «trataron sinceramente de encontrar remedios a los males que afligían a la comunidad».

Podía parecer, a los ojos de los contemporáneos, que se trataba de poner en marcha un proceso totalmente nuevo, pero, lo cierto, es que el impulso al ideal europeísta en el novecientos llegaba, al menos, del gran momento auroral que en el campo de las ideas significaron las décadas interseculares entre el siglo XVII y el XVIII. En palabras de Paul Hazard:

> Todo está en todo, ya lo sabemos; nada es nuevo, también lo sabemos [...]. Pero si se llama novedad (y parece que no hay otras, en la esfera del espíritu) a una lenta preparación que llega al fin a su término, al remozamiento de tendencias eternas que, después de haber dormido en la tierra, surgen un día, dotadas de una fuerza y adornadas de un esplendor tales que parecen desconocidos a los hombres ignorantes y olvidadizos; si se llama novedad a un cierto modo de plantear los problemas, cierto acento, cierta vibración; cierta voluntad de mirar el porvenir más que el pasado, de desprenderse del pasado, aunque aprovechándose de él; si se llama novedad, en fin, a la intervención de ideas fuerza que llegan a ser bastante enérgicas y bastante seguras de sí mismas para actuar evidentemente sobre la práctica cotidiana, entonces se ha realizado un cambio, cuyas consecuencias han llegado hasta nuestra época presente [...].

2.2. Coudenhove-Kalergi y «Paneuropa»

Imbuido de este afán de «novedad» por rescatar el ideal europeísta que llevaba aparejado repensar Europa para construir un futuro mejor estaba Richard Coudenhove-Kalergi, la «conciencia de una generación». Coudenhove-Kalergi había fundado en Viena, en 1923, una revista y la organización «Unión Paneuropea», inspiradas en los principios europeístas ya conocidos, publicando a continuación, en ese mismo año, un libro fundamental con el inequívoco título de *Paneuropa*; esta publicación, como ha señalado Carl J. Friedrich, era «continuación de su artículo aparecido en *Neue Freie Presse* (Viena) de 1922».

Según Coudenhove-Kalergi, el continente europeo no había tenido rival durante el siglo XIX, pero durante los primeros años del siglo XX, la progresiva emancipación de Asia, la importancia del Imperio ruso fuera de los límites europeos, la fuerza económica de Japón o la consolidación de Estados Unidos como potencia mundial provocaron que la hegemonía europea se resintiera: «se ha temido a Europa; pero ahora se la compadece. Antes hablaba como dueña y señora, mientras que ahora se limita a defenderse». Ante la creciente importancia en el panorama internacional del mundo extraeuropeo, donde según este autor, la tendencia «sintética», es decir, la inclinación de los diferentes territorios a integrarse en Estados poderosos, la característica principal de la Europa del momento era la contraria: el proceso de atomización, la multiplicidad de pequeños Estados, muchas veces enfrentados entre sí por distintas razones que impiden la formación de un sistema de organización unitario europeo para dar respuesta a las necesidades de la época. Europa debe unirse porque «como concepto político no existe» y este hecho puede provocar su extinción como potencia mundial.

La solución que propone Coudenhove-Kalergi es precisamente alcanzar un «concepto político» de Europa frente a lo que nos ofrece la geografía. Concepto político del que excluye a Rusia (por no ser un país democrático) y a Gran Bretaña (por mantener todavía un gran imperio). Así, su Paneuropa comprendería los distintos Estados continentales que tienen un sistema democrático de organización política e Islandia, por estar asociada a Dinamarca. Turquía pertenecería plenamente a la esfera asiática.

Una Paneuropa concebida en estos términos podría hacer frente a las amenazas que se ciernen sobre ella. Una de las más evidentes es el peligro ruso, permanente desde la época de Pedro el Grande y revitalizado ahora con la revolución bolchevique. Una amenaza que le conduce a concluir que «el fin común a todos los europeos sin distinción de partidos o de naciones debería ser el impedir una invasión rusa». No obstante su anticomunismo militante, Coudenhove-Kalergi aboga por una colaboración entre Rusia y Europa con el fin de evitar conflictos mayores. El recelo a la potencia norteamericana tiene otras motivaciones. Todo el capítulo V de *Paneuropa* se dedica a contrastar la rica evolución de los Estados Unidos de Norteamérica frente a una Europa cada vez más empobrecida por las luchas intestinas. En realidad, tanto América del Norte como Paneuropa se sustentan sobre edificios constitucionales democráticos y políticas pacifistas y liberales, por lo que, si la tendencia unitaria en el Viejo Continente llega a consumarse, no debería existir en el futuro un conflicto importante entre ambos Estados; es más, Gran Bretaña, tanto por su historia como por su posición actual podría servir de interlocutor entre los dos continentes. Es precisamente el momento en el que aborda las futuras relaciones entre Paneuropa y el Imperio británico cuando Coudenhove-Kalergi muestra una mayor ingenuidad política. Según Coudenhove-Kalergi la misión civilizadora europea debería repartirse entre el Imperio británico y Paneuropa: al primero correspondería «la europeización del mundo; la Paneuropa se encargaría de la parte intensiva: por la colaboración de todos sus miembros, llevar esta civilización a su más alto grado». Dentro de esta concepción, los ejes principales de una acuerdo anglo-paneuropeo serían: «1.º Arbitraje obligatorio entre la Paneuropa y el Imperio británico. 2.º Desarme de la flota europea submarina. 3.º Acuerdos sobre las flotas aéreas del porvenir; este acuerdo correspondería al acuerdo naval de Washington y aseguraría a Inglaterra contra un ataque aéreo. 4.º La flota inglesa se encargaría de la protección de las colonias asiáticas de Europa (Indias francesas y holandesas) contra todo ataque de un tercero; por el contrario, Europa se encargaría de la defensa de la metrópoli inglesa contra un ataque extranjero (una ofensiva de los rusos, por ejemplo).»

Pero los principales obstáculos para lograr la tan ansiada unidad europea no son sólo externos. La permanente rivalidad entre Alemania y Francia, «las dos naciones más importantes de Paneuropa», constituye un serio incoveniente en este camino. Sobre todo porque más allá de los diferentes intereses estratégicos o económicos, las mentalidades populares de uno y otro país mantienen rencores seculares difíciles de extirpar: «únicamente un acto generoso por parte de Francia, la desocupación del Rin, por ejemplo, a cambio de un tratado de garantía europea, podría decidir a Alemania a creer en un gesto de reconciliación de Francia y dar un golpe mortal a su política de desquite». En todo caso, el pacifismo y no sólo para mejorar las relaciones franco-alemanas era una actitud que necesariamente deberían adoptar los gobiernos europeos, dada la compleja situación en la que se encontraba el continente. Coudenhove-Kalergi critica abiertamente a la Sociedad de Naciones, un proyecto interesante pero ilusorio por su debilidad intrínseca y porque actúa en contra de los intereses europeos. Ni siquiera Alemania forma parte de la Sociedad, excluyéndola todavía más del concierto de la naciones, aminorando la importancia de Europa en el sistema internacional e intentando que los problemas europeos fueran solucionados por potencias extraeuropeas. Ése no es el camino para alcanzar una paz universal y un acuerdo generalizado para evitar conflictos futuros. La debilidad europea es uno de los signos más evidentes de que la guerra está presente en el horizonte inmediato y por ello es necesario tomar medidas rápidas.

Paneuropa como solución significa abordar la cuestión de la «nación europea». Coudenhove-Kalergi niega la existencia de naciones compuestas por pueblos uniformes y homogéneos. La mezcla entre europeos ha sido siempre el elemento constitutivo principal, por eso las «naciones no son comunidades de sangre, sino comunidades de espíritu» en las que «grandes hombres» modelan «al pueblo al cual están espiritualmente unidos». Aun cuando los pequeños nacionalismos enciendan la antorcha de las diferencias en pro de unas identidades uniformes y cerradas sobre sí mismas, Europa es una realidad inextricablemente unida por una concepción del arte, de la cultura, del sentimiento. Desde las constituciones políticas a las manifestaciones de la religión cristiana, a las costumbres, a las formas de vida, los elementos de unión son mucho más importantes que los disgregadores, y de ahí que debamos hablar con pleno derecho de una nación europea. Otra cuestión era cómo organizar una serie de instituciones que dieran contenido en la práctica al proceso de unidad. Coudenhove-Kalergi pensaba que el primer paso debía ser la convocatoria de una conferencia paneuropea por parte de varios gobiernos con el fin de crear una Oficina permanente y establecer una periodicidad en las reuniones. En un segundo momento, la fluidez de las conversaciones conduciría a cerrar un tratado de arbitraje y garantía entre las democracias continentales para evitar futuros conflictos. Por la trascendencia del mismo, Gran Bretaña sería invitada a participar en él. En un tercer momento, la Conferencia europea establecería una unión aduanera con vistas a una integración económica paulatina, que debería comenzar por suprimir las fronteras comerciales. La culminación de todo este proceso sería la constitución de unos «Estados Unidos de Europa», fórmula similar a la norteamericana, con dos Cámaras de representación: una popular formada por 300 diputados, eligiéndose un diputado por cada millón de habitantes; y otra segunda Cámara elegida por cada uno de los Estados (estaría constituida por 26 delegados de los 26 Estados europeos del momento). Coudenhove-Kalergi tenía pensado también cómo solucionar el problema lingüístico: «En las relaciones interiores, todas las lenguas europeas deberán ser admitidas bajo una base de igualdad; pero por razones prácticas, todos los Estados europeos deberán decidirse a introducir en los programas de las Escuelas superiores, y después de las Escuelas primarias, la enseñanza obligatoria del inglés, pues en el mundo extraeuropeo es el inglés el idioma internacional; sería hábil, por parte de los europeos, seguir en este punto el ejemplo de chinos y japoneses. Desaparecería la rivalidad de idiomas europeos y sería notablemente facilitada la comprensión entre sí de los países si cada europeo poseyera a fondo el inglés como idioma auxiliar al lado del propio.»

Para lograr estos objetivos, los verdaderos partidos políticos democráticos europeos de distintas tendencias deberán tener entre sus puntos programáticos la lucha a favor de la unidad europea, olvidándose en este aspecto de rencillas o de diferencias ideológicas para que su posición se robustezca y se afirme en contra de los enemigos de Paneuropa, que no son otros que los comunistas, los militaristas, los nacionalistas y sobre todo los grandes industriales favorecidos por las políticas proteccionistas. Evidentemente, el camino sería largo y no exento de multitud de obstáculos, pero la consecución de la unidad europea debería ser la gran tarea común.

En 1924, Coudenhove-Kalergi sacó a la luz el «Manifiesto Paneuropeo» en el que animaba a luchar por la unión de los pueblos de Europa dentro de una federación, fórmula política superadora de los viejos Estados nacionales, de la que quedarían excluidos, como ya apuntó en la obra *Paneuropa*, los imperios británico, tradicional potencia colonial de dimensiones intercontinentales, y soviético, nueva potencia colonial euroasiática impulsora del internacionalismo socialista. Para Coudenhove-Kalergi, un paso previo, pero fundamental, para que dicho objetivo de integración federal pudiera hacerse efectivo era, como se ha comentado más arriba, terminar con la «cuestión alemana», fomentando el entendimiento y la colaboración entre Francia y Alemania. Sólo mediante la unión, Europa, pensaba Coudenhove-Kalergi, podría representar un papel relevante en la nueva comunidad internacional, donde potencias extraeuropeas, como Estados Unidos de Norteamérica o la Unión Soviética, estaban a punto de tomar el relevo en la dirección de los asuntos internacionales a las viejas naciones e imperios europeos, como afirmó en el Manifiesto Paneuropeo: «La única salvación reside en Paneuropa, en la reunión de todos los Estados democráticos del continente en una agrupación política y económica.» Las aportaciones de Coudenhove-Kalergi al proceso de unidad servirán de base para el inicio del proceso de integración europeo, una etapa fundamental para el progreso en paz y libertad de todo el planeta: «La creación de los "Estados Unidos de Europa" —escribió Coudenhove-Kalergi— sobre el modelo de los Estados Unidos de América coronaría todas nuestras tentativas.»

En la primera semana de octubre de 1926, la Unión Paneuropea, cuya sede fue fijada en la imperial ciudad de Viena, celebró su primer Congreso en la antigua capital de lo Habsburgo, en honor de los mejores espíritus europeístas —el Congreso lo presidían las efigies de Comenius, Sully, el abad de Saint-Pierre, Kant, Mazzini, Hugo y Nietzsche—, que contó con la participación de varios miles de personas de veinticuatro países, resaltando la presencia de gran número de importantes políticos de la época, con el checo Edvard Beneš, el francés Joseph Caillaux, el alemán Paul Loebe, el italiano Francesco Nitti, el griego Nicolas Politis y el austriaco Ignaz Seipel como presidentes de honor; al cierre del Congreso se crearon secciones nacionales de la organización repartidas por todo el Viejo Continente, comprometidas con los valores de libertad, justicia, igualdad, seguridad y unidad federal o confederal europea. El programa de la Unión Paneuropea era el siguiente:

1.º El movimiento Paneuropa es un movimiento de masas, sin distinción de partidos, para la unificación de Europa.

La Unión Paneuropa es el portaestandarte del movimiento Paneuropa.

2.º El objetivo del movimiento Paneuropa es la unión de todos los Estados europeos, que lo quieran y puedan, en una federación político económica fundada en la igualdad de derechos y en la paz.

3.º El programa de política mundial del movimiento Paneuropa se reduce a una colaboración amistosa con los demás continentes políticos dentro de las líneas generales de la Sociedad de Naciones.

4.º La Unión Paneuropa se abstiene de toda injerencia en los asuntos de política interior.

5.º La Unión Paneuropa se organiza por Estados; cada Estado cuenta con un Comité independiente, que se administra autónomamente. El Negociado central de la Unión Paneuropa, que mantiene la comunicación entre las uniones de los distintos Estados, reside en Viena.

6.º El distintivo de la Unión Paneuropa es una cruz roja sobre un sol de oro.

Para la ilustración del párrafo segundo, el Consejo Central ha convenido en el siguiente comentario, a fin de evitar toda discrepancia sobre las cuestiones inglesa y rusa en el seno de la Unión:

1. Toda solución del problema paneuropeo ha de atenerse a las estrechas relaciones geográficas, históricas, económicas y culturales que unen a Inglaterra y Rusia con las demás naciones de Europa.

2. La última resolución del problema de si y hasta qué punto en la presente situación mundial pueden la Gran Bretaña y la Unión de los Soviets ser miembros de una federación política paneuropea es de la incumbencia de esas mismas naciones.

3. La Unión Paneuropa reconoce y aprecia las particulares diferencias del Imperio Británico y Rusia para federarse exclusivamente en un continente determinado.

4. En cuanto esta situación excepcional impide la inclusión de esas dos confederaciones o de partes aisladas de las mismas en Paneuropa, el objeto de la Unión Paneuropa será la estrecha colaboración con esos dos continentes políticos hermanos, dentro del cuadro de la Sociedad de Naciones y sobre la base de un sistema de Locarno oriental-occidental.

5. El problema del ingreso completo o parcial de Inglaterra o Rusia en su sistema aduanero paneuropeo deberá resolverse amistosamente, teniendo en cuenta las relaciones económicas mundiales y los intereses comunes.

6. Cualquier otra actitud frente a este problema sólo tendrá el valor de un criterio personal, pero no podrá considerarse como la actitud oficial de la Unión.

Un año más tarde, Aristide Briand fue elegido presidente de honor de la Unión Paneuropea, y al movimiento se adhirieron políticos de renombre como los franceses Louis Loucheur, Léon Blum, Painlevé, Paul Boncour, Daladier y Albert Thomas; el británico Noel Braker; los alemanes, Adenauer, Schacht y Wirth; y el italiano, conde Sforza, autor en 1929 de un libro titulado *Los Estados Unidos de Europa*; y personalidades de gran prestigio intelectual como Albert Einstein, Thomas Mann, Heinrich Mann, Selma Lagerlöf, Sigmund Freud, Rainer Maria Rilke, Paul Valéry,

Paul Claudel, Jules Romains, Bertrand de Jouvenel, quien publicó en 1930 la obra titulada *Hacia los Estados Unidos de Europa*, Miguel de Unamuno, Salvador de Madariaga y José Ortega y Gasset. Finalmente, en sus afanes europeístas, la Unión Paneuropea de Coudenhove-Kalergi y Briand estableció en Berlín, el 25 de febrero de 1930, el proyecto de pacto europeo para los «Estados Federales de Europa». En palabras de Bernard Voyenne, «la idea europea recobraba un nuevo y feliz empuje».

El análisis realizado por Coudenhove-Kalergi de la situación política europea y mundial era eminentemente político. De una parte, sus planteamientos podían pecar en algunos aspectos de poco prácticos; pero por otra parte, su visión de la realidad europea llevaba en sí soluciones concretas a problemas políticos que, a pesar de las dificultades, podían ser solventados en un futuro próximo. Así, su Paneuropa puede considerarse el reverso de la *Decadencia de Occidente* de Spengler que, publicada en 1918, ofrecía un panorama desolador para Europa en tanto que la decadencia del continente se entendía en términos «biológicos» y, por tanto, sobre los cuales no se podía poner remedio.

En 1934, después de la experiencia acumulada por los congresos paneuropeos, pero también después de haber alcanzado Hitler el poder en Alemania, Coudenhove-Kalergi publicó la obra *Europa despierta*, donde criticaba las teorías desarrolladas por los dirigentes nacionalsocialistas sobre las naciones «puras», «naturales», insistiendo en que las raíces de las culturas europeas eran comunes y el sentimiento patriótico nacional era perfectamente compatible con un sentimiento europeísta. Incluso el autor cambiaba alguno de los postulados vertidos en *Paneuropa*: resultaba muy significativa, por ejemplo, la valoración positiva que hacía de la labor desarrollada por Kemal Atatürk en Turquía, aproximando este país al modelo europeo de Estado.

2.3. BRIAND Y EL PROYECTO DE «ASOCIACIÓN EUROPEA»

Como ha señalado Henri Brugmans, la Unión Paneuropea «consiguió constituir un poderoso *grupo de presión* en la Europa de entonces». Entre los seguidores de Coudenhove-Kalergi destacó el político francés Aristide Briand, cuyos esfuerzos en pro del ideal europeísta fueron secundados por Édouard Herriot, quien, en su calidad de presidente del Consejo de Ministros de la República Francesa, el 25 de enero de 1925 pronunció un discurso en el Senado sobre la necesidad de instituir los Estados Unidos de Europa, y autor de un importante libro titulado *Europa*, aparecido en 1930, cuando el ideal europeísta volvía a ser puesto en cuestión por el empuje que cobraban los planteamientos políticos totalitarios fascista y nacionalsocialista. Con Herriot, hombre de letras y dirigente político, nos encontramos ante el primer intento de carácter gubernamental de apoyo al proceso de integración europea formulado en la época de entreguerras; aspiración todavía más intelectual que práctica, y que hasta ese momento sólo había encontrado respaldo en ciertos ámbitos de la sociedad civil más comprometida con la idea de Europa, mediante la realización de congresos o la fundación de organizaciones socioeconómicas y políticas. En estos afanes y quehaceres europeístas, Herriot tuvo continuador en Aristide Briand, político de experiencia y responsabilidad, tanto por su labor en el Consejo de Ministros de Francia, como en la Sociedad de Naciones.

En esos años, Aristide Briand, a la sazón ministro de Asuntos Exteriores de la República Francesa y presidente de honor de la Unión Paneuropea, comenzó a madurar un plan de actuación que, auspiciado por la Sociedad de Naciones, impulsara definitivamente la unión europea para desterrar las divisiones y los enfrentamientos latentes que la Gran Guerra había potenciado hasta el extremo. En estos años, como ha señalado Pierre Gerbet, «la necesidad de unidad se hizo más urgente, tanto para mantener la paz y la prosperidad como para —y esto es lo novedoso— soportar la competencia de las nuevas potencias extraeuropeas. Aunque la diversidad había sido un factor de dinamismo, la división se convertía en un obstáculo».

Animado de una firme voluntad europeísta, y con el objetivo de poner en marcha su proyecto de «Asociación» entre las naciones del Viejo Continente, el 5 de septiembre de 1929, Briand, en ese momento presidente del Consejo de Ministros de la República Francesa, responsable también de la cartera de Exteriores, presentó a la X Sesión Ordinaria de Asamblea Plenaria de la Sociedad de Naciones sus ideas sobre el plan de unidad europea en el marco de aquélla, insistiendo en los siguientes aspectos:

> Aquí, con cierta preocupación, podría decir incluso con cierta inquietud, que hace nacer en mí una timidez que os ruego tengáis la amabilidad de disculpar, abordo otro problema. Me he encontrado asociado, durante estos últimos años, a una propaganda activa en favor de una idea que se ha querido calificar de generosa, tal vez para dispensarse de calificarla de imprudente. Esta idea, nacida hace no pocos años, que ha tentado la imaginación de los filósofos y poetas, que les ha valido lo que podríamos llamar éxitos cordiales, esta idea ha progresado en las inteligencias por su propio valor. Ha acabado por plantearse como respondiendo a una necesidad. Los propagandistas se han reunido para divulgarla, hacerla entrar cuanto antes en el espíritu de las naciones, y confieso que yo me cuento entre estos propagandistas.
>
> No he dejado, con todo, de no ocultarme a mí mismo las dificultades de semejante empresa, ni de percibir el inconveniente que puede suponer para un estadista el lanzarse a lo que bien cabría llamar semejante aventura. Pero pienso que en todos los actos del hombre, inclusive los más importantes y los más sabios, hay siempre un grano de locura o de temeridad. Entonces, me he concedido de antemano la absolución y he dado un paso al frente. Lo he hecho con prudencia. Me doy cuenta de que la improvisación sería temible y no se me oculta que el problema se sitúa tal vez algo fuera del programa de la Sociedad de Naciones: guarda, sin embargo, relación con él, pues desde que el Pacto existe, la Sociedad no ha dejado

nunca de preconizar el acercamiento de los pueblos y las uniones regionales, incluso las más amplias.

Pienso que, entre los pueblos que se encuentran agrupados, como los pueblos de Europa, debe existir una especie de vínculo federal. Estos pueblos deben tener en todo momento la posibilidad de estar en contacto, de discutir sus intereses, de tomar resoluciones comunes, de establecer entre ellos un lazo de solidaridad que les permita hacer frente, dado el caso, a las graves circunstancias que pudieran originarse.

Es precisamente este vínculo que quisiera esforzarme por establecer. Evidentemente la Asociación entenderá, sobre todo, en el terreno económico. Es ésta la cuestión más apremiante. Creo que puede conseguir felizmente sus logros. Pero me asiste la seguridad de que desde el punto de vista político, desde el punto de vista social, el vínculo federal, sin menoscabar la soberanía de ninguna de las naciones que podrían formar parte de tal Asociación, puede resultarles beneficioso. Me propongo, a lo largo de esta sesión, rogar a aquellos colegas míos que representan aquí a naciones europeas, tengan a bien querer considerar oficiosamente esta sugerencia y proponerla al estudio de sus gobiernos, para desentrañar más adelante, acaso durante la próxima sesión de la Asamblea, las posibilidades de realización que en ella creo discernir.

Para impulsar su propuesta europeísta, que siempre contó con el apoyo de importantes personalidades políticas, en especial la de su colega alemán Gustav Stresemann, ya que ambos perseguían terminar con la llamada «cuestión alemana», Briand, por encargo de los veintisiete delegados europeos de la Sociedad de Naciones, redactó con la colaboración de Alexis Léger (secretario general del ministerio de Asuntos Exteriores de Francia, conocido en el mundo de las letras como Saint John Perse, y que llegó a ser premio Nobel) un *Memorándum* sobre la organización de un régimen de Unión Federal Europea, presentado el 1 de mayo de 1930, que debía obtener, posteriormente, el respaldo de los Estados europeos y de la propia Sociedad de Naciones. Con el apoyo formal, pero sin excesivo entusiasmo europeísta, de los países europeos, con la excepción de Gran Bretaña, reticente más que ningún otro país ante el proyecto de «Asociación», Briand presentó ante la XI Asamblea Plenaria de la Sociedad de Naciones, celebrada el 11 de septiembre de 1930, su *Memorándum*, convertido, con las aportaciones de los demás países, en un auténtico «libro blanco» del europeísmo, en el que se apuntaba explícitamente el objetivo de conseguir «un Mercado Común para elevar al máximo el nivel de bienestar humano sobre el conjunto de los territorios de la Comunidad Europea».

En el *Memorándum* de Briand se decía, entre otras cosas fundamentales para el destino de una Europa que se quería unida, próspera y en paz, lo siguiente:

[...]. La hora nunca ha sido más propicia ni más apremiante para la inauguración de una obra constructiva en Europa. La regulación de los principales problemas, materiales y morales, consecutivos a la última guerra, liberará en seguida a la nueva Europa de aquello que gravaba más pesadamente su psicología, así como su economía. Europa aparece desde ahora disponible para un esfuerzo positivo que responda a un orden nuevo. Hora decisiva en que la Europa atenta puede disponer por sí misma de su propio destino. Unirse para vivir y prosperar: tal es la estricta necesidad ante la cual se encuentran desde ahora las Naciones de Europa. [...].

El *Memorándum* puede ser sintetizado en tres grandes apartados: *a)* sobre la necesidad de un *Pacto de orden general*, salvaguardando el principio de *unión moral* y reafirmando la necesaria colaboración y solidaridad entre todas las naciones de Europa; *b)* sobre la forma, contenidos y funcionamiento de la organización que debe dirigir los destinos de la Europa unida, en especial lo relativo a la *Conferencia Europea*, institución representativa, y al *Comité Político*, institución ejecutiva, y *c)* el Comité deberá velar por el cumplimiento de los siguientes objetivos: 1) la «subordinación de lo económico a lo político»; 2) la «cooperación política de Europa, que deberá tender a una federación fundada en la idea de unión y no de unidad, es decir, lo bastante flexible para respetar la independencia y la soberanía nacional de cada Estado», y 3) lograr la «organización económica de Europa».

La Asamblea de la Sociedad de Naciones autorizó la puesta en marcha de una «Comisión de Estudios para la Unión Europea», la cual debería perfilar más nítidamente los objetivos del *Memorándum* y emitir un informe definitivo sobre el proyecto de Asociación. La Comisión no cejó en sus empeños durante los meses siguientes, pero la muerte de Briand producida en 1932, y el cambio de situación política en Alemania con la llegada al poder del Partido Nacionalsocialista, frenó dicha iniciativa, y anunciaba, según Antonio Truyol, «el fin de una época que había conservado cierta ilusión» por la idea de Europa y su caudal transformador de la vieja política, y el mejor antídoto de haberse consolidado contra la nueva política representada por el movimiento totalitario impulsado desde los años veinte en la Italia fascista y a partir de los treinta en la Alemania nacionalsocialista. Pero el futuro de Europa, y con ella «el porvenir del espíritu europeo», tema central de un coloquio organizado por el Instituto de Cooperación Intelectual, celebrado en octubre de 1933 en París, con la presidencia de Paul Valéry y patrocinio de la Sociedad de Naciones, fue puesto de nuevo en cuestión desde posturas maximalistas, hasta dilucidarse pocos años después en la suprema prueba del segundo gran conflicto bélico del siglo.

En estos afanes europeístas ya mencionados destacaron también los políticos y diplomáticos españoles Salvador de Madariaga y Quiñones León, este último responsable de la delegación española ante la X Asamblea de la Sociedad de Naciones, en la que el 7 de septiembre de 1929 intervino Briand presentando su propuesta de «Asociación Europea». Madariaga, miembro de la Secretaría de la Sociedad de Naciones desde 1922, fue un destacado europeísta, firme defensor del federalismo europeo y que, en la línea de Jovellanos, pensaba que en potenciar los aspectos comunes de la tradición cultural del Viejo Continente estaba la mejor garantía para llegar a la unión de los Estados europeos. En estos mismos años tuvieron una gran resonancia los escritos de José Ortega y Gasset, apostando por el necesario renacimiento de Europa, cuyo fundamento está en las aspiraciones a la unidad europea: en este sentido, son de gran importancia las reflexiones contenidas en su obra de 1930 *La rebelión de las masas*, sobre el ser de Europa:

> Los europeos no saben vivir si no van lanzados en una gran empresa unitiva. Cuando ésta falta, se envilecen, se aflojan, se les descoyunta el alma. Un comienzo de esto se ofrece hoy a nuestros ojos. Los círculos que hasta ahora se han llamado naciones llegaron hace un siglo, o poco menos, a su máxima expansión. Ya no puede hacerse nada con ellos si no es trascenderlos. Ya no son sino pasado, que se acumula por todas partes alrededor del europeo, un pasado que se acumula en torno y bajo del europeo, aprisionándolo, lastrándolo. Con más libertad vital que nunca, sentimos todos que el aire es irrespirable dentro de cada pueblo porque es un aire confinado. Cada nación que era antes la gran atmósfera abierta oreada se ha vuelto provincia e «interior». En la superación europea que imaginamos, la pluralidad actual no puede ni debe desaparecer. Mientras el Estado antiguo aniquilaba lo diferencial de los pueblos o lo dejaba inactivo, fuera, o a lo sumo lo conservaba momificado, la idea nacional, más puramente dinámica, exige la permanencia activa de ese plural que ha sido siempre la vida de Occidente.
>
> Todo el mundo percibe la urgencia de un nuevo principio de vida. Mas —como siempre acontece en crisis parejas— algunos ensayan salvar el momento por una intensificación extremada y artificial, precisamente del principio caduco. Éste es el sentido de la erupción «nacionalista» en los años que corren. [...].
>
> Pero todos estos nacionalismos son callejones sin salida. Inténtese proyectarlos hacia el mañana, y se sentirá el tope. Por ahí no se sale a ningún lado. El nacionalismo es siempre un impulso de dirección opuesta al principio nacionalizador. Es exclusivista, mientras éste es inclusivista. En épocas de consolidación tiene, sin embargo, un valor positivo y es una alta norma. Pero en Europa todo está de sobra consolidado, y el nacionalismo no es más que una manía, el pretexto que se ofrece para eludir el deber de invención y de grandes empresas. [...].
>
> Sólo la decisión de construir una gran nación con el grupo de pueblos continentales volvería a entonar la pulsación de Europa. Volvería ésta a creer en sí misma, y automáticamente a exigirse mucho, a disciplinarse.

2.4. DE LA UNIÓN ECONÓMICA BELGA-LUXEMBURGUESA AL BENELUX

El 1 de mayo de 1922, el mismo año de las propuestas de Coudenhove-Kalergi en pro de la «Unión Paneuropea» y algunos más antes del *Memorándum* de Briand en favor de una «Asociación Europea» presentado a la

Sociedad de Naciones en 1930, los gobiernos de Bélgica y Luxemburgo (país que a raíz de la Primera Guerra Mundial abandonó la Unión Aduanera alemana *Zollverein*) aprobaron la creación de la Unión Económica Belga-Luxemburguesa (UEBL); que en 1932 se pretendió ampliar a Holanda, mediante la «Convención de Ouchy» de supresión de barreras aduaneras, que por presiones internacionales no llegó a ser operativa.

Sobre aquella base, a partir de 1942 y con Europa todavía en guerra, el político belga y europeísta convencido Paul-Henri Spaak (1899-1972) animó a los gobiernos en el exilio de Bélgica, Luxemburgo y Holanda a ampliar sus vínculos de cooperación económica. Fruto de ello fue la creación de la Unión Económica entre Bélgica, Luxemburgo y Holanda, la «Convención del Benelux», en sucesivas etapas: primera, la «Convención Monetaria» entre la Unión Económica Belga-Luxemburguesa y Holanda, de 21 de octubre de 1943; y segunda, la «Convención Aduanera» entre ambas partes, de 5 de septiembre de 1944, que entró en vigor después del final de la Segunda Guerra Mundial, el 1 de enero de 1948. Tanto por la organización institucional —Comité de los Ministros, Consejo de la Unión Económica, Consejo Interparlamentario, Comité Económico y Social y Colegio Arbitral—, como por la integración de factores económicos —unión aduanera, libre circulación de capital y trabajadores, unión económica—, el Benelux ha sido considerado como el «laboratorio» de las futuras Comunidades Europeas. En palabras de Jean Lecerf, periodista e historiógrafo del proceso de integración europea, el Benelux «provocó un desarrollo sensacional de los intercambios entre los tres países. Las importaciones y exportaciones procedentes de los miembros del Benelux progresaron tres veces más rápidas que los intercambios con terceros. Se adaptaron las economías. La experiencia del Benelux, por su éxito mismo, abría la vía al Mercado Común Europeo».

2.5. EL EUROPEÍSMO DURANTE LOS AÑOS TREINTA

Pero la primera posguerra estuvo marcada por la defección de Estados Unidos en la dirección del nuevo orden internacional propugnado por el presidente Wilson por medio de la Sociedad de Naciones. Ello influyó muy negativamente en los destinos de Europa, inmersa en los avatares de la reconstrucción posbélica y con una parte de sus territorios, en especial los pertenecientes al antiguo Imperio Austro-Húngaro, en situación de vacío de poder, hasta el punto de facilitar a finales de los años treinta las pretensiones, incluso *manu militari*, de los nacionalsocialistas alemanes dirigidos por Hitler de «germanizar» el Viejo Continente para instaurar el «*Reich* de los mil años», conformando también una especie de mercado común o unión económica «pangermánica», cuyo núcleo estaría compuesto por Alemania, Austria, Moravia, Bohemia, Holanda, Bélgica, Luxemburgo, Suecia, Noruega, Dinamarca, Eslovaquia, Hungría, Rumanía y Bulgaria.

A partir de los años treinta y durante la Segunda Guerra Mundial, el ideal europeísta atravesó por un momento especialmente delicado. Como reacción a las amenazas totalitarias surgidas en Italia y Alemania, una serie de personalidades comprometidas con los viejos postulados de «paz perpetua», «buen gobierno» y «bienestar socioeconómico» de los pueblos, y como señaló Carl J. Friedrich, con la plena «convicción muy difundida de que sólo una Europa unida puede acabar con la tentación totalitaria», fueron capaces de mantener viva la llama de la idea de Europa y comprometerse en la defensa de la libertad, la justicia, la democracia, el pluralismo, la tolerancia y el respeto de los derechos de la persona: era el momento, en palabras de Husserl, del «heroísmo de la razón». Fiel reflejo de esta época fueron el movimiento francés vinculado a revistas como *Ordre Nouveau*, *Esprit* o *Plans*, entre otras, en el que colaboraron personalidades como Robert Aron, Arnaud Daudieu, Alexandre Marc o Denis de Rougemont. Como este último pensador expresó algunos años más tarde, al reflexionar «Sobre el otoño de 1932, o el nacimiento del Personalismo», «aunque la lucha por Europa no estuviera aún en marcha, podemos verla ya inscrita en los programas de *Ordre Nouveau* y en el tono y estilo de *Esprit*». En los escritos de Robert Aron encontramos la aspiración de esta generación, testigo de los desastres de la Primera Guerra Mundial y de la época de confusión extrema y enfrentamientos político-sociales de los años de entreguerras, para lograr una sociedad en paz, justa y de progreso, aspiración que fue escuchada después de la Segunda Guerra Mundial:

> La solidaridad internacional no puede buscarse en un sistema de alianzas o de ejes. La auténtica solidaridad internacional consistirá en una lucha común de los pueblos contra la miseria. Esta lucha acabará por asegurar a los miembros de la colectividad europea el mínimum vital europeo. Del mismo modo, en el plano de la política interior, al asegurar a todos la seguridad material, por la concesión del mínimum vital, se libera a la persona del peligro de la miseria. Igualmente, en el plano de la política exterior, al asegurar a todos la seguridad material por la concesión del mínimum vital europeo, se libra a los pueblos del peligro de la guerra.

En los años treinta, en una situación políticamente comprometida, nos encontramos también con movimientos e iniciativas particulares de carácter europeísta. Así, en 1930, Yves Le Trocquer impulsa la «Unión Aduanera Europea», interesada en aportar sugerencias para mejorar la situación económica del Viejo Continente, en un momento especialmente crítico; en 1933 se crea en Basilea el movimiento «Europa Unión»; y en el Reino Unido comenzaron a actuar movimientos como el *Federal Union*, creado en 1938, con lord Beveridge al frente, y también el *Federal Union Research Institute*, firme impulsor de análisis sobre la unidad europea y el federalismo; todo ello sin olvidarnos de las reflexiones del profesor Edward Hallet Carr expresadas en un libro titulado *Condiciones para la paz* o las de lord David Davis, en especial las publicadas en su obra *The Seven Pillars of Peace. A Radical Scheme for a World League of Regional Federations*. El ímpetu europeísta desplegado por estos grupos, que además pretendían impulsar la colaboración entre las naciones y desterrar el conflicto, no fue, sin embargo, capaz de parar la guerra en Europa, aunque después de 1945 tendrían unan gran influencia en el proceso de integración acometido a continuación.

2.6. Europa en guerra: la resistencia europeísta al totalitarismo

Durante los años de la Segunda Guerra Mundial, los postulados europeístas lograron resistir a la fuerza de las armas, e incluso, como señaló Jean Monnet, uno de sus inspiradores, animaron un intento de cooperación entre el Reino Unido y Francia —la «Unión Franco-Británica»—, establecido el 28 de marzo de 1940, en la prueba suprema de la guerra, que comprometía a ambas naciones a no negociar con el enemigo ni a establecer el armisticio individualmente y por separado, y que debía servir también para la posterior reconstrucción en el momento de la paz. Durante los meses siguientes se trabajó con decisión para ampliar el marco del acuerdo franco-británico para potenciar la unidad de acción contra el enemigo bélico, así como lograr una mayor eficacia en la producción y distribución de recursos: el 13 de junio de 1940, el protocolo de acuerdo para la unidad sobre la base de «un solo gobierno, un solo parlamento, un solo ejército» estaba preparado para el refrendo por parte de los gobiernos de Gran Bretaña y de Francia. Como escribió Jean Monnet: «Debería producirse una declaración dramática de ambos gobiernos sobre la solidaridad de intereses de ambos países, sobre sus compromisos mutuos de restaurar juntos las regiones destruidas, señalando también que durante toda la conducción de la guerra, los dos gobiernos se fusionan y forman un solo gabinete con la reunión de los Parlamentos.»

En los últimos días de la primavera de 1940, Winston Churchill, primer ministro del Reino Unido, más apremiado por las circunstancias que imbuido del más altruista espíritu europeísta, pero contando con el apoyo del general De Gaulle, ya instalado en Londres, se encargó de recordar que el mejor camino para derrotar a Alemania y frenar la barbarie de la guerra era impulsar la unidad europea, indicando, además, que en la situación en la que se encontraba el Viejo Continente correspondía a Francia y al Reino Unido de Gran Bretaña marcar el camino hacia dicho objetivo, abogando por la «Unión Franco-Británica». Finalmente, el 16 de junio de 1940, Churchill presentaba al gobierno de Francia, presidido por Paul Reynaud, el proyecto de Unión, en los siguientes términos:

En esta hora tan grave en la historia del mundo moderno, el Gobierno del Reino Unido y la República Francesa se declaran indisolublemente unidos e inquebrantablemente resueltos a defender en común la justicia y la libertad contra el sometimiento a un sistema que reduce a la humanidad a condición de robots y esclavos.

Ambos gobiernos declaran que Francia y Gran Bretaña ya no serán en el futuro dos naciones, sino una sola Unión Franco-Británica.

La constitución de la Unión implicará organizaciones comunes para la defensa, la política exterior y los asuntos económicos.

Todo ciudadano francés gozará de inmediato de la ciudadanía en Gran Bretaña, y todo súbdito británico se convertirá en ciudadano de Francia.

Los dos países asumirán la reparación de los daños de guerra en cualquier lugar en que se hayan producido, y los recursos de uno y otro serán igualmente y como un todo único utilizados para tal fin.

Durante el curso de la guerra, no habrá más que un gabinete de guerra, y todas las fuerzas de Gran Bretaña y Francia, en tierra, mar y aire, quedarán bajo su dirección. Tendrá su sede donde juzgue que puede gobernar más útilmente. Los dos Parlamentos se fusionarán oficialmente. Las naciones que forman el Imperio británico ya están poniendo en pie nuevos ejércitos. Francia mantendrá sus fuerzas disponibles en tierra, mar y aire. La Unión hace un llamamiento a los Estados Unidos y les pide que refuercen los recursos económicos de los Aliados y aporten a la causa común la ayuda de su potente material.

La Unión concentrará todas sus energías contra el poderío del enemigo dondequiera que se libre la batalla.

Y de este modo, venceremos.

Sin embargo, la evolución de los acontecimientos, con el empuje imparable del ejército alemán en Francia, que coincidió con el cambio de gobierno en este país, con el mariscal Pétain al frente, y la claudicación del mismo el 22 de junio de 1940 ante los alemanes con la firma del armisticio impuesto por Hitler, impidió que dicho proyecto de unión franco-británica fraguara convenientemente, frustrando su conversión, una vez terminada la Segunda Guerra Mundial, según Pierre Gerbet, «en el núcleo de una Europa unida».

Fue durante los años de la Segunda Guerra Mundial cuando importantes líderes de la resistencia al nazismo y al fascismo destacaron en su apoyo a la idea de Europa, promoviendo toda una serie de iniciativas que lograron impulsar un gran movimiento de carácter europeísta en la inmediata posguerra y en años posteriores. Esos movimientos de resistencia, aunque profundamente nacionales, también estaban convencidos de que lo importante era no caer en los mismos errores de 1919 a la hora de establecer los cauces para la reorganización y reconstrucción de Europa después de la guerra, y ello resultó decisivo en la articulación de un proyecto de integración alentado por los gobiernos europeos occidentales y la propia sociedad civil. Incluso, para estos pensadores comprometidos con el ideal europeísta de corte federalista era esencial, como nos ha recordado Luis Díez del Corral, que los Estados comprendieran la necesidad de «ceder una parte considerable de su soberanía nacional, causa fundamental de tantas desdichas, y construir unos Estados Unidos de Europa».

En Italia destacaron, entre otros, Altiero Spinelli y Ernesto Rossi, fundadores de la revista *Unità Europea*, autores de una obra importante titulada *Por una Europa libre y unida* (conocida también como el «Manifiesto de Ventotene») y firmes defensores del federalismo, impulsando en 1943 desde Milán el «Movimiento Federalista Europeo». En Francia, la defensa del espíritu de la resistencia europeísta, y no sólo antifascista, contó, entre otros políticos e intelectuales, con Léon Blum, autor de otra obra europeísta de gran relieve: *A escala humana*. Ambas aportaciones coinciden en reclamar para los nuevos tiempos la necesidad de avanzar en el camino hacia la federación de los Estados europeos, con el supremo objetivo, en palabras de Marie-Thérèse Bitsch, de «garantizar la paz, la democracia y la reforma de la sociedad»: era el momento tan esperado, una vez acalladas las armas, de crear las condiciones necesarias para consolidar definitivamente en la sociedad europea los valores de la «paz perpetua», el «buen gobierno» y el «bienestar socieconómico» de los pueblos. También en Francia, Henri Frenay promovió en 1944 el «Comité Francés para la Federación Europea». En Alemania, destacó el papel desempeñado por Eugen Kogon, quien impulsó la «Unión Europea de los Federalistas de Alemania», con la pretensión, que ya había sido de Max Weber al terminar la Primera Guerra Mundial, de que Alemania contribuyera con su prestigio intelectual y su desarrollo socioeconómico a consolidar un nuevo proyecto para una Europa en paz y unida.

Estos grupos de europeístas continentales, con el apoyo de sus correligionarios suizos de Europa Unión y británicos de *Federal Union*, entre otros, y el respaldo de la «Carta del Atlántico», documento suscrito en agosto de 1941 por Churchill y Roosevelt como fundamento de la reconstrucción posbélica, lograron lanzar en julio de 1944 en Ginebra, en donde se reunieron delegaciones de nueve países (Francia, Alemania, Italia, Noruega, Bélgica, Holanda, Polonia, Checoslovaquia y Yugoslavia), el «Manifiesto de las Resistencias Europeas», posteriormente publicado en forma de libro con el título de *La Europa del mañana*, en el cual alentaban la unión federal de todos los pueblos de Europa como único medio para asegurar la paz universal, la civilización europea, la libertad, la democracia y hacer posible la reconstrucción común del Viejo Continente para garantizar la justicia social y el desarrollo estable y armonioso de sus pueblos:

> [...]. I.
> La resistencia a la opresión nazi que une a los pueblos de Europa en un mismo combate ha creado entre ellos una solidaridad y una comunidad de fines y de intereses que adquiere todo su significado y todo su alcance en el hecho de que los delegados de los movimientos de resistencia europeos se han reunido para redactar la presente declaración, en la que pretenden expresar sus esperanzas e intenciones en cuanto al destino de la civilización y la paz [...].
> II.
> Estas finalidades sólo pueden ser alcanzadas si los distintos países del mundo aceptan superar el dogma de la soberanía absoluta de los Estados,

integrándose en una única organización federal. La falta de unidad y cohesión que existe todavía entre las distintas partes del mundo no permite llevar a cabo inmediatamente la creación de una organización que reúna todas las civilizaciones bajo un gobierno federal único. Al final de esta guerra, habrá que limitarse a crear una organización universal menos ambiciosa [...].

Por esta razón, en el marco de esta organización universal, el problema europeo debe ser objeto de una solución más directa y radical.

III.

La paz europea es la piedra angular de la paz mundial. En efecto, en el espacio de una sola generación, Europa ha sido el epicentro de dos conflictos mundiales que, ante todo han tenido como origen la existencia sobre el continente de treinta Estados soberanos. Es importante poner remedio a esta anarquía por medio de la creación de una Unión Federal entre los pueblos europeos.

Sólo una Unión Federal permitirá la participación del pueblo alemán en la vida europea sin que sea un peligro para los demás pueblos.

Sólo una Unión Federal permitirá resolver los problemas de los trazados de fronteras en las zonas de población mixta, que cesarán así de ser objeto de ambiciones nacionalistas y se convertirán en simples cuestiones de delimitación territorial, de pura competencia administrativa.

Solamente una Unión Federal permitirá la salvaguardia de las instituciones democráticas, de tal modo que impidan que los países que no tengan la suficiente madurez política pongan en peligro el orden general. Sólo una Unión Federal permitirá la reconstrucción económica del continente y la supresión de los monopolios y de las autarquías nacionales.

Sólo una Unión Federal hará posible la solución lógica y natural de los problemas del acceso al mar de los países situados en el interior del continente, los de la utilización racional de los ríos que atraviesan varios Estados, el del control de los estrechos y, de una manera general, de la mayor parte de los problemas que han perturbado las relaciones internacionales en el transcurso de estos últimos años.

IV.

No es posible prever desde ahora los límites geográficos de la Unión Federal que pueda asegurar la paz de Europa. Sin embargo, conviene precisar que desde el principio deberá ser lo bastante fuerte y lo bastante amplia para no correr el riesgo de no ser más que una zona de influencia de un Estado extranjero o de convertirse en el instrumento de la política hegemónica de uno de los Estados miembros. Además, deberá estar abierta desde el principio a los países pertenecientes enteramente o en parte a Europa, que puedan y quieran convertirse en miembros.

La Unión Federal deberá estar fundada sobre una declaración de los derechos civiles, políticos y económicos, que garantice el libre desarrollo de la personalidad humana y el funcionamiento normal de las constituciones democráticas; además deberá apoyarse en una declaración de los derechos de las minorías a una existencia autónoma que sea compatible con la integridad de los Estados nacionales de los cuales forman parte. [...].

VI.

[...] [Los movimientos de resistencia que suscriben] Se comprometen a considerar sus problemas nacionales respectivos como aspectos particulares del problema europeo en su conjunto y deciden constituir desde ahora mismo una oficina permanente encargada de coordinar sus esfuerzos para la liberación de sus países, para la organización de la Unión Federal de los pueblos europeos y para la instauración de la paz y de la justicia en el mundo.

De las lecciones del tiempo pasado debían sacar los europeos la sabiduría necesaria para acertar en la elección del camino que les llevara a una nueva época, pero todavía en ese momento, como atestiguan las palabras de Heidegger, las dudas embargaban las conciencias del hombre europeo:

> ¿Nos encontramos en vísperas de la transformación más colosal de toda la tierra y del tiempo de su campo histórico? ¿Nos hallamos ante el ocaso conducente a una noche que lleva hacia otra aurora? ¿Acabamos de ponernos en marcha para emigrar a la región histórica de este ocaso de la tierra? ¿Es ahora cuando advierte de verdad el Occidente, la tierra del crepúsculo? ¿Será esa tierra del crepúsculo, por encima del Occidente y del Oriente, y a través de lo europeo, el lugar de la verdadera historia que está iniciándose? ¿Somos ya nosotros, los que vivimos hoy, occidentales en un sentido que se revela por nuestro tránsito hacia la noche del mundo? ¿Somos de verdad los rezagados, como indica nuestro nombre? ¿O somos, al mismo tiempo, los precoces del amanecer de una época del mundo enteramente distinta, que ha dejado atrás las ideas actuales sobre la historia?

2.7. LOS SEGUIDORES DE LA IDEA: LA GENERACIÓN DE LA POSGUERRA

Fue necesario esperar a la instalación definitiva de la paz en Europa, una vez terminada la segunda contienda bélica que entre 1939 y 1945 asoló de nuevo las tierras del Viejo Continente, para que dichas propuestas de integración defendidas durante todo el conflicto por las resistencias pudieran fructificar plenamente: «la idea de Europa —como ha señalado Edgar Morin— sale entonces de la nebulosa en la que se había refugiado a partir del siglo XVI y va a encontrar un principio parcial, limitado y circunspecto de encarnación. El motor de esta primera encarnación de una idea europea metanacional es la voluntad vital de exorcizar el espectro de la antigua amenaza y el de la nueva amenaza». Era el momento para Europa, en palabras de Ortega y Gasset, de poner en marcha la «gran empresa unitiva». Con el objetivo puesto en las antiguas aspiraciones europeístas, que la Carta del Atlántico hizo suyas al prescribir en su punto Tercero «el derecho de todos los pueblos a escoger la forma de gobierno», el proceso hacia la unión europea comenzó a fraguarse. Pero, como muy acertadamente intuyeron intelectuales europeos de la talla de Paul Valéry, T. S. Eliot o Ernst Jünger, el fundamento de la futura integración debía buscarse precisamente en los valores de la «unidad en la diversidad» para progresar, en palabras de Valéry, «en las artes, en las costumbres, en la política y en las ideas»; aunque para T. S. Eliot, «la unidad de la cultura europea» estaba fundamentada en primer lugar en la religión. Sobre la esencia de la «unidad en la diversidad», reflexionó, entre otros espíritus preclaros, Jünger y lo dejó escrito en un libro titulado *La paz*. Como nos recordó Rougemont, Jünger conjugó debidamente ambos principios al articular sobre ellos el proceso de constitución de unión europea señalando que «la *unidad* de organización debería reinar sobre la economía, la técnica o el comercio, mientras que la libertad se vería asegurada por las *diversidades* naturales y culturales».

El ejemplo europeísta de Coudenhove-Kalergi, Briand o Churchill fue seguido por personalidades como Robert Schuman, Jean Monnet, Konrad Adenauer, Paul-Henri Spaak o Alcide de Gasperi, cuyo compromiso con la Europa unida fue de gran influencia en el proceso de integración puesto en marcha después de la Segunda Guerra Mundial. Eran éstos unos hombres con importantes vivencias personales y profesionales a sus espaldas, y también grandes veteranos de la política, con vocación y voluntad de servicio y sacrificio por el bien común. Los avatares individuales vividos por cada uno de ellos y el drama de Europa durante el siglo XX, del que habían sido testigos, e incluso protagonistas, en la guerra y en la paz, influyó decisivamente en estos hombres de la generación política de la posguerra hasta imbuirles la firme voluntad de hacer Europa. Como hombres de frontera que eran algunos de ellos, Paul-Henri Spaak, Robert Schuman o Alcide de Gasperi, nacidos a lo largo de una línea divisoria que «cruza Bélgica, Luxemburgo, Lorena y Alsacia, Suiza y el Tirol Meridional o Alto Adigio: un largo corredor de ambigüedad e incertidumbre, de confusión y ocasionales conflictos», estaban convencidos de que el futuro de Europa pasaba por trabajar por la concordia y la unidad entre todas las naciones.

Esta generación aspiró a encontrar un camino para que el Viejo Continente enterrara definitivamente sus disputas nacionales e ideológicas, causantes durante décadas en los pueblos de Europa de odio, muerte, desolación, ruina y miseria inconmensurables, y avanzara resueltamente hacia la integración supranacional, empezando por el ámbito de la economía, pero sin renunciar a niveles superiores de supranacionalidad, incluso a la unión federal de las naciones europeas, como culminación del ideal europeísta que aspiraba al establecimiento de los Estados Unidos de Europa. La senda a seguir debía transitar por los caminos de la paz, la libertad, el buen gobierno democrático, el bienestar socioeconómico de sus pueblos y el respeto sagrado a los derechos humanos y libertades fundamentales, valores que, según Jorge Uscatescu, deben ser entendidos como «realidades indiscutibles para configurar la única Europa posible y aceptable como unidad».

Firmemente instalados en los valores del ideal europeísta de integración supranacional, con tolerancia, altura de miras y gran pragmatismo, estos representantes de la generación política del 50, los impulsores de una «construcción utópica» según sentencia peyorativa del general De

Gaulle, acertaron con la melodía que los tiempos demandaban y contribuyeron decisivamente a transformar y modernizar la parte occidental del Viejo Continente —raptada y sovietizada la parte oriental— con la puesta en marcha de las Comunidades Europeas. Robert Schuman, que tomó el relevo europeísta de Briand y animó desde el principio el movimiento europeo surgido de la Segunda Guerra Mundial, fue el gran impulsor de este proyecto de integración supranacional a partir de su conocida «Declaración» de 9 de mayo de 1950. En estos afanes, Schuman contó con el apoyo y colaboración de Jean Monnet. El importante y novedoso proyecto francés de integración supranacional auspiciado por Schuman fue respaldado rápidamente por Konrad Adenauer, el hombre del «milagro alemán», quien percibió en dicho proyecto la mejor señal para la definitiva reconciliación franco-alemana y el final de la llamada «cuestión alemana», que desde el siglo XIX, por no remontarnos más en el tiempo, mediatizó dramáticamente el comportamiento de las grandes potencias europeas, hasta el punto de arrastrarlas a sucesivos y cada vez más destructivos enfrentamientos bélicos. Europeísta de primera hora y de gran valía fue también el político belga Paul-Henri Spaak, personalidad de gran importancia en la conformación del Benelux, en la fundación en 1949 del Consejo de Europa, de cuya Asamblea General fue presidente. Por lo mismo, debemos resaltar al italiano Alcide de Gasperi, quien, al frente de los destinos de la nueva Italia republicana y democrática como presidente del Consejo de Ministros, mantuvo permanente compromiso, como los demás personajes ya citados, con la idea de Europa, sobresaliendo en los afanes que supuso el inicio de la integración europea, proceso al que vinculó desde el primer momento a la Italia salida de la Segunda Guerra Mundial, demostrando con ello una gran pericia política, además de una inconmensurable voluntad europeísta.

A partir de la llamada generación política del 50, los valores del ideal europeísta fundamentados en un mismo espíritu cultural y de civilización y conformados en la paz, el buen gobierno y el bienestar socioeconómico de los pueblos, no dejaron de impulsar en las décadas siguientes, como veremos, de manera pausada pero firme, el proceso de integración de Europa.

Bibliografía

Adenauer, K., *Mémoires, 1945-1953*, París, Hachette, 1965.
— *Mémoires, 1953-1956*, París, Hachette, 1967.
Ahijado Quintillán, M., *Historia de la unidad europea. Desde los precedentes remotos a la ampliación al Este*, Madrid, Ediciones Pirámide, 2000.
Aron, R., *La fin de l'Après-Guerre*, París, Gallimard, 1938.
Beneyto, J. M., *Tragedia y razón. Europa en el pensamiento español del siglo XX*, Madrid, Taurus, 1999.
Benichi, R. y Nouchi, M., *Le Livre de l'Europe, Atlas géopolitique*, París, Stock, 1990.

Bitsch, M.-T., *Histoire de la construction européenne*, de 1945 à nos jours, Bruselas, Éditions Complexe, 1997.

Brugmans, H., *La idea europea, 1920-1970*, Madrid, Editorial Moneda y Crédito, 1972.

Brunner, G., «Adenauer», en VV.AA., *Creadores de Europa*, Madrid, Universidad Complutense de Madrid —Cursos de Verano, El Escorial, 1989—, 1990.

Calero, F., *Europa en el pensamiento de Luis Vives*, Valencia, Ayuntamiento de Valencia, 1997.

Castel, C. I. —abad de Saint-Pierre—, *Abrégé du Projet de paix perpétuelle inventé par le roi Henri le Grand*, Amsterdam, J.-B. Beman, 1729.

Centre d'Action pour la Fédération Européenne, *L'Europe de Demain*, Neuchâtel, La Baconnière, 1945.

Chabod, F., *Historia de la idea de Europa*, Madrid, Edersa-Editorial de la Universidad Complutense, 1992.

Comte, A., *Plan de los trabajos científicos necesarios para reorganizar la sociedad* —«Estudio preliminar» de Dalmacio Negro Pavón—, Madrid, Tecnos, 2000.

Constant, B., *Del espíritu de conquista* —«Estudio preliminar» de María Luisa Sánchez Mejía—, Madrid, Tecnos, 1988.

Coudenhove-Kalergi, R. N., *Paneuropa. Dedicado a la juventud de Europa*, Madrid, Aguilar, 1927.

Croce, B., *Storia d'Europa*, Bari, 1932.

Díez del Corral, L., *El rapto de Europa. Una interpretación histórica de nuestro tiempo*, Madrid, Alianza Editorial, 1974.

Friedrich, C. J., *Europa: el surgimiento de una nación*, Madrid, Alianza Editorial, 1973.

Fueyo, J., «Saint-Simon, Proudhon, Marx», en VV.AA., *Creadores de Europa*, Madrid, Universidad Complutense de Madrid —Cursos de Verano, El Escorial, 1989—, 1990.

Gerbet, P., *La construction de l'Europe*, París, Imprimerie Nationale. Éditions, 1994.

Gutiérrez, F., *Historia de una idea*, Pamplona, Salvat, 1987.

Hazard, P., *La crisis de la conciencia europea*, Madrid, Alianza Editorial, 1988.

Kant, I., *Sobre la paz perpetua* —«Presentación» de Antonio Truyol y Serra—, Madrid, Tecnos, 1998.

Lecerf, J., *Principios de la unidad europea*, Las Palmas de Gran Canaria, Inventarios Provisionales Editores, 1973.

Lippmann, W., *Unidad occidental y Mercado Común*, Madrid, Taurus, 1964.

Locke, J., *Segundo Tratado sobre el Gobierno Civil* —«Prólogo» de Carlos Mellizo—, Madrid, Alianza Editorial, 1996.

Madariaga, S., *Carácter y destino en Europa*, Madrid, Espasa-Calpe, 1980.

Mayne, R., *La Comunidad Europea (vista desde la barrera)*, Barcelona, Fontanella, 1963.

— *Los europeos. ¿Quiénes somos?*, Barcelona, Plaza & Janés, 1974.

Merino, J. A., «Rousseau y la Ilustración», en VV.AA., *Creadores de Europa*, Madrid, Universidad Complutense de Madrid —Cursos de Verano, El Escorial, 1989—, 1990.

Milward, A., *The rescue of the Nation-State*, Berkeley, University of California Press, 1992.

Mill, J. S., *Bentham* —«Estudio preliminar» de Carlos Mellizo—, Madrid, Tecnos, 1993.

— *Del Gobierno representativo* —«Presentación» de Dalmacio Negro—, Madrid, Tecnos, 1994.

Montesquieu, *Del Espíritu de las Leyes* —«Introducción»: Enrique Tierno Galván—, Madrid, Tecnos, 1985.

Monnet, J., *Memorias*, Madrid, Siglo XXI, 1985.

Moreno Báez, E., *Los cimientos de Europa*, Santiago de Compostela, Universidad de Santiago, 1996.

Morin, E., *Pensar Europa. Las metamorfosis de Europa*, Barcelona, Gedisa, 1994.

Nietzsche, F., *Más allá del bien y del mal* —«Introducción» de Andrés Sánchez Pascual—, Madrid, Alianza Editorial, 1993.

Ortega y Gasset, J., *Meditación de Europa*, Madrid, Revista de Occidente, 1966.

— *La rebelión de las masas* —«Introducción» de Julián Marías—, Madrid, Espasa-Calpe, 1980.

Pérez-Bustamante, R., *Historia política de la Unión Europea, 1940-1995*, Madrid, Dykinson, 1995.

Pérez-Bustamante, R. y San Miguel Pérez, E., *Precursores de Europa*, Madrid, Dykinson, 1998.

Proudhon, P.-J., *El principio federativo*, Madrid, Editora Nacional, 1977.

Raley, H. C., *Ortega y Gasset, filósofo de la unidad europea*, Madrid, Revista de Occidente, 1977.

Raschini, M. A., «Erasmo», en VV.AA., *Creadores de Europa*, Madrid, Universidad Complutense de Madrid —Cursos de Verano, El Escorial, 1989—, 1990.

Réau, E. du, *L'idée d'Europe au XXe siècle*, Bruselas, Éditions Complexe, 1996.

Renouvin, P., *L'idée de fédération européenne dans la pensée politique du XIXe siècle*, Oxford, Clarendon Press, 1949.

Roberto, F. di, «Alcide de Gasperi», en VV.AA., *Creadores de Europa*, Madrid, Universidad Complutense de Madrid —Cursos de Verano, El Escorial, 1989—, 1990.

Rougemont, D. de, *Europa como probabilidad*, Madrid, Taurus, 1963.

— *Tres milenios de Europa. La conciencia europea a través de los textos. De Hesíodo a nuestro tiempo*, Madrid, Revista de Occidente, 1963.

— *Journal d'une époque (1926-1946)*, París, NRF, 1968.

— *Vingt-huit siècles d'Europe. La conscience européenne à travers les textes. D'Hésiode à nos jours* —«Préface» de Jacques Delors—, París, Christian de Bartillat Éditeur, 1990.

Rousseau, J.-J., *Escritos sobre la paz y la guerra* —«Presentación» de Antonio Truyol y Serra—, Madrid, Centro de Estudios Constitucionales, 1982.

Saavedra Fajardo, D., *Locuras de Europa* —Edición de J. M. Alejandro—, Salamanca, Anaya, 1965.

Saint-Simon, C. H. de Rouvroy, conde de, *De la réorganisation de la société européenne* —*Œuvres*—, París, 1814.

Sainte-Lorette, L. de, *L'Idée d'union fédérale européenne*, París, A. Colin, 1955.

Schuman, R., *Pour l'Europe. Écrits politiques*, París, Nagel, 1990.

Sidjanski, D., *El futuro federalista de Europa. De los orígenes de la Comunidad Europea a la Unión Europea* —«Prólogo» de José M.ª Gil-Robles Gil-Delgado—, Barcelona, Ariel, 1998.

Spaak, P.-H., *Combates inacabados*, Madrid, Espasa-Calpe, 1973.

Spadolini, G., *La idea de Europa entre la Ilustración y el Romanticismo*, Madrid, Edersa-Editorial de la Universidad Complutense, 1991.

Spengler, O., *La decadencia de Occidente: bosquejo de una morfología de la historia universal*, 2 vols., Madrid, Espasa-Calpe, 1998.

Strikwerda, C., «Reinterpreting the History of European Integration: Business, labor and Social Citizenship in twentyeth-century Europe», en Klausen, J. y Tilly, L. A. (ed.), *European Integration in Social and Historical Perspective, 1850 to the present*, Lauham, Rowman of Little Field Pusblishers, 1997.

Truyol y Serra, A., *La integración de Europa. Idea y realidad*, Madrid, Tecnos, 1972.

— *La integración europea. Análisis histórico-institucional con textos y documentos. I: Génesis y desarrollo de la Comunidad Europea (1951-1979)*, Madrid, Tecnos, 1999.

Uscatescu, J., «Forjadores del espíritu europeo», en VV.AA., *Creadores de Europa*, Madrid, Universidad Complutense de Madrid —Cursos de Verano, El Escorial, 1989—, 1990.

Valéry, P., *Regards sur le monde actuel*, París, 1931.

Voltaire, *El Siglo de Luis XIV*, México, FCE, 1954.

— *Essai sur les moeurs*, París, Garnier Frères, 1963.

Voyenne, B., *Historia de la idea europea*, Barcelona, Labor, 1970.

VV.AA., *Europa padri e figli. Gli antesignani italiani dell'europeismo*, Roma, Editrice Europea, 1985.

CAPÍTULO 2

EUROPA DESPUÉS DE LA SEGUNDA GUERRA MUNDIAL: LA REACTIVACIÓN DEL IDEAL EUROPEÍSTA

por Pedro Antonio Martínez Lillo
Profesor titular de Historia Contemporánea,
Universidad Autónoma de Madrid

1. Introducción

La tragedia causada por la Primera Guerra Mundial condujo al convencimiento de que el fraccionamiento político de Europa —reflejado en la existencia de potentes Estados soberanos construidos sobre fundamentos nacionalistas poderosos y férreas integridades territoriales— constituía uno de los factores determinantes de su convulsionada historia, favoreciendo —al propio tiempo— la aparición de un pensamiento y una práctica europeístas que buscaban fórmulas de convivencia estable entre los europeos. Sin embargo, no será hasta después de la Segunda Guerra Mundial cuando el ideal europeísta y el deseo de proceder a la construcción de Europa —una unión europea por europeos—, surja con ímpetu, combinándose con propuestas coherentes y concretas realizables a través de fórmulas de cooperación e integración. Desde 1947, Europa va a conocer un histórico proceso de organización interno concebido como instrumento de formación de una identidad propia, de superación de sus seculares problemas y lograr una mejor defensa de sus intereses en el mundo de posguerra. La reactivación del ideal europeísta estará ligado —no obstante— a dos factores básicos: la crítica situación de Europa y la guerra fría. La construcción europea hunde sus raíces en la propia división del continente surgida con la confrontación entre las superpotencias.

2. El impacto de la Segunda Guerra Mundial en Europa

El continente europeo —convertido en uno de los principales campos de batalla del conflicto— quedó profundamente marcado por el impacto de la conflagración.

La Segunda Guerra Mundial provocó una reorganización del sistema internacional con una nueva distribución del poder político mundial caracterizada por el final de la preponderancia europea, consumándose un proceso abierto tras 1918, y el establecimiento de la supremacía de Estados Unidos y la Unión Soviética, grandes triunfadores del conflicto. Europa, devastada, arruinada, agotada, es incapaz de continuar ejerciendo el papel preeminente que históricamente le había correspondido, encontrándose sometida a la influencia directa de soviéticos y —especialmente— norteamericanos, de cuya ayuda depende por completo.

El drama europeo alcanza una trágica dimensión al analizar las pérdidas humanas y la destrucción material provocadas.

2.1. BALANCE HUMANO

El balance humano es estremecedor: de los 50 millones de muertos que la Segunda Guerra Mundial provocó, en torno a 37 fueron europeos, ya se trate de víctimas militares o civiles, de combatientes caídos en la lucha, de población arrasada en los bombardeos o fallecida en los campos de concentración, puesto que en el conflicto recién terminado —y por primera vez en la historia de la humanidad— no ha existido diferencia entre frentes y retaguardias. Su naturaleza ideológica y racial explicará los objetivos civiles, las deportaciones masivas y sistemáticas, así como los campos de exterminio creados para judíos, gitanos y otras comunidades. Este genocidio eliminaría a cerca de las tres cuartas partes de la comunidad judía de Europa: a los 3 millones de judíos polacos asesinados se unieron los de la URSS —unos 650.000—, Rumanía —270.000— y Alemania —120.000—, por citar lo más significativo. Fue la Unión Soviética la que sufrió el coste humanitario primordial al perder —según Dimitri Volkogonov en 1991— cerca de 27 millones de personas, es decir, casi el 13 % de su población. Después de la URSS, la Europa central y oriental arrastró el mayor número de víctimas: Alemania, 6 millones —el 8 % de su población—, de las cuales, 4 millones eran militares; Polonia, también 6 millones, pero con la terrible diferencia de que sólo 300.000 resultaron militares; el resto, civiles especialmente judíos. Yugoslavia, Rumanía y Hungría contaron entre los muertos de sus ejércitos regulares en torno a 300.000 y 400.000. En Bulgaria, 20.000 personas, la mitad civiles, y en Austria la cifra alcanzó los 300.000 muertos. En Europa occidental la proporción disminuyó: los muertos británicos, incluyendo civiles, alcanzaron los 385.000, casi el 0,9 % de su población en relación a 1937, sin incluir los 120.000 de su Imperio. Francia perdió 250.000 militares y unos 350.000 civiles, lo que representaba en suma el 1,5 % de la población total, en referencia —también— a esa misma fecha. Los muertos militares belgas —11.000— eran algo más del 10 % de la población civil; esta desproporción era más acusada para Holanda: mientras tuvo 14.000 muertos en su ejército, los civiles llegarían a ser 220.000. Italia tendría 444.500 muertos —el 1,2 % del total de su población—, de ellos, 284.500 militares.

Los muertos griegos o albaneses completaban un cuadro desolador que daba idea de la amplitud de la hemorragia demográfica europea. A todo ello deberán añadirse los millones de heridos y víctimas provocados por la baja alimentación y distintas enfermedades.

La tragedia humana no se detenía en muertos o heridos. La Segunda Guerra Mundial presenció la dramática experiencia de las expulsiones masivas, desplazados, evacuados y refugiados, un problema agravado con el final de las hostilidades. En 1945, Europa asistía a un movimiento migratorio y desplazamiento poblacional de una amplitud sin precedentes en su historia: 30 millones de personas vagaban por el continente en busca de refugios seguros. A los prisioneros de guerra, deportados y trabajadores forzados liberados tras la derrota del III Reich, se unían las poblaciones huyendo del avance del Ejército rojo, los colaboracionistas con la ocupación nazi y expulsados por las nuevas autoridades. Su huida y los vacíos territoriales creados fueron aprovechados para reasentar nuevos colectivos humanos que —a través de políticas de colonización, practicadas por la Unión Soviética y Polonia, especialmente— acabaron modificando el mapa étnico de Europa en la zona central y oriental. A Alemania —muy reducida territorialmente— se dirigieron 10 millones de alemanes procedentes de los Sudetes checoslovacos, de Pomerania, Silesia, Prusia oriental, así como las antiguas comunidades germanas de Hungría, Yugoslavia, Rumanía y las estribaciones del mar Negro. Las regiones occidentales y septentrionales de Checoslovaquia —Sudetes— fueron ocupadas por checos y eslovacos. Las autoridades de Polonia establecieron en sus nuevos límites occidentales de Pomerania y Silesia a 3 millones de campesinos polacos, trasladados, en su mayoría, de las regiones orientales traspasadas —ahora— a la Unión Soviética. En la propia URSS, Stalin envió a las zonas centrales de Asia a las minorías no eslavas, que habían colaborado con los alemanes. En Yugoslavia, más de 100.000 italianos abandonaron Istria y, por otro lado, llegaron 20.000 yugoslavos de Macedonia y 10.000 de Bulgaria. Además, había centenares de miles de polacos, ucranianos y letones que al acabar el conflicto se encontraban lejos de su patria, territorios pertenecientes hasta entonces al Reich y que, por razones políticas, no podían o no querían retornar.

2.2. Consecuencias materiales

Las pérdidas materiales resultaban también catastróficas. Las principales ciudades, especialmente en la Europa central y oriental, quedaron destruidas o seriamente afectadas: en algunos casos como Varsovia, el aniquilamiento fue tal que se consideraba insegura su reconstrucción; sobre Berlín, reducida a escombros, se pensaba en quince años para levantarla y, en Dusseldorf, sometida a un terrible bombardeo final, el 93 % de las casas eran inhabitables. Los instantes finales del conflicto acentuaron —en efecto— su carácter tremendamente destructivo. En febrero, los anglosajones procedieron a la destrucción total de Dresde, y en los meses siguientes las ciudades alemanas recibieron 206.000 toneladas de bombas, cerca de tres veces el total de los explosivos lanzados sobre el III Reich desde el comienzo de la conflagración. Asimismo, los principales nudos de comunicación, redes ferroviarias, infraestructuras, sistemas de canalización y gran parte de la flota mercante estaban inservibles.

Si en los primeros años de la guerra la agricultura prosperó, después, la falta de hombres, mano de obra, máquinas y medios de comunicación provocó un retroceso de la producción. La producción alimentaria descendió a la mitad del nivel de entreguerras y la industrial —aun con cifras poco exactas— se situó a un tercio de aquél. En todo el continente, el sistema financiero estaba dislocado, arrastrándose una dura inflación. Faltaba ropa, calzado, objetos de uso doméstico y combustible, en especial carbón. Hambre, frío y escasez de artículos elementales determinaban la vida cotidiana de la población europea, sometida a rigurosos racionamientos. Países enteros —sobre todo los vencidos— vivían de la caridad, cifrándose la esperanza en las ayudas distribuidas por las agencias de Naciones Unidas.

Este cuadro desolador escondía, no obstante, una realidad matizada. La debilidad europea —aunque cierta— era relativa y a veces sólo transitoria. Aunque con una economía al borde de la ruina, los centros de producción no estaban completamente destruidos y ahí donde desaparecieron, la destrucción de las instalaciones favorecería la producción al introducirse importantes innovaciones tecnológicas. Pero la normalización y recuperación europea estaba determinada por dos condiciones. De un lado, la cooperación entre los propios europeos: la ingente tarea de la reconstrucción imponía que sólo a través de la colaboración, los europeos podrían reconstruir sus economías y aportar la necesaria estabilidad político-social. De otro, la asistencia de Estados Unidos.

2.3. EL MAPA EUROPEO

Desde el punto de vista territorial, la guerra provocó importantes transformaciones. A diferencia de 1919, donde las discusiones sobre fronteras étnicas, idiomáticas o similares ocuparon gran parte de las sesiones de la Conferencia de París, en 1945, las consideraciones étnicas o nacionales apenas contaron. Nadie se molestó en descubrir los deseos de las poblaciones. El nuevo mapa de Europa —resultado de las conferencias de Yalta, Potsdam, tratados de paz menores y acuerdos bilaterales— empleó, como consideraciones supremas, el equilibrio de poder y las relaciones Este-Oeste. Y esos criterios representaban un triunfo para Moscú, que a través de su fuerza militar, había penetrado hasta el corazón del continente. Al final de la guerra, las divisiones del Ejército rojo controlaban toda Polonia, los Estados bálticos, Prusia oriental, la península de Carelia, Alemania oriental, incluido Berlín, hasta una línea trazada entre Lübeck y Turingia, y hacia el este hasta el punto más distante del cuadrilátero de Bohemia; el norte y el este de Austria, incluida Viena, así como Hungría, Rumanía y Bulgaria e indirectamente su influencia se extendía hasta Yugoslavia y Albania.

Las fronteras conocieron un desplazamiento general hacia el oeste que benefició a la URSS, cuyos territorios crecieron 700.000 km^2. Por un lado, la Unión Soviética consolidaba una amplia apertura sobre el mar Báltico. Stalin vio reconocida su posesión de las tres repúblicas bálticas (Estonia, Letonia y Lituania), conquistadas en 1940, ocupadas por los alemanes después y reconquistadas en el invierno de 1944-1945. Arrebataba a Finlandia la península de Carelia y se anexó, igualmente, el norte de la ex Prusia oriental con la ciudad de Könisberg —cuna del filósofo alemán Kant—, convertida en Kaliningrado. A través del acuerdo soviético-checoslovaco del 29 de enero de 1945 obtuvo de Praga la cesión de la Rutenia subcarpática: la URSS poseía —así— las dos vertientes de la cadena de los Cárpatos, ponía fin a la existencia de la frontera común rumano-checoslovaca y avanzaba profundamente hacia la llanura húngara, en una posición estratégica de primera importancia. Por su parte, Rumanía renunciaba de forma definitiva a favor de Moscú a la Bucovina del norte y Besarabia. Finalmente, a través de los acuerdos de Teherán, Yalta y Potsdam, Stalin lograría fijar un nuevo mapa polaco. Mientras la URSS —en su frontera occidental— recibiría, en detrimento de Polonia, los territorios situados al este de la línea Curzon, el nuevo Estado polaco, en compensación, crecería hacia el oeste con una nueva frontera determinada por el curso de los ríos Oder-Neisse occidental, e integrando —así— bajo su soberanía los territorios alemanes de la Prusia occidental, Pomerania y Silesia, añadiendo el puerto de Sttetin, aunque estuviera situado sobre el margen occidental del Oder. Polonia incorporaba un amplio litoral marítimo desde las bocas del Oder hasta las del Vístula, así como un importante espacio agrícola —Pomerania— e industrial, Silesia. Alemania —por el contrario— se verá desposeída de 114.000 km^2 en relación a sus límites de 1937. Con todas estas transformaciones, la URSS establecía una frontera común con todos los países de su *glacis*, a excepción de su zona de ocupación alemana y Bulgaria. Por otro lado, si Albania recuperó sus fronteras de 1939, Yugoslavia se benefició con algunos retoques por el lado de sus límites occidentales: se hizo ceder Istria por Italia, con excepción de la ciudad de Trieste, gran parte de la Venecia Juliana, así como el puerto de Fiume, la actual Rijeka.

Por último, las fronteras adquieren una dimensión ideológica: más allá de simples trazados delimitando territorios soberanos, son *fronteras ideológicas*, líneas de fracturas entre dos sistemas geopolíticos separados por una cortina de hierro de 6.500 km.

2.4. EL IMPACTO IDEOLÓGICO: EL IMPULSO EUROPEÍSTA

Ideológicamente el triunfo sobre el fascismo y el III Reich restauró la confianza en las formulaciones del liberalismo democrático y favoreció el progreso de la izquierda política, ya sea en la dimensión socialdemócrata o marxista. Los partidos comunistas se convierten en las principales fuerzas en Yugoslavia, Grecia, Checoslovaquia, Francia e Italia. La opinión pública reconoce —con su respaldo electoral— el esfuerzo desplegado contra el nacionalsocialismo, así como el prestigio que la URSS ha alcanzado en su heroica lucha contra Hitler. La intelectualidad exalta la figura de Stalin, considerado el libertador de Europa. El avance de las ideas sociales es —además— una respuesta a las privaciones de la guerra. En Gran Bretaña, sobre la base del Plan Beveridge de 1942, el Partido Laborista dirigido por Clement Attlee, vencedor en las elecciones legislativas de julio de 1945, aprobará un conjunto de medidas que contemplaban un amplio programa de nacionalizaciones, la creación de un servicio nacional de salud y diversas medidas de seguridad social.

En este marco, el sentimiento europeísta creció notablemente, penetrando con fuerza entre una opinión pública necesitada de reafirmar los principios, comportamientos e identidades propias de la cultura europea. Ya durante la Segunda Guerra Mundial, en la lucha contra el fascismo, el Manifiesto de las Resistencias europeas —mayo-junio de 1944— redactado por distintos comités europeístas insistía en la necesidad de superar el dogma de la soberanía de los Estados mediante una Unión federal de todos los pueblos europeos capaz de preservar la paz, las instituciones democráticas, reconstruir económicamente el continente y superar los seculares motivos de enfrentamiento.

Estos planteamientos —ya en la posguerra— pasaron a ser defendidos por las mayores figuras políticas europeas del momento —Jean Monnet y Robert Schuman en Francia, Winston Churchill en Gran Bretaña, Paul-Henri Spaak (Bélgica), Alcide de Gasperi en Italia y Konrad Adenauer en la República Federal de Alemania—, quienes, tanto desde foros nacionales como internacionales, presionan para hacer efectivas realizaciones prácticas y concretas de la construcción europea. Su europeísmo quedará reforzado e impulsado con los primeros compases de la guerra fría, convencidos de que la integración de Europa es un instrumento clave para frenar las ofensivas de la Unión Soviética. Estos *padres de Europa* —vinculados a las formaciones socialdemócratas y democratacristianas— veían en la unidad la fórmula para preservar los valores democráticos representados históricamente por la civilización europea, frente a un eventual retorno del fascismo y la amenaza del comunismo. La construcción europea —desde ese instante— delimitaba su espacio geográfico y político: la Europa occidental, una comunidad respetuosa con los derechos humanos, la libertad individual, favorecedora de la justicia social y el bienestar de sus ciudadanos.

3. Europa y la construcción de la paz

Desde 1941, los Aliados —liderados por los Tres Grandes (Estados Unidos, la Unión Soviética y Gran Bretaña)— iniciaron una política de colaboración activa sustentada en objetivos de guerra y objetivos para la paz. Los primeros tenían como finalidad triunfar sobre un enemigo común. Los segundos establecer los fundamentos de un nuevo orden mundial que garantizara la paz y la seguridad internacionales mediante la prolongación, tras el triunfo, de la colaboración aliada y la creación de un sistema de seguridad colectivo —la ONU— capaz de solucionar los problemas del mundo de posguerra.

En 1945 —ya sea en los momentos finales de la guerra o con el triunfo alcanzado—, los Tres Grandes se dispusieron, bajo esos planteamientos, a organizar la paz, ejecutar las bases del nuevo orden mundial y diseñar el futuro de Europa, con la legitimidad incontestable que les proporcionaba el haber soportado el principal esfuerzo de la guerra, haber desplegado los sacrificios más duros para derrotar al III Reich y el disponer de fuerzas e instrumentos muy considerables. Sin embargo, las diferencias resultaban notables entre cada uno de ellos, tanto sobre cómo organizar la paz como sobre el papel que les correspondía en el nuevo orden europeo.

3.1. EL PODERÍO DE LA URSS

La URSS —bajo la dirección de Stalin— adquiere un papel protagonista en la organización del mundo de la posguerra. Y ello tanto por el impresionante esfuerzo realizado para derrotar al III Reich como por su posición militar dominante sobre los Balcanes y la Europa central y oriental. Paralelamente, este control territorial vino acompañado de significativas transformaciones internas: Moscú —ayudado por los movimientos de resistencia triunfantes— va estableciendo sobre las zonas liberadas fórmulas político-sociales que garantizaran una influencia preponderante a los partidos comunistas.

Esta influencia territorial e ideológica permitía a Stalin alcanzar uno de los objetivos esenciales de su política: consolidar una plataforma de protección —un *glacis* estratégico— que afiance su seguridad en el oeste, evitando tanto los cordones sanitarios de antaño diseñados por el sistema capitalista como la presencia —en los países limítrofes— de regímenes anticomunistas amenazadores o la existencia de pasillos geográficos a través de los cuales se facilitaba la invasión de la URSS. Guiado por estos factores estratégicos, Stalin considerará que la Segunda Guerra Mundial es como las anteriores, permitiendo *a quien ocupa un territorio imponer su propio sistema social*, lo que explicará que progresivamente vaya consolidando su presencia en esta zona de influencia y rechace cooperar con los anglosajones en la solución relativa a los países liberados por el Ejército rojo.

No obstante, y a pesar de su incuestionable poderío, la Unión Soviética muestra síntomas de debilidad que condicionan su comportamiento internacional. Desde un punto de vista socioeconómico el retraso del país resulta evidente, acentuándose frente a la superioridad de las potencias capitalistas, caracterizadas por sus progresos científico-tecnológicos y armamentísticos. Para compensar la inferioridad, Stalin aprovechará el final de la guerra para consolidar el Estado soviético, potenciar el crecimiento económico a través de nuevos planes quinquenales y difundir el mensaje revolucionario del internacionalismo proletario, consciente de que la fuerza del comunismo es un arma de penetración sobre los países occidentales.

3.2. LA HEGEMONÍA DE ESTADOS UNIDOS

Estados Unidos —por su parte— surge como la primera potencia militar y económica mundial. Alejados de las devastaciones de la guerra, sus capacidades industriales han crecido considerablemente durante las hostilidades, constituyen el primer exportador del mundo, disponen de la mayor parte de las divisas de oro mundial y su Producto Nacional Bruto, a lo largo de 1940-1944, ha crecido un 15 % anual. Su poderío militar resulta incuestionable: en el instante de la capitulación de Alemania cuenta con cerca de 8 millones y medio de hombres, encuadrados en 69 divisiones en Europa y 26 en el Asia-Pacífico. Además, Estados Unidos gozaba de un gran prestigio ideológico y político: Roosevelt —continuador del moralismo wilsoniano— es el principal artífice conceptual del orden internacional de posguerra basado en el mantenimiento de la unidad aliada —la *Gran Alianza*—, y la creación de la ONU que —como fundamento de la seguridad colectiva— garantice la paz y estabilidad internacionales e impida la constitución de las esferas de influencia. En la concepción norteamericana, el orden político de posguerra está vinculado a la restauración del liberalismo económico. Las instituciones creadas en Breton Woods en 1944 deben asegurar un nuevo orden económico internacional capaz de permitir el desarrollo del comercio, el crecimiento económico y el pleno empleo y garantizar y asegurar, así, la expansión económica de Estados Unidos.

Roosevelt tenía centrado su pensamiento, realmente, en la organización del mundo de la posguerra, cuyo éxito pasaba por continuar el entendimiento con Moscú. La política soviética en Europa oriental —intuía— respondía a motivaciones ideológicas, expandir el comunismo y consideraciones de seguridad, la necesidad de evitar nuevas agresiones como la sufrida en 1941. La principal tarea de un estadista americano, para Roosevelt, radicaba en aliviar las preocupaciones de seguridad de la URSS al tiempo que impedía la creación de gobiernos títeres en la región.

3.3. La debilidad de Gran Bretaña

El año 1945 marca el apogeo del Imperio británico. Sus tropas han desbordado —en su empuje militar— sus fronteras tradicionales: además de ocupar Alemania, Austria, la Venecia juliana y Grecia, se han establecido en las antiguas colonias italianas en África y están presentes en el Medio Oriente y Asia. Sin embargo, las bases de esta hegemonía imperial están seriamente amenazadas. Por un lado, los movimientos emancipadores y nacionalistas cuestionan el dominio británico, desde la India hasta sus posesiones en el Mediterráneo oriental. Por otro, la ruina provocada por la guerra y el endeudamiento exterior marcan las pautas de una crisis económico-financiera que impide a Londres asumir sus responsabilidades imperiales. Pocos dudan en el Foreign Office que la potencia británica está en declive. La URSS y Estados Unidos son los verdaderos elementos capaces de controlar el destino de Europa.

La estabilidad de Europa —amenazada por la expansión territorial soviética y el empuje ideológico del comunismo— constituía, junto al despliegue imperial británico, la principal preocupación de Churchill. El hundimiento de Alemania, la debilidad francesa y la proyectada retirada del ejército norteamericano creaban un vacío político en el corazón europeo que corría el peligro de ser ocupado por la fuerza avasalladora de la URSS, facilitando su hegemonismo y, por ende, la ruptura del equilibrio continental. En octubre de 1944, el líder británico se había trasladado a Moscú para firmar, junto a Stalin, un acuerdo secreto estableciendo dos zonas de influencia en los Balcanes —soviética y británica— para limitar el empuje del Ejército rojo, garantizar el mantenimiento de los intereses de Gran Bretaña sobre Grecia y evitar que los conflictos civiles surgidos en los momentos de la liberación de esos territorios provocara un conflicto entre los aliados. A través de este *acuerdo de porcentajes*, Londres controlaría el 90 % de Grecia, mientras Moscú tendría una influencia del 10 %; en el caso de Rumanía, la proporción se invertía, 90 % soviético, 10 % británico; en Hungría y Yugoslavia, el reparto era al 50 %, mientras en Bulgaria, el 75 % sería de la Unión Soviética y el 25 % para los occidentales.

4. La desintegración de la Gran Alianza

La reconstrucción de Europa dependía del entendimiento de los vencedores, así como de su capacidad para armonizar y hacer compatibles sus diferentes orientaciones sobre el mundo de posguerra.

La colaboración aliada encontró su máxima expresión en la conferencia de Yalta (4-12 de febrero de 1945). Stalin parecía aceptar las concepciones internacionales de Roosevelt al comprometer su participación en la Organización de las Naciones Unidas, respetar la independencia de Polonia y sus aspiraciones a un gobierno libre e independiente a través de procedimientos democráticos, plantear análogos compromisos sobre los países de la Europa central y balcánica liberados por el Ejército rojo, recogidos en la *Declaración sobre la Europa Liberada* y compartir, por último, la idea de una Alemania desmembrada que hasta la firma del tratado de paz, estaría sometida a cuatro zonas de ocupación.

Muchos de estos acuerdos —sin embargo— no están cerrados completamente, permiten interpretaciones divergentes o carecen de instrumentos para su aplicación. Ello, unido, al distanciamiento ideológico entre el sistema socialista y capitalismo y a las primeras iniciativas de Stalin violando u obstaculizando los términos de Yalta, en especial sobre un futuro libre y democrático en Polonia y los Balcanes, provocó la desaparición del clima de entendimiento entre los aliados. Roosevelt, poco antes de fallecer —abril de 1945— criticaba duramente al líder soviético mientras veía desaparecer sus esperanzas en cuanto a la continuidad de la cooperación con la URSS, como base fundamental del nuevo orden internacional. La Gran Alianza —la apuesta que él inspiró— se hundía coincidiendo con su muerte. El distanciamiento y la desconfianza resultaron patentes en la conferencia de Potsdam (17 de julio-2 de agosto de 1945) adonde el nuevo presidente norteamericano, Harry Truman, acudía con una posición de mayor firmeza frente a Stalin. Aunque cerrada con importantes acuerdos, los meses siguientes certificaron el grave deterioro de las relaciones entre los aliados y el fracaso en la construcción conjunta de la paz.

4.1. LAS DISCREPANCIAS ALIADAS: ALEMANIA, EUROPA CENTRAL Y ORIENTAL Y EL MEDITERRÁNEO

Tres factores definieron las discrepancias aliadas en la posguerra: el futuro de Alemania, la situación de Europa central y oriental y la desestabilización del Mediterráneo oriental.

El futuro de Alemania se convierte en un elemento permanente de debate contradictorio y confrontación. La tutela y ocupación del antiguo Reich es común a las cuatro potencias —URSS, EE.UU., Gran Bretaña y Francia—, lo que supone una entente sobre la política a desarrollar. Pero mientras se llega a acuerdos sobre la desnazificación del territorio, la discrepancia es absoluta en todo lo demás.

Desde el punto de vista territorial, los aliados no sólo pretenden ocupar el territorio, sino proceder a su desmembramiento. Sin embargo, el 9 de mayo de 1945, Stalin abandona la idea del desmembramiento —obligando a los anglo-americanos a imitarle— y somete a un control absoluto su zona que impide la normalización económica de Alemania y su reconstrucción política. En febrero de 1946, las principales organizaciones de izquierda quedan fusionadas bajo el control de los comunistas, mientras se realiza una fuerte propaganda a favor de una Alemania unificada y centralizada y una democracia de tipo marxista va progresivamente instalándose con un amplio programa de nacionalizaciones y reforma agraria radical. Moscú no estaba dispuesto a abandonar su zona de ocupación ni favorecer la conclusión de un acuerdo de paz y buscaba mediante la formulación de un proyecto centralista y unificador —y desde la fuerza que le otorgaba el control sobre Polonia y buena parte de Alemania— extender su influencia al conjunto del territorio germano y asentar el poder soviético en el corazón de Europa. Frente a esta opción, Londres y Washington desean insertar a Alemania cuanto antes en el concierto de las naciones, en Europa, y facilitar su crecimiento material para impedir que sea sustraída a la penetración soviética. Resultaba absurdo y contraproducente mantener en el corazón de Europa un pueblo de 66 millones de habitantes sometido al hambre y a la pobreza porque acabaría actuando como fuerza desintegradora, alterando —gravemente— la vida del continente: la recuperación europea pasaba por la restauración económica de Alemania. El 1 de octubre de 1947, Londres y Washington decidían unificar económicamente sus zonas de ocupación. Políticamente, los anglosajones se inclinaban por restablecer las instituciones democráticas, dentro de una estructura federal muy descentralizada donde los *Länder* fueran los elementos constitutivos del país. Francia —por su parte— rechaza cualquier idea de unificación si no se satisfacen sus reclamaciones sobre el control del Sarre y la internacionalización del Ruhr. En las conferencias de Moscú (marzo-abril de 1947) y de Londres (noviembre-diciembre de 1947), ni anglosajones ni soviéticos fueron capaces de encontrar una solución consensuada a la cuestión alemana, rompiéndose su unidad y precipitando a Europa al orden bipolar de la guerra fría.

Junto a la crisis de Alemania, la situación de la Europa central y oriental conformaba el segundo elemento de confrontación. Su evolución estuvo caracterizada por el incumplimiento soviético de la Declaración sobre la Europa Liberada y la progresiva satelización del territorio, a través de las formaciones comunistas. Las circunstancias no favorecían la aplicación del compromiso alcanzado en Yalta. La mayoría de los países del Este —con excepción de Checoslovaquia y Hungría— carecían de tradición democrática y burguesías consolidadas sobre las que apoyar proyectos futuros de libertad política, mientras que el papel jugado por los comunistas contra los regímenes colaboracionistas durante la guerra y el III Reich les situaba como una gran fuerza emergente, respaldada por sus ciudadanos, frente a otras opciones.

La estrategia de los partidos comunistas para conquistar el poder, aun con variaciones nacionales, siguió un modelo similar. En una primera fase, alentaron breves experiencias de pluralismo político: Moscú —que no pretendía una comunistización inmediata— insistió en formalizar amplias coaliciones gubernamentales, frentes patrióticos o bloques nacionales, con partidos socialdemócratas, liberales o de centro —tradicionales en los respectivos países— respetando las formas democráticas, pero otorgando las carteras claves (Interior, Defensa, Información, Seguridad, entre otros) a los militantes comunistas que permitió depurar la administración y el ejército, lograr programas económicos de planificación estatal y formalizar acuerdos comerciales con la Unión Soviética. En un segundo momento —en el marco inicial de la guerra fría—, los aliados gubernamentales fueron eliminados y los comunistas pasaron a controlar todos los mecanismos del Estado. El Ejército rojo garantizaba un apoyo que, aunque no se traducía en intervenciones directas, tenía un gran valor político y psicológico.

En Rumanía, el partido comunista tenía escasos seguidores y la población mostraba un amplio sentimiento nacionalista. La alianza con el III Reich hacía necesario, según la URSS, reemplazar a la vieja clase dirigente. En agosto de 1944, el rey Miguel —con la ayuda de comunistas y antiguos líderes democráticos del partido nacional agrario y partido liberal— terminaba, mediante un golpe de Estado, con los dirigentes colaboracionistas. Fruto de la nueva situación se formaba —en diciembre— un gobierno de coalición —Frente Democrático Nacional—, presidido por Radescu. La solución no satisfizo a la URSS, que intervino directamente sobre Bucarest. En febrero de 1945, pocos días después de Yalta, el subcomisario de Asuntos Exteriores, Vishinski, exigía al rey Miguel la formación de un nuevo gabinete encabezado por Petru Groza, líder del Frente de los Campesinos, controlado por los comunistas, amenazando —en caso contrario— con no garantizar la continuidad de Rumanía como Estado independiente. El monarca cedió. Desde el nuevo ejecutivo, los comunistas intensificarán la purga de la administración y el ejército vinculados al antiguo sistema. Las elecciones generales celebradas el 19 de noviembre de 1946 darán el triunfo al Frente Nacional —comunistas, socialistas y campesinos—, con un 89 % de los votos.

Bulgaria, al contrario que Rumanía, era un país de tradición filorrusa, con una importante implantación del partido comunista. La resistencia, dirigida por el Frente Patriótico, contó con el apoyo del Ejército rojo para la realización de un golpe de Estado y la formación de un gobierno de Unidad Nacional, presidido por el coronel Georgiev. A pesar de la escasa colaboración con los alemanes, la antigua clase dirigente, conservadora y monárquica, fue durísimamente perseguida. La transformación política fue rápida. En las elecciones de noviembre de 1945, los comunistas y grupos vinculados obtuvieron un 78 %, sin que la oposición presentara candidatos. Su líder, Dimitrov, fue nombrado primer ministro. A través de referéndum se había proclamado la caída de la monarquía y la proclamación de la República Popular.

El control comunista de Hungría resultó más lento y gradual. Tras la ocupación soviética y la formación de varios gabinetes, en noviembre de 1945 se celebraban las primeras elecciones libres, correspondiendo el triunfo al partido de los pequeños propietarios —57 %—, en una de las victorias más notables conseguidas por un partido antiizquierdas en Europa. En enero se instauraba la República y, un mes después, quedaba aprobada la nueva constitución, que establecía un sistema parlamentario. Tildy y Nagy, ambos del partido agrario de los pequeños campesinos, se convertían, respectivamente, en jefe de Estado y primer ministro. Nagy confeccionó un gobierno con presencia de comunistas y socialdemócratas. Hungría parecía encaminarse a un modelo que compatibilizaba la presencia soviética con las prácticas pluralistas. No fue así. La política de compromiso de Nagy desapareció cuando los comunistas modificaron su comportamiento. Actuando autónomamente dentro del ejecutivo, alentaron la división de la coalición y desde los ministerios de Interior y Defensa desencadenaron una ola de detenciones sobre los militantes del partido de los pequeños propietarios.

En Polonia, siguiendo el marco fijado en Yalta, el 28 de junio —tras larguísimas discusiones y tensiones entre los aliados— logró formarse el gobierno provisional de unidad nacional integrado por 16 miembros del comité de Lublin —vehículo de los intereses de Stalin—, cinco de la emigración o de partidos burgueses, presidido por el socialista Osobka-Morawski, con dos vicepresidentes, Gomulka, comunista, del POUP y Mikolajczyk, líder del partido de los agricultores polacos y representante de los ideales de una Polonia democrática, libre e independiente. Sin embargo, el otro objetivo fijado en Yalta, la celebración de elecciones libres, se retrasaba permanentemente: Mikolajczyk rechazaba la propuesta comunista de elaborar una única lista del bloque gubernamental y exigía auténticas garantías democráticas. Mientras tanto, el POUP, con el respaldo del Ejército rojo procedía a depurar la administración, el ejército y controlar los principales resortes del Estado. Desde finales de 1945, resulta evidente que el gobierno no tiene la menor intención de respetar sus compromisos sobre la convocatoria de unas elecciones libres.

El cuadro se completaba con la situación de Yugoslavia y Albania, donde el modelo socialista acabó implantándose pronto. En Yugoslavia —bajo la figura de Tito—, la República Popular Federativa era proclamada en noviembre de 1945 y en enero de 1946 aprobada la nueva constitución, que seguía el modelo de la soviética de 1936. Ese mismo mes, con Hoxha como secretario general del partido comunista albanés, se creaba la República Popular Socialista.

Junto a la sovietización de la Europa central y oriental, la Unión Soviética comenzó a diseñar un eje de penetración hacia el Mediterráneo y el Próximo Oriente a través de la presión sobre Turquía y Grecia. El Kremlin —sabedor de su control sobre la masa euroasiática, pero en inferioridad frente al poder naval británico y americano— buscaba salidas que permitieran su presencia libre sobre las aguas mediterráneas, aprovechando la debilidad creciente de Gran Bretaña, cuyos problemas económico-financieros impedían mantener su despliegue militar y la hegemonía tradicional en la región.

En agosto de 1946, Moscú reclamaba a Turquía una defensa conjunta de los Dardanelos, así como una participación en el sistema de control del régimen de los Estrechos, garantizando a su flota la utilización sin restricciones del Bósforo y los Dardanelos. La reclamación —que se unía a otras de carácter fronterizo y territorial— fue rechazada por Ankara con el respaldo absoluto de la diplomacia norteamericana, que interpretaba la presión como una expresión de la voluntad soviética de dominio sobre Turquía. Paralelamente, el secretario de Marina, Forestal, anunciaba el mantenimiento de una flota permanente en el Mediterráneo —con portaaviones, cruceros y destructores— para convertirse en la primera potencia marítima de la región.

La preocupación por la seguridad mediterránea nacía también de los acontecimientos de Grecia. El país heleno vivía una violenta guerra civil que enfrentaba a la monarquía y fuerzas gubernamentales, con el apoyo de Londres, y una guerrilla comunista emplazada en las franjas montañosas del norte. Al mismo tiempo se habían multiplicado los incidentes fronterizos con sus vecinos —Bulgaria, Yugoslavia y Albania—, de donde los guerrilleros recibían apoyo material y humano. De continuar la situación, Grecia —el único país balcánico escapado de la órbita soviética— podía caer bajo su influencia.

4.2.   LAS VISIONES ANTAGÓNICAS DE LA POSGUERRA

A principios de 1946, la confrontación político-ideológica entre los aliados adquirió un tono mayor. En febrero, Stalin aprovechaba un discurso ante la asamblea de electores del partido comunista, en el teatro Bolshoi, para realizar una reinterpretación de la Segunda Guerra Mundial y reafirmar una concepción leninista de las relaciones internacionales. El líder soviético subrayaba que la victoria en la guerra había significado el triunfo del sistema soviético, no de los aliados, destacaba las profundas diferencias existentes entre el capitalismo y el socialismo para concluir afirmando que la convivencia entre ambos era incompatible. La respuesta occidental llegaría a través de Winston Churchill, quien sería el primero en advertir la gravedad de la situación y reclamar la unidad de las naciones occidentales. Sólo una política de firmeza neutralizaría las iniciativas soviéticas. El 5 de marzo, en una conferencia en la Universidad de Fulton (Missouri), con la presencia de Truman, Churchill denunciaba el telón de acero que desde Stettin, en el Báltico, a Trieste, en el Adriático, había caído sobre Europa oriental que, aislada del continente, vivía sometida, no sólo a la influencia soviética, sino al control de Moscú. Esa tiranía quedaba señalada como el nuevo peligro del mundo. La URSS, según entendía el ex primer ministro británico, no deseaba la guerra, sino aprovecharse de los resultados del último conflicto y proceder a una expansión ilimitada de su poderío y doctrina. Su mensaje concluía proponiendo una gran alianza entre los pueblos de lengua inglesa, entre la Commonwealth, el Imperio británico y Estados Unidos.

El análisis de Churchill se producía en un momento de incertidumbre en la administración norteamericana. Desde su acceso al poder, el presidente Truman se encontraba sometido a las presiones contradictorias de los partidarios de la firmeza y la conciliación frente a Moscú. De un lado, Byrnes, secretario de Estado, Wallace, secretario de Comercio y Harry Hopkins, colaborador de Roosevelt, insistían en proseguir la vía de la conciliación abierta en Yalta, convencidos de que la oposición frontal a Stalin carecía de sentido y que resultaba necesario conocer los motivos de su comportamiento, especialmente en cuanto a su sensación de inseguridad geopolítica y estratégica.

De otro, por el contrario, James Forestal, secretario de Marina, A. Harriman, embajador en la URSS, y Dean Acheson, subsecretario de Estado, recomiendan una acción enérgica y el abandono de la política de conciliación rooseveltiana. La URSS ha interpretado como un signo de debilidad los esfuerzos de Washington destinados a sostener la cooperación con Moscú y cada vez resultaba más claro que Stalin, obsesionado por las cuestiones de seguridad, iría ampliando —hasta donde le fuera posible— su zona de influencia, estableciendo su control progresivamente sobre la Europa central y empleando la acción de los partidos comunistas como instrumento para difundir el mensaje revolucionario. Washington debía emplear todas sus bazas —desde las financieras a las tecnológicas— para afirmar su hegemonía.

Esta orientación recibió un apoyo con los argumentos esgrimidos por el encargado de negocios norteamericano en Moscú, George Kennan, quien —en febrero de 1946— en un amplio telegrama precisaba su visión de los objetivos de Stalin y reiteraba un cambio de estrategia frente al Kremlin basado en la firmeza. Para Kenan, la URSS empleaba métodos subversivos en la consecución de sus objetivos, a través del trabajo clandestino de los partidos comunistas, cuya pauta es minar la política y estrategia occidentales. Esas fuerzas serían movilizadas para crear disturbios sociales, impedir los esfuerzos en la defensa nacional, apoyar las reivindicaciones de los grupos marginales y sostener los movimientos independentistas en las colonias, siempre con el objetivo de debilitar a las potencias occidentales. La URSS —en su opinión— constituía una *fuerza política fanática, convencida de que resultaba imposible el entendimiento duradero con Estados Unidos.* Por su parte, Estados Unidos debía afrontar ese desafío estratégico con la misma contundencia y seriedad que para resolver los problemas de la guerra. Insensible a la razón, la URSS únicamente cedía ante la fuerza y la resistencia firme. Por tanto, había que asegurar la cohesión y vigor del mundo occidental, siendo el primer paso comprender la amenaza representada por la URSS. Truman irá inclinándose a favor de la firmeza, aunque no será hasta 1947 cuando quede públicamente explicitado el cambio en la política exterior norteamericana.

5. Las esferas de influencia y la división de Europa

5.1. LA DOCTRINA TRUMAN Y LA CONTENCIÓN DEL COMUNISMO

El 21 de febrero de 1947, el embajador británico en Washington anunciaba al Departamento de Estado la imposibilidad de que Gran Bretaña continuara prestando —más allá del 31 de marzo— su ayuda económica y militar a Grecia así como la suspensión de sus compromisos a Turquía. La diplomacia norteamericana —que en los últimos meses seguía con alarma los sucesos en la zona— había convertido al Mediterráneo oriental en un postulado geoestratégico básico. La retirada de las fuerzas británicas creaba un vacío que era preciso ocupar de inmediato. Grecia —opinaban— era el último país balcánico que había escapado a la influencia soviética. Su pérdida arrastraría la de Turquía, conduciría al dominio soviético sobre el Mediterráneo oriental y el Medio Oriente y amenazaría la propia defensa de Europa. La respuesta a este nuevo desafío estratégico determinó un cambio en la política de Washington. Las amenazas sobre Grecia y Turquía resultaban tan importantes para los intereses norteamericanos como el establecimiento de una esfera de influencia soviética sobre la Europa central al afectar a las comunicaciones entre Europa, Asia y África y al control de los recursos petrolíferos del Próximo Oriente. La inexcusable obligación de sustituir a Gran Bretaña en el espacio mediterráneo empujaría, a la larga y por extensión, a actuar en cualquier ámbito donde los principios de la libertad amenazados por nuevas iniciativas soviéticas.

A diferencia de 1946, la administración norteamericana había concluido ahora sus dudas sobre el carácter de sus relaciones con Moscú con el triunfo de los partidarios del endurecimiento. En enero, el general Marshall sustituía a Byrnes en la secretaría de Estado. Preocupado por el avance del comunismo, Marshall se mostraba favorable a sustituir a Gran Bretaña en Grecia y Turquía, aportando la ayuda necesaria. Días después del anuncio británico, Marshall —junto al senador Vandenberg— trasladaban a Truman un cuadro apocalíptico de la situación internacional: Estados Unidos era asemejado a una Roma amenazada por una nueva Cartago, la Unión Soviética.

Por otra parte, en julio, Kennan —en el Comité de Planificación Política del Departamento de Estado—, en un artículo en la revista *Foreign Affairs* defendía el concepto de la *contención* como la piedra angular de la acción exterior norteamericana. Estados Unidos debía construir una política firme, paciente y vigilante de contención de las tendencias expansionistas de la URSS, capaz de oponerle una fuerza inquebrantable en cualquier lugar donde manifestara su intención de amenazar los intereses de un mundo estable y pacífico.

El 12 de marzo, Truman comparecía ante las dos Cámaras del Congreso para exponer la gravedad de la situación internacional y obtener el respaldo a la nueva estrategia norteamericana en el Mediterráneo. Su discurso —construido sobre la retórica del anticomunismo— condensaba la formulación de la contención de Kennan y anunciaba un cambio profundo de la política y estrategia diseñadas por Estados Unidos desde el final de la Segunda Guerra Mundial. El presidente recordaba la situación en Grecia —cuya independencia y futuro democrático se veían amenazados por las actuaciones comunistas sostenidas desde el exterior— y en Turquía —donde la amenaza se centraba en la destrucción de su integridad territorial, esencial para la estabilidad en el Medio Oriente—, planteando la necesidad de Estados Unidos de aportar la necesaria ayuda económica y militar. Paralelamente, Truman aludía a los pueblos sometidos —recientemente— a sistemas totalitarios y a la violación sistemática de los principios de Yalta, ante la intimidación y la falta de libertad vividos en Polonia, Rumanía y Bulgaria. Su análisis de la situación mundial describía la naturaleza ideológica del conflicto: frente a un modo de vida fundado sobre la voluntad de la mayoría y articulado en torno a instituciones pluralistas, gobiernos representativos, elecciones transparentes y el reconocimiento y garantía de las libertades individuales, surgía otro caracterizado por la imposición de la voluntad de una minoría sobre la mayoría, a través de la opresión, la coacción, la supresión de las libertades personales y el control absoluto de los medios de comunicación. Truman ofrecía —ante estas amenazas— el respaldo de Estados Unidos a los países y pueblos libres amenazados por la subversión, tanto interna como externa, del comunismo. Este compromiso —*Doctrina Truman*— se convertía en la base doctrinal y justificadora norteamericana durante la guerra fría. La Doctrina Truman abría una política de ayuda a Europa para contener los progresos del comunismo. Estados Unidos asumía la responsabilidad correspondiente a su posición dominante en el mundo. Consciente de que Naciones Unidas no garantizaba la seguridad colectiva, Washington optaba por las esferas de influencia. Los límites establecidos no serían lineales, sino centrados sobre un cierto número de enclaves juzgados prioritarios.

5.2. EL PLAN MARSHALL Y LA COOPERACIÓN ECONÓMICA EUROPEA OCCIDENTAL

La ayuda norteamericana a Grecia y Turquía coincidió con un deterioro de las condiciones económico-sociales en la Europa occidental, agravado con las actuaciones comunistas.

La falta de aprovisionamientos alimenticios —cereales y frutas— obligó a imponer duros racionamientos a una población ya de por sí empobrecida por el alza de los precios y que carecía de bienes de primera necesidad, básicos para hacer frente al duro invierno. Las fábricas e industrias, sometidas a restricciones de carbón y electricidad, funcionan intermitentemente sin poder normalizar los índices de la productividad ni cubrir las necesidades internas, mientras —paralelamente—, la distribución y el sistema de transportes sufren una situación de colapso casi general. Trenes y camiones permanecen bloqueados, incrementando la sensación de desabastecimiento. Obligados a importar mercancías, los gobiernos van agotando sus recursos monetarios. La dramática situación económica facilita la progresión de las fuerzas comunistas —incrementando su audiencia entre la opinión pública—, y aumentando el estallido de agitaciones sociales que amenazan con desestabilizar la autoridad de los gobiernos. Especialmente complicada es la situación en Francia e Italia con partidos comunistas enormemente pujantes. En Francia, el presidente del gobierno, Paul Ramadier —socialista— se ha visto obligado a exigir la dimisión de los ministros comunistas —rompiendo la coalición gubernamental establecida desde el final de la guerra— por su continuo rechazo a la política económica del ejecutivo, su apoyo a las huelgas sindicales y su obstrucción a la acción colonial. La presencia del PCF en la oposición derivará en un ataque a las instituciones de la IV República y el desencadenamiento de una ola de huelgas insurreccionales en octubre y noviembre que paralizan por completo al país. En Italia, donde el PCI amenaza con la acción directa, el demócrata-cristiano De Gasperi dimite para formar un nuevo gabinete sin comunistas, en medio del caos económico y social. La situación se tornará tan amenazadora que el embajador de Roma en Estados Unidos anunciará al Departamento de Estado su temor de ver al partido comunista desencadenar una ofensiva destinada a constituir un gobierno revolucionario en el norte con el apoyo de Yugoslavia. El peligro se incrementa por el hecho de que los militares británicos y norteamericanos estacionados en la península italiana —único elemento neutralizador de la subversión—, deben, en virtud del tratado de paz, abandonar inmediatamente el territorio.

Estados Unidos —consciente de las graves implicaciones de la crisis— reactivó su política europea. El eje central de su nueva estrategia fue la elaboración de un gran programa de ayuda económica destinado a recomponer el tejido económico-financiero de Europa, situar —de nuevo— al continente dentro del sistema mundial de intercambios y combatir, eficazmente, los factores que —como el hambre, frío y pobreza— desestabilizaban sus sociedades, convirtiéndolas en vulnerables a los movimientos comunistas. Mientras Europa no lograra la recuperación —entendía Washington—, su inestabilidad amenazaría la paz internacional y la propia seguridad norteamericana. Las difíciles condiciones de vida constituían el mejor caldo de cultivo para el desarrollo de formaciones que —vinculadas a la estrategia soviética— ofrecerían a la URSS un importante triunfo estratégico. La ideología revolucionaria —consolidada en Europa— acabaría extendiéndose por el norte de África, proyectándose —posteriormente— más allá del Atlántico. Desde una formulación económica, el hundimiento de los mercados europeos, directamente ligados al sistema productivo de Estados Unidos, provocaría el descenso en el crecimiento nacional, recesión, paro y bloquearía la prosperidad del país.

Desde la capitulación del Reich, Estados Unidos había puesto a disposición de los europeos una importante cantidad de recursos financieros, a través de acuerdos bilaterales. En dos años, Gran Bretaña y Francia recibieron 15 mil millones de dólares. Pero estas cantidades parecían dilapidarse en un saco sin fondo, sin resultados políticos. Washington deseaba —ahora— racionalizar la ayuda, prolongarla en el tiempo y darle un sentido estratégico: alentar la cooperación y unidad de los países europeos. Su coordinación y unidad resultaban imprescindibles tanto para afrontar con éxito la ingente tarea de la reconstrucción como mecanismo político que garantizara estabilidad y neutralizara la presión y el expansionismo soviéticos.

El 5 de junio de 1947, el secretario de Estado Marshall proponía a los europeos —en un discurso en la Universidad de Harvard—, el Programa de Recuperación Europeo, una ayuda colectiva por cuatro años. El *Plan Marshall* debía asegurar la recuperación material del continente y mantener la prosperidad de la economía norteamericana. Como única condición exigía que fueran los europeos quienes administraran los recursos y organizaran su distribución, favoreciendo —indirectamente— sus esfuerzos de unidad y de integración. Para evitar acusaciones de ser un procedimiento contra terceros, la ayuda ofrecida estaba abierta a todos los Estados, incluida la URSS, al no ir dirigida contra país o doctrina alguna, sino contra las causas de la ruina del continente. Lógicamente, la iniciativa —aunque presentada formalmente como propuesta global para el conjunto de Europa— pretendía, en la práctica, obligar a los países bajo la influencia de la URSS a optar entre modificar sus economías y alterar sus relaciones comerciales con Moscú o rechazar la asistencia norteamericana. Por otra parte, y dadas las circunstancias internacionales del verano de 1947, resultaba inconcebible que la opinión pública y el Congreso de Estados Unidos aceptaran la idea de una ayuda económica al Kremlin.

El Programa de Recuperación Europeo determinó la evolución del continente. Por un lado, acabaría consolidando las esferas de influencia soviética y norteamericana, sellando la división de Europa. Por otro, lanzaría a la Europa occidental en el camino de la unidad.

El Plan Marshall recibió el respaldo de Francia y Gran Bretaña. Sus ministros de asuntos exteriores —Georges Bidault y Ernest Bevin— vieron en la propuesta el medio de superar la crisis europea a través de la cooperación. Bevin —que defendía la unidad económica de Alemania, a fin de garantizar la unidad de Europa y acelerar la reconstrucción del continente— estaba convencido de que con su aceptación se daba el primer paso importante desde 1945 para restaurar la unidad económica de Europa. Bidault —por su parte— entendía que sólo con la coordinación las naciones europeas podían normalizar la situación económica. Ambos dirigentes convocaron a la URSS a una conferencia tripartita en París el 22 de junio para discutir las propuestas del secretario de Estado.

El encuentro concluyó en un estrepitoso fracaso. Molotov rechazó frontalmente el ofrecimiento. El Plan Marshall, considerado una prolongación de la Doctrina Truman, significaba una manifestación del imperialismo norteamericano: Washington buscaba expandir sus mercados, sometiendo a Europa a través del dominio del dólar. Por otro lado, era una injerencia en los asuntos internos de los Estados: toda investigación y estudio sobre las necesidades materiales propias suponía entregar datos y estadísticas de sus economías, violándose —así— las soberanías nacionales. Y el Kremlin no estaba dispuesto a facilitar información que —como la de los planes quinquenales— constituía un secreto de Estado. En el fondo del rechazo soviético estaba su convencimiento de que esta empresa colectiva perjudicaba gravemente sus objetivos exteriores y su posición hegemónica, ya que, en primer término, acrecentaba la capacidad de resistencia occidental y, en segundo, arruinaría su influencia sobre la Europa central y oriental. Desde 1945 —y como parte de su estrategia de sovietización— Moscú venía concluyendo una serie de tratados comerciales con los países del Este (Bulgaria, Rumanía, Hungría y Polonia) que facilitaban la integración de sus economías, abriendo la puerta a la satelización política posterior. En el caso rumano y búlgaro, los acuerdos restringían sus relaciones comerciales con los occidentales, limitaban su sentido liberalizador y sometían los recursos y materias primas (especialmente los mineros e industriales de Bucarest) al rígido régimen de Moscú. El acuerdo con Budapest establecía las bases de una integración de la economía húngara a la URSS mediante la creación de empresas mixtas soviético-húngaras. La naturaleza capitalista de la asistencia norteamericana diluiría esos vínculos de control, articulados en el plano económico-comercial.

Francia y Gran Bretaña —a pesar del fracaso y desoyendo las amenazas de Molotov— invitaron a todos los países europeos —excepto la España franquista— a una nueva cumbre multilateral en París el 15 de julio. El objetivo era examinar conjuntamente la propuesta americana y ofrecer una respuesta. Aceptaron 16 países: Austria, Bélgica, Dinamarca, Francia, Gran Bretaña, Grecia, Irlanda, Islandia, Italia, Luxemburgo, Noruega, Países Bajos, Portugal, Suecia, Suiza y Turquía. Ninguno de la Europa del Este. Aquellos que aceptaron en primera instancia, fueron obligados por la URSS a rechazarlo. Checoslovaquia —cuya economía vivía muy dependiente del comercio con los países occidentales— había respondido favorablemente a la invitación franco-británica el 4 de julio. Unos días después, el presidente del gobierno de Praga —Gottwald—, el ministro de Exteriores, Masaryk, y el de Comercio, Dritna, presionados por Stalin —quien les ha convocado a Moscú— daban marcha atrás, convencidos —como reconocerá Masaryk— de que Checoslovaquia era un simple vasallo. Un proceso similar acontecerá en Polonia, donde, tras haber manifestado Varsovia su intención de comparecer en París, Radio Moscú anunciará el rechazo polaco.

El acuerdo alcanzado por los europeos en la conferencia de París remitió el tema a Estados Unidos. El presidente Truman solicitó a las cámaras la suma de 17 mil millones de dólares como montante de la asistencia, cantidad reducida por el legislativo. En abril de 1948, el Congreso de Estados Unidos votaba el Programa de Recuperación Europea que garantizaba la ayuda por un total de 13 mil millones —entre 1948 y 1952—, asegurada en un 10 % bajo la forma de préstamos y el 90 % de productos y bienes norteamericanos, suficiente para lograr el despegue de las economías occidentales, darles un mínimo de estabilidad y avanzar sobre la vía del crecimiento y la competitividad. Entre los mayores beneficiados destacó Gran Bretaña, con un 25 % del total, después Francia, casi un 21 %, y posteriormente, Italia y, en su momento, la República Federal de

Alemania. Por aquellas mismas fechas, el 16 de abril, los países europeos —siguiendo las promesas contraídas— creaban la Organización Europea de Cooperación Económica (OECE), encargada de distribuir la asistencia norteamericana, la primera organización europea de cooperación y el primer paso para la integración. La OECE —que organizó desde 1948 una auténtica colaboración comercial y monetaria entre los 16 Estados miembros— tuvo el mérito, además, de liberar los intercambios intraeuropeos, caracterizados por una organización arcaica y la existencia de importantes restricciones, iniciativa que adquirió su mayor impulso en 1950 con el establecimiento de la Unión Europea de Pagos. Europa occidental entraba —con el Plan Marshall— en un marco de prosperidad y crecimiento material, que conformaría uno de los elementos de su personalidad e identidad en las décadas de los cincuenta y sesenta.

5.3. El Kominform: la lucha del internacionalismo proletario contra el imperialismo

El nuevo escenario empujó a la Unión Soviética a reforzar su presión sobre la Europa del Este y acentuar el control y disciplina ideológica sobre el movimiento comunista.

En septiembre de 1947, Moscú tomaba la iniciativa de convocar del 22 al 27 en la villa polaca de Szklarska Poreba, cerca de Wroclaw, una conferencia secreta de los principales dirigentes de los partidos comunistas europeos, incluidos el italiano y francés. El objetivo era modificar sus estrategias ante las circunstancias creadas tras el Plan Marshall. A la diplomacia del dólar, la URSS respondería ideológicamente con el antiimperialismo. Durante su intervención, Andrei Jdanov —representante de Stalin— exigió de los partidos comunistas la vuelta a las tradiciones revolucionarias y el abandono de las alianzas que habían permitido la formación de las coaliciones gubernamentales en Francia e Italia y de los frentes patrióticos en los países del Este. No existía duda alguna, en su opinión, de que el sistema internacional —roto— reflejaba la lucha entre dos órdenes excluyentes: el régimen socialista revolucionario y el capitalista. La URSS, que encarnaba la causa de la paz, debía reunir bajo su seno las fuerzas antiimperialistas y democráticas para defender las conquistas del campo socialista y del internacionalismo proletario. Al igual que en el caso de la Doctrina Truman, la formulación de Jdanov —Doctrina Jdanov— sobre la ruptura del sistema internacional —aprobada el 9 de octubre— acabará convirtiéndose en la justificación teórica-ideológica, desde la perspectiva soviética, del fracaso de la construcción conjunta de la paz y de la subsiguiente política de la URSS. La conferencia —por último— creó una oficina de información comunista, Kominform, encargada de coordinar y armonizar la política de los partidos comunistas.

La creación del Kominform acabó por sovietizar —irreversiblemente— su esfera de influencia, mientras lanzaba a los comunistas franceses e italianos a acciones desestabilizadoras contra sus gobiernos e instituciones, y agitaciones que tenían como primer objetivo bloquear la distribución del Plan Marshall. En Polonia, donde las elecciones —muy criticadas por la falta de libertad— dieron el triunfo absoluto al bloque democrático controlado por los comunistas, el líder campesino Mikolajczyk —junto a otros políticos— huye en octubre, momentos antes de ser detenido, procediéndose a la disolución de todos los partidos opositores un mes más tarde. El gesto de Mikolajczyk ponía fin a los intentos desplegados desde 1945 para mantener la soberanía e independencia del país. En Rumanía tienen lugar los procesos y las condenas contra los principales dirigentes de la oposición, caso de Juliu Maniu, se restringe el margen de libertad de la familia real, que —a finales de año— es obligada a exiliarse, mientras Ana Pauker y Vasile Luca —los elementos más fanáticos del Kremlin— entraban en el gobierno y acababa proclamándose la República Popular de Rumanía. Bulgaria termina —igualmente— transformándose en un régimen de tipo estalinista, acentuándose la represión sobre los antiguos partidos y sectores de la oposición. Finalmente, Hungría que se ha beneficiado hasta ahora de un cierto margen de libertad interior, acelera su satelización. Los comunistas controlarán el gabinete formado por Dinnyés tras las elecciones de agosto al ocupar los principales puestos ministeriales y recibir el respaldo de ministros adscritos, formalmente, a otros partidos. A finales de noviembre, la banca y gran parte de las empresas industriales y comerciales quedan nacionalizadas y se disolverán las formaciones opositoras. La única excepción al monolitismo impuesto desde Moscú se producirá con Yugoslavia. Fruto de una diferente interpretación teórica, entre Tito y Stalin, sobre la construcción del socialismo, así como del liderazgo internacional de la URSS —que el dirigente balcánico cuestiona—, Belgrado es expulsado del Kominform y condenado públicamente.

6. Las manifestaciones del proceso europeo

El Plan Marshall conformaba uno de los pilares de un proyecto estratégico mayor. Los círculos dirigentes norteamericanos estaban decididos a restablecer un equilibrio de poderes en Europa apoyándose, no sólo en la asistencia financiera sino también en la normalización de Alemania y en el desarrollo del movimiento europeo. El vacío político creado tras la guerra debería llenarse con la restauración de una comunidad europea capaz de neutralizar la descompensación existente. La hegemonía norteamericana sobre la Europa occidental obligaba —en consecuencia— a reforzar la cohesión interna del bloque, no sólo en la parcela económico-financiera, sino también desde la perspectiva política y militar. Y las primeras respuestas de los europeos resultaban interesantes, si bien demostraban su propia debilidad y la necesidad de contar con el respaldo norteamericano.

6.1. El Consejo de Europa

El movimiento a favor de una federación europea coincidía, también, con el temor a una agresión comunista, impulsando a sus defensores a acelerar el acercamiento mutuo. Uno de los catalizadores sería —de nuevo— Winston Churchill. El 19 de septiembre de 1946, el ex primer ministro británico pronunciaba una conferencia en la Universidad de Zurich donde invitaba a los europeos a edificar los Estados Unidos de Europa mediante, como primer paso, la formación de un Consejo de Europa. Bajo este ambiente, el Comité de los Movimientos para la Unidad Europea, un organismo coordinador de las agrupaciones difusoras del mensaje europeístas, decide convocar un encuentro de sus asociados en La Haya.

La Conferencia de La Haya, desarrollada entre el 7 y 10 de mayo de 1948, comúnmente «Congreso de Europa», reunió a cerca de 750 delegados, entre ellos Churchill, Robert Schuman, De Gasperi, Spaak, Monnet y Léon Blum. Denis de Rougemont —en su *Mensaje a los europeos*— resumía las conclusiones del encuentro. Éstas exigían una Europa unida donde primara la libre circulación de hombres, ideas y bienes; una Carta de Derechos del Hombre que garantizara las libertades de pensamiento, de reunión y expresión, así como el libre ejercicio de la oposición política; un Tribunal de Justicia capaz de aplicar las sanciones necesarias para que sea respetada la Carta y una Asamblea europea, representando a todas las fuerzas vivas de las naciones.

Tras intensos debates que se prolongaron durante un año, el Congreso aprobaba el 5 de mayo de 1949 el Estatuto del Consejo de Europa cuyo objetivo fundamental era fomentar una unión más estrecha entre sus miembros a fin de salvaguardar y promover sus ideales y principios, así como favorecer su progreso económico-social. El Consejo de Europa, integrado por 17 Estados, la primera institución política entre europeos, contaba, orgánicamente, con un Consejo de Ministros que debatía y aprobaba por unanimidad proposiciones presentadas por una Asamblea parlamentaria, de carácter consultivo y varios comités intergubernamentales. No obstante, sus competencias se limitaban a esbozar una cooperación política y cultural, demostrando que resultaba más sencillo el entendimiento económico-comercial. Las discusiones para su creación habían evidenciado las dificultades para la cooperación de los europeos y las diferentes vías para la construcción política de Europa: frente a los defensores de una simple cooperación intergubernamental sobre materias de interés común, sin afectar a las soberanías nacionales, otros sostenían un modelo de carácter supranacional, con cesión de soberanías a los órganos europeos. El debate ahora iniciado iría perfilándose a lo largo de los años cincuenta.

6.2. Del Tratado de Dunkerque a la Unión Europea. La defensa de Europa bajo la protección de Estados Unidos

La cooperación militar comenzó —también— a tomar forma progresivamente. Después de 1945, ningún acuerdo o tratado vinculaba a París y Londres en el terreno de la seguridad y la defensa, poniendo de manifiesto —nuevamente— que la desunión incrementaba la impotencia europea. Tras vacilaciones y desconfianzas, un primer paso se formalizaba en marzo de 1947. Francia y Gran Bretaña firmaban en Dunkerque —ciudad simbólicamente elegida en recuerdo de la batalla de junio de 1940— un tratado de alianza militar que contemplaba una asistencia mutua en caso de agresión de Alemania, ante el temor que inspiraba, aún, una posible resurrección de su poderío. Más allá de esta hipótesis, Dunkerque constituía un gesto político trascendental al manifestar la existencia de un nuevo clima entre ambos países y su convencimiento a favor de la cooperación europea como instrumento clave de superación de los retos y amenazas de posguerra.

El camino iniciado prosiguió. El fracaso de la conferencia de Londres sobre el futuro de Alemania, la política expansionista de la URSS, la acción subversiva de los partidos comunistas francés e italiano acabaron por convencer a Bevin de que Gran Bretaña debía asumir nuevas responsabilidades sobre la defensa de Europa. Sus iniciativas encontraban el respaldo del Departamento de Estado, que presionaba para la creación de un sistema de defensa europeo capaz de garantizar la seguridad occidental e incorporar una futura Alemania democrática, sin levantar los recelos de franceses y británicos. Es la razón por la cual, un proyecto de alianza europea sobre el modelo del tratado de Dunkerque causa escepticismo.

El 22 de enero de 1948 pronunciaba un importante discurso sobre política exterior en la Cámara de los Comunes. Para hacer frente a la amenaza soviética, Bevin proponía la consolidación de una Europa occidental integrada por países que compartieran y tuvieran en común el rechazo a la injusticia y la opresión, la defensa de la democracia parlamentaria, la libertad y los derechos económicos y sociales. Aunque su proyecto era aún impreciso, mencionaba el tratado de Dunkerque y proponía su extensión a los países del Benelux e Italia. Pensaba, igualmente, en la consolidación de un espacio político más amplio, incluyendo los imperios europeos, ricas regiones en materias primas. Finalmente insistía en el papel de EE.UU. en la defensa común de la civilización occidental y en la necesidad de encontrar una solución capaz de integrar a Alemania en el concierto de las naciones democráticas.

Su discurso —de claro sentido antisoviético— encontró amplio eco en las capitales europeas. En Bruselas, Paul-Henri Spaak comprendió rápidamente el alcance histórico de la iniciativa. A finales de enero, los ministros de Asuntos Exteriores del Benelux ofrecieron su apoyo a la iniciativa y plantearon una reunión para definir las grandes líneas de una actitud común inspirada en el sentimiento de la solidaridad de la Europa occidental y de la conciencia del papel que sus países pueden jugar en su consolidación. Francia —donde el gobierno de Robert Schuman sabe que su seguridad y la de la propia Europa es precaria— se muestra partidaria de un compromiso efectivo —con participación norteamericana— para la defensa de la Europa occidental contra la URSS.

La percepción —nuevamente— de la amenaza soviética —a través ahora del *golpe de Praga* y el bloqueo de Berlín— impulsará de forma decisiva la determinación de los europeos de crear —junto a Estados Unidos— una alianza defensiva contra la URSS.

En Checoslovaquia, las elecciones estaban previstas para mayo. Pero —a fin de neutralizar el proceso y pasar a controlar los mecanismos del Estado— las fuerzas comunistas —meses antes— habían incrementado las protestas, conflictos y presiones sobre los sectores moderados gubernamentales, que dimiten el 20 de febrero. Con el apoyo de la policía y de milicias armadas, Gottwad constituye un gobierno integrado prácticamente sólo por comunistas, aceptado por el presidente de la República, Edvard Beneš, que junto al ministro de Exteriores, Jan Masaryk, son el último baluarte de la democracia. Los comités de acción inician la depuración de la administración y una profunda censura, mientras que la frontera occidental queda cerrada. El *golpe de Praga* certifica la sovietización de Checoslovaquia. El 10 de marzo, además, Jan Masaryk se suicida y el 8 de junio, Beneš renuncia. La muerte del primero y la renuncia del segundo simbolizan —sin dudas posibles ya— el final de la libertad en el país.

Estos acontecimientos impresionan a los europeos occidentales, que ven el espectro de la guerra como una realidad cercana. El 17 de marzo de 1948, Gran Bretaña, Francia, Bélgica, Luxemburgo y Holanda firman el tratado de Bruselas constituyendo la Unión Europea, un acuerdo de cooperación cultural, económico pero —en especial— militar. Los cinco Estados miembros se comprometían a prestarse ayuda y asistencia mutua en caso de agresión armada, que —a diferencia de Dunkerque— no la fijaba respecto a Alemania sino contra cualquier agresor, en otros términos, la URSS. El preámbulo recordaba la «fe común» de las partes contratantes «en los derechos fundamentales del hombre, en la dignidad y el valor de la persona humana», su voluntad por defender «los principios democráticos, las libertades cívicas e individuales, las tradiciones constitucionales y el respeto a la ley, que forma su patrimonio común». Y en los primeros artículos del tratado mencionaban su voluntad de unidad para acelerar la recuperación económica de Europa y su intención de armonizar sus políticas sociales y económicas, así como desarrollar sus intercambios culturales. El pacto de Bruselas establecerá unas primeras instancias militares de colaboración, simbolizadas en la formación de un Estado Mayor interaliado ubicado en Fontainebleau.

Sin embargo, la debilidad intrínseca de los europeos obliga a recurrir a Estados Unidos. El 17 de abril, Bevin y Bidault —tras un consejo consultivo del tratado de Bruselas— dirigen un mensaje al secretario de Estado Marshall solicitando formalmente la asistencia militar de Estados Unidos y su participación en un nuevo sistema de defensa de la Europa occidental.

Washington, en realidad, venía trabajando sobre esta hipótesis ya. El 24 de febrero de 1948, Kennan remitía un informe al secretario de Estado. Estados Unidos —pensaba— carecía de los medios suficientes para resistir todas las amenazas comunistas dibujadas en el mundo. Por tanto, debía favorecerse la constitución de equilibrios regionales a través de sistemas de alianzas limitadas, fundadas sobre comunidades de intereses reales. En este sentido, preconizaba el desarrollo de una estrategia de defensa, destacando una Unión Europea occidental, una alianza política, económica y militar. Estados Unidos se preparaba para la defensa de Europa.

A mediados de marzo, Truman anunciaba al Senado su voluntad de asociar Estados Unidos a la defensa de Europa rompiendo definitivamente con la tradición aislacionista norteamericana. Para Washington, la defensa de la Europa occidental se inscribía en una estrategia de seguridad con vocación planetaria destinada a contener la amenaza de la URSS y de sus partidarios comunistas. Y el reto fue aceptado.

El 11 de junio de 1948, el Senado votaba la Resolución Vandenberg que autorizaba al presidente de Estados Unidos la conclusión de alianzas militares en tiempo de paz, lo que significaba una auténtica revolución en la política exterior norteamericana. Gracias a esta disposición, Washington podía acudir directamente en apoyo de los europeos dentro del marco de un sistema de seguridad occidental. La vía queda abierta para la firma del tratado de Washington que dará nacimiento a la OTAN, vaciando de sustancia a la Unión Europea, al ser muchos de sus órganos absorbidos por el Pacto Atlántico.

Paralelamente los occidentales decidían actuar sobre Alemania. Tras el fracaso de la conferencia de Londres (noviembre-diciembre de 1947) que anuló completamente cualquier posibilidad de acuerdo con la URSS y ante el *golpe de Praga*, británicos, norteamericanos y franceses se reúnen a principios de junio de 1948 en la capital británica llegando al acuerdo de unificar sus tres zonas de ocupación y organizar elecciones a una asamblea legislativa, abriendo la vía a la constitución de un Estado de Alemania occidental. Para mostrar, además, su voluntad de unificación, las tres potencias deciden crear una única moneda común, el marco alemán. La reforma monetaria occidental disgustó a los soviéticos, que aplicaron, como medida de retorsión, una auténtica prueba de fuerza: el bloqueo terrestre total de Berlín occidental desde el 23 de junio. Europa vivirá uno de los mayores momentos de tensión de la posguerra. Frente a esta amenaza, Estados Unidos decide actuar inmediatamente y con firmeza, no aceptando la situación de hecho creada por los soviéticos. Washington organizará un puente aéreo para abastecer permanentemente a las zonas occidentales de la ciudad a lo largo de todo un año, atribuyendo un valor simbólico a la crisis: si Estados Unidos renuncia a Berlín, toda su política quedaría comprometida y su voluntad de contener al comunismo sería —para los europeos occidentales— pura retórica. Berlín se convierte en el símbolo del combate por la libertad y de la firmeza norteamericana en su defensa. En junio de 1949, los soviéticos se ven obligados a levantar el bloqueo. Para entonces, el futuro de Alemania estaba decidido: en el marco de una Europa dividida, Alemania se fraccionaba en dos Estados, vinculados al bloque occidental y soviético, respectivamente.

Bibliografía

Brugmans, H., *La idea de Europa*, Tecnos, Madrid, 1972.

Courtois, S. y Wieviorka, A., *L'État du monde au 1945*, La Découverte, 1994.

Fernández Navarrete, D., *Historia y economía de la Unión Europea*, Editorial Ramón Areces, Madrid, 1999.

Gebert, P., *La construction de l'Europe*, Imprimerie National, París, 1983.

Laqueur, W., *La Europa de nuestro tiempo*, Vergara Ediciones, Buenos Aires, 1994.

Milward, A. S., *The reconstruction of western Europe (1945-1951)*, Methuen, Cambridge, 1984.

Nouschi, M., *Bilau de la Seconde Guerre Mondiale. L'après-guerre (1945-1950)*, Seuil, París, 1999.

Senarclens, P. de, *De Yalta au rideau de fer*, Presses de la Fondation National des Sciences Politiques, París, 1993.

Thomas, H., *Paz armada. Los comienzos de la guerra fría (1945-1946)*, Grijalbo, Barcelona, 1988.

Vaïsse, M., *Les relations internationales depuis 1945*, Armand Colin, París, 1990.

CAPÍTULO 3

EL PROCESO DE CONSTRUCCIÓN
DE LAS COMUNIDADES EUROPEAS:
DE LA CECA AL TRATADO DE LA UNIÓN EUROPEA

por José María Beneyto Pérez
Catedrático de Derecho Internacional Público
y Director del Instituto de Estudios Europeos,
Universidad San Pablo-CEU

y Belén Becerril Atienza
Profesora de Derecho Comunitario,
Universidad San Pablo-CEU

1. La creación de la Comunidad Europea del Carbón y del Acero

1.1. La Declaración Schuman de 9 de mayo de 1950

En 1950, apenas finalizada la Segunda Guerra Mundial, la situación en Europa era de nuevo inquietante. Los Estados Unidos, preocupados con la expansión militar e ideológica de la Unión Soviética, impulsaban la integración progresiva de la República Federal de Alemania en el sistema occidental, considerando que sólo una Europa fuerte con una Alemania integrada podía hacer frente a la amenaza soviética. Por eso, los norteamericanos presionaban a sus aliados europeos para que permitiesen la recuperación de Alemania, su rearme y su ingreso en los organismos de seguridad.

Para los europeos, sin embargo, las heridas de la guerra eran todavía muy profundas. El objetivo predominante de la política francesa era mantener las mayores restricciones posibles sobre Alemania, tratando de ganar tiempo hasta que Francia se recuperase en términos políticos y económicos. Pero los mismos franceses eran conscientes de que esta política de obstruccionismo no podía durar para siempre, y de que era imposible limitar indefinidamente el dinamismo alemán.

Estas tensiones se ponían de manifiesto especialmente en torno a la industria del carbón y del acero, que en esos tiempos era absolutamente fundamental para la guerra, y que parecía una fuente inagotable de conflictos entre Alemania y Francia. Los acuerdos de Petersberg, que habían puesto fin a la ocupación aliada de la Alemania Occidental, dejaban aún dos graves cuestiones territoriales por resolver, la anexión francesa del Sarre, y la administración internacional de la cuenca del Ruhr, una zona muy rica en carbón y en acero. Francia y el Benelux se resistían a transferir el control del Ruhr a las autoridades alemanas. Mientras, la producción industrial alemana iba en aumento, y a pesar de que aún estaba restringida mediante un sistema de cuotas, los norteamericanos no estaban dispuestos a mantener los límites durante mucho más tiempo. A Francia no le quedaba otra solución que tratar de retrasar la elevación de las cuotas.

Los motivos profundos de estas tensiones y la necesidad de encontrar una solución al problema de la integración de Alemania Federal en Europa fueron bien comprendidos por el francés Jean Monnet, uno de los *padres fundadores* de la integración europea.

A través de su experiencia, Monnet había aprendido antes que sus contemporáneos que los países europeos necesitaban crear mecanismos efectivos de coordinación económica y política. Durante la Primera Guerra Mundial, y antes de cumplir los treinta años, Monnet ya había conseguido convencer al primer ministro francés de que, en vez de competir con los británicos por la escasez de suministros, lo eficaz era crear un comité de suministros franco-británico. Finalizada la guerra, se convirtió en promotor de la Sociedad de Naciones y en su primer secretario general adjunto, para, posteriormente, y tras haber conseguido salvar de la quiebra el negocio familiar de coñac, llevar a cabo una muy variada carrera como empresario internacional, banquero de inversión en Wall Street y asesor de intereses americanos en Europa.

Antes de comenzar la Segunda Guerra Mundial, Monnet consiguió tejer una amplia red de contactos personales con figuras señaladas del *establishment* de la costa Este estadounidense, pudiendo así garantizar para el gobierno francés el suministro de aviones norteamericanos e incluso proponiendo a Churchill y De Gaulle un abortado plan de unión franco-británica. Luego, llevó a cabo una función destacada en los preparativos aliados para después de la guerra, y en 1946 fue nombrado por el general De Gaulle primer comisario del Plan de Modernización y Equipamiento, poniendo en marcha un formidable mecanismo dirigido a la modernización de la industria francesa a través de la financiación norteamericana y de la intervención selectiva del Estado en la producción de carbón, acero y bienes de equipo.

En 1950, Monnet compartía la preocupación principal de los dirigentes franceses por la superioridad industrial de Alemania y el temor a que la tensión diese lugar a una nueva espiral de proteccionismo y desconfianza. Esta situación constituía «un cáncer peligroso para la paz», por lo que se hacía absolutamente necesario actuar. Monnet consideraba que el estado estático de las cosas sólo podía cambiarse mediante «una acción inmediata, en un punto esencial». Esa acción había que plantearla justo donde el malentendido era más tangible, allí donde volvían a cometerse los errores del pasado: en la industria del carbón y el acero. Sólo si los europeos eran capaces de eliminar el temor al dominio industrial alemán se disiparía el mayor obstáculo a la unión europea.

Las ideas de Monnet estaban influidas por la escuela funcionalista, cuya figura fundamental fue David Mitrany. Éste proponía el establecimiento de redes de actividades y agencias a través de las cuales los intereses y la vida de las naciones se fueran integrando gradualmente. Monnet consideraba que Europa no se haría de golpe ni en una construcción de conjunto, sino mediante realizaciones concretas, creando primero una solidaridad de hecho. Proponía la puesta en común de determinadas funciones, el carbón y el acero, para que a través de la economía se fuese avanzando en el ámbito de la integración política y se lograse el objetivo último de todo el proceso: la paz.

Monnet propuso su plan al ministro de Asuntos Exteriores francés, Robert Schuman. Este demócrata cristiano, nacido en Luxemburgo, había vivido muy de cerca el conflicto entre Francia y Alemania. Schuman estudió derecho en Lorena y realizó varios cursos en Bonn, en Munich, en Berlín y en Estrasburgo, hasta que finalmente abrió un despacho bilingüe en Metz. Tras pasar parte de la guerra como prisionero de la Gestapo, en 1946 fue nombrado ministro de Finanzas, y en 1948 ministro de Asuntos Exteriores.

Schuman leyó el texto que había preparado Monnet, y lo apoyó plenamente desde el primer momento. Juntos, decidieron elaborar una propuesta con la mayor de las discreciones, temiendo que una publicidad anticipada hiciera inviable el proyecto. De entre los miembros del gabinete, únicamente fueron informados los ministros de Defensa, René Pleven, y de Justicia, René Mayer. Un grupo de los colaboradores más próximos de Monnet —Pierre Uri, Étienne Hirsch, y el profesor de Derecho Internacional Paul Reuter— prepararon varios borradores del documento fuera de los canales oficiales, y el director del gabinete del ministro de Asuntos Exteriores, Bernard Clappier, mantenía informado a Schuman de la marcha de los acontecimientos. También se le hizo partícipe del documento al secretario de Estado norteamericano, Dean Acheson, quien tras entrevistarse el 8 de mayo con Schuman y Monnet en París, aprobó calurosamente el proyecto.

El mismo 8 de mayo, un emisario tomaba el tren para Bonn llevando una copia de la propuesta, que fue recibida con entusiasmo por el canciller Adenauer, un político pragmático de raíces católicas y renanas. Adenauer ya había realizado en los meses anteriores varias declaraciones en favor de la constitución de una Federación europea, que debía tener como condición la eliminación de los controles aliados sobre Alemania. Para este país, la propuesta significaba poder participar en términos de igualdad y sin intervención directa de los aliados en el inicio del proceso de integración europea.

Al día siguiente, el 9 de mayo, se celebró un Consejo de Ministros.

Con el apoyo de René Pleven y René Mayer, Schuman consiguió vencer las resistencias —entre otros, del propio presidente, Georges Bidault— a la propuesta de creación de un órgano supranacional que pusiera en común la producción franco-alemana de carbón y acero como primer paso hacia una Federación europea.

Tras la terminación del Consejo, Schuman y Monnet se desplazaron al Quai d'Orsay, sede del Ministerio francés de Asuntos Exteriores, en donde en el llamado Salón del Reloj —posteriormente denominado Salón Schuman—, Schuman comunicó a la prensa el breve texto que contiene en germen la filosofía que dará origen a las Comunidades Europeas:

> La contribución que una Europa organizada puede aportar a la civilización es indispensable para el mantenimiento de la paz [...]
>
> Europa no se hará de golpe, ni de una construcción de conjunto, se hará por medio de realizaciones concretas, creando una solidaridad de hecho [...]
>
> El Gobierno francés propone poner en conjunto la producción franco-alemana del carbón y del acero bajo una Autoridad común, en una organización abierta a la participación de otros países de Europa.
>
> La puesta en común de la producción del carbón y del acero asegurará inmediatamente el establecimiento de bases comunes de desarrollo económico, primera etapa de la Federación europea y cambiará el destino de estas regiones largo tiempo volcadas a la producción de armas de guerra de las cuales eran víctimas.
>
> El establecimiento de esta pujante unidad de producción, abierta a todos los países que quieran participar, ayudará a unir a todos los países que estimen tener en común los elementos fundamentales de la producción industrial en las mismas condiciones, y sentará los fundamentos reales de su unificación económica [...]
>
> La Alta Autoridad común estará formada por personalidades independientes, designadas sobre una base paritaria por los gobiernos, y un presidente escogido de común acuerdo. Sus decisiones serán ejecutivas en Francia, en Alemania y en los demás países adherentes.

A pesar de ser una propuesta que contaba con ciertos antecedentes, la Declaración Schuman de 9 de mayo de 1950 debe ser calificada como un acto revolucionario. Significó la muestra más tangible y políticamente eficaz del cambio de la política francesa hacia Alemania, como consecuencia de la progresiva aceptación por parte de los aliados de la creación de un nuevo Estado alemán.

En la Declaración aparece ya la gran innovación institucional, consistente en la creación de una Alta Autoridad, un órgano de naturaleza supranacional independiente de los gobiernos. Se trataba de superar la mera cooperación intergubernamental a través de la creación de una «entidad europea», como primera etapa de un proceso hacia la unificación económica y política de Europa. Era en este sentido un paso decisivo para iniciar una construcción de vocación federal.

1.2.   EL TRATADO DE LA COMUNIDAD EUROPEA DEL CARBÓN Y DEL ACERO

La organización que se anunciaba en la Declaración Schuman no se limitaba a Francia y Alemania, sino que se abría también a otros países, que acogieron la invitación de forma muy diferente. El Gobierno británico se mostró incómodo por no haber sido consultado con anterioridad y por la incertidumbre sobre las implicaciones de la propuesta. En realidad, Gran Bretaña no estaba de ningún modo dispuesta a realizar los sacrificios de soberanía nacional que estaban en el centro del proyecto.

Mucho más entusiasta fue la reacción del Gobierno italiano a través de su ministro de Asuntos Exteriores, conde Sforza, y también fue positiva, aunque en menor medida, la reacción de los países del Benelux.

El 3 de junio se publicó simultáneamente en París, Roma, Bruselas, La Haya y Luxemburgo un comunicado conjunto por el que se confirmaba la participación de los gobiernos de estas capitales en el Plan Schuman. El comunicado señalaba el carácter vinculante y supranacional de las decisiones que adoptara la Alta Autoridad:

> Los pueblos francés, alemán, italiano, belga, holandés y luxemburgués, decididos a conseguir una acción común de paz, de solidaridad europea y de proyecto económico y social, asumen como objetivo inmediato la puesta en común de las producciones del carbón y del acero y la institución de una Alta Autoridad nueva cuyas decisiones vincularán a Francia, Alemania, Bélgica, Italia, Holanda, Luxemburgo y los países que se adhieran.

Las negociaciones subsiguientes para la elaboración de un Tratado internacional por el que se estableciera una Comunidad Europea del Carbón y del Acero (en adelante, CECA) se desarrollaron en París bajo la dirección de Monnet. Éste, preocupado ante la posibilidad de que unas negociaciones excesivamente largas hicieran aflorar las diferencias existentes, pretendía que el tratado se limitara a establecer los principios y objetivos generales, y dejar para un desarrollo posterior las concreciones técnicas.

Sin embargo, las dificultades asociadas a la configuración institucional de la CECA, las diferencias existentes entre los diferentes mercados nacionales y la modificación del contexto internacional que produjo el estallido de la guerra de Corea el 25 de junio de 1950 hicieron que las negociaciones se complicaran de forma significativa.

La estructura institucional de la CECA dio lugar a duras negociaciones, en las que el problema central fue el de la legitimidad de la Alta Autoridad. La atribución de amplias competencias a una institución supranacional, independiente de los gobiernos, despertaba muchos recelos, y los belgas y holandeses presionaron para crear un Consejo de Ministros, con representantes de los Estados miembros, que restringiera su poder. Ante la posibilidad de que se hicieran depender las decisiones de la Alta Autoridad de su aprobación previa por el Consejo de Ministros, Monnet acabó aceptando la solución intermedia de un Consejo de Ministros con competencias limitadas a las cuestiones de política económica general, mientras que la Alta Autoridad retendría todos los poderes relacionados con la producción y la gestión del carbón y del acero.

La gran mayoría de estos problemas se habían resuelto a principios de octubre, pero entonces Monnet inició una dramática campaña exigiendo la eliminación de todas las medidas que pudieran significar una limitación de la competencia por medio de cuotas de producción, fijación de precios o reparto de mercados. Los acuerdos de especialización y de concentración podían estar permitidos, pero únicamente tras obtener la autorización previa de la Alta Autoridad. Para Monnet, la cuestión de la eliminación del sistema de cárteles alemán se convertía así en una condición esencial para el éxito de la CECA.

Finalmente, Alemania aceptó las cláusulas anticártel y el Tratado constitutivo de la CECA pudo firmarse en París por los seis Estados fundadores: Francia, Alemania, Italia, Bélgica, Holanda y Luxemburgo, el 18 de abril de 1951. Los intereses económicos divergentes y las diferencias en las posiciones nacionales pudieron ser superadas gracias a la voluntad y a la visión políticas de Schuman, Monnet y Adenauer. Los tres supieron entender que la rehabilitación y la integración de Alemania en el concierto de los países occidentales precisaba de nuevas fórmulas de cooperación supranacional y de instituciones con capacidad de imponerse sobre la voluntad de las soberanías nacionales.

En su propio nombre y en el de los seis ministros signatarios, Robert Schuman fue encargado de leer la Declaración conjunta de los Seis con motivo de la firma del Tratado, en la que volvieron a confirmarse los objetivos que habían guiado la Declaración Schuman de un año antes.

> Considerando que la paz mundial no puede ser salvaguardada más que por actos creadores a la medida de los peligros que la amenazan [...]
> Conscientes de que Europa no se construirá sino por realizaciones concretas que creen una solidaridad de hecho a través del establecimiento de bases comunes de desarrollo económico [...]
> Resueltos a sustituir rivalidades seculares por una fusión de sus intereses esenciales, a fundar por la institución de una Comunidad económica los primeros pasos de una Comunidad más larga y más profunda [...] hemos decidido crear una Comunidad Europea del Carbón y del Acero [...]
> Al firmar el Tratado que instituye la C.E.C.A., Comunidad de 160 millones de habitantes europeos, las partes contratantes manifiestan su resolución de crear la primera institución supranacional y de poner de este modo los fundamentos reales de una Europa organizada.

De esta manera, a través del Tratado de creación de la CECA, se puso en marcha un Mercado común del carbón y del acero que implicaba la supresión de los derechos de aduana y de las restricciones cuantitativas a la libre circulación de esos productos, así como la interdicción de medidas discriminatorias y de subvenciones o ayudas concedidas por los

Estados, con la finalidad de que fuera el principio de la libre concurrencia en el futuro el que gobernara estos sectores. La CECA controlaría el aprovisionamiento regular y la fijación de precios. La realización de un mercado común sería progresiva: un período preparatorio y otro de transición permitirían la adaptación de las industrias a las nuevas condiciones.

Se crearon cuatro instituciones:

— Una Alta Autoridad, clave de la estructura institucional, con amplios poderes, compuesta por personas independientes designadas de común acuerdo por los gobiernos de los Estados miembros, y encargada de administrar el mercado común.

— Un Consejo de Ministros, compuesto por representantes de los seis Estados miembros, que decidirían por unanimidad para las cuestiones más importantes y por mayoría para las demás, y encargado de coordinar el trabajo de la Alta Autoridad con los Gobiernos.

— Una Asamblea Común, integrada por miembros de los Parlamentos nacionales designados por éstos, y con ciertas competencias de control sobre la Alta Autoridad.

— Un Tribunal de Justicia, encargado de velar por la interpretación y la aplicación del Tratado, y de los Reglamentos y Decisiones que adopta la Alta Autoridad.

Tras la ratificación del Tratado por los Parlamentos nacionales, la CECA entró en vigor el 23 de julio de 1951, y Jean Monnet fue nombrado primer presidente de la Alta Autoridad.

El juicio global sobre la CECA es positivo. A ella se le atribuye en gran parte el enorme crecimiento de la producción de acero, que pasó de 42 millones de toneladas en 1943 a 107,3 millones en 1955; la intensificación del comercio entre los Seis; la disminución de los costes de producción y de las materias primas; y la introducción de importantes beneficios sociales dirigidos a la creación de empleo, las ayudas contra el paro, la readaptación profesional, etc.

Pero por encima del éxito económico de la primera Comunidad Europea, la CECA es un hito en el proceso de integración, ya que constituye una organización europea supranacional. Las experiencias internacionales anteriores se habían basado en la mera cooperación intergubernamental, forma tradicional de colaboración entre los Estados que no les exige una verdadera cesión de soberanía, ya que se les garantiza el derecho de veto (pudiendo así oponerse un solo Estado a la adopción de una decisión), y se evita la existencia de poderes coactivos (de un Tribunal de Justicia de competencia obligatoria). Las organizaciones europeas de la segunda posguerra, la Unión Europea Occidental (UEO), la Organización del Tratado del Atlántico Norte (OTAN), y la Organización Europea de Cooperación Económica (OECE) se habían creado conforme a estos principios propios del derecho internacional clásico. También el Consejo de

Europa, en el que se habían depositado tantos sueños europeístas, no fue más allá de la mera cooperación intergubernamental. Sin embargo, conocedores de las limitaciones de esta forma de colaboración interestatal, los Estados miembros consagraron en la CECA (y luego a su imagen en la Comunidad Económica Europea y en la Comunidad Europea de la Energía Atómica) un sistema más ambicioso y eficaz, en el que los Estados miembros realizaban una verdadera cesión de soberanía. Los Tratados establecieron un sistema predominantemente supranacional, que incorporaba la regla de la mayoría y el control obligatorio de un Tribunal de Justicia, y que atribuía competencias fundamentales a una institución supranacional, la Alta Autoridad, cuyos miembros actuaban con total independencia de los gobiernos nacionales.

La CECA es la primera de las Comunidades Europeas, y posiblemente sea también la menos conocida, lo que se debe en parte a la pérdida de significado económico del carbón y del acero por el triunfo del petróleo. No obstante, el establecimiento de la primera Comunidad Europea, en la que los Estados miembros cedían por primera vez ciertos derechos soberanos a una Alta Autoridad supranacional, ha de interpretarse como un logro político de extraordinaria lucidez y de fundamentales consecuencias para el desarrollo posterior del proceso de integración.

1.3. La fallida Comunidad Europea de Defensa

El estallido de la guerra de Corea en junio de 1950 planteó de nuevo el problema de la defensa europea. Tras el final de la Segunda Guerra Mundial, la Europa occidental sufría numerosas deficiencias en su defensa, varios Estados se hallaban prácticamente desarmados y la necesidad de volcarse en la reconstrucción hacía sumamente difícil realizar inversiones en esta materia.

Presionados por la inminencia de la amenaza soviética, Estados Unidos había aceptado participar activamente en la defensa europea y se había comprometido a mantener efectivos en el Viejo Continente. La firma del Tratado del Atlántico Norte, que tuvo lugar en Washington el 4 de abril de 1949, consolidaba este compromiso constituyendo la OTAN. Pero la defensa europea no podía confiarse en su totalidad, e indefinidamente, a Estados Unidos. En 1950, con el recrudecimiento de la situación, los norteamericanos accedieron a mandar nuevas tropas, pero exigieron a cambio un esfuerzo de rearme europeo, lo que implicaba autorizar un avance sustancial en el rearme de Alemania.

Los europeos parecían atrapados entre la amenaza soviética y el temor a un nuevo rearme alemán. En esta tensa situación, y animado por el éxito de la primera experiencia supranacional que había constituido la CECA, el primer ministro francés, René Pleven, propuso la creación de una Comunidad Europea de Defensa (en adelante, CED). El objetivo de la misma era constituir un ejército europeo, que permitiese contar con soldados alemanes, pero en el marco de un ejército integrado.

Con el apoyo de Jean Monnet, y varios de sus colaboradores como Uri, Hirsch, Reuter y Clappier, René Pleven preparó una declaración que presentó a la Asamblea el 24 de octubre de 1950:

> La solución del problema de la contribución alemana a la defensa común debe ser buscada fuera de todo compromiso y sin dilación, a la vez en posibilidades de acción inmediata y perspectivas de futuro para una Europa unida [...]
>
> El gobierno francés pensaba que la realización del proyecto carbón-acero permitiría a los espíritus habituarse a la idea de una Comunidad Europea antes de que fuera abordado el problema tan delicado de la defensa común. Los acontecimientos mundiales no le dejan descanso. Por lo cual, confiando en los destinos pacíficos de Europa y comprendiendo la necesidad de dar a todos los pueblos europeos el sentimiento de una seguridad colectiva, el Gobierno francés propone resolver esta cuestión con los mismos métodos y con el mismo espíritu [...]
>
> Propone la creación, para la defensa común, de un ejército europeo sujeto a instituciones políticas de una Europa Unida [...]
>
> Un ejército de la Europa Unida, formado por hombres procedentes de las distintas naciones europeas, debe realizar, en toda la medida de lo posible, una fusión completa de los elementos humanos y materiales implicados, bajo una autoridad europea única, política y militar.

El Tratado de la CED fue firmado en París el 27 de mayo de 1952 por los seis Estados miembros de la CECA. Sin embargo, el proyecto no logró el mismo apoyo que había cosechado la primera de las Comunidades Europeas, pues la integración de la defensa no era equiparable a la del carbón y el acero, sino que constituía un ámbito mucho más delicado y más próximo al núcleo último de soberanía estatal. Por otra parte, para decidir sobre el uso de ese ejército común se hacía necesario contar con una política exterior común, y una autoridad política integrada.

El primer ministro italiano Alcide de Gasperi trató de solventar esta cuestión y propuso avanzar un paso más en la integración, creando una Comunidad Política Europea (en adelante, CPE), una organización política, con una autoridad supranacional, para la formación de una política exterior común. A continuación, una Asamblea formada por parlamentarios de la CECA y del Consejo de Europa elaboró rápidamente un anteproyecto de Tratado CPE, de carácter federal, que fue presentado el 9 de marzo de 1953.

Sin embargo, el proyecto de CPE quedó relegado cuando la Asamblea Nacional francesa rechazó el 30 de agosto de 1954 la ratificación del Tratado de la Comunidad Europea de Defensa. El fracaso en Francia de un proyecto europeo que había tenido un origen francés se debió fundamentalmente a que no recibió un apoyo suficiente y adecuado por parte del nuevo gobierno, y además fue duramente contestado por los seguidores de De Gaulle, que temían una pérdida de soberanía nacional, y por los comunistas, que lo consideraban un sometimiento a intereses norteamericanos. A pesar de que el proceso de ratificación avanzaba favorablemente en los otros cinco Estados miembros, el rechazo francés supuso el olvido de las dos nuevas Comunidades. La CED y la CPE nunca llegaron a entrar en vigor. Habría que esperar cuarenta años hasta que el Tratado de Maastricht incorporase de nuevo el objetivo de crear una política exterior y de seguridad común.

2. La creación de la Comunidad Económica Europea y de la Comunidad Europea de la Energía Atómica y su desarrollo en los años sesenta y setenta

2.1. EL TRATADO DE LA COMUNIDAD ECONÓMICA EUROPEA Y EL TRATADO DE LA COMUNIDAD EUROPEA DE LA ENERGÍA ATÓMICA

El fracaso de la Comunidad Europea de Defensa supuso un duro revés para el proceso de integración europea, y Jean Monnet, que tanto había trabajado por ese proyecto, anunció que no renovaría su mandato presidencial al frente de la Alta Autoridad de la CECA. Sin embargo, la crisis duró poco tiempo, pues en esos momentos difíciles, en el verano de 1955, los ministros de Asuntos Exteriores de los seis Estados miembros de la CECA se reunieron en Messina a iniciativa del Benelux con el objetivo de poner en marcha el nuevo arranque europeo, *«la relance européenne»*.

El nuevo impulso integrador debía centrarse en el ámbito económico. La experiencia de la Comunidad Europea de Defensa y de la Comunidad Política Europea ponía de manifiesto las dificultades existentes para trasladar la integración al terreno político, y la necesidad de seguir avanzando en la integración económica. Francia proponía continuar con la aproximación sectorial que había iniciado la CECA, extendiéndola a otros sectores. Alemania y Holanda, sin embargo, se mostraban partidarias de avanzar hacia una integración económica global. Finalmente, ambas tendencias se satisficieron en parte, al encargarse a un comité intergubernamental de expertos la elaboración de dos informes, uno sobre la materialización de una Unión en el campo de la Energía Nuclear y otro sobre una Unión Económica General.

La presidencia del comité recayó en el belga Paul-Henri Spaak, un brillante abogado socialista que había sido ministro en 1939 y en 1945, primer presidente de la Asamblea General de la ONU en 1946, de la Asamblea Consultiva del Consejo de Europa en 1949, y de la asamblea de la CECA en 1952.

El resultado de los trabajos fue un informe presentado en Venecia en mayo de 1956, que sirvió de base para las negociaciones que se desarrollaron a continuación en el castillo de Val Duchesse, en Bruselas. Por fin, el 25 de marzo de 1957, se firmaron en el Capitolio de Roma los Tratados constitutivos de la Comunidad Económica Europea (en adelante, CEE) y de la Comunidad Europea de la Energía Atómica (en adelante, CEEA o EURATOM). Quedaban así constituidas las tres Comunidades Europeas (en adelante, CCEE), la CECA, CEE y CEEA, que transformaron profundamente la realidad europea en los siguientes años y que, a pesar de haber sufrido numerosos cambios, se mantienen aún en la actualidad.

La Comunidad Económica Europea es la más importante de las tres Comunidades, y a la que ha correspondido siempre el liderazgo político en el proceso de integración. Sus objetivos generales, tal y como establecía el artículo 2 del TCEE en su versión original, eran «promover un desarrollo armonioso de las actividades económicas en el conjunto de la Comunidad, una expansión continua y equilibrada, una estabilidad creciente, una elevación acelerada del nivel de vida y relaciones más estrechas entre los Estados que la integran». Para lograr estos ambiciosos fines se preveía el establecimiento de un mercado común y la aproximación progresiva de las políticas económicas. Así, frente al proyecto sectorial que había constituido la CECA, la CEE era un proyecto de integración económica global, que abarcaba a todos los factores de producción.

El TCEE pretendía lograr un gran mercado común, con las mismas características que un mercado nacional, y regido por la libre competencia, en el que circulasen libremente las mercancías, las personas, los servicios y los capitales. Este gran mercado debía lograrse progresivamente en un período transitorio de doce años, dividido en tres etapas de cuatro años.

El objetivo era ambicioso, pues se pretendía, no solamente crear una Unión Aduanera (en la que las mercancías circulasen libremente sin estar sometidas a derechos de aduana ni a restricciones cuantitativas y en la que se estableciese una tarifa exterior común frente a los productos provenientes de terceros Estados) sino también lograr la libre circulación de personas, de servicios y de capitales. Además, el TCEE preveía el establecimiento de unas políticas comunes como la agrícola, la comercial o la de transportes, una coordinación en ciertos ámbitos, como el fiscal y el social, y la armonización de las políticas económicas internas.

La última de las tres Comunidades, la Comunidad Europea de la Energía Atómica, tenía como objetivo la creación de un mercado común de la energía nuclear, contribuyendo con ello a la creación y desarrollo de las industrias nucleares, a la elevación del nivel de vida en los Estados miembros, y al desarrollo de los intercambios con los demás países (artículo 1 TCEEA). De esta manera se pretendía recuperar el retraso de la industria nuclear europea frente a otras potencias, y al tiempo, evitar que esta industria alemana se desarrollase independientemente. El Tratado establecía un mercado común nuclear, y disponía diversos medios para desarrollar la investigación, establecer normas de seguridad uniformes, facilitar las inversiones, velar por un abastecimiento regular, y garantizar la utilización pacífica de las materias nucleares.

Para realizar las funciones establecidas en los dos nuevos Tratados, éstos preveían un sistema institucional semejante al de la CECA, y que a pesar de haber sufrido algunos cambios sigue vigente en la actualidad:

— Una Comisión (equivalente a la Alta Autoridad de la CECA), que representa el interés general propiamente comunitario, y cuyos miembros, nombrados de común acuerdo por los Estados miembros, han de actuar con total independencia de los gobiernos. A pesar de que el TCEE y el TCEEA han atribuido a la Comisión menores poderes de los que el TCECA había atribuido a la Alta Autoridad, la Comisión goza de fundamentales competencias tanto en materia ejecutiva como legislativa.

— Un Consejo, en el que está representado el interés de los Estados miembros a través de un representante de rango ministerial de cada uno de ellos. A esta institución, que representa a los Estados, se le atribuyen importantes poderes de decisión y de coordinación de las políticas económicas, ya que el TCEE y el TCEEA hacen del Consejo el centro de gravedad del sistema institucional.

— Una Asamblea (actual Parlamento), formada por representantes de los pueblos de los Estados. Los Tratados originales disponían que sus miembros fuesen elegidos por los Parlamentos de los Estados miembros, y atribuían a esta institución pocas competencias, que se limitaban a la elaboración de dictámenes consultivos y al ejercicio de cierto control político sobre la Comisión. Sin embargo, esta institución se ha transformado notablemente, aumentando sus competencias con el paso de los años. El 30 de marzo de 1962 decidió autodenominarse «Parlamento Europeo», y aunque hasta la reforma del Acta Única Europea no fue reconocida formalmente esa nueva denominación, es frecuente que se utilice para todo el período posterior a esa fecha. Por otra parte, desde 1979 sus miembros se eligen por sufragio directo, como se verá más adelante.

— Un Tribunal de Justicia, compuesto por jueces independientes, que garantiza el respeto del Derecho en la interpretación y en la aplicación de los Tratados.

El establecimiento de estas cuatro instituciones para cada una de las tres Comunidades hubiese sido innecesario y excesivamente complejo. Por eso, junto con los Tratados de Roma, el 25 de marzo de 1957 se firmó un convenio relativo a ciertas instituciones comunes en virtud del cual, las tres Comunidades Europeas compartirían dos de las cuatro instituciones: la Asamblea Parlamentaria Europea y el Tribunal de Justicia. Posteriormente, el Tratado de Bruselas firmado el 8 de abril de 1965 procedió a la fusión de los ejecutivos, dando lugar a un solo Consejo y una sola Comisión (desaparece así la denominación de Alta Autoridad). Así pues, desde entonces, las tres Comunidades comparten las cuatro instituciones. Más tarde, el Tratado de Maastricht elevó al rango de institución al Tribunal de Cuentas, por lo que desde entonces existen cinco instituciones.

Los dos nuevos Tratados, el TCEE y el TCEEA, alteraban en cierta medida el equilibrio institucional que se había consagrado en la CECA, pues atribuían mayor poder al Consejo en perjuicio de la Comisión. El Consejo, la única institución que defiende y representa los intereses particulares de los Estados miembros, pasó a ser el centro del poder de decisión.

No obstante, a pesar de los cambios que introdujeron los dos nuevos Tratados, el sistema institucional seguía siendo original y predominantemente supranacional, superando con mucho los usos propios de la cooperación intergubernamental. Esto se debe a que la Comisión, una institución supranacional independiente de los gobiernos, aún gozaba de competencias de importancia fundamental, tanto en materia ejecutiva como en el procedimiento legislativo; y además se incorporaba la regla de la mayoría y el control obligatorio de un Tribunal de Justicia, rasgos típicos de un sistema supranacional.

Los Tratados establecían que en el Consejo de Ministros las decisiones se adoptarían habitualmente por mayoría cualificada conforme a un sistema de voto ponderado: correspondían cuatro votos a los representantes de Alemania, Francia e Italia, dos a los de Bélgica y Holanda, y uno al de Luxemburgo, siendo necesarios tan sólo doce (de un total de diecisiete) para adoptar una decisión. De esta manera, surgía la posibilidad de que un Estado quedase en minoría en una votación, y a su pesar se adoptase un acto que luego tuviese que aplicar, so pena de ser objeto de una sentencia condenatoria del Tribunal de Justicia. Así, el sistema institucional seguía siendo supranacional, y original.

La originalidad del sistema se ponía también de manifiesto en el reparto de funciones entre las instituciones, que no se correspondía con el sistema clásico de división de poderes inspirado en Montesquieu. En las Comunidades, las funciones judiciales recaían en el Tribunal de Justicia, pero el poder ejecutivo lo compartían la Comisión y el Consejo, y el poder legislativo, en lugar de corresponder a la Asamblea (que sólo intervenía emitiendo dictámenes no obligatorios), recaía en la Comisión (a la que se atribuía la iniciativa legislativa) y principalmente en el Consejo. El sistema era, y sigue siendo en la actualidad, especialmente complejo, ya que en el ejercicio de los poderes clásicos concurren varias instituciones. Además, el reparto de poder entre éstas varía con el tiempo, y la inexistencia de un principio claro de división de poderes da lugar a una cierta competencia institucional.

En fin, con este peculiar sistema institucional las CCEE iniciaron su andadura en los años cincuenta. Las competencias de las Comunidades se ceñían entonces al ámbito económico, pero el sistema contenía ya el germen de la diferencia, la supranacionalidad. Además, el objetivo del proceso rebasaba lo estrictamente económico. Tal y como reflejaba el preámbulo del TCEE, los Estados miembros se declaraban «Resueltos a sentar las bases de una unión cada vez más estrecha entre los pueblos europeos». De acuerdo con la filosofía de Jean Monnet, el objetivo inmediato era la integración económica, pero el objetivo último era la unión política y la reconciliación.

2.2. La puesta en marcha de las Comunidades Europeas:
      los años sesenta

El proceso de ratificación de los nuevos Tratados tuvo lugar entre julio y diciembre de 1957, y finalmente el 1 de enero de 1958 entraron en vigor el TCEE y el TCEEA. La presidencia de la Comisión recayó en Walter Hallstein, un profesor de derecho alemán, de ideología democristiana, que había sido secretario de Estado de Asuntos Exteriores cuando se firmaron los Tratados de Roma. La presidencia de la Asamblea Parlamentaria recayó en Robert Schuman.

Las Comunidades Europeas comenzaron su andadura con una gran ausencia, el Reino Unido. Este país, esencial en el panorama europeo de la segunda posguerra, no había formado parte de la CECA, a pesar de los esfuerzos de Jean Monnet para que lo hiciese, y tampoco firmó los Tratados de la CEE y de la CEEA. Sin embargo, el Reino Unido sí había participado inicialmente en las negociaciones que dieron lugar a los Tratados de Roma, aunque pronto se retiró de las mismas, puestas de manifiesto sus diferencias sustanciales con los seis socios de la CECA.

El Reino Unido había propuesto a los Seis la creación de una Zona de Libre Cambio, en la que las mercancías provenientes de la zona circulasen sin tener que pagar derechos de aduana. Esta propuesta fue rechazada finalmente en beneficio de una más integradora, consistente en crear una Unión Aduanera que, recordando la experiencia del *Zollverein*, estableciese también una tarifa exterior común frente a los terceros países. Tal cosa era inadmisible para los británicos, cuya política arancelaria estaba determinada por sus estrechas relaciones con los Estados de la Commonwealth. Además, el proyecto comunitario que se impuso incluía también la libre circulación de personas, servicios y capitales, e incluso unas políticas comunes, por lo que resultaba excesivamente ambicioso para el Reino Unido, que terminó por retirarse de las negociaciones, quedando al margen de todo el proceso.

La reacción británica a esta situación que le apartaba del camino de los seis socios comunitarios fue proponer a los países de la Organización Europea de Cooperación Económica (OECE) que no formaban parte de la Comunidad la creación de una zona de libre cambio. Suecia, Noruega, Dinamarca, Austria, Suiza y Portugal aceptaron la oferta del Reino Unido, y el 4 de enero de 1960 se firmó en el Palacio del Príncipe de Estocolmo el Tratado de la Asociación Europea de Libre Cambio (European Free Trade Area, EFTA). Nacía así la Europa de siete, frente a la Europa Comunitaria de los seis.

La EFTA entró en vigor el 1 de julio de 1960 con el objetivo de completar el desarme arancelario (excluidos los productos agrícolas y pesqueros) en julio de 1967. Sin embargo, el 9 de agosto de 1961, apenas trece meses después de la entrada en vigor de la nueva organización, el Reino Unido solicitó su ingreso en la Comunidad.

La solicitud de adhesión británica, cursada por el gobierno conservador de Harold MacMillan, fue una buena muestra del éxito económico que vivió la Comunidad desde sus primeros años. Los plazos transitorios, que se habían previsto con el fin de que en 1970 quedase completada la Unión Aduanera, se iban cumpliendo adecuadamente, y ya en 1959 los intercambios intracomunitarios aumentaron un 19 % respecto al año anterior. Estos valiosos resultados económicos debieron resultar fundamentales para el gobierno británico, que además presentía ya, a inicios de los años sesenta, el fin de su imperio colonial y la necesidad de unir su destino al de sus vecinos europeos. Junto con el Reino Unido solicitaron la adhesión Irlanda (31 de julio de 1961), Dinamarca (10 de agosto de 1961) y Noruega (30 de abril de 1962). Sin embargo, estas solicitudes chocaron desde el primer momento con la oposición de Francia, donde en enero de 1959 el general De Gaulle había sido nombrado presidente de la V República.

La llegada al poder de De Gaulle tuvo graves consecuencias en el proyecto comunitario, dado que tanto el general, como su primer ministro Michel Debré, tenían una visión de Europa muy diferente a la que habían propuesto en los años cincuenta los padres fundadores.

No quiere con ello decirse que el general no fuese partidario de una estrecha colaboración entre los Estados europeos; por el contrario, De Gaulle estaba a favor de una cooperación regular en el terreno económico, y además, en el político, en el de la defensa, y hasta en el cultural. Sin embargo, su idea de Europa divergía de la de sus socios comunitarios en dos aspectos. El primero de ellos afectaba directamente al Reino Unido; De Gaulle insistía en que la Europa comunitaria debía mantener su independencia respecto de Estados Unidos, y por este motivo se oponía rotundamente a la adhesión del Reino Unido, que a su modo de ver era incompatible con una «Europa europea», por su carácter insular y su especial relación con los norteamericanos.

La segunda divergencia fundamental entre el proyecto comunitario y la «Europa de los Estados» de la que hablaba De Gaulle radicaba en que esta última era una Europa basada en la mera cooperación intergubernamental, en la que los Estados mantendrían el control de todo el proceso, de acuerdo con el principio supremo de la soberanía nacional. Los Estados eran para De Gaulle las únicas entidades con derecho a ordenar y poder para ser obedecidas, y todo lo que no fuese el concierto de los Estados y el trabajo de organismos subordinados a los gobiernos era para él una quimera.

En su crítica al supranacionalismo comenzaron a ponerse de manifiesto algunos de los aspectos más problemáticos del proyecto comunitario que se han ido remediando con los años, y que hoy denominaríamos problemas de déficit democrático o de crisis de legitimidad. De Gaulle denunció el carácter tecnócrata y la irresponsabilidad de una Comisión independiente de los gobiernos. Para él, esta institución podía tener un valor técnico, pero no una autoridad o eficacia política. También criticaba a la Asamblea, alegando que sus miembros, nombrados por los distintos parlamentos, no recibían de sus electores ningún mandato que no fuese nacional. Junto con estos motivos, De Gaulle hablaba también de patriotismo y de diferencias profundas entre los Estados, y alertaba de la necesidad de evitar una federación europea en la que éstos perdiesen su personalidad nacional.

Las tesis francesas fueron recogidas en dos versiones sucesivas del Plan Fouchet (la primera de 19 de octubre de 1961 y la segunda de 18 de enero de 1962), un Proyecto de Unión Política basado en la cooperación interestatal que elaboró una comisión presidida por Christian Fouchet, diplomático francés de plena confianza de De Gaulle. Las diferencias fundamentales que Francia mantenía con sus socios comunitarios dieron lugar al fracaso de estas iniciativas y Francia, desencantada, volcó su atención en el establecimiento de un eje de reconciliación y entendimiento entre París y Bonn, para lo que recibió el firme apoyo del canciller Adenauer.

Sin embargo, el rechazo francés al supranacionalismo habría de tener más graves consecuencias en el desarrollo de las Comunidades. En junio de 1965, con motivo de una votación en el Consejo sobre la política agrícola, Francia declaró que no aceptaría la regla de la mayoría y abandonó el Consejo dando lugar a la «crisis de la silla vacía». Una vez más, la causa del desacuerdo era la resistencia francesa a un sistema supranacional. De Gaulle exigía que se redujesen las competencias de la Comisión, limitándolas a las propias de un órgano de carácter técnico, y que se renunciase al voto mayoritario en el Consejo.

La crisis duró seis meses, durante los cuales, Francia no acudió a las reuniones del Consejo y la actividad comunitaria se redujo al mínimo. Por fin, en los días 29 y 30 de enero de 1966, los seis llegaron a un acuerdo en la ciudad de Luxemburgo. Los cinco Estados miembros partidarios de la supranacionalidad declaraban que «cuando intereses muy importantes de uno o varios Estados miembros estén en juego en el caso de decisiones susceptibles de ser adoptadas por mayoría a propuesta de la Comisión, los miembros del Consejo se esforzarán, en un plazo razonable, para alcanzar soluciones que puedan ser adoptadas por todos los miembros del Consejo». Francia, por su parte, se expresaba en términos más rotundos y consideraba que «cuando se trate de intereses muy importantes, la discusión deberá proseguir hasta que se alcance un acuerdo unánime». Quedaba claro que el compromiso de Luxemburgo, si bien no modificaba formalmente los Tratados, iba a dificultar extraordinariamente la aplicación de la regla de la mayoría, pudiendo cualquier Estado invocar la afectación de intereses *muy importantes* para evitar que se procediese a la votación por mayoría. Efectivamente, en los siguientes años, y hasta mediados de los ochenta, las decisiones en el Consejo se adoptaron por consenso.

La pérdida de la regla de la mayoría, que había sido una de las más novedosas aportaciones del supranacionalismo comunitario, complicó gravemente la toma de decisiones en la Comunidad. Se generaron tremendas dilaciones y se pusieron de manifiesto los eternos inconvenientes de la negociación intergubernamental y la dificultad de lograr el consenso entre seis Estados. Por ello, los politólogos son pesimistas al analizar estos años, que describen como tiempos de escasos avances e intergubernamentabilidad.

Sin embargo, para los juristas, éstos son los años felices de la *constitucionalización* de la estructura legal comunitaria. En los sesenta, el derecho comunitario se apartó de los paradigmas propios del derecho internacional clásico, para consolidar un modelo jurídico integrado, eficaz y, en definitiva, prácticamente federal.

En los años sesenta, el Tribunal de Justicia estableció dos principios fundamentales propiamente federales que no estaban expresamente recogidos en los Tratados: el principio de efecto directo y el de primacía. En virtud del principio de efecto directo, consagrado en la Sentencia *Van Gend & Loos*, de 5 de febrero de 1963, asunto 26/62, las disposiciones de derecho comunitario que sean precisas e incondicionales pueden ser invocadas directamente por los particulares ante los tribunales nacionales. De esta manera, el Tribunal alteró la presunción propia del derecho internacional conforme a la cual, en principio los Tratados están dirigidos a los Estados y no a los particulares.

El segundo principio fundamental, el de primacía, fue reconocido por el Tribunal en la Sentencia *Costa Enel*, de 15 de julio de 1964, asunto 6/64. En virtud de este principio, las disposiciones de derecho comunitario priman sobre las nacionales, con independencia de que las normas nacionales sean anteriores o posteriores. Este principio suele expresarse en términos más prudentes, alegándose que la primacía no es un principio jerárquico, pues si bien en los ámbitos de competencia comunitaria prima el derecho comunitario, en los ámbitos de competencia nacional rige plenamente el derecho nacional. Sin embargo, también es cierto que frecuentemente la frontera entre las competencias comunitarias y las estatales es muy borrosa, y en definitiva, corresponde a la Comunidad determinar qué instancia goza de competencia.

La combinación de ambos principios, efecto directo y primacía, implica que las normas comunitarias priman sobre las nacionales, pudiendo ser invocadas por los ciudadanos ante los Tribunales que, en caso de conflicto, deberán aplicar la norma comunitaria e inaplicar la nacional; y todo esto, sin que los órganos legislativos nacionales puedan adoptar una norma posterior contraria a la comunitaria que tenga por efecto su desplazamiento. Así, el Tribunal de Justicia puso las bases para el efectivo cumplimiento del derecho comunitario, y para que éste fuese un derecho vivo y cercano a los ciudadanos.

El contraste que se ha señalado entre la crisis de la vertiente política y el éxito de la jurídica no es casual, pues como ha sostenido el profesor de la Universidad de Harvard, Joseph Weiler, fue precisamente el *impasse* político lo que permitió que los Estados aceptasen sin problemas la revolución jurídica. El derecho de veto, que había consolidado el compromiso de Luxemburgo, permitía a los Estados mantener el control del proceso decisional, asegurándoles que ningún acto podría adoptarse en la Comunidad sin su consentimiento. Por ello, no se opusieron a que el Tribunal consolidase un sistema jurídico federal que obligase al efectivo cumplimiento de unos actos, que en definitiva, ellos mismos habían querido aprobar.

Además, los Estados aceptaron favorablemente la revolución jurídica porque tenían interés en el funcionamiento eficaz del sistema jurídico comunitario. En efecto, eran conscientes de la necesidad de actuar conjuntamente en varios ámbitos, y al tiempo, percibieron pronto que la toma de decisiones a nivel comunitario no dejaba de tener sus ventajas, entre las que destacaba un mayor poder de los ejecutivos, que juntos legislaban con libertad en el Consejo, sometidos a un leve control político, ya que el Parlamento Europeo no ejercía un control comparable al de los Parlamentos nacionales. Así, la Comunidad brindaba a los gobiernos la tentadora posibilidad de adoptar decisiones difíciles en Bruselas, con menor control, menor publicidad, y, en definitiva, con menor coste político que en los Estados.

También los Tribunales nacionales acogieron positivamente la revolución jurídica que tuvo lugar, aceptando la primacía del derecho comunitario, y aplicándolo convenientemente. Por su parte, los ciudadanos aprovecharon las nuevas posibilidades que se les ofrecían, convirtiéndose en los primeros garantes del derecho comunitario al invocar su aplicación regularmente ante los Tribunales nacionales.

En definitiva, los años sesenta no deben contemplarse con excesivo pesimismo, pues si bien en el ámbito político la regla de la mayoría quedó desplazada de la vida comunitaria, en el ámbito jurídico se produjeron cambios fundamentales que dieron lugar a la consolidación de un sistema jurídico supranacional.

Por otra parte, a lo largo de los sesenta, los períodos transitorios se fueron cumpliendo puntualmente, hasta el punto de que la realización de la Unión Aduanera que se había previsto inicialmente para el 1 de enero de 1970 quedó completada el 1 de julio de 1968.

Los buenos resultados económicos que seguía cosechando la Comunidad motivaron una segunda solicitud de adhesión británica el 10 de mayo de 1967, cursada esta vez por el gabinete laborista de Harold Wilson, que se enfrentaba a una difícil situación económica. De nuevo Irlanda, Dinamarca y Noruega procedieron a cursar sus respectivas solicitudes, y de nuevo el veto francés paralizó el proceso, mostrando De Gaulle una vez más sus recelos a la inclinación atlantista de los británicos. Pero la revuelta de mayo del 68 afectó profundamente a la presidencia del general, que tras la victoria del *no* en el referéndum que había convocado sobre la regionalización y la reforma del Senado, terminó por dimitir en abril de 1969.

Las opiniones del nuevo presidente francés, Georges Pompidou, respecto a la construcción de una Europa supranacional, no eran muy distintas de las que había mantenido su antecesor. Sin embargo, su carácter más pragmático le llevó a tratar de normalizar las relaciones de Francia con sus socios comunitarios y a mantener posturas más positivas. Por ello, a iniciativa francesa, se convocó una Cumbre de Jefes de Estado y de Gobierno que se celebró en La Haya los días 1 y 2 de diciembre de 1969 con el fin de reactivar la vida comunitaria bajo el lema: «*achèvement, approfondissement, élargissement*» (consolidación, profundización, ampliación).

Los Estados recordaron el objetivo político que había inspirado a los padres fundadores al manifestar su «fe en las finalidades políticas que dan a la Comunidad todo su sentido y alcance», y lograron cerrar acuerdos en diversos frentes. Se pactaron los reglamentos agrícolas y se decidió establecer un sistema de recursos propios, que dotase a la Comunidad de una mayor independencia económica respecto a los Estados miembros. Se acordó aumentar los poderes de la Asamblea en materia presupuestaria, y acelerar la elección de sus miembros por sufragio directo. También se decidió crear un comité para estudiar la mejor manera de realizar progresos en el ámbito de la Unión Política, y otro para elaborar un plan por etapas que llevase a la creación de una Unión Económica y Monetaria. Pero sobre todo, habiéndose cubierto las expectativas francesas en la negociación agrícola, se acordó la apertura de las negociaciones con el Reino Unido, Irlanda, Dinamarca y Noruega. Por fin iba a ser posible realizar la primera ampliación.

2.3. Los difíciles años setenta

Finalizada la cumbre de La Haya, se constituyeron los dos comités acordados, al tiempo que se iniciaron las negociaciones para la ampliación. El comité para la Unión Política estuvo presidido por el director político del Ministerio de Asuntos Exteriores de Bélgica, Étienne Davignon, y dio lugar a un informe final que proponía incrementar la cooperación de los Estados en el ámbito político a través de la convocatoria de reuniones ministeriales semestrales. El segundo comité, cuya presidencia recayó en Pierre Werner, primer ministro de Luxemburgo, dio lugar a un ambicioso informe que preveía el establecimiento de una Unión Económica y Monetaria en el plazo de diez años, y en el marco de una Europa federal.

El moderado informe Davignon resultó sumamente positivo, pues marcó los primeros pasos en la Cooperación Política Europea, expresión por la que se entiende la cooperación de los Estados miembros en el ámbito de la política exterior. Pero el informe Werner, más integrador, se enfrentó con muchas reticencias y un difícil contexto económico, al haber suspendido Nixon la convertibilidad del dólar en agosto de 1971.

Por su parte, las negociaciones para la primera ampliación, que habían comenzado en 1970, finalizaron con la firma de los Tratados de adhesión el 22 de enero de 1972. A continuación, en Irlanda y en Dinamarca se celebraron sendos referéndums cuyos resultados fueron positivos (83 y 63,5 % a favor del sí, respectivamente), a diferencia de Noruega, donde un 53,49 % de los votantes se pronunció en contra de la adhesión, dejando a este país fuera del proceso. En el Reino Unido, el gobierno conservador de Edward Heath no convocó referéndum, pero las dificultades que se pusieron de manifiesto en las sucesivas votaciones que tuvieron lugar en la Cámara de los Comunes eran ya un amargo presagio de los problemas que iba a generar la adhesión británica.

Finalmente, el Tratado entró en vigor para el Reino Unido, Irlanda y Dinamarca el 1 de enero de 1973. La nueva ponderación de voto en el Consejo se dispuso así: Alemania, Francia, Italia y Reino Unido dispondrían de diez votos; Bélgica y los Países Bajos, de cinco; Dinamarca e Irlanda, de tres; y Luxemburgo de dos. Para adoptar una decisión por mayoría cualificada serían necesarios cuarenta y un votos a favor, de un total de cincuenta y ocho. Realizada la primera ampliación, la Europa comunitaria comprendía nueve Estados miembros y 255 millones de ciudadanos. La prosperidad que había alcanzado la zona, la estabilidad y concordia franco alemana, hubieran sido impensables en 1951.

El siguiente momento significativo en la construcción europea tuvo lugar los días 19 y 20 de octubre de 1972, reuniéndose en París los jefes de Estado o de Gobierno de los Nueve. Esta cumbre fue importante porque marcó un giro de la CEE hacia otros aspectos no estrictamente económicos de la realidad social. Los Estados manifestaron que la expansión económica no es un fin en sí misma, y tiene que permitir atenuar las disparidades, y mejorar la calidad y el nivel de vida. En París se inició el desarrollo de una política comunitaria de medio ambiente y también de una política regional, previéndose la creación del Fondo Europeo de Desarrollo Regional (FEDER). Por otra parte, los Estados recordaron los fines políticos del proyecto comunitario, y por primera vez se estableció el objetivo expreso de avanzar en la unificación política hasta configurar una *Unión Europea* que debería lograrse antes de que finalizase la década.

Una nueva cumbre celebrada en París los días 9 y 10 de diciembre de 1974 dio lugar a más avances en la Cooperación Política Europea. Los Estados de la Comunidad se mostraron dispuestos a intentar alcanzar posiciones comunes en el ámbito de la política exterior, y para ello regularizaron las cumbres de jefes de Estado y de Gobierno, en las que se trataban estas materias, y las denominaron Consejos Europeos. Por otra parte, se decidió crear un comité que realizase un informe global sobre la configuración de la futura Unión Europea. La presidencia del mismo recayó en el primer ministro belga, Leo Tindemans, un europeísta convencido del partido demócrata cristiano.

El comité de Tindemans comenzó a trabajar en un clima difícil, determinado por la dura crisis energética y económica originada por el conflicto árabe-israelí, por las dificultades de los Estados miembros para alcanzar posturas comunes en sus relaciones internacionales, y por las fuertes reticencias de dos de los nuevos socios, Dinamarca y el Reino Unido.

En este país, el partido laborista de Harold Wilson ganó las elecciones en 1974. Los laboristas estaban profundamente divididos en torno a la cuestión europea, pues existía entre ellos una corriente muy crítica, que se había impuesto anteriormente cuando decidieron no enviar representante alguno al Parlamento Europeo. Por ello, una vez ganadas las elecciones en 1974, el ministro de Asuntos Exteriores, James Callaghan, planteó la necesidad de renegociar los Tratados, que consideraba excesivamente onerosos para el Reino Unido, contemplando incluso la posibilidad de retirarse de las Comunidades en caso de que esto no fuese posible. Callaghan cuestionaba además varios aspectos generales del proceso comunitario, y especialmente el objetivo de crear una Unión Europea que, a su parecer, no respondía a los deseos del pueblo británico.

Tras una renegociación, que fue menor que la exigida inicialmente por los británicos, el gobierno convocó un referéndum recomendando el sí, y el 6 de junio de 1975, los británicos se pronunciaron finalmente a favor de la permanencia en las Comunidades por un 67,2 % de los votos. A continuación, los laboristas ocuparon sus escaños en el Parlamento Europeo. A pesar de todo, las reticencias británicas no estaban ni mucho menos superadas, la resistencia en la Cámara de los Comunes y especialmente en el partido laborista seguía siendo muy considerable, y la insatisfacción con la aportación británica al presupuesto tampoco desapareció, por lo que más tarde el gobierno conservador de Margaret Thatcher exigió de nuevo, y con especial contundencia, una reducción de la contribución británica.

En este clima de dificultades y apatía, en diciembre de 1975 se presentaba el «informe sobre la Unión Europea» que había elaborado Leo Tindemans. El informe proponía un salto adelante significativo, hacia una Unión Europea con nuevos objetivos y con un notable fortalecimiento institucional. En palabras del autor:

> La valorización del papel del Consejo Europeo y del Parlamento, la generalización de mecanismos mayoritarios y la coordinación de las actividades del Consejo, el incremento de la influencia y de la cohesión de la Comisión, la delegación del poder de ejecución, son medidas esenciales que deben ser adoptadas sin demora para poner en marcha la Unión Europea.

A pesar de su calidad, y de un realismo que trataba de mantener las propuestas dentro de lo posible, el informe encontró poco seguimiento por los motivos que ya hemos resaltado. No obstante, tuvo la virtud de reactivar el debate en torno a la idea de Europa y perfilar algunas sugerencias que habrían de consolidarse más adelante.

Una de las propuestas, ya antigua, en la que incidía el informe Tindemans, y que logró materializarse pronto fue la elección de los miembros del Parlamento Europeo por sufragio universal directo. Efectivamente, en 1976 se adoptó por fin la decisión que permitiría que en el mes de julio de 1979, cuatro meses después de la muerte de Jean Monnet, se celebrasen las primeras elecciones al Parlamento por sufragio universal directo. Esto resultaría fundamental para un Parlamento que se convertía así en la única institución comunitaria cuyos miembros son directamente elegidos por los ciudadanos. Con este sólido argumento a su favor, el Parlamento podría reivindicar con más fuerza que nunca un incremento de sus competencias. La Comunidad se hacía más democrática, y más supranacional.

El año 1979 estuvo también marcado por los problemas presupuestarios con el Reino Unido y por la firma del Tratado de Adhesión de Grecia, el día 28 de mayo. El nuevo Estado miembro dispondría de cinco votos en el Consejo de Ministros, con lo que la nueva mayoría cualificada se elevaba a cuarenta y cinco votos, sobre un total de sesenta y tres. Esta nueva adhesión que daba lugar a unas Comunidades de diez Estados miembros no tuvo sin embargo un efecto impulsor en la vida comunitaria, ya que la llegada al poder en Grecia de un partido de izquierdas dificultó el entendimiento comunitario y especialmente la cooperación política. En realidad, tanto la primera como la segunda ampliación fueron asimiladas con muchas dificultades.

Por otra parte, durante los años setenta se mantuvo vivo el compromiso de Luxemburgo, a pesar de que a iniciativa francesa los Estados declararon en París (1974) su voluntad de ir limitando el recurso a la unanimidad. La toma de decisiones seguía siendo pesada y lenta, y además, el consenso debía ahora lograrse entre nueve Estados, diez tras la adhesión griega, lo que era aún más difícil.

En fin, las dificultades económicas y políticas de los años setenta fueron muchas, y por ello es frecuente que impidan calibrar convenientemente el avance notable que se produjo en el ámbito competencial de las Comunidades. Como explica el profesor Joseph Weiler, en este período de estancamiento se produjo una nueva mutación fundamental en la arquitectura constitucional comunitaria, pues se realizó una amplia interpretación de las competencias de las que disponían las CCEE.

El crecimiento competencial fue posible especialmente a través del recurso al antiguo artículo 235 TCEE (hoy, artículo 308 CE) que permite a la Comunidad adoptar actos, aunque no se hayan previsto las competencias explícitas para ello en el Tratado, si es necesario para lograr sus objetivos, y si se logra en el Consejo la unanimidad. Por otra parte, el Tribunal realizó en estos años una lectura funcional de los Tratados, en virtud de la cual, aunque la Comunidad carezca de competencias sectoriales en un ámbito podrá adoptar actos que afecten al mismo, si actúa con el fin de lograr uno de los objetivos que se le asignan en los Tratados, como la libre circulación de mercancías, personas, servicios o capitales. En fin, por estas y otras vías, la Comunidad fue aumentando progresivamente sus competencias, desarrollando nuevas políticas que no estaban siquiera previstas en los Tratados. Así, se establecieron en los años setenta la política de medio ambiente o la de desarrollo regional. Todo esto fue posible, una vez más, porque los Estados mantenían el control del proceso político a través del derecho de veto que les garantizaba jurídicamente el antiguo artículo 235 (actual 308 CE), y políticamente el compromiso de Luxemburgo. Cuando años más tarde se recuperase la regla de la mayoría con el Acta Única Europea, la ampliación competencial producida desplegaría todos sus efectos.

3. La primera gran revisión de los Tratados constitutivos: el Acta Única Europea

3.1. ANTECEDENTES DEL ACTA ÚNICA EUROPEA

A finales de los años setenta y sobre todo a principios de los ochenta comenzó a tener lugar una progresiva reactivación del proceso comunitario a través de varias iniciativas.

En octubre de 1979 se presentó al Consejo Europeo un informe sobre las instituciones europeas que se conocería como el «Informe de los Tres Sabios» (B. Biesheuvel, E. Dell y R. Marjolin). Dos años más tarde, en noviembre de 1981, los ministros de Asuntos Exteriores de Alemania e Italia, Hans Dietrich Genscher y Emilio Colombo, con el fin de impulsar la Cooperación Política Europea, propusieron constituir un Acta Europea que condujese en un plazo de cinco años a un Tratado de Unión Europea. Ninguna de estas dos iniciativas recibió el seguimiento esperado, pero eran los primeros pasos del nuevo ímpetu integrador de los ochenta.

El 19 de junio de 1983, el Consejo Europeo reunido en Stuttgart adoptó la «Declaración Solemne sobre la Unión Europea». En ella, los Estados afirmaban su determinación de progresar hacia la Unión Europea y fijaban unos ambiciosos objetivos en diversos ámbitos: reforzar el desarrollo de las Comunidades y de la cooperación política, promover una cooperación más estrecha en materia cultural, una aproximación legislativa, y unas acciones concertadas para hacer frente a los problemas de orden público y delincuencia internacional. La declaración fijaba los campos de actuación en estas materias e incluía todo un capítulo sobre el funcionamiento institucional. Además, los Estados se mostraron dispuestos, por fin, a ir cediendo en la aplicación del compromiso de Luxemburgo, y declararon que «la aplicación de los procesos de decisión previstos en los Tratados de París y Roma reviste esencial importancia para mejorar la capacidad de acción de las Comunidades Europeas».

En 1984 tuvo lugar la iniciativa de mayor trascendencia, al aprobarse el proyecto de Tratado de la Unión Europea en el Parlamento el día 14 de febrero. Este proyecto es el fruto de la iniciativa de Altiero Spinelli, un diputado italiano europeísta, federalista y de izquierdas, que desde el verano de 1980 comenzó a trabajar para la consecución de una reforma institucional profunda, que vendría a suplantar la política anterior de reformas progresivas y parciales. Spinelli aglutinó en torno a él a un grupo de diputados de distintas ideologías y nacionalidades, que sería conocido como el Club del Cocodrilo, por reunirse frecuentemente en un restaurante con este nombre. Estos diputados lograron el apoyo necesario para que en julio de 1981, el Parlamento aprobase la creación de una Comisión Institucional que habría de realizar un proyecto de reforma de los Tratados. Los trabajos de esta Comisión dieron lugar al proyecto de Tratado de la Unión Europea, generalmente conocido como proyecto Spinelli, que fue aprobado en el Parlamento en 1984 con 237 votos a favor, 31 en contra y 43 abstenciones.

Sin embargo, el proyecto de Tratado encontró menos apoyo en los Estados miembros, que consideraron el texto excesivamente federalista. En efecto, se trataba de un verdadero nuevo Tratado, que creaba una Unión Europea y proponía una profunda reforma institucional (mayor protagonismo del Consejo Europeo y del Parlamento), así como un avance sustancial en el ámbito de la Cooperación Política (hacia la supranacionalidad). También se modificaba el sistema de fuentes, se preveían sanciones para los Estados que incumpliesen el derecho comunitario, se establecía la ciudadanía de la Unión, y, en fin, se hacían numerosas propuestas de carácter integrador.

El proyecto Spinelli nunca llegó a ver la luz. En realidad, ni el informe de los sabios, ni el plan Genscher-Colombo, ni la Declaración Solemne de Stuttgart, ni el proyecto Spinelli dieron los resultados que sus impulsores habían esperado. Sin embargo, todas estas iniciativas reactivaron el debate y aportaron las sugerencias y el impulso necesario para que pudiese realizarse la primera gran reforma de los Tratados, el Acta Única Europea.

En junio de 1984, el Consejo Europeo de Fontainebleau puso las bases para un nuevo relanzamiento europeo, al anunciar la creación de dos comités integrados por representantes de los jefes de Estado o de Gobierno. Uno de ellos, presidido por el italiano Adonino, tuvo por fin trabajar en la imagen y la identidad de la Comunidad ante los ciudadanos y ante el mundo. El otro, presidido por James Dooge, antiguo ministro irlandés de Asuntos Exteriores, debía presentar propuestas para un mejor funcionamiento institucional. En diciembre se presentó un primer informe parcial, y en julio de 1985, el informe definitivo, conocido como el informe Dooge, se presentó al Consejo Europeo de Milán, que decidió, a pesar de los votos en contra de Gran Bretaña, Grecia y Dinamarca, convocar una conferencia intergubernamental para reformar los Tratados. El proceso daría lugar al Acta Única Europea (en adelante, AUE).

En las negociaciones que siguieron resultó fundamental el impulso del nuevo presidente de la Comisión, Jacques Delors, un socialista francés de gran vitalidad y europeísmo. Los trabajos preparatorios se desarrollaron en dos comités, uno de ellos dedicado al desarrollo de la Cooperación Política, y otro a la reforma de las Comunidades. Finalmente, todas las modificaciones acordadas se recogieron en un texto conjunto, un *Acta Única*.

3.2. EL CONTENIDO DE LA REFORMA

En el preámbulo del Acta Única, los Estados se manifestaron resueltos a construir una Unión Europea basada por una parte en las Comunidades (que funcionarían conforme a reglas propias), y por otra en la Cooperación Europea en materia de política exterior. Si bien para la efectiva constitución de esa Unión Europea hubo que esperar hasta la reforma de Maastricht, el Acta Única tuvo el mérito de ser el primer texto de derecho originario que reconoció expresamente el objetivo de crear una Unión Europea.

Las novedades de la reforma fueron numerosas y afectaron a ámbitos muy diversos:

La reforma institucional

En el ámbito institucional se produjeron cambios sustanciales. El Consejo Europeo encontró por fin su lugar en los Tratados, y si bien no se le reconoció el rango formal de institución, se reguló su composición y su funcionamiento, otorgándosele un papel fundamental en la orientación de las Comunidades y en la cooperación política.

El Parlamento salió muy reforzado, especialmente a través de la creación de un nuevo procedimiento legislativo denominado «de cooperación», que aumentó considerablemente su poder a la hora de adoptar actos. A partir del AUE, cuando rija este procedimiento, al Consejo le será sumamente difícil aprobar un acto sin el apoyo del Parlamento (sólo podrá hacerlo si logra el voto unánime de todos sus miembros). Por otra parte, se estableció también un procedimiento de dictamen conforme para los acuerdos de adhesión y asociación, en virtud del cual, la conclusión de estos acuerdos exige un dictamen favorable del Parlamento. Este procedimiento implica, como el de cooperación, una mayor intervención del Parlamento, pero es menos participativo porque sólo permite a esta institución otorgar o denegar su consentimiento, no presentar enmiendas.

En lo que respecta al Consejo, el AUE le devolvió definitivamente la regla de la mayoría, enterrando el viejo compromiso de Luxemburgo. Para hacerlo, no fue necesario revisar las disposiciones del TCEE sobre el Consejo, cosa que tampoco se había hecho cuando los Estados, mediante un compromiso político, rechazaron la regla de la mayoría en 1966. En el AUE, los Estados se limitaron a mostrar su voluntad política de renunciar a aquel compromiso, al establecer que en determinadas nuevas materias se votaría por mayoría, y al reformar el actual artículo 7 del Reglamento Interno del Consejo. A partir del Acta Única, este artículo permite que se proceda a la votación en el Consejo a iniciativa del presidente, que deberá iniciar el procedimiento cuando la mayoría de los miembros se pronuncien en tal sentido. Así, se evita que las negociaciones se prolonguen indefinidamente, permitiendo que una mayoría de Estados decida dejar las conversaciones y dar paso a la votación. En efecto, desde la entrada en vigor del Acta, el recurso a la votación es lo usual cuando los Estados no han logrado alcanzar un acuerdo en un plazo prudencial. La recuperación definitiva de la mayoría es una de las conquistas del AUE, cuya aceptación hubiese resultado difícil de admitir para algunos Estados si la Comisión no hubiese tenido la habilidad de insistir en la estrecha relación existente entre la aceptación de la regla de la mayoría y la consecución del mercado interior.

En cuanto a la Comisión, ésta vio consagradas sus competencias de ejecución. Además, la recuperación de la regla de la mayoría tendría por efecto un incremento del papel de esta institución, ya que su fuerza radica especialmente en que su propuesta legislativa sólo puede modificarse en el Consejo por unanimidad, cosa que carece de valor si el Consejo vota, en todo caso, por unanimidad.

El Tribunal de Justicia, por su parte, contempló cómo se trataba de aliviar su sobrecarga de trabajo, previéndose la creación de un Tribunal de Primera Instancia.

El objetivo de crear un mercado interior

El Tratado de la Comunidad Económica Europea ya había previsto el objetivo de crear un mercado común, con libre circulación de personas, mercancías, servicios y capitales. La realización de la Unión aduanera fue un paso fundamental en ese camino, que sin embargo no llegó a recorrerse plenamente, dada la dificultad de adoptar medidas que aproximasen las legislaciones nacionales, cosa necesaria para lograr la efectiva libre circulación.

Hasta 1986, el Tribunal realizó una labor fundamental de integración negativa, declarando contrarias al Tratado diversas normas nacionales que impedían la libre circulación. Pero la otra vía que era necesario recorrer, la de la integración positiva, consistente en la adopción de normas armonizadoras, estaba obstaculizada por el requisito de la unanimidad.

El *Libro Blanco* para la consecución del mercado interior, publicado en 1985, daba cuenta de las numerosas barreras físicas, técnicas y fiscales que aún restringían las libertades de circulación de los factores productivos. Por eso, en el contexto económico de los años ochenta, cuando Europa buscaba vías adecuadas para aumentar su competitividad, los Estados acordaron dar un nuevo impulso al mercado común. Para ello, le dotaron de una nueva denominación, mercado interior, y sobre todo de un nuevo y poderosísimo instrumento, la regla de la mayoría, que debía permitir que por fin se adoptasen las numerosas normas armonizadoras necesarias.

La regla de la mayoría se aseguraba políticamente a través de la renuncia al compromiso de Luxemburgo y jurídicamente a través de la inclusión de un nuevo artículo 100 A TCEE (actual 95 CE) que establecía que las medidas armonizadoras que tuviesen por objeto el establecimiento y el funcionamiento del mercado interior podrían adoptarse en el Consejo por mayoría cualificada.

El AUE preveía que con este nuevo instrumento, el objetivo del mercado interior (que se definía en el artículo 7 A TCEE, actual 14 CE, como «un espacio sin fronteras, en el que la libre circulación de mercancías, personas, servicios y capitales estará garantizada de acuerdo con las disposiciones del presente Tratado») se estableciese progresivamente en el transcurso de un período que terminaría el 31 de diciembre de 1992.

Las nuevas competencias y la codificación de la Cooperación Política Europea

El AUE reforzó algunas de las políticas comunitarias ya existentes, al tiempo que atribuyó competencias a la CEE en nuevas materias. En realidad, algunas de las políticas recogidas en el Acta venían desarrollándose desde hacía años, pero sin una base legal firme en el Tratado (recuérdese la expansión competencial impulsada tras la cumbre de París de 1972). Se trataba sobre todo de las llamadas nuevas políticas que, habiéndose desarrollado en los años setenta, no se habían previsto en los Tratados de Roma.

Se incluyeron en el Tratado CE tres nuevos títulos entre las políticas comunitarias: la investigación y el desarrollo tecnológico, el medio ambiente, y la cohesión económica y social. Para servir a este último objetivo se consolidó la política regional, y se coordinaron los diversos fondos de naturaleza estructural (FEOGA, FEDER y FSE) y la actividad del Banco Europeo de Inversiones. Por otra parte, el Acta recordaba el objetivo de realizar progresivamente una Unión Económica y Monetaria y dedicaba a esta materia un capítulo, previendo la cooperación de los Estados miembros a tal fin.

Pero quizás la reforma fundamental del Acta, desde un punto de vista competencial, sea la regulación, por primera vez, de la Cooperación Política Europea. Desde finales de los años setenta venía desarrollándose progresivamente la cooperación de los Estados miembros en los aspectos políticos de las relaciones exteriores, a través de las cumbres de jefes de Estado o de Gobierno, que recibieron en 1974 la denominación de Consejo Europeo. El AUE codificó por fin la Cooperación Política Europea, recogiéndola en el Tratado, que habría de regular sus objetivos y su funcionamiento. No obstante, la intergubernamentabilidad que había regido hasta ahora en este ámbito se impuso de nuevo, previéndose la adopción de decisiones por unanimidad.

3.3. CONCLUSIÓN Y VALORACIÓN DEL ACTA ÚNICA EUROPEA

Antes de la firma del Acta Única entraron en vigor el 1 de enero de 1986 los Tratados de adhesión de España y Portugal, que se habían firmado en

Lisboa y en Madrid el 12 de junio de 1985, tras un largo período de negociaciones. Las dificultades, que fueron muchas, se debieron principalmente
al potencial económico y social español y a las reticencias francesas, que
sólo pudieron superarse cuando Alemania garantizó a Francia en Stuttgart
(1983) un aumento de los recursos propios que revertiría en la Política Agrícola Común. Firmados por fin los Tratados, correspondieron a España ocho
votos en el Consejo, y cinco a Portugal, estableciéndose la nueva mayoría
cualificada en cincuenta y cuatro votos, de un total de setenta y seis.

La Comunidad alcanzaba así los doce Estados miembros, que firmaron el Acta Única Europea en dos tandas. Nueve firmaron el 17 de febrero
de 1986, y tres, Dinamarca, Grecia e Italia firmaron el 28 de febrero, ya
que en estos dos últimos Estados se convocaron sendos referéndums, y
Grecia prefirió esperar a que hubiesen firmado los demás.

El Acta Única Europea, que entró en vigor el 1 de julio de 1987, realizó por fin varias reformas que venían precisándose desde hacía muchos
años, y que se habían ido perfilando a través de las diversas iniciativas
que se han analizado. El resultado fue sumamente positivo. El AUE contribuyó notablemente a aliviar el déficit democrático que sufría la Unión,
al incrementar las competencias del Parlamento; mejoró enormemente el
funcionamiento institucional, relegando finalmente el compromiso de
Luxemburgo; y puso los medios para que en los siguientes años las instituciones adoptasen cerca de 300 actos que han permitido que, desde diciembre de 1992, la Comunidad disfrute de un verdadero mercado interior, con pocas fisuras. Margaret Thatcher se equivocaba al afirmar, tras
la firma del Acta Única, que ésta constituía un «logro modesto»; era en
realidad un paso formidable en el proceso de integración.

4. La segunda gran revisión de los Tratados constitutivos: el Tratado de la Unión Europea

4.1. ANTECEDENTES DEL TRATADO DE LA UNIÓN EUROPEA

El impulso que el Acta Única Europea dio al mercado interior puso
de nuevo sobre la mesa el viejo objetivo de realizar una Unión Económica
y Monetaria (en adelante, UEM), que culminase el mercado único y permitiese obtener las ganancias de eficiencia que se derivarían de un mercado plenamente integrado en el que no hubiese oscilaciones cambiarias.
Por otra parte, tras la adopción el 24 de junio de 1988 de la directiva
88/361, que habría de consagrar definitivamente la libre circulación de
capitales, se hacía cada vez más patente la dificultad de mantener un mecanismo como el sistema monetario europeo (que trataba de limitar la
fluctuación entre las monedas dentro de unas bandas de 2,25 %), con
la total liberalización de capitales. Así pues, se hacía preciso crear una
moneda única, que suprimiese por fin las oscilaciones cambiarias. Ese
gran paso en la integración económica tenía que ir acompañado también

de un paso importante en la integración política; era necesario mejorar el funcionamiento de un sistema institucional que tendría ahora que asumir nuevas competencias económicas y monetarias.

Por estos motivos, el Consejo Europeo de Hannover, reunido el 27 de junio de 1988, decidió constituir un comité de expertos para que estudiase y propusiese las etapas concretas para llevar a cabo la Unión Económica y Monetaria. El comité, que estuvo formado por los doce gobernadores de los Bancos Centrales y tres expertos independientes, bajo la presidencia de Jacques Delors, presentó el resultado de sus trabajos, el Plan Delors, en abril de 1989, y en el mes de junio el Consejo Europeo reunido en Madrid anunció la convocatoria de una nueva conferencia intergubernamental para la consecución de la UEM, que debía celebrarse entre 1991 y 1992. Así pues, fue el mismo AUE el que, al poner en marcha el mercado interior, puso también las bases para una nueva reforma de los Tratados. Además, el Acta Única preveía también que el sistema de Cooperación Política pudiese reformarse a los cinco años de vigencia.

Pero no fue el AUE el único motor impulsor de la reforma, pues tan sólo unos meses después de la celebración del Consejo Europeo de Madrid, el 9 de noviembre de 1989, cayó el muro de Berlín, produciendo una auténtica transformación del panorama geopolítico europeo, que también iba a exigir nuevos cambios en las CCEE.

El fin de la guerra fría y el surgimiento de las nuevas democracias del Este planteaban después de tantos años la posibilidad de una reunificación alemana. En efecto, los acontecimientos no se hicieron esperar y en el mismo mes de noviembre de 1989, el canciller Helmut Kohl presentó públicamente un plan de avanzar hacia la unificación. Los socios comunitarios de Alemania acogieron positivamente el plan, y se pronunciaron a favor del mismo en el Consejo Europeo celebrado en Estrasburgo en el mes de diciembre. No obstante, era inevitable que se plantease otra vez el viejo debate sobre el papel y el peso de Alemania; una nueva Alemania que contaría ahora con ochenta millones de habitantes, y en el marco de una nueva Europa más volcada hacia el Este.

La Comunidad respondió a este nuevo desafío de *más Alemania* con una propuesta de *más Europa*. Las nuevas circunstancias exigían dar un gran paso en la integración, y avanzar decididamente en la construcción política de Europa. Por ello se decidió que la reforma que se estaba poniendo en marcha no se limitaría al ámbito económico, sino que abarcaría también la Unión Política.

Se anunciaban reformas en muchas materias, era preciso especialmente mejorar el sistema institucional y su calidad democrática aumentando las competencias del Parlamento, afianzar el papel del Consejo Europeo, y mejorar la cooperación en materia de política exterior, para avanzar hacia una verdadera política exterior y de seguridad común que pudiese responder con eficacia al nuevo panorama internacional.

Con tantas expectativas, el Consejo Europeo celebrado en Dublín en abril de 1990 convocó dos conferencias intergubernamentales que habrían de tener lugar simultáneamente a partir del mes de diciembre, una para la Unión Económica y Monetaria, y otra para la Unión Política Europea. Ambas conferencias se iniciaron en Roma el día 15 de diciembre.

El resultado de las negociaciones fue la presentación en el mes de junio de 1991, durante la presidencia de Luxemburgo, de un proyecto de Tratado de Unión que contenía los trabajos de las dos conferencias. Una nueva versión se presentó en septiembre de 1991 durante la presidencia holandesa, y los días 9 y 10 de diciembre de 1991 los Estados acordaron un primer texto en la ciudad de Maastricht. Tras dos meses de trabajos de perfeccionamiento, el 7 de febrero de 1992, de nuevo en Maastricht, se adoptó oficialmente el nuevo Tratado de la Unión Europea (en adelante, TUE).

4.2. El contenido de la reforma

El Tratado de la Unión Europea ha sido la reforma más profunda de los Tratados que se ha realizado nunca. Por el Tratado firmado en Maastricht, los Estados miembros constituyeron por fin una Unión Europea, denominación que se había propuesto ya en varias ocasiones, especialmente tras el informe de Leo Tindemans.

La Unión Europea es una entidad de difícil catalogación, tanto desde el punto de vista jurídico como político. No es una nueva organización internacional. De hecho, los Estados no quisieron atribuirle expresamente personalidad jurídica internacional, y asentaron la Unión sobre las tres Comunidades Europeas existentes (es decir, CECA, CEEA y CEE), que mantienen su personalidad jurídica internacional, completadas por ciertas políticas y formas de cooperación: la Política Exterior y de Seguridad Común (en adelante, PESC), y la Cooperación en Asuntos de Justicia e Interior (en adelante, CAJI).

Desde el punto de vista político resulta igualmente difícil definir a la Unión Europea. No es una realidad acabada, no se consideró nunca el punto de llegada de la andadura comunitaria, sino solamente «una nueva etapa en el proceso creador de una Unión cada vez más estrecha entre los pueblos de Europa», tal y como dispone el artículo A TUE (actual 1 UE). Pero lo que queda fuera de toda duda es que la creación de una Unión fue un gran paso en la integración, que puso de manifiesto la voluntad de los Estados de profundizar notablemente en la construcción de una Europa unida. Tanto es así, que en una versión previa del Tratado de Maastricht se hablaba por vez primera de la vocación federal de la Unión, aunque, finalmente, el término *federal* tuvo que desaparecer por completo de los Tratados, a instancia del Reino Unido.

La nueva estructura

La nueva Unión tenía, y sigue teniendo en la actualidad, su fundamento en las tres Comunidades Europeas, completadas por dos nuevos ámbitos de cooperación. La estructura resultante es sumamente comple-ja, pues se trata de un tratado de tratados. Por ello, y con el fin de facilitar su comprensión, la estructura de la Unión es frecuentemente caracteriza-da por la doctrina como un templo griego con tres pilares.

Tras unas disposiciones iniciales, frontón del templo comunitario, el primer pilar contiene las Comunidades Europeas, CEE, CECA y CEEA. La Comunidad Económica Europea sufrió una profunda transformación, siendo modificadas más de 160 de sus 248 disposiciones. Tal fue el alcan-ce de la revisión que hasta su denominación se alteró, suprimiéndose el adjetivo de *Económica*, y quedando ahora regulada como Comunidad Eu-ropea (en adelante, CE). Tal cosa no es de extrañar, pues hacía ya tiempo que las competencias comunitarias no se limitaban en la práctica al ám-bito puramente económico. Este primer pilar comunitario está dominado por la supranacionalidad que ha caracterizado al proyecto comunitario desde su origen, por lo que rige en la mayor parte de las ocasiones la re-gla de la mayoría, y el control del Tribunal de Justicia.

El segundo pilar cubre lo que anteriormente se había llamado coope-ración política y que ahora evoluciona y se denomina la Política Exterior y de Seguridad Común. El tercero es el de la Cooperación en Asuntos de Justicia e Interior, ámbito cuyo punto de partida se sitúa en la Declara-ción Solemne de Stuttgart. Estos dos pilares se caracterizan por estar ba-sados en la mera cooperación intergubernamental, motivo por el cual se rigen por la regla de la unanimidad y se excluye generalmente el control del Tribunal de Justicia. Fue justamente la voluntad de colaborar en estos dos nuevos ámbitos, pero solamente desde la tradicional perspectiva in-tergubernamental, lo que motivó esta peculiar estructura de pilares que tenía por fin que los dos pilares extracomunitarios (PESC y CAJI) no se *contaminasen* de la supranacionalidad presente en el primer pilar.

Completan la Unión Europea unas disposiciones finales, base del templo griego, que junto con las disposiciones iniciales, dotan al sistema de cierta unidad y coherencia.

Conviene señalar que esta estructura de templo griego que se impuso finalmente en Maastricht no fue, sin embargo, la única posibilidad plan-teada en las negociaciones. Por el contrario, las conversaciones sobre este punto fueron especialmente delicadas, y finalmente por el temor a una extensión de los métodos supranacionales a la PESC y a la CAJI, se impu-so la estructura de templo griego frente a la unitaria que había propuesto la Presidencia holandesa.

Además, la imagen del templo griego no es plenamente adecuada, pues como se ha señalado, en realidad, si lo que se pretendía resaltar era el diferente funcionamiento según cánones de supranacionalidad o de cooperación intergubernamental, habría que hablar sólo de dos pilares, mientras que si lo que se pretendía destacar era la diferencia material de los sectores cubiertos, entonces la referencia tendría que ser la de cinco pilares: integración socioeconómica, carbón y acero, energía atómica, di-plomacia y defensa, y justicia e interior.

En fin, las negociaciones dieron lugar al nacimiento de una nueva entidad política, la Unión Europea, a la que rodea una cierta indefinición, por su estructura compleja, su singularidad y su carácter evolutivo, y una cierta debilidad, ya que carece de personalidad jurídica expresa, y de autonomía financiera. El núcleo de esta Unión es la Comunidad Europea. Ésta, a pesar de ser desde un punto de vista formal solamente una de las tres Comunidades que componen uno de los tres pilares, es en realidad, desde un punto de vista material, el núcleo fundamental de la Unión, que contiene entre otras cosas el mercado interior, las políticas socioeconómicas como la agrícola, la industrial, o la de transportes, y la Unión Económica y Monetaria. Para ilustrar el papel preponderante de la Comunidad en el seno de la Unión baste señalar que el Tratado de la Unión (excluidas las disposiciones CE, CECA y CEEA) contiene, tras la reforma de Amsterdam, 53 artículos, y sólo el Tratado de la Comunidad Europea contiene 314.

El marco institucional único

Uno de los elementos que da coherencia a la Unión es la existencia de un marco institucional único. En efecto, el artículo C del TUE (actual 3 UE) dispone que «La Unión tendrá un marco institucional único que garantizará la coherencia y la continuidad de las acciones llevadas a cabo para alcanzar sus objetivos».

El Tratado de Maastricht elevó al Tribunal de Cuentas al rango de institución, por lo que tras esta reforma, las instituciones comunitarias son cinco, a las que hay que sumar el Consejo Europeo, que si bien no es formalmente una institución, es un órgano paracomunitario en la cúspide, al que corresponde dar a la Unión (así pues, tanto a los pilares extracomunitarios como al comunitario) los impulsos necesarios para su desarrollo, así como la definición de sus orientaciones políticas generales.

El establecimiento de un marco institucional único implica que las instituciones del pilar comunitario sirven también a los dos pilares intergubernamentales. No obstante, el papel de estas instituciones es muy diferente según nos hallemos en el primer pilar, o en los otros dos. Si en el pilar comunitario las instituciones de marcado carácter supranacional —Comisión y Parlamento— disfrutan de amplias competencias, y el Tribunal de Justicia ejerce un control obligatorio sobre la aplicación de los actos adoptados, en el segundo y en el tercer pilar las cosas son muy distintas. Las competencias de la Comisión se ven muy reducidas, su tradicional cuasi-monopolio legislativo cede en favor de los Estados miembros, y deja de ser necesaria la unanimidad para alterar sus propuestas. El papel del Parlamento tampoco queda ileso, limitándose a ser consultado o incluso informado sobre el desarrollo de las políticas intergubernamentales, y a la posibilidad de hacer interpelaciones y recomendaciones. La competencia del Tribunal de Justicia, pieza fundamental de la supranacionalidad, queda prácticamente excluida por el artículo L del TUE (actual 46 UE). El Tribunal de Cuentas, por su parte, carece de competencia alguna en los dos pilares intergubernamentales. No es de extrañar pues que el Consejo, la institución de representación estatal, se lleve en los dos pilares intergubernamentales el mejor papel, pudiendo adoptar posiciones y acciones comunes. Y para acentuar aún más el carácter intergubernamental de estos dos pilares, la regla de la mayoría se ve prácticamente excluida de las votaciones en el Consejo, rigiendo en estos ámbitos generalmente la unanimidad.

En fin, se trata de un marco institucional único, ya que las instituciones son las mismas, pero su funcionamiento difiere notablemente en función del pilar correspondiente.

Las novedades en el primer pilar

El primer pilar, que contiene a las tres Comunidades Europeas, mantuvo tras el Tratado de Maastricht su carácter supranacional. Como ya se ha señalado, el Tratado de la Comunidad Económica Europea, que pasó a denominarse simplemente Comunidad Europea, sufrió numerosísimas modificaciones.

En el ámbito institucional, el Parlamento vio de nuevo reforzadas sus competencias, al crearse un nuevo procedimiento legislativo, de codecisión, que situaba al Consejo y al Parlamento prácticamente en pie de igualdad. Desde entonces, cuando se aplica este procedimiento, la existencia de un desacuerdo entre el Parlamento y el Consejo impide a esta última institución adoptar un acto, aunque cuente para ello con el apoyo unánime de todos sus miembros. Por otra parte, el procedimiento de dictamen conforme que ya había creado el AUE se extendió a nuevos casos. La democratización causada por estos cambios se vio acentuada además al crearse un nuevo Comité de representación local y regional con carácter consultivo, el Comité de Regiones, y un Defensor del Pueblo dependiente del Parlamento Europeo.

En el ámbito competencial también hubo novedades sustanciales. Se atribuyeron a la Comunidad competencias en nuevas materias de naturaleza no económica, como en educación, formación profesional y juventud, en cultura y en salud pública. Sin embargo, esta atribución se realizó con numerosas cautelas, ya que sólo se otorgó a la Comunidad una competencia de carácter complementario, en virtud de la cual podría actuar en apoyo de la acción estatal, pero nunca en detrimento de la misma. Además, en ocasiones se prohibió expresamente toda armonización de las disposiciones legales y reglamentarias de los Estados miembros en estas materias.

Estas cautelas son una buena muestra del espíritu con que la cuestión competencial se abordó en la cumbre de Maastricht. En efecto, el notable crecimiento competencial que había tenido lugar a partir de los años setenta comenzaba a resultar inquietante desde que el Acta Única Europea había relegado el compromiso de Luxemburgo. Los Estados comprobaban intranquilos cómo en la Comunidad se podían adoptar normas obligatorias en numerosísimas materias en las que carecían de derecho de veto.

La voluntad de limitar el crecimiento competencial comunitario dio lugar a la inclusión del principio de subsidiariedad, en virtud del cual «En los ámbitos que no sean de su competencia exclusiva, la Comunidad intervendrá conforme al principio de subsidiariedad, sólo en la medida en que los objetivos de la acción pretendida no puedan ser alcanzados de manera suficiente por los Estados miembros y, por consiguiente, puedan lograrse mejor debido a la dimensión o a los efectos de la acción contemplada, a nivel comunitario» (artículo 3B TUE, actual 5 UE).

Así pues, desde entonces, y en virtud de este ambiguo principio de difícil aplicación jurídica, la Comunidad sólo podrá ejercer las competencias que le han sido atribuidas cuando los objetivos de la acción pretendida puedan lograrse mejor a nivel comunitario.

Otra novedad fundamental de Maastricht, fruto de la iniciativa española, fue la creación de una Ciudadanía de la Unión, complementaria a la nacional, a la que se asociaban determinados derechos. En realidad, varios de estos derechos, como el de libre circulación de personas, ya se venían disfrutando desde antes de Maastricht, pero la reforma tuvo el mérito de agruparlos, dotarlos de un nuevo sentido, y añadir, eso sí, el reconocimiento del derecho de sufragio activo y pasivo en las elecciones municipales y al Parlamento Europeo a los ciudadanos europeos en su lugar de residencia.

Pero sin duda la gran novedad de todas las que afectaron al primer pilar fue la Unión Económica y Monetaria. Del mismo modo que el objetivo de crear un mercado interior había sido el motor impulsor de la reforma del Acta Única Europea, el objetivo de crear una UEM fue el motor impulsor del Tratado de Maastricht. De acuerdo con el plan Delors, se establecieron los plazos que habrían de llevar a la efectiva realización de la UEM, ese viejo sueño europeo que ya había formulado Pierre Werner.

El Tratado establecía detalladamente las fases que se recorrerían para lograr, a más tardar el 1 de enero de 1999, la fijación irreversible de los tipos de cambio de las monedas de aquellos países que cumpliesen los criterios previamente establecidos. El gran esfuerzo que los Estados menos ricos tendrían que realizar para cumplir las condiciones del Tratado se veía compensado en parte por la creación de unos Fondos de Cohesión, de los que se beneficiarían los países con un producto interior bruto per cápita inferior al 90 % de la media comunitaria, siempre que contasen con un programa para cumplir las condiciones de convergencia. Asimismo, el Tratado regulaba detalladamente el Sistema Europeo de Bancos Centrales, que habría de definir y ejecutar la futura política monetaria de la Comunidad.

4.3. Conclusión y valoración del Tratado de la Unión Europea

La firma del Tratado de la Unión Europea tuvo lugar el 7 de febrero de 1992 en un clima de optimismo, ya que los Estados eran conscientes de haber cerrado la más importante reforma de los Tratados. Sin embargo, desde el momento de la firma, todo fueron problemas para la ratificación del nuevo Tratado, que no pudo producirse, tal y como se había previsto, el 1 de enero de 1993.

Las mayores tensiones se produjeron en Dinamarca, donde el 2 de junio de 1992, los ciudadanos rechazaron la ratificación del Tratado en un referéndum. La crisis se solucionó a través de un segundo referéndum, cuyo resultado fue positivo, pero el «no» danés ya había dado lugar a una ola de escepticismo que se extendía por Europa. En esos momentos difíciles de crisis económica y aumento del desempleo se puso de manifiesto la creciente desconfianza que la Unión despertaba en los ciudadanos, cada vez más alejados del proyecto europeo.

El proceso de ratificación siguió su curso con numerosas dificultades. En Irlanda y en Francia se convocaron sendos referéndums cuyo resultado fue positivo, pero en el caso francés el margen fue muy ajustado. Por otra parte, para ratificar el Tratado fue necesario realizar reformas constitucionales en Francia, España, Portugal, y también en Alemania, donde una airada sentencia del Tribunal Constitucional Federal (12 de octubre de 1993) parecía situar en Maastricht el límite futuro al proceso de integración. Por fin, el Tratado de la Unión Europea entró en vigor el 2 de noviembre de 1993, en un clima enrarecido de escepticismo y desconfianza.

El tortuoso proceso de ratificación impidió celebrar el enorme paso que se había dado con la reforma de Maastricht, la conclusión de tantos sueños europeos, de tantos informes y pequeños pasos en la integración. La doctrina valoró positivamente los numerosos avances producidos en los diversos ámbitos, pero se mostró más escéptica con la estructura de pilares, y especialmente con el hecho de que a través del segundo y el tercer pilar, la cooperación intergubernamental se extendía notablemente en los Tratados.

Desde entonces, se ha discutido intensamente sobre cuál de las dos tendencias, supranacionalidad o cooperación intergubernamental, dominó finalmente en el Tratado de la Unión. La supranacionalidad se mantuvo en el primer pilar, e incluso se puede decir que aumentó gracias al incremento de las competencias del Parlamento en los procedimientos legislativos. Además, la gran innovación de Maastricht, la Unión Económica y Monetaria, se incluyó en el primer pilar, sometiéndose por tanto al régimen supranacional. La cooperación intergubernamental, por su parte, apareció con fuerza en los otros dos pilares, en los que se consolidó el derecho de veto, la exclusión del Tribunal de Justicia, y el predominio absoluto del Consejo en perjuicio de las instituciones supranacionales. Esto implicaba un cierto peligro de contagio para el primer pilar, que preocupaba especialmente a los partidarios de la supranacionalidad. No obstante, es preciso admitir que la regulación de estas materias y el establecimiento de medios y objetivos para cooperar en estos ámbitos era de por sí, y a pesar del régimen de cooperación intergubernamental, un importante paso en el proceso de integración.

En fin, podemos concluir que el TUE fue un hito incuestionable en la construcción europea, y un compromiso entre las dos tendencias que han dominado siempre el desarrollo de la Comunidad. Probablemente, como predijo el profesor Renaud Dehousse, independientemente de que sobreviva o no la estructura de pilares, la supranacionalidad y la cooperación intergubernamental permanecerán en la vida comunitaria, tal y como también permanecen, a su manera, en los Estados federales, donde la adopción de ciertos actos requiere también la unanimidad o una mayoría muy cualificada.

La reforma de Maastricht fue sin duda la más importante que se ha realizado hasta la fecha. Sin embargo, el joven Tratado de la Unión Europea no ha permanecido ni mucho menos inalterado desde entonces.

El uno de enero de 1995 entró en vigor el Acta de Adhesión de Austria, Finlandia y Suecia. Estos antiguos miembros de la EFTA pasaban a formar parte de la Unión Europea, elevando a 15 el número de Estados miembros. Correspondieron 4 votos a Austria, 4 a Suecia y 3 a Finlandia, estableciéndose la nueva mayoría cualificada en 62 votos, de un total de 87. Desde entonces, el complejísimo Tratado sobre el «Espacio Económico Europeo» que tras tantos esfuerzos habían firmado la CEE y la EFTA el 2 de mayo de 1992, sólo se aplica a Liechtenstein, Islandia y Noruega.

En 1996 se inició una nueva conferencia intergubernamental con el fin de reformar una vez más los Tratados. Se pretendía especialmente mejorar la eficacia y la transparencia de la Unión, con el fin de acercar ésta a los ciudadanos, mejorar la Política Exterior y de Seguridad Común, y reformar las instituciones para poder proceder a la ampliación de la Unión hacia los Estados del Este y el centro de Europa que habían solicitado la adhesión. En este sentido, era necesario: ampliar los casos en los que el Consejo vota por mayoría, pues en una Europa ampliada, el voto por unanimidad dificultaría enormemente la toma de decisiones; reducir el número de comisarios, para evitar que un tamaño excesivo perjudique la eficacia de esta institución; y reponderar el voto en el Consejo, ya que el criterio que se utilizó en los años cincuenta para repartir el voto, y que se había ido extendiendo con las sucesivas ampliaciones, beneficiaba excesivamente a los Estados pequeños en perjuicio de los grandes, hasta el punto de que los cinco Estados mayores contaban con el 80 % de la población y sólo el 55 % de los votos en el Consejo. La ampliación no podía realizarse sin dar antes solución a esta situación que, escudándose en el principio de la igualdad de los Estados, vulnera gravemente la democracia.

El Tratado de Amsterdam, firmado el 2 de octubre de 1997, introdujo varias modificaciones importantes: el Estado de Derecho y los derechos humanos salieron notablemente reforzados; se produjo un traspaso de materias hacia el primer pilar desde el tercero, que pasó a denominarse simplemente «Cooperación judicial y policial en materia penal»; y se introdujo en el primer pilar un nuevo título que recoge lo relativo a la libre circulación de personas, visados, asilo e inmigración. Pero quizás la más notable de todas las novedades fuese la introducción de la cooperación reforzada. Ante la perspectiva de una Europa más amplia, y más diversa, se reguló con carácter general la posibilidad de una integración diferenciada, en la que no todos los Estados avancen al mismo tiempo. Así, las nuevas disposiciones del Tratado de Amsterdam permiten que algunos Estados inicien una cooperación más estrecha en materias no identificadas previamente en el Tratado, y utilizando para ello el marco comunitario. La cooperación reforzada es una respuesta creativa a la creciente heterogeneidad de la Unión, pero es también un riesgo considerable a la cohesión y la solidaridad alcanzadas a lo largo de casi cincuenta años.

A pesar de las novedades, la reforma de Amsterdam se cerró en un clima de pesimismo, pues no se realizaron avances importantes en materia de transparencia, ni en la Política de Exterior y de Seguridad Común, y sobre todo, no logró realizarse la importante reforma institucional que se precisaba para poder proceder a la quinta ampliación. Por ello, tuvo que convocarse una nueva Conferencia Intergubernamental, al término de la cual los Estados acordaron en la ciudad de Niza (diciembre de 2000), tras unas largas y difíciles negociaciones, modificar la ponderación del voto en el Consejo, abriendo por fin la puerta a la ampliación de la Unión hacia el Este. En la futura Europa ampliada, el peso de los Estados miembros será el siguiente: Alemania, Reino Unido, Francia e Italia tendrán 29 votos, España y Polonia, 27, Rumanía y Holanda, 13, Grecia, República Checa, Bélgica, Hungría y Portugal, 12, Suecia, Bulgaria y Austria, 10, Eslovaquia, Dinamarca, Finlandia e Irlanda, 7, Lituania, 5, Letonia, Eslovenia, Estonia, Chipre y Luxemburgo, 4, y Malta, 3. Para aprobar una decisión serán necesarios 255 votos favorables de un total de 342, así como el apoyo de la mayoría simple de Estados miembros, y que éstos representen al menos el 62 % de la población total de la Unión. Este último y novedoso criterio referente a la población fue introducido a instancia de Alemania, que representa el 17 % de la población total.

Desde luego, no parece que las modificaciones hayan finalizado. El proceso de integración sigue su curso, con nuevos retos, nuevas soluciones y nuevas reglas de funcionamiento. En el inicio del siglo XXI, la cooperación reforzada y la inminencia de la ampliación han dado lugar a un debate más vivo que nunca sobre el futuro de la Unión Europea y sobre su diseño constitucional. Sin duda, en los próximos años veremos cambios fundamentales en la Unión.

Bibliografía

Alonso García, R., *Derecho Comunitario*, Ceura, Madrid, 1994.

Baum, M., *An Imperfect Union, The Maastricht Treaty and New Politics of European Integration*, Westview Press, Oxford, 1996.

Beneyto Pérez, J. M., *Europa 1992, El Acta Única Europea: Mercado Interior y Cooperación Política Europea*, Civitas, Madrid, 1989.

Hartley, T. C., *The Foundations of European Community Law*, Oxford University Press, Nueva York, 1998.

Lenaerts, K. y Van Nuffel, P., *Constitutional Law of the European Union*, Sweet and Maxwell, Londres 1999.

Mangas, A. y Liñán, D., *Instituciones y Derecho de la Unión Europea*, Mc Graw Hill, Madrid, 1999.

Monnet, J., *Memorias*, Siglo XXI de España Editores, Madrid, 1985.

Moravsik, A., *The Choice for Europe*, Cornell University Press, Nueva York, 1998.

Oreja Aguirre, M. (dir.), *El Tratado de Amsterdam*, Mc Graw Hill, Madrid, 1998.

Pérez Bustamante, R., *Historia de la Unión Europea*, Dykinson, Madrid, 1997.

Rosamond, B., *Theories of European Integration*, Mc Millan, Londres, 2000.

Steiner, J. y Woods, L., *Textbook on EC Law*, Blackstone Press Limited, Londres, 2000.

Stirk, P. M. R, y Weigall, D. (eds.), *The Origins and Development of European Integration*, Pinter, Londres, 1999.

Truyol y Serra, A., *La integración Europea, análisis histórico-institucional con textos y documentos*, Tecnos, Madrid, 1999.

Weiler, J. H. H., *Europa, fin de siglo*, Centro de Estudios Constitucionales, Cuadernos de Debate, n.º 59, Madrid, 1995.

VV.AA., *Europe After Maastricht, An ever closer Union?*, editado por Renaud Dehousse, Law Books in Europe, Munich, 1994.

CAPÍTULO 4

EL PROCESO DE INTEGRACIÓN EUROPEA: DE LA «PEQUEÑA EUROPA» A LA EUROPA DE LOS QUINCE

por JUAN C. GAY ARMENTEROS
Catedrático de Historia Contemporánea,
Universidad de Granada

1. Los comienzos

Con frecuencia es preciso recordar lo evidente: el proceso de integración europea nace de la derrota de la propia Europa, de una Europa que había dominado y culturizado a casi todo el mundo y en el período de entreguerras, pero sobre todo, tras el final de la Segunda Guerra Mundial, quedó apeada de ese centro mundial, arrumbada entre dos superpotencias y siendo la frontera y el eje mismo de la guerra fría. No cabe duda, la UE es hija de la guerra fría, aunque esto parezca a primera vista una *boutade*, pero no habría habido necesidad de construir nada de haber seguido existiendo la situación de comienzos del siglo XX. Pero, si aún existiera alguna duda, repasemos las fechas: de lo que podemos entender en la integración europea, desde la posguerra hasta los años noventa han sido los años de pervivencia de esa política de bloques y de esas superpotencias, hasta la desaparición de uno de esos dos bloques y una de las superpotencias.

Durante la Segunda Guerra Mundial, Gran Bretaña aparecía no sólo como uno de los pocos países no dominados por la Alemania nazi, sino como refugio de muchos europeos libres y como ámbito en el que se reflexionaba bastante sobre el porvenir del continente. Un ejemplo en este sentido será el libro publicado en 1944 por el historiador Edward Hallet Carr, *Conditions of Peace*, en el que se elucubraba sobre las condiciones que encontrarían los aliados cuando liberasen Europa: todo debería ser reorganizado y repensado, pero no para tal o cual país, sino para Europa como un todo. Los Estados nacionales, en su opinión, habían dejado de existir y habría que establecer autoridades europeas especializadas para los problemas planteados. Y sería en esta Gran Bretaña de refugio donde Paul Henri Spaak concretaría a partir de 1942 las ideas fundamentales de lo que, andando el tiempo, sería el Benelux.

En la Gran Bretaña de estos años se hablaba mucho de federalismo europeo, al que, como digo, se le llegó a considerar uno de los pilares de la paz continental. Churchill y sus amigos conservadores insinuaron una Nueva Commonwealth para Europa y esto creará muchas esperanzas. Mejor dicho, muchos espejismos y un tremendo equívoco entre los defensores de la idea de una Europa unida en el propio continente. Durante mucho tiempo consideraron que Gran Bretaña lideraría la Europa supranacional. Que la Europa federal, en un sentido laxo, era imposible sin los británicos y costó mucho tiempo y decepción convencer a estos políticos, intelectuales y empresarios de que el europeísmo de Londres era una simple táctica organizativa para la posguerra, tal y como lo había expuesto Carr, sin la menor intención de implicarse en un proceso pensado para otros, pero no para ellos ni para la Commonwealth. Este espejismo británico duró bastante y también creó algunas injusticias históricas: si la Jerusalén de Europa estaba en Londres, se prestó poca atención a las elaboraciones de otros sitios e incluso se las menospreció, como poco posibles por su escaso peso. Fue el caso de los federalistas antifascistas italianos, Altiero Spinelli y sus amigos.

La posguerra en Europa vendrá marcada por una serie de elementos a tener en cuenta: como se ha dicho más arriba, una nueva y definitiva derrota de Europa, pero una derrota que ahora sí marca la decadencia definitiva del Reino Unido, lo que supondrá para muchos un incremento exagerado de lo que he denominado el espejismo británico. Si ya Gran Bretaña no era el imperio indiscutible y ni siquiera estaba en condiciones de atender sus responsabilidades mundiales, parecía evidente que ahora estaba en condiciones de liderar un proceso unitario europeo, auténtica tercera vía entre EE.UU. y la URSS. Esta apreciación pareció confirmarse entre 1946 y 1947, pero acabó siendo un fiasco, que posiblemente retrasó las cosas.

El primer paso que parecía empujar en el sentido antedicho fue el tratado de Dunkerque entre el Reino Unido y Francia, primer pilar de una Unión Occidental de Defensa, ya que pronto se le unirían los países del Benelux y que hasta la fundación de la OTAN en 1949 fue la esperanza de una determinada política europea impulsada por Gran Bretaña. Más adelante vino el Plan Marshall, que por pura funcionalidad animaba el establecimiento de agencias europeas para canalizar los fondos del citado plan y, aunque en la ocasión no puede hablarse de europeísmo y menos aún de federalismo, la dirección era la misma. Incluso parecía apuntalar los elementos anteriores el establecimiento de la Alemania Occidental, en las zonas ocupadas por las potencias occidentales, un nuevo país para salir de los desastres de la guerra y en la órbita de los proyectos de Marshall. Adenauer será el canciller del nuevo país y, desde un principio, podemos asegurar que se ponen las bases de lo que, andando el tiempo, será el eje París-Bonn, fundamental en la construcción de Europa. Naturalmente, en todas estas circunstancias hay un hecho histórico del que no puede prescindirse: entre 1947 y 1949, el telón de acero se echa inexorablemente y la guerra fría llenará toda una época de Europa y el mundo. Y esto también parecía inicialmente favorecer todo el proceso supranacional en el continente.

Teniendo en cuenta lo anterior, se comprende mejor la reactivación del movimiento federalista europeo y un cierto protagonismo británico. La reunión federalista de Hertenstein (Suiza), haciendo una manifestación a todos los pueblos de Europa, marca el inicio de la reactivación. Pero el congreso más importante tendría lugar en Montreux, donde se afirmaría la Unión Europea de Federalistas. Al mismo tiempo, Churchill convierte a Gran Bretaña en el gran padrino de la Europa que parecía iba a nacer: anunció en la Universidad de Zurich la formación de un Consejo de Europa y su pensamiento sobre la necesidad de que Francia y Alemania dirigieran el proceso y de que Gran Bretaña y la Commowealth serían los padrinos del mismo. Todavía fue más lejos el político conservador, que entonces se encontraba en la oposición, ya que fundó en Londres el United Europe Committee, lo que estimuló el desarrollo de movimientos políticos europeístas en la mayoría de los países. Eran movimientos muy dispersos y con poca conexión entre sí, de modo que a finales de 1947 se creó en París un Comité de Coordinación de los Movimientos a favor de la Europa Unida, que agrupó a la mayoría de ellos.

De toda esta efervescencia surgiría el Congreso Europeo de La Haya, en mayo de 1948 y en octubre de ese mismo año el Comité de Coordinación pasó a denominarse Movimiento Europeo, con pleno protagonismo de los conservadores británicos. El Congreso de La Haya fue importante por tres razones: en primer lugar, por el eco que tuvo en medios políticos e intelectuales de la mayoría de los países occidentales europeos; en segundo lugar, fue un Congreso de orientación marcadamente conservadora, en el que el peso de Churchill y lo que significaba fue grande; en tercer lugar, y como consecuencia de lo anterior, las disputas entre las distintas concepciones europeístas se pusieron de manifiesto. También hay que decir que desde este Congreso de La Haya, la idea de una Europa unida, fuera como fuese en cuanto a sus mecanismos pero con la democracia como telón de fondo de su sistema político, acabó por convertirse en el acervo ideológico de los luchadores emigrados de países no democráticos, como ocurriría con los representantes de los países del Este, en los que se había producido la versión estalinista del inernacionalismo proletario, un sucedáneo del puro imperialismo moscovita, pero también de España, en cuyo nombre participaron, entre otros, Indalecio Prieto en la sección política y Salvador de Madariaga, heredero del pacifismo supranacional y ahora en La Haya del cosmopolitismo cultural e intelectual iniciado con la Ilustración.

La consecuencia más importante del Congreso de La Haya sería la movilización del Movimiento Europeo en torno a los respectivos gobiernos para la formación del Consejo de Europa, al que se llegaría en mayo de 1949. En todo este proceso se acentuó la división entre laboristas y conservadores británicos respecto a la cuestión de Europa y acabaría poniéndose de manifiesto cuánto de espejismo tenía la actitud británica en su conjunto. Francia acabó liderando el proyecto de Consejo de Europa y Estrasburgo acogería la reunión de la primera Asamblea el verano de 1949.

Pero para estas fechas ya existe un marco, que pesará como una losa en la Europa de comienzos de la década de los cincuenta: se definen los bloques en la lógica de los tiempos, y en esa definición, la tercera vía estratégica que se había insinuado desde Londres para Europa quedó en nada. A la hora de las resoluciones, los británicos escogieron a los EE.UU., iniciando una política de seguidismo, que ha permanecido invariable hasta nuestros días, y lo interesante del caso es que el mismo que había coqueteado con el europeísmo y levantado todas las expectativas antes comentadas, Winston Churchill, en su última llegada al puesto de *premier*, sería el encargado de concretar el seguidismo británico hacia los norteamericanos, a través de una fórmula ambigua, la de las «especiales relaciones» entre los dos países anglosajones.

Esta retirada europea de Gran Bretaña, que tanto desconsuelo produjo a muchos europeístas, coincidirá, no obstante, con el aseguramiento de la Alemania Federal como país democrático, auténtica alternativa al otro bloque, y con el renacimiento económico en Europa occidental gracias a la formidable inyección financiera del Plan Marshall. Estaba claro que Europa había de hacerse sin Gran Bretaña. Para muchos, eso era una «pequeña Europa», pero había que replantear el europeísmo sobre la Europa continental. Y aquí es donde encajará Robert Schuman, pero también Jean Monnet, porque, a veces, no parece que se pueda entender a uno de los padres de Europa sin tener en cuenta al otro. Si Jean Monnet elaboró un proyecto, técnico desde luego, Robert Schuman le dio a ese proyecto un lenguaje político, lo hizo cosa suya y colocó a Francia en el lugar que antes se había querido ver en Inglaterra para el impulso de la idea unitaria de Europa. Hay que añadir que, al menos, hay que tener presentes en las paternidades de esta «pequeña Europa», junto a Monnet y Schuman, a Adenauer y Alcide de Gasperi.

La declaración Schuman de 9 de mayo de 1950 arranca de lo que formaba parte hacía mucho tiempo del pensamiento europeísta, el pacifismo: «La paz mundial no puede salvaguardarse sin unos esfuerzos creadores equiparables a los peligros que la amenazan.» Y el esfuerzo creador más importante que se propone es superar el enfrentamiento entre Francia y Alemania, causa, desde 1870 al menos, de las grandes crisis de Europa y el mundo. ¿El medio? Pragmático y efectivo: «(someter) el conjunto de la producción franco-alemana de carbón y de acero a una alta autoridad común, en una organización abierta a los demás países de Europa». Algo abierto, como se ve, pero teniendo el tronco común francoalemán como motor y germen de la organización y semilla de lo que, andando el tiempo, será el eje famoso sobre el que muchas veces descansará la Comunidad, primero, y la Unión, después. Hay que destacar que la propuesta Schuman no pierde el objetivo de paz e integración de los demás: «Mediante la puesta en común de las producciones básicas y la creación de una alta autoridad de nuevo cuño, cuyas decisiones obligarán a Francia, Alemania y los países que se adhieran, esta propuesta sentará las primeras bases concretas de una federación europea indispensable para la preservación de la paz.» Esta declaración explícita de más amplios objetivos da todo el contenido político de la declaración.

El viraje que se estaba produciendo en la historia de Europa en 1950 era importante, con una guerra que no hacía mucho tiempo había terminado y con la mentalidad todavía de muchos de estar pensando en un castigo, esta vez definitivo, a Alemania. El plan Schuman va a suponer negociaciones de nuevo estilo: las delegaciones no se trataban ya como adversarios, sino como socios de negocios y compañeros de un mismo equipo.

2. El núcleo originario

La declaración Schuman inspiró el método de la creación de la Comunidad Europea del Carbón y del Acero (CECA), mediante el Tratado de París, firmado el 18 de abril de 1951 por Francia, Alemania, Italia y los países del Benelux. El método Schuman significó la delegación de soberanía de los estados en algunos sectores básicos, en beneficio de instituciones supranacionales comunes e independientes. Se encontró el método de la integración europea.

De hecho, el Tratado de París atribuía a la CECA amplios poderes relativos, entre otros aspectos, a la abolición y prohibición de barreras aduaneras internas, subvenciones estatales y prácticas restrictivas de la competencia. En fin, establecía mecanismos en torno al mercado del carbón y del acero y creaba la Alta Autoridad, el Consejo de Ministros, la Asamblea Común y el Tribunal de Justicia.

La Alta Autoridad, cuyo primer presidente fue Jean Monnet, se configuraba como una institución supranacional, con amplios poderes normativos y administrativos, respecto a los Estados y las empresas. Era una especie de ejecutivo de la Comunidad, formado por nueve personalidades nombradas por los respectivos gobiernos. Esta Alta Autoridad debía consultar los temas importantes con un Consejo de Ministros, representantes de los gobiernos y cuyas decisiones se adoptaban, según los temas, por consenso (unanimidad), por mayoría cualificada o simple. La Asamblea Común tenía la representación indirecta de los ciudadanos de los países miembros, por medio de delegados elegidos por los respectivos parlamentos. Sus facultades eran consultivas y de control, pero podía votar una moción de censura contra la gestión de la Alta Autoridad. El Tribunal de Justicia controlaba la aplicación y ejecución de las normas y su interpretación de acuerdo con el Tratado. A todo esto se añadía un Comité Consultivo compuesto por representantes empresariales, sindicales y otros.

Desde el comienzo, el Reino Unido, en pleno viraje hacia los EE.UU., declinó participar en la CECA por oponerse a cualquier acuerdo que supusiera una transferencia de soberanía a favor de una autoridad supranacional.

El éxito de la CECA fue inmediato e importante en los temas económicos que trataba, de ahí los intentos en la primera mitad de los años cincuenta por ampliarla políticamente, pero la interferencia de la guerra fría frenó esas intenciones: no podemos olvidar la guerra de Corea y el fortalecimiento definitivo de la Alianza Atlántica. De modo que los intentos de crear un instrumento europeo para la defensa fracasaron a favor de la estructura dominada por EE.UU. Esta interferencia de la guerra fría en un proceso que parecía que había arrancado bien llevó al propio Jean Monnet a crear un «Comité de Acción para los Estados Unidos de Europa», integrado por empresarios, políticos y sindicalistas de distintos Estados, que empezaron a trabajar en un proyecto de Comunidad Europea de la Energía Atómica. Y al mismo tiempo, partiendo de la experiencia del Benelux, los gobiernos belga y holandés hicieron la propuesta de un «mercado común» ampliado a los demás países. Ambas propuestas fueron estudiadas por los gobiernos de la CECA.

En el marco de este análisis, fue en la Conferencia de Mesina, de junio de 1955, donde se propuso, por un lado, establecer una comunidad especializada, a imagen de la CECA, para el uso pacífico de la energía atómica. Por otro lado, establecer una comunidad económica con unos objetivos delimitados: eliminación de barreras comerciales y la creación de un mercado común para facilitar la circulación de mercancías, capitales y personas; el establecimiento de un fondo europeo de inversiones y armonización de las políticas sociales y de empleo. Es justo resaltar la figura y actividad del ministro belga Paul-Henri Spaak, ya que con su empuje, junto con Jean Monnet, se pudo llegar a la firma de los tratados de Roma en marzo de 1957. Nacía la CEE y la EURATOM. Como ya se ha apuntado más arriba, a pesar de los diferentes intereses de Francia y Alemania, estos dos países empezaron a configurarse como el núcleo central de la Europa que comenzaba.

No se nos puede escapar la importancia de este Tratado de Roma, verdadero momento epifánico de la Unión de hoy. Desde el punto de vista institucional, la estructura de las tres comunidades (CECA, EURATOM y CEE) es idéntica, con la única variación de que en lugar de la Alta Autoridad se pasará a denominar Comisión, pero aumentaban las competencias del Consejo de Ministros, es decir, la CEE nacía con una concepción más intergubernamentalista que integradora, pero en cualquier forma el supranacionalismo está presente en las nuevas estructuras.

Los tratados de Roma fueron obra y fueron firmados por los seis países de la CECA. Gran Bretaña había sido invitada a la Conferencia de Mesina y el propio Spaak tuvo interés en unirla a lo que estaba empezando, pero este país se mantuvo al margen. Con ello perdió la oportunidad de intervenir desde el principio en la construcción del edificio europeo. Gran Bretaña impulsó, por el contrario, una zona de libre cambio apoyada por los países escandinavos, más Austria, Suiza y Portugal, que resultó ser en

1959 la EFTA (Asociación Europea de Libre Cambio) con la finalidad de reducir los aranceles industriales, algo muy alejado de la Comunidad recién nacida, que tenía futuro de integración económica y nexo entre los pueblos (Jean Monnet).

Los primeros años de la Comunidad marcaron las líneas fundamentales de actuación y sirvieron para cohesionar definitivamente el proyecto: rebajas arancelarias, de tal manera que para 1968 cayeron las últimas barreras arancelarias. Se establecieron las bases de las PAC (precios comunes, subvenciones, principio de preferencia, etc.). Se establecieron las primeras relaciones con los países africanos, sobre todo con las antiguas colonias de Francia, con el convenio de Youndé (1963). Y en 1965 se fusionaron los ejecutivos de las tres comunidades, de modo que a partir de entonces, éstas contarían con un único Consejo y una única Comisión. Además, el número de comisarios se reducía de 14 a 9.

3. Los problemas de los años sesenta

Durante mucho tiempo el enjuiciamiento de la denominada «década prodigiosa» en Europa estuvo dominado por una crítica bastante severa de lo que supuso la política gaullista, y en ese enjuiciamiento, el proceso final de lo que significó De Gaulle en la revuelta de mayo del 68 puso el punto final en un sentido negativo: al fin y al cabo, todo lo que el general quiso hacer dentro y fuera de Francia se vio condenado y torpedeado por la propia sociedad francesa. La historiografía anglosajona, especialmente la de la década siguiente, la de los setenta, fue especialmente dura en el juicio, pero hoy estamos en condiciones de abordar el tema de una forma algo más imparcial, sin entrar en las condenas rotundas y tratando de hallar explicaciones adecuadas a lo que ocurrió durante estos años, que realmente zarandearon las estructuras de la CEE.

Creo que podemos citar cuatro grandes temas, en los que naturalmente las cuestiones se mezclan, para poder entender la política gaullista y las respuestas que suscitó: en primer lugar, el establecimiento de la V República, después la posición de Gran Bretaña, más adelante la visión global ante los problemas del mundo y finalmente, pero no por ello menos importante, los problemas europeos.

Una consideración breve sobre la primera cuestión: la IV República estaba logrando, después de lo que significaron los planes Marshall y Schuman, sacar a Francia del tremendo bache económico de los destrozos de la guerra, pero después del conflicto mundial se puso en marcha otro proceso histórico para el que la República Francesa dio muestras de estar escasamente preparada: el proceso descolonizador. La derrota de Dien Bien Phu en 1954 tuvo una enorme carga simbólica de lo que podría ocurrir con la gan cantidad de colonias que Francia poseía. Sin embargo, iba a ser el problema de Argelia el que definitivamente rompería la sociedad e instituciones republicanas. El entonces ministro François Mitterrand lo expresó con claridad meridiana: «Argelia forma parte de Francia... La única negociación posible es la guerra...» y Guy Mollet reiteraba en 1956 los lazos indisolubles entre los dos países. Pero estaba claro que la guerra no era posible como solución y esto lo vio claro De Gaulle que, en definitiva, salvó a la Francia republicana de las amenazas golpistas y condujo el proceso de descolonización argelino. Muchos colonos no se lo perdonaron nunca, pero muchos más franceses acabarán reconociéndose en el orgullo, teatral y sincero a la vez, del general por el renacer como potencia de su propio país.

La posición de Gran Bretaña difería de la de Francia en los problemas concretos, pero en cierto modo compartía con sus vecinos del otro lado del canal su pérdida de valor, tras la Segunda Guerra Mundial, en la geoestrategia internacional. Ya sabemos que los *tories*, sin demasiada oposición de los laboristas, también es cierto, unieron al país en la alianza *sui generis* con el poderoso hermano anglosajón norteamericano, pero quisieron dejar abiertas otras puertas: frente a la CEE animaron la zona de libre comercio (EFTA), cultivaron como nunca a la Commonwealth, especialmente a los dominios, en pleno proceso de descolonización. Sin embargo, ni siquiera con estos últimos países el desarrollo comercial y de integración alcanzó a la CEE. La agricultura británica estaba muy subvencionada y la industria, durante los años sesenta, había iniciado una profunda reconversión, que la debilitaba respecto al resto de Europa. De modo que hubo un reconocimiento explícito de la situación, y esto lo hicieron igualmente los *tories* bajo la dirección de Macmillan, sólo que ahora, a comienzos de la década de los sesenta, cuando solicitan formalmente el ingreso en la CEE (1961) no estaban en condiciones de imponer los términos de su ingreso en una organización a la que ellos habían desdeñado anteriormente.

En las relaciones entre Gran Bretaña y la Francia de De Gaulle se mezclaría, como no podía ser de otra manera, la visión de los principales problemas del mundo y en esa visión, así como en las relaciones con EE.UU., británicos y franceses chocarían con frecuencia y naturalmente todo esto repercutiría en Europa.

De Gaulle asumió desde el primer momento los tratados fundacionales de la CEE, si bien, también desde el primer momento, quiso darles nuevas lecturas e impulsos en consonancia con el renacer del peso económico y político, en el ámbito internacional, de Francia. Desde esta perspectiva se entiende mejor el que se volviese a poner en circulación la vieja idea de hacer de Europa una tercera vía, entre las dos superpotencias (EE.UU. y la URSS), sólo que ahora esa Europa tendría, en último término, como gran patrona a Francia.

El proceso fue más complejo que lo que los críticos del gaullismo han querido hacer ver: esto es, un exceso de presunción de *grandeur*, que agrió la relaciones entre los aliados, tanto en la OTAN como en la CEE. El papel de la «Europa de las patrias» debía basarse en una fuerza militar propia, disuasoria, que diera seguridad al Viejo Continente. Los dos únicos países capaces de desarrollarla eran Gran Bretaña y Francia, cuya colaboración en el campo de la energía atómica era indispensable para esta tercera vía europea. Pero si Macmillan era consciente de lo necesaria que para la economía británica era la CEE, la visión gaullista sobre el liderazgo europeo le ofrecía muchas dudas, de modo que cuando Kennedy dio seguridades al político británico sobre apoyos logísticos para la armada inglesa (los misiles Polaris), no tuvo dudas al respecto: reafirmó las «especiales» relaciones con EE.UU. y abandonó la posible colaboración con el presidente francés. Causó sensación el «no» de De Gaulle a la demanda de ingreso de Gran Bretaña en la CEE, pero frecuentemente se olvida que estuvo precedida de la negativa británica a las propuestas del general sobre la defensa autónoma de Europa. Me parece inútil intentar desligar una cosa de la otra, así como insistir una y otra vez en la enemiga gaullista contra los países anglosajones. Creo que se entiende mejor en su contexto el primer veto a Gran Bretaña y el resto de las diferencias de la política francesa con EE.UU.

El paso dado por Macmillan significaba que el Reino Unido mantenía el seguidismo británico de la política exterior norteamericana y, por el contrario, alejarse de la tercera vía gaullista. Para París, la visión norteamericana de los problemas mundiales respondía exclusivamente a sus propios intereses, solicitando el apoyo europeo para una estrategia muy alejada de los intreses europeos. En este sentido, De Gaulle fue un aliado fiel de EE.UU. en la grave crisis de los misiles de Cuba, una crisis que, no obstante, dejó de manifiesto la delicada posición de Europa en un hipotético enfrentamiento entre las dos grandes superpotencias. Pero Francia tampoco compartía la política norteamericana en Asia y en Iberoamérica. ¿Por qué se tenía que apoyar desde Europa la intervención de los *marines* en Santo Domingo, por ejemplo? Y en Asia parecía disparatado a los seguidores del general el sostenimiento del régimen político de Taiwan, desconociendo la inmensa realidad de la China continental, y más aún la inverción militar a gran escala en Vietnam, en apoyo de los regímenes corruptos de Saigón, en lugar de propiciar «terceras vías» neutralistas, no sólo en Vietnam, sino en Camboya y Laos.

Se podrá objetar ingenuidad o arrogancia, o una mezcla contradictoria entre las dos, a la política internacional de De Gaulle, pero cuando se examina el fracaso norteamericano en Vietnam o el viraje dado por Nixon respecto a la política con China, no se puede despachar frívolamente la política francesa de aquellos años. Hay que añadir además algo que tampoco contribuyó a aplacar las diferencias: el comienzo de las conversaciones, denominadas «ronda Kennedy», entre América y Europa para un desarme arancelario. Los franceses consideraron intolerables las presiones del otro lado del Atlántico, ya que el desarme arancelario únicamente beneficiaba a los norteamericanos.

La crisis de relaciones, no sólo se explicitó en el primer veto francés a la petición de Gran Bretaña para ingresar en la CEE, sino también en la organización militar aliada, la OTAN, considerada por Francia como el ejemplo del seguidismo de la estrategia norteamericana y alejadora de que Europa tuviese su propia política de defensa. De modo que Francia, sin romper con la organización atlántica, empezó a dejar de colaborar militarmente e incluso forzó el traspaso de la sede de la organización de París a Bruselas. Una política que podemos denominar de «silla vacía», tal y como también iba a practicar De Gaulle en otras organizaciones, que teóricamente le importaban más.

Más arriba hemos hecho mención a la asunción por parte de la V República recién establecida de los tratados de la CEE, pero hay que insistir en la línea ya mencionada: el gaullismo, en opinión de Massip, fue contrario al espíritu fundacional de Monnet y Schuman, es decir, a la idea de supranacionalidad. La CEE estaba dando unos buenos resultados económicos y podía ser un buen soporte para el concepto de Europa del presidente francés, una Europa de los Estados: «¿Cuáles son las realidades de Europa? ¿Cuáles son los pilares sobre los que se la puede construir? Son los Estados, Estados que son, ciertamente, muy diferentes unos de otros, cada uno con su alma, su historia y su lengua propios, sus desgracias, sus glorias y sus ambiciones propias, pero se trata de Estados que son las únicas entidades que tienen el derecho de mandar y el privilegio de ser obedecidas. Pensar que se puede construir algo eficaz por la acción y que eso sea aprobado por los pueblos, fuera o por encima de los Estados, es una quimera», diría en 1960 y repetiría en varias ocasiones: «Dante, Goethe, Chateaubriand pertenecen a Europa en la medida en que eran respectiva y eminentemente italiano, alemán o francés. De poco hubieran servido a Europa si hubiesen sido apátridas o hubieran pensado y escrito en cualquier esperanto o volapuk.» Esto en 1962, y creo que es suficiente para no reiterar más la idea.

La política de De Gaulle en la CEE se enmarcará, como es natural, en su concepto de Europa de los Estados y en el papel que debía jugar esa Europa en el orden internacional. En noviembre de 1959 se reunieron los ministros de Asuntos Exteriores de los seis y acordaron establecer un sistema de consultas periódicas para tratar sobre la marcha de la Comunidad y «sobre otros problemas internacionales». Como consecuencia de esta iniciativa, los jefes de Estado o Gobierno decidieron a comienzos de 1960 (mes de febrero) crear una comisión para que les hiciese proposiciones concretas a sus futuras reuniones, de modo que a partir de 1961, la Comisión, presidida por Christian Fouchet, realizó diversas propuestas tendentes a incrementar el proceso de integración entre los seis países comunitarios. Como es natural, aquí se dejaría sentir fuertemente la concepción gaullista, con una divergencia grande con todo lo que hasta entonces había sido el europeísmo. Los distintos planes Fouchet (hubo hasta tres) intentaron resolver esta alternativa: «La Unión tiene por finalidad el acercar, coordinar y unificar la política de los Estados miembros en los terrenos de interés común: política exterior, economía, cultura...» (versión gaullista), o bien «La Unión europea tiene como misión la de promover la unidad de Europa por medio del acercamiento, la coordinación y la unificación de la política de los Estados miembros» (versión del europeísmo tradicional). No hubo posibilidad de acuerdo, porque además de la concepción misma sobre Europa existían otros temas, o mejor dicho, precisamente por la concepción sobre Europa se planteaban otras cuestiones, tal como lo vio el ministro belga Spaak: «En el Plan Fouchet había tres puntos sobre los que los ministros no se ponían de acuerdo: las relaciones entre una Europa políticamente organizada y los EE.UU., las relaciones entre esta Europa política y la Comunidad Europea, nacida del Tratado de Roma, y me permito decirlo, porque en todo caso, es así como yo veo la historia, por encima de todo y ante todo, las posibilidades de hacer evolucionar las ideas que hubieran podido ser encaminadas hacia una concepción más perfecta y completa de Europa.»

La misma concepción de Europa, junto con otros problemas financieros y el veto al Reino Unido acabarán llevando a la Comunidad a una grave crisis entre 1964 y 1965. La causa concreta que desencadenaría la crisis estuvo relacionada con el deseo de la Comisión, en concreto de su vicepresidente Sicco Mansholt, de establecer una política financiera común de los productos agrarios, que en principio favorecía a Francia, país de una agricultura desarrollada y era más perjudicial para países como Alemania e Italia. El proyecto establecía que las rentas de los Fondos Europeos de Orientación y Garantía Agrícolas (FEOGA), provenientes de los productos agrícolas no comunitarios, debían ir a la propia Comunidad para cubrir gastos administrativos. E incluso este procedimiento de dotar de presupuesto autónomo a la Comunidad, por las rentas de los productos agrarios extracomunitarios, se quiso ampliar a los productos industriales, de esta forma la CEE se podía convertir en una auténtica potencia financiera, al margen de los Estados. Y no sólo eso, la administración de esos fondos autónomos obligaba, en buena lógica democrática, a incrementar las funciones de control del Parlamento Europeo, así como la propia elección directa de los diputados. Francia bloquearía el desarrollo institucional comunitario (lo que propiamente se denominará la crisis de la «silla vacía») y lograría reconducir el proyecto hacia aspectos puramente técnicos, es decir, quitándole toda la carga política y unitaria, lo que produjo las quejas amargas de Altiero Spinelli. Cuando al final se ponga término a la crisis en 1966 (Compromiso de Luxemburgo) se siguió manteniendo la misma estructura en el proceso de decisiones de los seis: el principio de unanimidad y el derecho de veto.

Casi al mismo tiempo que De Gaulle decía por primera vez «no» a Gran Bretaña se firmaban las bases de lo que acabará siendo el eje franco-alemán de la Comunidad. En efecto, el Tratado de enero de 1963 tuvo tres consecuencias importantes: en primer lugar, a lo largo de la crisis que se iba a vivir, tanto en la CEE como en la OTAN, como consecuencia de las tesis gaullistas y también de la unilateralidad de la actuación norteamericana, el aislamiento de Francia no fue completo, pues en última instancia, especialmente en las cuestiones europeas, siempre pudo contar con el apoyo de Alemania. En segundo lugar, el peso y la influencia de la

República Federal de Alemania crecieron considerablemente en los años sesenta, a consecuencia, es cierto, de su gran desarrollo económico, pero este gigante económico empezó a dejar de ser enano político en parte por el pacto con Francia. En tercer lugar, este Tratado permitió que el segundo veto del general a Gran Bretaña en 1967 produjese menos conmoción que el primero. La crisis de las semanas anteriores había mantenido la amistad franco-alemana y la nueva demanda británica, aunque la Comisión consideró que técnicamente podía resolverse con algún período transitorio, siguió sin ser aceptada por Francia sin que las estructuras de la CEE se resintiesen.

La superación de la crisis significó la constatación de que la Comunidad, a pesar de todo, era un negocio rentable para sus socios, por eso en 1966 se dieron nuevos pasos hacia la unidad: se aceleró el Mercado Común Industrial y se completó la obra de Mansholt, la denominada Europa Verde. Es cierto igualmente que muchos tacharon la nueva política agrícola de proteccionista y desfavorable para el consumidor, pero se logró una integración considerable. Y fruto de los nuevos pasos de cohesión que se estaban dando se reanudaron e intensificaron las conversaciones con EE.UU. sobre liberalización aduanera.

Para los nostálgicos del europeísmo de la época de la guerra, De Gaulle, con sus negativas a Gran Bretaña y su independencia respecto de EE.UU. puso en peligro todo el andamiaje europeo conseguido con los planes de Monnet y Schuman y con los Tratados de Roma. Pero esta visión es discutible. Es cierto que la insistencia gaullista de la «Europa de las patrias» o de los «Estados» resaltaría, después de la crisis antes comentada, los intereses particulares de cada Estado en la CEE. El progreso económico de esta década de los sesenta, que en definitiva justificaría a la propia Comunidad, a la hora de cerrar la Europa verde o de consolidar el mercado industrial, pondría en marcha el mercadeo de cada país en las maratonianas sesiones que siguieron al Compromiso de 1966.

4. Las reestructuraciones de los años setenta

La retirada de De Gaulle en 1969 abrirá de forma simbólica una nueva etapa en la historia de Europa. Los principales actores políticos cambian: Georges Pompidou en Francia, Willy Brandt en la República Federal de Alemania, Edward Heath en el Reino Unido... Pero también este nuevo tiempo traerá nuevos relevos de liderazgos y algunas de las crisis económicas más importantes de la segunda mitad del siglo.

Pompidou había sido el primer ministro de De Gaulle desde 1963 y demostrado una excelente capacidad negociadora en la gravísima crisis de la primavera de 1968 en Francia, pero no era un gaullista de la vieja escuela ni tampoco el heredero que hubiera designado el general, que no designó a nadie. Fue sobre todo un pragmático, que consolidó institucionalmente la V República, haciéndola más parlamentaria y rehuyendo los modos autoritarios del general, y su mismo pragmatismo le llevó a desarrollar un amplio programa de reformas en el país, ayudado por Chaban Delmas fundamentalmente, para transformar a Francia, como decía la propaganda oficial, en una «Suecia, además con sol». Sin abandonar la personalidad de «tercera vía» que la política exterior francesa había conseguido con De Gaulle: independencia en el marco de la OTAN, buenas relaciones con la URSS y la «Europa europea» de los Estados. Pompidou también aquí fue más flexible, especialmente en la política europea de Francia, como se pondría de manifiesto a finales del mismo año 1969.

Quizás fue más sensible el cambio del liderazgo político en la RFA. Tras los gobiernos de los que han sido considerados, con seguridad injustamente, los «epígonos» de Adenauer, que en realidad llenan casi toda la década de los sesenta, también en 1969 alcanza el poder la socialdemocracia dirigida por Willy Brandt. Para la mayoría de los analistas, este triunfo político es el reflejo del gran cambio social que se ha producido en la Alemania Occidental como consecuencia del progreso económico: la vitalidad de un mundo sindical, no obstante bien asentado en las estructuras económicas, el desarrollo de una nueva clase pujante de profesionales y un socialismo igualmente pragmático, capaz de superar el anticomunismo de posguerra todavía presente en la democracia cristiana alemana en esas fechas.

Willy Brandt será el que saque las máximas consecuencias políticas del gigantismo económico de su país, es decir, empezará a contrapesar la debilidad política de la RFA con el desarrollo de una importante política internacional, sobre todo de apertura al Este, conocida como la Ostpolitik. No sólo conseguirá mejores condiciones entre las dos Alemanias, a pesar del muro, sino que incrementará considerablemente el peso de la República Federal en el ámbito internacional, con el apoyo de las dos superpotencias, pues la URSS vio reconocido el *statu quo* en el este de Europa, en unos momentos en que sus relaciones con China eran muy complicadas, y Richard Nixon, por parte norteamericana, apoyó la Ostpolitik también en plena reconsideración de la política norteamericana en Asia.

Desde luego, se mantuvo la alianza con Francia en el ámbito de la CEE, pero la política comunitaria de Alemania gozó de mayor independencia e iniciativa, como correspondía a la mayor potencia económica de los seis.

El caso británico será más complicado. El final de la década de los sesenta, no sólo está representado por la segunda negativa francesa a la demanda de ingreso en la Comunidad, sino por una crisis importante en la propia estructura socioeconómica del país, cuya consecuencia más inmediata será la derrota laborista de 1970. Desde luego que Wilson había mantenido sin modificar dos posiciones constantes de la política exterior británica desde la Segunda Guerra Mundial, la estrecha alianza con EE.UU. y la oposición igualmente tradicional de la izquierda inglesa a la CEE, sin duda incrementada por la arrogancia de De Gaulle.

Los *tories*, dirigidos por Edward Heath, ganaron las elecciones de 1970 con una política dirigida a la integración del país en Europa, como anclaje de la crisis económica inglesa. Las dificultades de Heath fueron enormes, no sólo por razones internas, sino porque en plena política económica de austeridad tendría que hacer frente a la crisis de 1973, que en el Reino Unido tuvo una incidencia importante. Heath logró finalmente el ingreso de Gran Bretaña en la CEE, un ingreso difícil y conflictivo, más aún porque los laboristas regresarían pronto al poder.

La nueva etapa caracterizada por los cambios antes citados tendrá una introducción bien significativa en la Conferencia de La Haya de 1969, promovida por Francia, precisamente el símbolo de todos los obstáculos anteriores. La Conferencia quiso ser una reafirmación de la fe europeísta de los países de la Comunidad: «Los jefes de Estado o de gobierno quieren también reafirmar su fe en las finalidades políticas que dan todo su sentido y alcance a la Comunidad, quieren reafirmar su determinación de llevar hasta el final esta empresa, así como su confianza en el éxito final de sus esfuerzos. Todos ellos tienen la común convicción de que una Europa que reagrupe a los Estados, que a pesar de sus diversidades nacionales están unidos por sus intereses esenciales, una Europa segura de su propia cohesión, fiel a sus amistades exteriores, consciente del papel que le corresponde en la tarea de facilitar la paz internacional y el acercamiento entre todos los pueblos, y en primer lugar entre los de todo el continente europeo, una Europa así es indispensable para la salvaguardia de un foco excepcional de desarrollo, de progreso y de cultura, para el equilibrio del mundo y la protección de la paz...»

La crisis que había padecido la Comunidad en los años anteriores, paralela y contradictoria con el desarrollo económico de la misma, había difundido la convicción de que había que dar pasos adelante, el primero de los cuales era dar luz verde al Reino Unido, Dinamarca, Irlanda y Noruega: «[Los jefes de Estado...] Han reafirmado su acuerdo sobre el principio de la ampliación de la Comunidad, tal y como está previsto por el artículo 237 del Tratado de Roma... En cuanto se entablen negociaciones con los países candidatos, se entablarán discusiones con los otros países miembros de la EFTA (AELE) que lo soliciten, sobre su postura con relación a la CEE...»

Otra decisión importante tomada en La Haya fue la de avanzar hacia la unión económica y monetaria: «Con este fin, han acordado que dentro del Consejo, sobre la base del memorándum presentado por la Comisión el 12 de febrero de 1969, y en estrecha colaboración con esta última, se elabore un plan por etapas durante el año 1970, dirigido a la creación de una unión económica y monetaria.» El objetivo último era instituir en 1980 una moneda común europea. Casi todos consideraron necesario profundizar en esto como consecuencia de las dificultades técnicas, y también políticas, que se habían manifestado en el funcionamiento de la política agraria. Además, los diferentes grados de desarrollo entre los Estados aconsejaba igualmente la unión económica y monetaria.

Es cierto que la Conferencia hizo una apelación para profundizar en la unión política: «[Los jefes de Estado...] Encargan a los ministros de Asuntos Exteriores de estudiar la mejor manera de realizar progresos en el terreno de la unificación política, en la perspectiva de una ampliación de las Comunidades. Los ministros deberán hacer propuestas a este respecto antes del mes de julio de 1970.» Pero esta cuestión quedó más en el aire, a pesar del interés de los alemanes por incrementar el peso político de Europa, porque, con todos los cambios habidos en la política francesa, que fueron muchos en comparación con el gaullismo duro, las líneas básicas de la Europa de los Estados seguían estando vigentes con Pompidou.

Así que se puede considerar que una de las consecuencias más importantes de la Conferencia de 1969 fue el ingreso en la Comunidad de los miembros que lo habían solicitado al mismo tiempo que Gran Bretaña: en junio de 1972 se firmaron los tratados de adhesión a la Comunidad del Reino Unido, Noruega, Irlanda y Dinamarca, que ingresaron efectivamente en enero de 1973, con la excepción de Noruega, en la que en un referéndum, en septiembre de 1972, se decidió abandonar el camino europeo por razones económicas y sociológicas. Se impuso a estos nuevos miembros, como medida de protección ante la ampliación, el denominado *acervo comunitario*, por el que éstos se comprometían a aceptar los Tratados y sus finalidades políticas y las decisiones adoptadas en el proceso de integración. No obstante, hubo que adaptar los Tratados a la ampliación (ponderación del voto en el Consejo, aumento de diputados en el Parlamento Europeo, ampliación de la Comisión y Tribunal de Justicia) y para facilitar la adhesión se estableció un período de adaptación transitorio de cinco años. Sin embargo, este tipo de precauciones no impidió la aparición de diversos intereses y estilos como consecuencia de la ampliación. El derecho de veto siguió siendo la espada de Damocles, que debilitaba objetivos políticos globales.

Esta «Europa de los nueve» se convertía en una superpotencia, al menos desde el punto de vista demográfico y económico: 253 millones de habitantes y un volumen comercial sin equivalencia en todo el mundo, 226 mil millones de dólares frente a los 83 mil millones de EE.UU. Empero, esta ampliación no significó la resolución de muchos problemas ni una redefinición de los objetivos de la propia Comunidad, pues no se avanzó apenas en la unión política. Seguramente, buena parte de la explicación de la desilusión y de los obstáculos presentes y futuros estará en la crisis económica que se desarrollaría a partir de 1973, que afectó a todo el mundo y en Europa de forma desigual a los Estados de la Comunidad.

En efecto, en 1973 tendría lugar un nuevo conflicto árabe-israelí (la guerra del Yom Kippur) y los países productores de petróleo, en su mayoría árabes, decidieron utilizar este producto energético fundamental como arma en la lucha contra Israel. Desde la OPEP impusieron una subida importante del precio del barril de petróleo. Las subidas de precios se completaron con el embargo hacia los países que más habían ayudado a Israel (EE.UU., Holanda y Portugal, entre otros) y una reducción de las exportaciones petroleras hacia los países que no habían simpatizado demasiado con la causa árabe, lo que significaba la mayoría de los países europeos, excepto Francia. A finales de 1973, el precio del petróleo se había cuadruplicado y el modelo económico de los países europeos se veía muy comprometido: el desarrollo económico de Europa a lo largo de los años sesenta había tenido como fuente energética fundamental el petróleo, que representaba el 64 % del consumo. Cuando estalló la crisis, ninguno de los países de la CEE era productor de petróleo, con la excepción del Reino Unido (yacimientos del mar del Norte), y fueron los principales afectados por las represalias de la OPEP.

Es lógico que en una economía basada en el petróleo las consecuencias de la crisis fueran graves. En la CEE, las principales industrias punteras (automóvil, química, mecánicas, etc.), cuyo consumo energético era elevado, sufrieron un parón en la producción y en las inversiones y arrastraron hacia la recesión a toda la economía comunitaria. En 1974, el producto nacional bruto de los países de la Comunidad creció sólo un 1,7 %, en tanto que al año siguiente descendió a menos del 2 %. A la recesión se unió la inflación, por la escalada de los precios provocada por las subidas de la factura del petróleo. En 1972, las tasas de inflación en la CEE oscilaban entre el 5,5 y el 7 %, pero en 1974 estas cifras se habían disparado, pues en Italia se llegó a un 24,5 % y en el Reino Unido a un 24,2 %, y únicamente la República Federal de Alemania pudo mantenerse en cifras en torno al 6 %. Sólo a partir de 1976 empezó la economía europea a recuperar el pulso.

La crisis se manifestó además en una gran inestabilidad monetaria, que afectó gravemente al proyecto de fluctuaciones comunes de las monedas europeas. En efecto, desde 1972 se había iniciado el proceso de acercamiento entre las distintas monedas de los Estados con la creación de la denominada *serpiente monetaria*, mediante la cual, el margen de fluctuación entre las monedas europeas no podía superar el 2,25 %. Se intentaba de este modo, no sólo armonizar, sino ir dejando paulatinamente al dólar como moneda de referencia, y que las intervenciones de los bancos centrales se realizaran únicamente en monedas europeas. Pero la subida del petróleo aumentó el déficit de las balanzas de pagos, que obligaron a devaluaciones importantes de determinadas monedas, de modo que la *serpiente monetaria* experimentó tensiones: a raíz de la crisis tuvieron que salir de ella Italia, Gran Bretaña e Irlanda, y Francia estuvo entrando y saliendo de las fluctuaciones comunitarias según las circunstancias.

Ni que decir tiene que esta importante crisis significará muchas cosas a la vez y servirá de brusco marco a la dinámica de la Europa de los Nueve, que también en algunos de sus más importantes miembros experimentará cambios de liderazgo político. Ciertamente, en Francia moría el 2 de abril de 1974 el presidente Pompidou y en las elecciones siguientes resultó elegido Giscard d'Estaing, apoyado por los gaullistas pero dispuesto a dar algunos virajes significativos, tanto en el interior como en el exterior, a la política francesa. En la política interior, el gobierno de Giscard quiso construirse espacios propios, referidos a la posibilidad de hacer de Francia una democracia liberal, más allá de la retórica y atavismos tradicionales. En el exterior, el nuevo presidente impulsó dos nuevas dinámicas tendentes a romper lo que hasta entonces había sido una visión gaullista: por un lado inició el acercamiento a EE.UU. y la OTAN y para ello contó con un intermediario muy valioso, la RFA, pues, en efecto, el eje París-Bonn se reforzó significativamente, lo que por otra parte tendría incidencia importante en la política europea de Francia.

En este sentido, y éste sería el otro ámbito de la política exterior de Giscard, se continuó el impulso dado a la Comunidad en la Conferencia de La Haya, intentando consolidar la política monetaria común, a pesar de las dificultades del franco para permanecer en la *serpiente monetaria*. Y lo más característico de la política francesa en estos momentos será el fomento de los contactos entre los líderes europeos, algo que los viejos federalistas consideraron con cierta razón como el triunfo definitivo de la concepción funcionalista e intergubernamental de la Comunidad. Pero las dificultades económicas y las que plantearía Gran Bretaña después de su ingreso serían enfocadas por este método político y de trabajo y, finalmente, el reforzamiento de la alianza franco-alemana empujaría en la dirección de salir de problemas aparentemente insolubles.

También en otro de los países claves de la Comunidad, la República Federal de Alemania, se producían cambios casi al mismo tiempo que en Francia, pues en la primavera de 1974 saltaba a la opinión pública el caso Guillaume, asesor del canciller Brandt, que resultó ser un espía de la Alemania Oriental. Parece cada vez más cierto que en el escándalo y subsiguiente caída de Brandt tuvieron mucho que ver los servicios secretos de potencias extrajeras, inquietas sobre todo por el viraje radical que estaba tomando la socialdemocracia alemana. Desde luego, también hay que tener en cuenta que a la altura de 1974 los apoyos a la política representada por Brandt estaban disminuyendo, a causa de la inquietud de la crisis económica y por la aparición y desarrollo de fenómenos terroristas en la sociedad alemana.

La crisis fue aprovechada por el ala más moderada de la socialdemocracia para colocar en la cancillería a Helmut Schmidt que, en efecto, frenó el viraje a la izquierda, disciplinó a base de medidas de austeridad a la economía alemana y tuvo éxito frente al terrorismo. Claro que la política de Schmidt tuvo un precio, significativo sobre todo en el aumento del paro y en aspectos claramente represivos y poco claros en la lucha antiterrorista. Pero finalmente la inflación fue la más baja de Europa, el marco mantuvo su prestigio, los sindicatos acabaron colaborando con el gobierno y la economía en general tuvo un ritmo de crecimiento aceptable.

En plena crisis energética, el ejemplo alemán, no sólo sirvió de estímulo a otros, sino que incrementó de forma sustancial la influencia de la RFA en los asuntos comunitarios, influencia admitida por su principal socio, Francia. Esta circunstancia es preciso tenerla en cuenta en unos momentos de crisis económica y social, hay que repetirlo, en todo el continente y en el que algunos países, como Gran Bretaña o Italia, por circunstancias diversas, presentarán dificultades a la integración europea. El caso italiano será fiel reflejo de la crisis y de los cambios políticos que se estaban produciendo en los partidos de izquierdas, especialmente el partido comunista: la posibilidad de entrada en el gobierno de los comunistas, por su incremento electoral y críticas a la ortodoxia de Moscú, así como el desarrollo de tramas poco claras de terrorismo urbano con episodios muy sangrientos, determinará una de las etapas más inestables y confusas de la política italiana, con el consiguiente reflejo de debilidad hacia el exterior.

El caso de Gran Bretaña fue más complejo, ya que la crisis energética, a pesar de las reservas del mar del Norte, afectaba a un país con problemas estructurales muy serios en su industria y en buena medida iba a acabar con el gobierno conservador de Heath, que precisamente había gestionado el ingreso del país en la Comunidad. El enfrentamiento del gobierno con los sindicatos hará que durante 1974 los británicos tengan que acudir a elecciones generales por dos veces para clarificar el complicado panorama político y el resultado último, después de un virtual empate en las elecciones de febrero, será la consolidación de una nueva mayoría laborista.

Es cierto que la posición de la izquierda moderada británica respecto a Europa se había atemperado a comienzos de la década de los setenta, pero los laboristas mantuvieron sus reservas al ingreso en la Comunidad, de manera que a lo largo de las elecciones de 1974, la cuestión de la renegociación del tratado y de la consulta en referéndum a la población formarían parte del programa electoral. Ambas cuestiones las pondría en práctica el gobierno Wilson: se renegociaron diversos aspectos referentes a la contribución del Reino Unido y a las importaciones comunitarias de productos agrícolas de países de la Commowealth, pero nada de esto afectó a cuestiones fundamentales sobre la unión monetaria, económica e incluso política de la Comunidad. Y el referéndum de junio de 1975, cuando los vientos de la crisis económica eran fuertes (Gran Bretaña tenía una inflación superior al 27 %), dio una mayoría más que suficiente (el 67,2 %) de votos afirmativos para asegurar el mantenimiento del país dentro de la Comunidad Europea.

Los últimos años de la década de los setenta están marcados por los inicios de la recuperación de la grave crisis que había comenzado en 1973, los reajustes políticos resultantes de las políticas aplicadas para salir de la crisis económica y el relanzamiento de la Comunidad.

En efecto, entre 1976 y 1980 los países comunitarios podían dar por concluida la crisis económica, para la que aplicaron con mayor o menor decisión políticas de contención del gasto y ahorro energético y que exigieron en la mayoría de los casos amplios acuerdos sociales: Alemania fue el primero en mejorar posiciones gracias a la decidida política de los socialdemócratas con apoyo de los sindicatos y el consenso de las grandes empresas. Pero también en el Reino Unido la sustitución de Wilson, que se retiró de la política, por James Callaghan, propició acuerdos sindicales con el gobierno para controlar la inflación y el déficit. Y del mismo modo ocurriría en Italia, donde la gravedad de la situación de un país en quiebra técnica sirvió para un amplio apoyo del centro y la izquierda para salir del bache y combatir al terrorismo, de modo que a pesar del dramático episodio del secuestro y asesinato de Aldo Moro, en 1979 el país había salido de la difícil coyuntura de comienzos de la década. En Francia, por el contrario, la desunión de la izquierda (socialistas y comunistas) facilitaría la política de ajuste y reforma estructural de la economía francesa llevada a cabo por el centro derecha (reformistas de Giscard y gaullistas).

La salida de la crisis tendría profundas consecuencias en lo que hasta entonces habían sido las definiciones ideológico-políticas: esas políticas de austeridad, gestionadas en muchos casos por gobiernos de izquierdas con apoyo sindical, acabarán por pasar factura electoral a esos sectores políticos. Para muchos analistas, las recetas que los conservadores franceses estaban aplicando eran iguales que las de los socialdemócratas alemanes o laboristas ingleses, así que las definiciones nítidas que hasta entonces habían existido entre la derecha y la izquierda empezaron a estar, para muchos, confusas. Y es significativo, al respecto, el desarrollo teórico de nuevas concepciones más allá de las tradicionales, pero que en definitiva significaron un retroceso de la izquierda en Europa y el inicio de lo que más adelante se denominará el neoliberalismo.

Sin embargo, la salida de la crisis supondrá una cierta reactivación de los principios comunitarios, si bien en aspectos diferentes. Por un lado, en 1979 se pondría en práctica finalmente uno de los principios más queridos de los viejos federalistas, como era el de la participación de los ciudadanos en el proceso de construcción europea a través del Parlamento Europeo: las primeras elecciones directas tuvieron lugar el 10 de junio de 1979 con una participación media del 62 %. La década terminaba con una situación paradójica, desde el punto de vista de la integración, pues en 1974 se habían institucionalizado los Consejos Europeos y en 1979 se ponían en marcha las elecciones directas al Parlamento, ratificando la dinámica funcionalista-federalista de la propia Comunidad.

Por otro lado, concidiendo con el fin de la crisis, o como consecuencia de la misma, las turbulencias monetarias se agudizaron, teniendo la debilidad del dólar como punto de referencia, así que a iniciativa del canciller Schmidt, ya que el marco era el más perjudicado por la caída de la moneda estadounidense, se reactivó la vieja *serpiente monetaria* con controles más severos y algunas modificaciones profundas, dando lugar a lo que conocemos como Sistema Monetario Europeo: la fluctuación conjunta de las monedas europeas quedaba establecida en una banda que iba del 6 % para las más débiles y un 2,5 % para las demás. Por otra parte, el nuevo sistema preveía la creación de unas reservas monetarias de los países miembros, como apoyo para las monedas más débiles, reserva que se expresaría en una unidad de cuenta europea, el ECU, punto de partida para la futura moneda europea.

Pero estos pasos dejaron sin resolver la reforma de la Comisión y la definición de su verdadero papel en la Comunidad. Si siempre ha existido la acusación de burocratismo y de alejamiento de los ciudadanos a Bruselas, nunca como en la década que comentamos esas acusaciones fueron más insistentes y en muchos casos ciertas. Es cierto que en 1975 se crearon los FEDER (Fondos Europeos de Desarrollo Regional), entre otras cosas para satisfacer las quejas británicas sobre su aportación financiera a la Comunidad, pero siguió existiendo el problema de la agricultura, demasiado subvencionada y sometida a intereses y presiones corporativas nacionales, que castigaba financieramente a los países importadores de productos agrícolas y ganaderos (sobre todo el Reino Unido e Italia). Y siguió sin existir en términos generales una política energética común: Francia quiso hacer frente al encarecimiento del petróleo con el desarrollo de la energía nuclear, en tanto que Alemania o Bélgica pensaban en el viejo recurso del carbón y el Reino Unido desarrollaba los yacimientos petrolíferos del mar del Norte, poniendo demasiadas esperanzas en los mismos.

En cuanto a las relaciones con el exterior, una vez más la política norteamericana produjo fracturas entre los socios comunitarios, sólo que al final de los setenta, una cierta autonomía europea estará representada por Alemania. No era sólo el establecimiento del Sistema Monetario Europeo, visto siempre con recelos al otro lado del Atlántico, sino los temores alemanes frente a la política de Carter de hacer de los derechos humanos un banderín de confrontación con el bloque soviético y que podría arruinar los frutos de la Ostpolitik, temores y discrepancias que subieron de punto cuando EE.UU. forzó el establecimiento en Europa de nuevas armas tácticas. Frente al disgusto alemán, siguió existiendo la «especial relación» británica con Norteamérica y una mayor indefinición francesa.

En otros ámbitos, la Comunidad siguió ampliando su cooperación con terceros países, no sólo de África, sino también del Caribe y del Pacífico, amén de la asociación con Grecia y Turquía y acuerdos preferenciales con Israel, España y Portugal.

5. El relanzamiento de los ochenta

Sin duda, los cambios que experimentará el mundo en esta década serán importantes en muchos aspectos. El proceso de crecimiento e integración europea, desde luego que se verá afectado y no ya sólo por crisis o desarrollos económicos, sino porque en los años ochenta se modificarán profundamente muchos de los supuestos estratégicos e ideológicos sobre los que había vivido el continente desde la Segunda Guerra Mundial: la puesta en cuestión de los principales elementos del «Estado del bienestar», los cambios sociales que afectarán sobre todo al sindicalismo y al mundo obrero, con una profunda incidencia en los partidos de izquierdas, como no podía ser de otra manera, los cambios tecnológicos y el viraje sorprendente que experimentarán las relaciones entre las dos superpotencias (EE.UU. y la URSS) tendrán una respuesta europea en todos los ámbitos. Una Europa que se agrandará con los países del sur y que paralelamente no perderá de vista todas las *revoluciones* que tenía presentes, porque tal era el nombre que en ocasiones habrá que dar a unos cambios tan radicales y nuevos.

También la década se inicia con nuevo clima político, que de forma apresurada ha sido definido como el del triunfo de la derecha, la Europa de los nuevos conservadores que llegan al poder en algunos importantes países de la Comunidad, pero no se puede generalizar, pues en Francia asistiremos al triunfo de la izquierda, tras muchos años de dominio conservador en forma de gaullismo, y lo mismo ocurrirá con los países que se incorporarán a la Comunidad, Grecia, España y Portugal, con predominio político de las izquierdas. Así que, tal vez, de modo más preciso haya que aceptar una interpretación matizada en el sentido de señalar una marcada tendencia hacia el conservadurismo en el centro de Europa (con un eje imaginario Londres-Bonn), en tanto que en el resto, el predominio izquierdista, socialista o socialdemócrata será incontestable, incluido con más reparos todavía el caso italiano, donde se advertirá una clara recuperación socialista, y donde en un panorama político de superficie muy inestable Craxi logrará una pervivencia en el poder desconocida hasta entonces.

Es preciso por tanto detenernos, aunque sea brevemente, en los cambios políticos que se producen en la década para entender los caminos del proceso europeo. Unos cambios que en la mayoría de los casos se producirán coincidiendo con un repunte de la crisis energética perceptible en 1979, pero que no alcanzará la trascendencia de la que se desarrolló en 1973.

En 1979 ganaban las elecciones los conservadores británicos liderados por Margaret Thatcher. Si hay un país europeo que haya experimentado un sacudimiento en sus estructuras sociopolíticas en la década de los ochenta, éste ha sido Gran Bretaña, como consecuencia de la política llevada a cabo por Thatcher. También es cierto que este sacudimiento hay que analizarlo en proporción al estancamiento y atraso de la economía británica comentado líneas arriba. El proyecto de la nueva *premier* estaba dirigido a superar este atraso y el método, para una mujer de convicciones muy radicales, no ofrecía dudas: reducir drásticamente el papel del Estado en la economía del país privatizando empresas, retirando inversiones públicas, fomentando la participación de los ciudadanos en las empresas mediante la compra de acciones, etc. En términos generales, el *thatcherismo* se identificó con el neoliberalismo y sus resultados fueron variados. Por un lado, tras unos comienzos titubeantes, los conservadores lograron la reactivación económica, especialmente en la industria, que ganó en competitividad y se puso al día tecnológicamente. Igualmente lograron la difusión del denominado «capitalismo popular», pues más de nueve millones de británicos se convirtieron en accionistas de empresas.

Pero, por otro lado, todo este proceso fue muy traumático, sobre todo en el norte de Inglaterra y en Escocia, donde sectores de minería e industriales estaban fuertemente participados o apoyados con finanzas públicas. La reconversión fue dura y la falta de financiación significó la desaparición de muchas empresas y aumento del paro de forma inmediata. Mucho más grave fue la aplicación de los postulados neoliberales a los servicios públicos, ya que significó un verdadero desmantelamiento del «Estado del bienestar», del que el Reino Unido había sido en décadas anteriores verdadero modelo, y en algunos sectores la incidencia fue lamentable, como fue en el caso de la sanidad pública y en la educación en general, en los que la falta de financiación significó una degradación no superada hasta hoy día.

Es claro que Thatcher fue considerada por la mayoría de los conservadores europeos como un modelo a seguir, por el retorno a los postulados más ortodoxos de la economía liberal y de mercado, que en definitiva estaban dando resultados en la recuperación económica de Gran Bretaña. Pero la acusación de falta de sensibilidad y de darwinismo social al thatcherismo también fue una constante: el enfrentamiento con los sindicatos fue durísimo y tan traumático como la reconversión industrial, aunque hay que decir que el anquilosamiento de la izquierda británica en general era semejante al de la estructura económica a la llegada de Thatcher al poder y no supo reaccionar ni contraponer ideas, ni propuestas, al programa de la primera ministra.

La nueva política británica tendrá sus consecuencias en Europa en dos aspectos importantes: en primer lugar, en lo referente a las aportaciones británicas a la Comunidad. Y en segundo lugar, en lo que podemos denominar la reactivación de la cuestión de la soberanía nacional en el proceso de integración europea.

En efecto, desde su llegada al poder, Thatcher inició una verdadera ofensiva para renegociar, no de forma aparente como antes lo había hecho Wilson, sino en profundidad el tratado de adhesión del Reino Unido, poniendo un énfasis exasperante en las aportaciones económicas (Mitterrand llegó a confesar que tenía la mentalidad de una tendera, no de una estadista). En 1982 ya había conseguido una rebaja de las dos terceras partes de la aportación de su país, pero siguió insistiendo en los años siguientes, obteniendo una respuesta tajantemente negativa de los demás socios, sobre todo de Alemania, que se negaron a pagar las exigencias británicas (por cierto que cuando Felipe González le comentó a Thatcher su inquietud por determinados aspectos del tratado de adhesión española, la política británica le aconsejó que hiciese lo que ella misma, renegociar todo el tratado una vez que España estuviese dentro).

El otro aspecto inquietante de la política británica respecto a la Comunidad será el de volver a plantear el tema de su propia soberanía. En realidad, éste era un tema que siempre había quedado bastante ambiguo desde el ingreso británico: Thatcher era la líder de los *tories*, es decir, del partido que tradicional e históricamente había representado la tendencia imperial y soberana del Reino Unido al margen de Europa, aunque hubiese sido un gobierno conservador, el de Heath, el que había sacado adelante la adhesión a Europa. También aquí la primera ministra mostró una radicalidad de convicciones, que entre sus socios europeos suscitó recelos y aislamiento de la posición británica. Para muchos, Margaret Thatcher recordaba a De Gaulle, sólo que al revés, porque ella no quería una Europa de las patrias o de los Estados, sino incluso desvirtuar todo el acervo comunitario con su exagerado soberanismo. Le ayudó bastante en su posición el asunto de la invasión argentina de las Malvinas, una torpeza inaudita de la junta militar de Buenos Aires, lo que le permitió cultivar descaradamente las fibras más sensibles del nacionalismo inglés, que adquirió tonos de delirio cuando la armada reconquistó las islas y expulsó a los argentinos.

De todas formas, para muchos de sus colegas europeos, sobre todo para Mitterrand pero también para Helmut Kohl, los alardes de Thatcher en el aspecto que comentamos tenían el carácter de una estrategia para ocultar lo que ya era tradicional de la política exterior británica desde la Segunda Guerra Mundial, el «seguidismo» de la política norteamericana, ahora incrementado por el apoyo poco disimulado de la administración Reagan a los británicos en la guerra de las Malvinas y por la coincidencia, en la ideología política conservadora y en la práctica de la economía neoliberal, entre el presidente norteamericano y la primera ministra británica. Así que ante la cerrazón de Londres en muchos problemas comunitarios, el eje Mitterrand-Kohl decidió que había llegado el momento para dar el impulso necesario para la reforma de la Comunidad, aunque los británicos no quisieran. Dicho de otra manera, Margaret Thatcher fomentó con su postura la hipótesis de lo que en los años ochenta empezó a denominarse una Europa de geometría variable.

Pero si en muchos aspectos fue radical el cambio que se experimentó en Gran Bretaña, no lo fue menos el que se dará en Francia, donde después de más de veinte años alcanzaría la izquierda el poder: ciertamente, ante el desconcierto de Giscard, que llegó a decir públicamente que los franceses habían perdido el juicio, en las elecciones presidenciales de mayo de 1981 el líder del socialismo galo François Mitterrand alcanzaba la jefatura del Estado y poco después unas elecciones legislativas confirmaban el vuelco de la política francesa. Atrás quedaba el gaullismo y sus compañeros centristas. Cabe recordar igualmente que esto fue posible por el descrédito y corrupción de la última política conservadora, así como por la renovación que el propio Mitterrand supo impulsar en el socialismo francés frente al sectarismo y desconcierto que los nuevos tiempos estaban reflejando en el partido comunista. Los comienzos de la política izquierdista en Francia fueron muy complejos, ya que se trató de desarrollar una política económica basada en las nacionalizaciones de sectores empresariales claves, de intervención del Estado y de incremento sustancial del gasto público. Pero los tiempos no estaban para este tipo de modelos, sino para los neoliberales de Reagan y Thatcher, así que la rectificación, impuesta por un Mitterrand pragmático y también por un incremento desorbitado de la inflación y el déficit francés, no se hizo esperar: el establecimiento de políticas de austeridad y de control del gasto se llevó a cabo por un ministro, que más adelante iba a tener importancia grande en el proceso europeo, Jacques Delors, que logró en 1983 equilibrar y relanzar la economía de Francia. Es verdad que esto tuvo un coste electoral para los socialistas, que perderían escaños en la Asamblea Nacional en las elecciones siguientes y obligaría a Mitterrand a iniciar la curiosa experiencia de la cohabitación política en los cauces de la V República, pero esto no afectará sustancialmente a la posición francesa en el proceso europeo de los ochenta.

Para la historiografía gaullista, Mitterrand desarrolló una política exterior continuista con las líneas fundamentales que trazara el general en los años sesenta, respetadas por Pompidou y Giscard. En el mantenimiento de la autonomía de acción y defensa de Francia esto será así, pero la política del presidente socialista ha sido considerada más coherente con la posición francesa en el mundo y en Europa. Mitterrand acercó definitivamente a Francia al mundo de la alianza occidental y la leal colaboración con EE.UU. frente a los desplantes anteriores (ahí estará la participación francesa en los conflictos del Oriente Medio y su papel jugado en el norte de África). Seguramente desarrolló una política más europeísta que el gaullismo, impulsando la ampliación de la Comunidad y su integración. Y desde luego elevó de categoría hasta hacerlo fundamental el eje París-Bonn, si bien los resultados últimos, hay que reconocerlo, le acercaban a las tesis de De Gaulle de una Europa de los Estados y, en consecuencia, le alejaban de los federalistas.

Las puntualizaciones sobre el genérico marco de derecha e izquierda en la política europea de los años ochenta son aún más necesarias en el caso de Alemania, donde el agotamiento de la situación socialdemócrata dirigida por el canciller Schmidt era evidente a comienzos de la década. Naturalmente, la socialdemocracia alemana fortaleció, mientras estuvo en el poder, los resortes fundamentales del Estado del bienestar y contó además con el apoyo de sus socios parlamentarios y de gobierno, los liberales de Hans Dietrich Genscher. Pero la llegada al poder de la democracia cristiana no variará sustancialmente esta consideración.

En la situación política alemana los liberales fueron verdaderamente un partido bisagra, tanto con los socialistas como con los conservadores, de los que fueron también socios de gobierno a partir de 1983. Es cierto también que la democracia cristiana de Kohl se veía a veces arrastrada hacia posiciones ultraconservadoras por la influencia de los cristianos sociales bávaros. La política económica y social de la derecha fue consensuada con sindicatos y empresarios, lo mismo que habían hecho los socialdemócratas, de modo que no fue una política doctrinariamente neoliberal y aquí estará la diferencia de los conservadores alemanes respecto a los británicos y americanos.

En política exterior, Kohl y Genscher mantuvieron las líneas de continuidad anteriores: se mantuvo la apertura y profundización hacia los países del Este y se prestó una especial atención a las relaciones interalemanas, cosa que daría unos frutos espectaculares al finalizar la década. Del mismo modo se mantuvo la política de buena vecindad con la URSS, a pesar de alguna incomprensión inicial sobre el papel de Gorbachov.

En la Comunidad, la Alemania de Kohl acabará convirtiéndose en una pieza fundamental, si no lo era ya, gracias al fortalecimiento de sus relaciones con Francia (en este sentido, Kohl se mostró tan pragmático como Mitterrand) y por la estabilidad y crecimiento de su economía, lo que le permitió situaciones de arbitraje y autoridad como antes no habían sido posibles para Alemania: ejemplos elocuentes serían, entre otros, el ingreso de España o el freno a las abusivas pretensiones compensatorias de Gran Bretaña.

En la década de los ochenta se recuperará el ánimo y un cierto optimismo europeísta, aunque los comienzos parecían profundizar el escepticismo y la desconfianza asentados en los años setenta. Es cierto que la Europa de los Nueve se convirtió en 1981 en la de los Diez tras el ingreso de Grecia en la Comunidad, con el apoyo decidido de Francia y algo más tibio de una Gran Bretaña que en aquellos momentos discutía las mismas estructuras comunitarias, pero en 1982, Islandia, seducida por el ejemplo de Noruega, abandonaba la integración comunitaria y probablemente durante este año y 1983 haya que anotar las cotas más altas del denominado euroescepticismo. Seguramente este desánimo, que tuvo expresiva manifestación en el descenso de participación en las elecciones al Parlamento Europeo, influyó bastante en el incansable Altiero Spinelli, que a comienzos de 1984 propuso y logró sacar adelante en el foro parlamentario europeo un proyecto de tratado para la creación de una Unión Europea. Era un proyecto federalista, ya se puede suponer, que preveía una Unión con competencias en materia de política económica y monetaria, pero también en políticas sociales. Y aunque los resultados de lo que es hoy la Unión no respondan exactamente al proyecto de Spinelli, no se puede negar a este europeísta italiano, que moriría poco después, una visión verdaderamente profética.

Los signos de recuperación del pulso europeísta fueron, a pesar de los tropiezos iniciales, evidentes. Se llegó a la Europa de los Doce con el ingreso, a comienzos de 1986, de España y Portugal. Para España, las negociaciones desarrolladas durante 1985 y culminadas bajo la presidencia italiana (Andreotti tuvo un papel mediador muy importante en el cierre de aspectos difíciles de las negociaciones) fueron bastante duras y algunos de los capítulos se cerraron de forma poco satisfactoria para los intereses españoles, pero el ingreso en la Comunidad tuvo un enorme valor simbólico y económico. Simbólico, porque culminaba una aspiración histórica de sumarse al proyecto europeo y romper el aislamiento que el país soportó durante la dictadura de Franco. Económico, porque el ingreso ayudó de forma decisiva a impulsar la integración de la economía española, no sólo en Europa, sino en circuitos mucho más amplios, y también su relanzamiento. Para casi todo el mundo, el ingreso de España hay que anotarlo como uno de los más importantes logros de la administración socialista de Felipe González.

Pero creo que lo más significativo del relanzamiento europeo está representado por el Acta Única, un programa para completar definitivamente el mercado interno europeo y referido, no sólo a la economía y las finanzas, sino también a políticas administrativas y sociales. El camino hasta su aprobación y entrada en vigor puede parecer tortuoso, como ocurre a la mayoría de las cuestiones referidas al proceso de integración europea, pero ello no disminuye su valor: se planteó por vez primera en el Consejo Europeo de Copenhague en 1982, se ratificó en reuniones posteriores y fue definitivamente concretado en los Consejos de Milán y Luxemburgo de 1985. Y, según el *Libro Blanco* editado por la Comisión para explicar el proceso y los contenidos, el Acta Única preveía «... la creación de un mercado interno único, integrado, sin restricciones para el movimiento de mercancías, la eliminación de los obstáculos para la libre circulación de personas, de los servicios y de los capitales, la creación de un régimen destinado a garantizar que la competencia no se vea falseada por políticas proteccionistas, el acercamiento de las legislaciones nacionales en la medida necesaria para el funcionamiento del Mercado Común y la armonización de los impuestos directos en interés del Mercado». El Acta Única entró en vigor el 1 de julio de 1987.

En efecto, desde los años sesenta no se había avanzado demasiado en la integración económica y política de Europa. La Comunidad seguía siendo un buen negocio y la primera potencia mercantil del mundo, pero la crisis económica de los años setenta, como suele ocurrir en estas etapas, volvió a destapar el proteccionismo económico en la mayoría de los países y estancó el proceso iniciado con la abolición aduanera. Ahora definitivamente se impulsaba la creación de un verdadero mercado de más de trescientos millones de consumidores. El Acta Única fue igualmente un compromiso entre las necesidades de incrementar las competencias supranacionales y el deseo de los Estados miembros de conservar el control de las decisiones, un equilibrio que quería responder también al proceso de ampliación con la llegada de los nuevos países del sur. La introducción del voto por mayoría cualificada en el Consejo y el reforzamiento de los poderes de iniciativa y de ejecución de la Comisión propiciaron una nueva dinámica de la que también el Parlamento se aprovechó. El voto mayoritario ha significado la aceleración del proceso decisorio, mayores posibilidades para el debate y la innovación política, así como una mayor capacidad para el compromiso, ante la restricción muy cualificada de los vetos. Un compromiso y un impulso que pondría en marcha Jacques Delors, presidente de la Comisión desde 1985.

Otro de los síntomas que acompañan el relanzamiento de los ochenta junto con el Acta Única será el funcionamiento del Sistema Monetario Europeo, que se ha convertido en el principal instrumento de convergencia económica entre los países comunitarios. Esta década marca una mayor estabilidad del sistema, sin duda por el establecimiento de una mayor flexibilidad en la banda de fluctuación de las monedas europeas. Del mismo modo que la superación de la crisis energética contribuyó decisivamente a la disminución de la espiral inflacionaria de los países comunitarios (de un 12 % a menos del 4 %). Todo esto propició la extensión del ECU, moneda de cuenta europea, para todo tipo de transacciones, inclusive con terceros países, mientras el dólar no se fortaleció hasta el final de los ochenta, y afianzó bastante el camino para ulteriores decisiones en torno a la creación de una verdadera moneda común europea.

El proceso hacia un mercado integrado y las parciales modificaciones institucionales como consecuencia del Acta Única y de la ampliación a doce no garantizaban por sí mismos una puesta a punto de la Comunidad, aun aprovechando las buenas coyunturas económicas de esos años. El reto más importante que tenía Europa era el desarrollo informático y de nuevas tecnologías, que estaba definiendo nuevos marcos de competencia económica e incluso nuevos modelos productivos en EE.UU. y Japón. Por eso, en los años ochenta también se tratará de no perder competencia e influencia en este tipo de desarrollo, que se anunciaba decisivo en el mundo de las comunicaciones y para el porvenir. En esta perspectiva, varios programas se pusieron en marcha y merecen, al menos, mencionarse: el European Strategic Program of Research and Development in Information Technology (ESPRIT), ideado precisamente para profundizar el desarrollo de la informática en la industria y financiado parcialmente por la Comunidad; el EUREKA, de clara inspiración francesa, para incentivar la producción científica en el continente y evitar la emigración de cerebros a EE.UU.; el Joint European Torus, éste de iniciativa británica para la investigación nuclear de usos pacíficos..., etc.

No cabe duda de que a Europa le costará, y aun hoy día la distancia es evidente, alcanzar el desarrollo tecnológico e informártico de sus más directos competidores en América y Asia, en parte porque la emergencia de nuevos países productores, de acuerdo con el modelo japonés (Corea, Taiwan, Singapur, etc.), ha supuesto una competencia durísima en los mercados, pero aparte modelos y políticas económicas (neoliberales o no), la Comunidad mantendrá, en términos generales, un concepto europeo de las políticas sociales y de la calidad de vida, frente a nociones puramente productivistas. E incluso en ámbitos como la industria aeroespacial o la puesta en funcionamiento de nuevos modelos de aviones (el cohete Arianne o el avión Airbus), la Europa comunitaria ha puesto el listón muy alto, y todo esto fueron motivos para recuperar las esperanzas y el optimismo. De hecho, una muestra del peso específico, en todos los sentidos, alcanzado por la Comunidad en el mundo será la continuidad de la ampliación de las relaciones comerciales con terceros países: en 1984 se firmó la tercera convención de Lomé con 65 Estados de África, el Caribe y el Pacífico.

Sin embargo, el evidente relanzamiento del proceso europeo durante los ochenta se vería zarandeado por el conjunto de cambios, de importancia capital, que experimentaría el mundo, pero fundamentalmente Europa, al final de la década: la segunda unificación de Alemania, la caída del universo comunista, tanto en el este europeo como en la propia URSS, la ruptura definitiva de lo que hasta entonces había sido Yugoslavia, en un proceso dramático de guerras y limpiezas étnicas y la complicación, una vez más, de los problemas energéticos y estratégicos de Oriente Medio como consecuencia de la invasión por parte de Irak de Kuwait, que llevó a una crisis internacional de grandes proporciones.

Parte de todos estos cambios estarán relacionados entre sí, sobre todo los referidos al Bloque del Este y se han ido gestando a lo largo de la década, pero lo que llamará más la atención será la rapidez de las transformaciones de un mundo que parecía sólido y que formaba parte de uno de los grandes paradigmas en que se dividían las opciones de los hombres. Entre 1989 y 1992 todo ha cambiado y no se puede negar cierta desorientación sobre qué pueda ser el porvenir.

No podemos prestar una atención detallada a todos los cambios ocurridos al finalizar la década de los ochenta y comienzos de los noventa, sino sólo dejar constancia de los mismos. Pioneros en la implosión del bloque soviético, como se denominó al proceso, fueron los cambios que empezaron a desarrollarse en Polonia y que obligaron a los comunistas a compartir el poder, aunque de forma asimétrica, con el sindicato Solidaridad, mas sin la renovación profunda que se produce en la Unión Soviética con la llegada al poder de Gorbachov hubiese habido muchos más problemas. En efecto, el final de la gerontocracia y de la *cosificación* del PCUS se producen con la llegada de este hombre a la secretaría general del partido, con una línea de actuación que parecía evidente y que levantó admiración en Europa occidental (Margaret Thatcher elogió a Gorbachov desde el primer encuentro): el sistema soviético debía transformarse en profundidad si quería sobrevivir. Es decir, al contrario de lo que le achacaron los comunistas instalados en los beneficios de un sistema imposible, y los marxistas ortodoxos del mundo occidental, Gorbachov nunca pretendió la destrucción de un modelo sociopolítico en el que creía, sino que quería su revitalización, la salida de la burocratización, de los privilegios para una minoría, de los gastos desorbitados en la industria armamentística y de la lógica imperial, que desde Stalin había impregnando a la política soviética. Creía en el sistema y por eso intentó cambiarlo de lo que, desde su punto de vista y el de muchos de sus apoyos, interfería en su desarrollo. Sólo que, como suele ocurrir en los sistemas sociopolíticos anclados en el pasado e impermeables a modificaciones, todo proceso de cambio desemboca en su propia destrucción.

Gorbachov puso en marcha el proceso de reformas en la URSS conocido en el mundo entero como *perestroika*, a la vez que intentaba transparencia en todos los sentidos *(glasnost)* frente a la opacidad que había caracterizado al burocratismo del sistema. Paralelamente dejó en libertad a los países del este europeo, en muchos de los cuales había fuertes contingentes de tropas soviéticas, para que siguieran sus propias vías reformistas, sin lo que hasta entonces había sido la tutela de Moscú. Y en sus relaciones con la otra superpotencia dejó bien clara su voluntad pacificadora, llegando a acuerdos notables sobre disminución de armamento en todo el mundo, pero sobre todo en el escenario europeo, tanto de armamento nuclear como convencional, pues pensaba liberar medios para el desarrollo económico de la URSS.

Empero, los obstáculos para la política de Gorbachov dentro y fuera de la URSS fueron enormes y al final acabaron por arruinarlo todo. También al propio líder soviético, además de apoyos, le faltó con frecuencia decisión para hacer frente a esos obstáculos. En el interior, los sectores más conservadores del partido comunista hicieron una oposición rotunda a la *perestroika*, que en la mayoría de los casos significaba la pérdida de control y privilegios que esos sectores llevaban disfrutando desde años, y a la política de apaciguamiento en el exterior considerada como debilidad y pérdida del poder soviético en el mundo. Se aprovecharon de una crisis económica estructural, no creada por Gorbachov, sino precisamente por el sistema que ellos mismos encarnaban, y la lanzaron en su contra. Contaron además con un aspecto poco tenido en cuenta por los reformistas: la eclosión de nacionalismos dentro de la URSS, muchos incluso de origen étnico, especialmente en la zona del Cáucaso, que contribuyeron, junto con la ruina económica, a debilitar el poder soviético simbolizado por Gorbachov.

En el exterior, lo que estaba sucediendo en la URSS tendrá una doble vertiente: por un lado, en la mayoría de los países con regímenes del denominado socialismo real el desconcierto en los sectores oficiales será total al verse sin el paraguas protector de los soviéticos. El contagio de los cambios no tardará en producirse y el panorama político dará un viraje completo. En la Comunidad se prestará especial atención a lo que estaba sucediendo, teniendo en cuenta que Alemania se verá involucrada de forma inmediata en el cambio y, en términos generales, aunque sólo fuese por la política de distensión armamentística en el continente que Gorbachov estaba llevando a cabo, se veía todo el proceso con cierta simpatía. Contrasta la visión norteamericana de la época de Reagan, que paradójicamente coincidirá con la de los sectores más inmovilistas de los comunistas soviéticos, al considerar la *perestroika* y la política de distensión signo evidente de debilidad, de modo que había que aprovechar la ocasión para acabar de una vez por todas con el poder soviético: en este sentido, hay que entender iniciativas como la denominada «guerra de las galaxias», para torpedear la política de Gorbachov en torno a la disminución armamentística absolutamente necesaria para la URSS en aquellos momentos, si quería salir del bache económico, reestructurar su economía sobre otras bases y no perder el tren tecnológico.

Especial importancia para la Comunidad tendría la desaparición del sistema comunista en la Alemania Oriental y el rápido proceso de reunificación impulsado por el canciller Kohl. La Alemania comunista había sido durante el período de la guerra fría probablemente el país más desarrollado del bloque soviético, sin alcanzar las cifras y cualidades de la Alemania Occidental. Pero también la zona comunista fue la punta de lanza del enfrentamiento entre el Este y el Oeste: Alemania entera concentró un porcentaje muy elevado de tropas y armamento de todo tipo y Berlín se convirtió en el símbolo del enfrentamiento. El gobierno comunista de la zona oriental no tuvo el más mínimo reparo de levantar un muro de cemento y alambradas en la antigua capital alemana para impedir la fuga de gente a la zona occidental, y esto, no sólo siguió siendo el símbolo del enfrentamiento entre los bloques, sino también el final de cualquier tipo de esperanza de cambios y aperturas del régimen comunista germano, liderado durante años por Eric Honecker.

También Honecker y los comunistas alemanes se vieron desorientados con la *perestroika* de Gorbachov y aquí la desintegración del sistema fue rápida por una presión social enorme representada por los miles de alemanes, que a través de Hungría huían hacia la Alemania Occidental. Honecker cayó irremisiblemente y sus sucesores fueron incapaces de controlar la situación, en tanto que desde el oeste el canciller Kohl hacía caso omiso de las críticas y sugerencias de la oposición socialdemócrata, y también de algunos políticos europeos, en el sentido de plantear la unificación alemana a largo plazo, en razón de las grandes diferencias socioeconómicas entre las dos zonas. Para Kohl, la ocasión era única y había que aprovecharla: el 28 de noviembre de 1989 presentó en el Bundestag su proyecto de reunificación, que fue un hecho en muy poco tiempo. Naturalmente, este proceso influirá en la Comunidad de forma diversa: por un lado, antes de terminar los ochenta, Alemania se confirmaba como gigante europeo, tanto por su incremento de habitantes como por sus potencialidades. Además, este avance hacia el este de Europa de los alemanes también tendrá consecuencias: en el interior de la propia Alemania la administración demócrata cristiana se vio obligada a invertir recursos en la antigua zona comunista y a reconvertir en la práctica totalidad el sector industrial, considerado obsoleto, de modo que el acoplamiento entre las dos Alemanias no fue fácil, no sólo desde el punto de vista económico, sino social.

El desvío de medios y fondos alemanes, no sólo se dirigió a lo que se había convertido en un nuevo país, sino que el espacio centro y este europeo estaba cambiando de manera rapidísima, con una decadencia y crisis imparable de la antigua potencia rusa y el ascenso de una Alemania poderosa. La atención de este nuevo país ascendente giró aún más hacia el este y esto se notará en la Comunidad: Alemania había sido casi desde los comienzos el principal país financiador de programas europeos y, a partir de la reunificación, esta situación tenderá a equilibrarse. Por otra parte, el nuevo mapa político europeo incidirá en los intereses preferentes comunitarios que, a instancias de los alemanes, se reconvertirán en intereses más pendientes de los nuevos países europeos.

6. Los noventa: la Unión y los nuevos problemas

En esta década parecía que se concretaban algunos de los aspectos más negativos de la crítica hacia el universalismo, las grandes concepciones supranacionales, el cosmopolitismo y la tolerancia de las creencias, porque frente a esto parecían imponerse conceptos de cruzada religiosa excluyente, lo étnico como definitorio de un cierto concepto de nación, radicalmente contrario a las ideas de supranacionalidad y, desde luego, a los mismos Estados-nación... Y, naturalmente, con semejante panorama parecía necesario partir del enfrentamiento con el otro, de la xenofobia y de cualquier salvaguardia de lo «nuestro», como última tabla de salvación de las certezas y de un mundo que carece de utopías terrenales.

No es exacta, pero sí ingeniosa y, en cierto modo, aproximadora la afirmación de Régis Debray de estar presenciando, en la última década del siglo XX, una venganza histórica del siglo XIX, en referencia al renacimiento de los nacionalismos en el ámbito de lo que fue el espacio estratégico soviético. La crisis del universo del socialismo real en la Unión Soviética y el este de Europa significará algunas cosas, señaladas en parte más arriba, pero también otras circunstancias que conviene tener en cuenta: en primer lugar, como es obvio, el final de una etapa de las relaciones internacionales, la etapa de la división de bloques, dominada por lo que conocemos como guerra fría, equilibrio del terror atómico, etc. Y será sustituida por lo que el presidente Bush denominó «un nuevo orden mundial», del que lo más prudente que hay que decir es que no tuvo una definición demasiado concreta, salvo, claro está, la constatación de que sólo existe una superpotencia, EE.UU., indiscutible e insoslayable para todo el mundo. En segundo lugar, no es menos evidente que los niveles de seguridad en el «nuevo orden» no mejoraron, sino que incluso, en varios aspectos, empeoraron, sobre todo en Europa: desapareció el equilibrio del terror atómico y fue sustituido por una gran incertidumbre en torno al control de las propias armas atómicas. Desaparecieron las áreas de influencias claras, como antes, con lo que los conflictos tendían a eternizarse entre las dudas y las vacilaciones: ahí estará el ejemplo de la guerra en la antigua Yugoslavia o el mortífero drama étnico de Ruanda.

Pero, sobre todo, al desaparecer prácticamente una de las dos cosmovisiones de la época de los bloques, la comunista, el triunfo del capitalismo ha sido completo, en tanto que hay que relativizar el triunfo de la democracia o del socialismo democrático, de tal manera que Dahrendorf ha comentado, al estudiar el fenómeno, que la aparente incapacidad de las instituciones democráticas para producir cambios en profundidad lleva al populismo, y esto en la Europa de los años noventa no fue ninguna broma: «¿La revuelta de los aficionados al fútbol?», se pregunta el politólogo de Oxford, al estudiar la llegada al liderazgo político de conocidas figuras públicas, que utilizarán como plataforma de propaganda importantes clubes en todo el continente (el caso más conocido será el de Berlusconi, del Milán AC, pero también Tapie, del Olympique de Marsella, etc.).

La mayoría de las discusiones durante esta década en torno al Estado del bienestar parecían encerrar siempre una sospecha para muchos ciudadanos: ese modelo, tan vinculado a la socialdemocracia, aunque no sólo a ella, no es que no sirva por problemas financieros y de déficit, es que parecía no ser ya necesario, puesto que ya no existía la contrapartida de la planificación comunista.

Con todos los cambios y redefiniciones con que hay que afrontar la nueva década, Europa tendrá que asumir un nuevo papel, tanto desde el punto de vista político como económico. Un nuevo papel que incluso contará con impulsos, a veces importantes, por parte de EE.UU., cuyo reconocimiento durante la administración Bush, en especial por el secretario de Estado James Baker, será muy interesante, en contraste con la negativa actuación para Europa que años antes, y con otra administración republicana, había tenido Henry Kissinger.

Desde el punto de vista político, el cambio más importante en la Comunidad será la retirada de Margaret Thatcher como *premier* del Reino Unido tras haber sido una de las figuras más duraderas en su puesto, pero muy desgastada por tantos años de ejercicio del poder y absolutamente controvertida por su política europea, que, entre otras cosas, tendrá bastante que ver con su caída. Le sustituirá uno de sus colaboradores, John Major.

Los noventa comenzaron, en lo que al proceso de integración europea se refiere, con un Consejo calificado por la prensa de la época como histórico, y que realmente así ha quedado en la historia europea, el desarrollado en la ciudad holandesa de Maastricht del 9 al 11 de diciembre de 1991, resultado último de la serie de conferencias intergubernamentales preparatorias para la Unión Económica y para la Unión Política.

En cuanto a lo primero, se decidió definitivamente la creación de una moneda única común para todos aquellos países que tuviesen un nivel de inflación y unas haciendas públicas saneadas. Naturalmente, este paso decisivo vendrá acompañado por la creación de un Banco Central Europeo. Como era de suponer, la posicion de excepción estará en el Reino Unido, opuesto a la creación del Banco Central, pero ahora con Major al frente del gobierno sin la radicalidad de la etapa Thatcher, de modo que en Maastricht realmente se dará a los británicos un amplio plazo de adaptación.

Los aspectos políticos fueron igualmente importantes, ya que establecieron el marco del Tratado de la Unión. Se adoptó la fórmula de tres pilares separados: Comunidad Europea, Política Exterior y de Seguridad Común (PESC) y Cooperación Judicial y Asuntos de Interior, aspectos estos dos últimos que se integraban en el ámbito de la cooperación intergubernamental, donde las decisiones se habrían de tomar por unanimidad. Desde el punto de vista institucional, el Tratado mantenía la estructura de la Comunidad Europea, reforzando el papel del Consejo Europeo como impulsor y orientador de la Unión. Se ampliaron los poderes del Parlamento Europeo mediante el procedimiento de codecisión, la investidura de la Comisión o la participación en el proceso de nombramiento de algunos cargos institucionales relevantes. Se creó el Consejo de las Regiones y la figura del Defensor del Pueblo Europeo y al Tribunal de Justicia Europeo se le dará autoridad para sancionar a los Estados infractores del derecho comunitario.

El Tratado además consagrará dos nuevos principios: la ciudadanía europea y la subsidiariedad. La ciudadanía significará, entre otros derechos y consideraciones, el derecho de voto en las elecciones europeas y municipales para todos los ciudadanos de la Unión, independientemente del Estado miembro donde residan, libertad de circulación y establecimiento en todo el territorio de la Unión, protección diplomática en terceros países, derecho de petición ante el Parlamento, etc. El principio de subsidiariedad es de claro signo federalista, ya que por él la Comunidad sólo interviene cuando los objetivos previstos no pueden ser conseguidos por los Estados miembros.

El Consejo de Maastricht aprobó igualmente el establecimiento de un Fondo de Cohesión destinado a cofinanciar infraestructuras de transporte y medioambientales en los países con mayores carencias: España, Portugal, Grecia e Irlanda.

Uno de los aspectos más discutidos y discutibles de Maastricht fue la adopción de una política social común, que tendía hacia la armonización de la legislación en materia de relaciones laborales y la cooperación sobre inmigración. Aquí la oposición del Reino Unido fue más firme y no sólo quedó al margen del acuerdo, sino que por presión británica, lo de la política social quedó en un mero Protocolo anexo sin valor jurídico, a pesar del interés de Francia y España por incluirlo plenamente en el Tratado.

El Consejo consideró la cuestión de una Política Exterior y de Seguridad Común. El tema no era nuevo, desde luego, pero las crisis internacionales de finales de los ochenta y comienzos de los noventa, especialmente la yugoslava y la del Golfo, hacían evidente su necesidad. Francia y Alemania habían tomado la iniciativa en torno a la creación de un germen de ejército europeo, instrumento complementario y necesario de una política exterior común, pero el tema volvía a chocar con la existencia de la OTAN y con un nuevo planteamiento de las relaciones entre Europa y EE.UU. En Maastricht, la posición más pronorteamericana, y por lo tanto contraria a una defensa autónoma europea, será la representada, como se puede suponer, por el Reino Unido, ahora con el apoyo de Italia. El acuerdo alcanzado fue un compromiso más escorado hacia las posiciones atlantistas: se podía empezar a reforzar la defensa europea, pero siempre en el seno de la Alianza Atlántica y actuando de acuerdo con los socios norteamericanos. Sin embargo, se dejaban abiertas las puertas para posibles replanteamientos, según la evolución de las relaciones internacionales. Esta cuestión mostraba la doble faz de la coyuntura de los tiempos: cada vez era más urgente la definición concreta de una Política Exterior y de Seguridad Común, pero, al mismo tiempo, la rapidez de los cambios producidos a finales de los ochenta con la desaparición del bloque soviético introducía elementos de inseguridad y desconcierto, que aconsejaban no cambiar todavía de forma drástica las relaciones entre Europa y EE.UU. en la OTAN.

Se establecieron calendarios bastante precisos: para la Unión Económica y Monetaria, los plazos y adaptaciones estarían entre 1997 y 1999, a partir de los cuales se culminaría con el establecimiento de la moneda única. El Tratado de la Unión Europea debería ser firmado en febrero de 1992 por los doce países miembros y ratificado en el mismo año por los respectivos parlamentos. Pero el proceso fue bastante complicado y difícil, poniendo de manifiesto varias contradicciones, que siempre han estado presentes en la historia de la integración: en primer lugar, cuán alejado estaba todo el proceso de decisiones de los políticos europeos de sus respectivos ciudadanos; en segundo lugar, grupos políticos de distinta tendencia, de entre los que destacarán los partidos comunistas, ahora con la desaparición de la URSS muy influidos por lo que se denominó el nacional-comunismo, aprovecharán la ocasión para oponerse radicalmente al Tratado; finalmente, en algunos países ricos se pusieron de manifiesto algunas tendencias xenófobas y una escasa solidaridad para con otros socios europeos y, con el pretexto de defensa de su soberanía, estuvieron a punto de atascar todo el proceso. Así, en Dinamarca hubo problemas con el referéndum convocado al respecto en 1992 y, por fin, se pudo aprobar el Tratado de la Unión con escaso margen en 1993. En Francia, el presidente Mitterrand convocó igualmente un referéndum, cuyo resultado fue tan escuálido a favor de la Unión que provocó un auténtico problema político. En el Reino Unido, la Cámara de los Comunes se pronunció tardíamente al respecto, aunque de forma positiva... y hasta en Alemania el Tribunal Constitucional puso algunas pegas.

El análisis de lo que significó el Consejo de Maastricht ha sido heterogéneo: para la mayoría de los que lo hicieron a lo largo de 1992, un año pleno de las dificultades políticas de la aprobación del Tratado en los respectivos países y con problemas monetarios, que afectaron sobre todo a Italia y el Reino Unido, los resultados del Consejo celebrado en la ciudad holandesa fueron una reacción coyuntural ante los desafíos del mundo a partir de 1989, más que una reforma en profundidad. Sin embargo, con cierta perspectiva, el Tratado de la Unión ha significado un avance importante que, con la crisis a final de los ochenta, ha permitido a Europa seguir adelante y estar más cohesionada para los retos del porvenir y, de hecho, ha convertido a la Unión en un elemento de referencia para el resto del mundo.

Es cierto que la agitación política antiMaastricht desarrollada a lo largo de 1992 y 1993 influyó en un rebrote del euroescepticismo, que fue bien patente en las cuartas elecciones al Parlamento Europeo, celebradas en junio de 1994 con escasa participación popular. Del mismo modo que la retirada de Jacques Delors, tras dos mandatos consecutivos al frente de la Comisión, y su sustitución por el luxemburgués Jacques Santer, no iba a contribuir demasiado a sostener el impulso dado por el Tratado de la Unión, como se pondría de manifiesto pocos años después.

Sin embargo, con todos los problemas, los noventa presenciarán la nueva ampliación de la Unión, como consecuencia del diseño, cada vez más claro, de un Espacio Económico Europeo, con la colaboración de los países de la EFTA y de la CE. De manera que una vez que terminó el complicado proceso de ratificación del Tratado de la Unión, los países de la EFTA, los escandinavos más Austria, presionen para su integración en la Unión recién nacida. Pero no fueron los únicos, porque a las puertas de la nueva estructura europea empezaron a llamar todos los países del este de Europa, antiguos miembros del COMECON y del Pacto de Varsovia, y algunos más. La cumbre de Lisboa de 1992 estableció las prioridades de futuras ampliaciones: en primer lugar, los países escandinavos y Austria, después Chipre y Malta, más adelante las nuevas democracias del este: Polonia, Hungría, Chequia y Eslovaquia.

Las negociaciones con los países esandinavos y Austria se desarrollaron en 1994 y fueron rápidas. Los principales problemas que se plantearon hacían referencia a cuestiones medioambientales, pesca y, sobre todo, la incidencia sobre la estructura institucional de la propia Unión, el número de comisarios y la nueva ponderación de votos en el Consejo y el peligro de un excesivo vuelco hacia el norte de la propia Unión. Una vez más los noruegos se opusieron a su ingreso en la Unión Europea, en el referéndum de noviembre de 1994, pero los referéndums de adhesión sí se ganaron en Suecia, Finlandia y Austria. A partir del 1 de enero de 1995, la Unión Europea pasaba a contar con 15 miembros, unos 370 millones de habitantes y una superficie aproximada de 3,235 millones de km^2. El PIB de la UE aumentaba en un 7 % y superaba en un 10 % al de EE.UU.

La segunda mitad de esta década planteará a la Unión nuevos horizontes y la necesidad de reconsiderar algunas de sus estructuras, en parte porque la Europa de los Quince deberá abrir sus puertas a nuevos socios y porque el final de la década y los umbrales de siglo XXI le han planteado un nuevo reto, simbolizado en tres conceptos encadenados: desarrollo económico-natalidad-inmigración.

Nuevos planteamientos que coincidirán con el relevo de toda una generación de políticos europeístas que, con todas las dificultades que significaron los cambios de principios de los noventa, impulsaron la Unión Europea. Final del mandato, y prácticamente físico, del presidente francés Mitterrand y pérdidas electorales del canciller Khol y del presidente español Felipe González. Cambios igualmente en el Reino Unido, donde, también por vía electoral, volverían al poder los laboristas de la mano de Tony Blair, tras muchos años de oposición y casi ostracismo político, con un programa muy pragmático y aparentemente más comprensivo para las cuestiones europeas. Cambios profundos en el mapa y estructura políticos italianos, con redefiniciones en la izquierda, dando comienzo a lo que se ha denominado la segunda república. Y hasta la Comisión se verá afectada por las turbulencias de los tiempos, con la gestión muy discutida de Santer y su propia caída, siendo sustituido por el ex presidente del Consejo italiano Romano Prodi. Cambios políticos que han dejado intactos viejos y nuevos problemas sobre la integración económica y política: la moneda única, el euro, no sólo tendrá que hacer frente a un dólar robustecido por uno de los períodos de mayor desarrollo económico de EE.UU. de los últimos tiempos, sino también a monedas de la propia Unión, como por ejemplo el marco, símbolo de la estabilidad y poderío económico alemán. Y el intento de articular una política exterior común seguirá chocando con la subsidiariedad británica respecto a EE.UU.

El Consejo Europeo de Amsterdam de junio de 1997 estableció una reforma de mínimos del Tratado de la Unión, tratando de subsanar algo de las carencias relativas a la política social. La reforma hacía referencia al fomento del empleo y en ella tuvieron la iniciativa los socialistas franceses (Jospin), que volvieron al gobierno francés y con ello se quiso contrarrestar, al menos, una visión puramente monetarista de la política económica europea. Se incorporó igualmente al Tratado el Convenio de Schengen, tratando de establecer un espacio europeo de libre circulación de personas, aunque con plazos hasta el 2004. Y una vez más se trató de dar definitivamente un impulso a la política exterior común con el nombramiento de una persona que simbolizase ese empeño (se le denominó *míster PESC*). Pero se dejaron para el porvenir problemas de más hondura.

7. **De cara al porvenir**

Como se ha apuntado más arriba, los comienzos del siglo XXI supondrán para la Unión el replanteamiento de algunas cuestiones importantes que, aunque sea genéricamente, merecen alguna consideración en estas páginas.

Los problemas del desarrollo económico y de la inmigración enlazan con eso que denominamos la globalización, que impone la consideración de los mercados a escala mundial y una lucha despiadada por las nuevas tecnologías, pero también seguramente la superación del marco de los Estados-nación y la consolidación de las nuevas estructuras a nivel continental. Desde esta perspectiva, la globalización ha llegado cuando Europa tenía un buen camino recorrido, pero hay que responder a eso, adaptarse a eso y vivir con eso. De momento, la globalización ha acentuado la asimetría del mundo: EE.UU., Europa, Japón y Australia concentran la mayor parte de la riqueza del mundo. El resto vive en una situación de graduación que va desde el irregular proceso chino, pasando por Iberoamérica y terminando por la miseria absoluta de la mayor parte de África, el continente que, por ahora, está pagando todos los cambios habidos en el siglo XX. Europa tiene fuertes competidores, pero pertenece al reducido club de los que generan y distribuyen riqueza. Seguramente en mucho tiempo no alcanzará a EE.UU., si es que lo hace alguna vez, pero probablemente está en mejor situación de afrontar los nuevos tiempos que Japón, cuya crisis está resultando más complicada de lo que en principio se creía.

Hay dos aproximaciones a la cuestión de la inmigración en la Europa de finales de los noventa y comienzos del siglo XXI. Puede haber más, pero estas dos son primordiales y muchas de las otras aproximaciones pueden ser derivaciones de estas dos. Una es la explicación socioeconómica. La otra, la que podemos denominar identitaria. No son excluyentes, sino complementarias. Con frecuencia se entrecruzan y no hay mucha seguridad de que una de estas explicaciones preceda a la otra.

La explicación socioeconómica hace referencia a lo que se ha apuntado hace un momento, la desigualdad mundial acentuada por la globalización. Pero esta desigualdad mundial, que ha consagrado el triunfo último del capitalismo, también presenta sus problemas y en el caso de Europa los refleja de forma particular: en 1999, la población de los quince Estados miembros de la Unión Europea creció gracias a la entrada de inmigrantes, mientras que su crecimiento natural o vegetativo registró el nivel más bajo desde la Segunda Guerra Mundial —266.000 personas, 0,7 ‰—, según los datos de la División de Población de las Naciones Unidas, reafirmados por la Oficina de Estadística de las Comunidades Europeas (Eurostat), que fijó en 376,4 millones el número total de habitantes de la UE a 1 de enero de 2000.

Las primeras estimaciones de Eurostat para 1999 confirmaron que la entrada de inmigrantes jugó ya un papel importante en el crecimiento de la población europea. Como ejemplo, esta agencia europea explica que sin ellos, Alemania, Suecia e Italia se hubiesen visto enfrentadas a un descenso de la población del 0,1 % en el año citado, y que en Austria y España apenas aumentaría. Es decir, la tasa de crecimiento española es cero, pero hay que añadirle un incremento de 0,9 personas por cada mil habitantes procedentes del saldo migratorio.

El informe de Eurostat destaca la importancia de la entrada de inmigrantes en la evolución de la demografía europea, ya que durante 1999 se incorporaron a la Unión 717.000 personas (1,9 ‰), lo que explica que el incremento total de la población de los Quince, cercano al millón de personas, sea de una tasa el 2,6 ‰.

El número de nacimientos en la Unión en 1999 fue, según el informe que comentamos, de cuatro millones de bebés, un 0,5 % menos que el año anterior, el nivel más bajo desde la Segunda Guerra Mundial.

La tasa de natalidad más alta de la UE la da Irlanda, con 14,3 nacidos vivos por cada mil habitantes, seguida de Luxemburgo (13 ‰), siguen Francia y Holanda (12,6 ‰). Y los países de tasa más baja de natalidad son España (9,4 ‰), Alemania (9,3 ‰) e Italia (9,1 ‰). Todo esto referido a 1999. La media de natalidad europea oscila entre el 10,6 y el 10,4 ‰, pero la evolución de la natalidad es muy diferente entre los quince Estados de la Unión, ya que Luxemburgo registró un creciminto del índice de natalidad del 4 %, mientras que Austria acusó la bajada más fuerte, un 5 %. La población de Irlanda y Luxemburgo continuará aumentando a un ritmo superior al 1 %, mientras que la de España y Suecia no superará el 0,1 %.

Pero al problema de la natalidad se unirá el tema de la disminución de la mortalidad, lo que evidentemente ocasiona un progresivo envejecimiento de la población europea: el número de ancianos aumenta y el de muertes permanece estable en torno a los 3,7 millones de personas en 1999. El nivel más alto de mortalidad en este año lo tuvo Dinamarca, con un porcentaje del 11,1 ‰, seguida de Portugal y el Reino Unido (10,9 y 10,8 ‰). Irlanda, Luxemburgo y Holanda tienen las tasas más bajas (8,4 y 8,9 ‰). En España, el índice es el mismo que el de nacimientos, 9,4 ‰.

Todo esto va a tener de forma inmediata consecuencias importantes: todos los países de la UE y Japón tendrán problemas para mantener sus sistemas de seguridad social y pensiones, por falta de activos a causa del envejecimiento de la población. Por esta razón necesitarán a los inmigrantes. La División de Población de las Naciones Unidas pone de manifiesto que en Alemania hay a final del siglo XX casi 4,5 personas activas por cada jubilado. En el año 2050 la tasa será de dos activos por cada jubilado. Estas previsiones son semejantes para casi todos los países europeos y también Japón, donde la proporción de personas de más de 65 años pasará del actual 15 % de los habitantes al 32 % en el 2050. Por el contrario, la tendencia es inversa en EE.UU., donde a finales de siglo hay 3 activos por jubilado, pero el crecimiento de la población es más vigoroso que en Europa gracias al flujo continuado de inmigrantes.

Las proyecciones hechas por Naciones Unidas hacen referencia a que la población mundial se situará en 8.900 millones de personas en el 2050, con un continuado descenso en los países desarrollados, en algunos de una forma especialmente importante: Alemania, el país más poblado de la Unión, verá disminuir su población de 82,2 a 73,3 millones de habitantes. En España se pasará de 39,5 a 30,2 millones, en Italia de 57,3 a 41,2 millones. Y Japón experimentará una disminución de unos 20 millones de habitantes. Por el contrario, el Reino Unido crecerá de 56,7 a 58,9 millones y Francia de 58,9 a 59,9 millones.

Estas proyecciones son aún más estremecedoras porque, si se quieren mantener las actuales tasas de proporción entre activos y jubilados se necesitarán en la UE más de 100 millones de inmigrantes en los cincuenta primeros años del siglo XXI. Es verdad que estas proyecciones no tienen por qué ser así necesariamente, ya que los cambios demográficos y migratorios son menos controlables y previsibles de lo que parece y pueden aparecer circunstancias que modifiquen todas estas previsiones. Pero sí es cierto que la inmigración a gran escala deberá ser considerada por parte de Europa para poder afrontar el futuro.

La gravedad de los datos y la urgencia de adoptar políticas en este sentido es lo que llevó al Consejo Europeo, reunido en Tempere (Finlandia) en mayo de 1999, a impulsar desde la Comisaría de Justicia e Interior, dirigida por el portugués António Vitorino, una política inmigratoria global apoyada en tres pilares: relaciones con países terceros, control del flujo migratorio y la reabsorción de los residentes extracomunitarios en los países de la UE. Se pretendía tener ya un conjunto de medidas entre el

2000 y el 2004. Y en algunos casos se reconoce por la Comisaría antes citada que parte de esos mecanismos deberían ponerse en marcha lo más rápido posible y traducirse en políticas de intensificación de la lucha contra el racismo y la xenofobia.

La situación de la inmigración en algunos países de la Unión era en 1999 la siguiente:

Alemania: Los extranjeros superan hoy los 7,3 millones de personas y constituyen el 9 % de la población. El gobierno alemán no desea fomentar la emigración a escala nacional y aspira a regular legalmente los flujos migratorios en el ámbito de la Unión Europea. Lo que sí desea es una mejora de las posibilidades de integración de los inmigrantes, de los cuales, más de 2,1 millones son turcos. A esto reponde la *Ley de Ciudadanía*, que entró en vigor a comienzos del 2000. Alemania ha dado un paso histórico al abrir al *ius solis* (el derecho basado en el principio territorial) una legislación antigua (1913) y que se basaba en el *ius sanguinis* (el derecho basado en los lazos sanguíneos).

Estaba previsto que la *Ley de Ciudadanía* significaría la naturalización de unos 4 millones de personas y convertirá automáticamente en ciudadanos alemanes a los niños de padres extranjeros, uno de los cuales haya residido legalmente durante ocho años en Alemania. Cuando tengan entre 18 y 23 años deberán decidir si siguen siendo alemanes. Se calcula que con la nueva ley habrá unas 150.000 naturalizaciones anuales.

Italia: En 1999 había en Italia aproximadamente un millón de inmigrantes regulares, es decir, con permiso de trabajo. La legislación permite la entrada legal de un determinado cupo de trabajadores al año —en 1999 fue de 38.000—, siempre que lleguen reclamados por empresarios, que estén dispuestos a firmar un contrato laboral regularizado.

El problema en Italia es el elevado número de inmigrantes ilegales que hay en el país, una masa de no menos de 300.000 personas. Para evitar que estos ilegales engrosen las filas de la economía sumergida, periódicamente, las autoridades ofrecen a los ilegales que llevan un determinado tiempo residiendo en el país la posibilidad de regularizar su situación. De este modo, entre 1995 y 1999 se han regularizado unas 400.000 personas.

Francia: El número de extranjeros viviendo legalmente en Francia a finales del siglo XX era de 3.325.000, y el de extranjeros naturalizados superaba 1.700.000, lo que representa un total del 10 % de la población francesa. La última regularización se efectuó en 1998 y supuso la aceptación de 81.000 demandas sobre un total de 143.000, siendo los originarios de China los que obtuvieron un porcentaje más alto de regularización (87 %), mientras que el mayor rechazo recayó sobre quienes llegan de Marruecos y Túnez (44 %) o Turquía (37 %).

Respecto al número de ilegales, no existe ningún dato fiable, como no sea la media de expulsados entre 1997 y 2000, que fue de 12.000 personas anuales.

Austria: Un país con ocho millones de habitantes. Limita el establecimiento de extranjeros no procedentes de la UE a un cupo inamovible, que cada estado federado fija anualmente. En el año 2000 se redujo la cuota en un 9 %, con un total de 8.235 permisos de residencia. De éstos, 5.000 se destinan a familiares de extranjeros ya residentes, que probablemente podrán vivir en este país, pero sin trabajar legalmente, porque hay otro cupo que limita los permisos de trabajo, de modo que los extranjeros no superen en número el 8 % del mercado laboral austriaco.

Reino Unido: El Reino Unido recibe al año cerca de 70.000 inmigrantes, de los cuales, unos 7.000 suelen ser devueltos a sus países de origen, porque su solicitud de asilo ocultaba en realidad la falta de empleo en su propia tierra. La presión de entrada de inmigrantes, especialmente grave en algunos puertos, como el de Dover, llevó al gobierno británico a reforzar las medidas de seguridad y demostrar a los inmigrantes que el Reino Unido no es un paraíso social. La procedencia de los inmigrantes es muy variada: Polonia y la República Checa son algunos de los países que más inmigrantes laborales aportan. Los que llegan de lugares conflictivos, como Kosovo, Afganistán, Burundi, Irán e Irak tienen más posibilidades de obtener un permiso de residencia.

España: Ha intentado seguir, como el resto de los países de la UE, las directrices del Consejo Europeo de Tempere, en el sentido de tratar de reabsorber la población inmigrante no legalizada hasta ahora. El cupo establecido en 1999 para legalizar clandestinos ha sido oficialmente de 28.000, de los más de 60.000 que lo han solicitado. Las cifras son confusas, por una gran inmigración clandestina, pero puede haber más de 300.000 de estos clandestinos.

A finales de 1999 se aprobó la *Ley de Extranjería* que, en términos generales, facilita la obtención de la cualidad de ciudadano para los inmigrantes legalizados, sobre todo con permiso de trabajo. La puesta en práctica de la citada ley significó una especie de amnistía para los inmigrantes ilegales, lo que aceleró el proceso de llegada de éstos, sobre todo a través del estrecho de Gibraltar, y la crítica de los otros socios de Schengen, especialmente de Alemania, que consideró la política española al respecto demasiado arriesgada. En consecuencia, el gobierno español modificó la citada ley en un sentido más restrictivo. La procedencia de los inmigrantes a España es del Magreb (sobre todo marroquíes, pero también argelinos) y zonas del África subsahariana (Senegal, Mali, Níger, etc.).

Como se ve, a veces, el peligro del tráfico de drogas y la delincuencia internacional han influido en políticas restrictivas o en el retraso de entrada en el grupo Schengen, como ha sido el caso de Italia, o bien la salida temporal del mismo, como ha ocurrido con Bélgica, si bien en este caso la relación con la inmigración es evidente.

En efecto, el gobierno belga argumentó que su temporal salida de Schengen obedecía al temor de un masivo ingreso de ilegales por parte del crimen organizado. No obstante, la situación de Bélgica fue considerada confusa por la propia Comisión Europea y las autoridades de este país intentaron, a lo largo de 1999, la legalización de un gran número de clandestinos.

En cualquier caso, la cifra total de indocumentados a la altura del año 2000 en todo el territorio de la UE es algo sobre lo que la Comisión Europea declina comentar.

Ésta es una situación ineludible y bastante fría: necesitamos inmigrantes para mantener el bienestar social. Por eso, los informes internacionales y las posibles soluciones han sido justamente criticados por Sami Naïr: «De hecho —escribe—, estamos en una situación en la que todo está listo para que los flujos migratorios estén regidos por el mercado, únicamente por las necesidades del mercado. Pero las migraciones no son cosas, ni los inmigrantes mercancías. Son seres humanos con sus aspiraciones y sus necesidades, sus costumbres y sus rasgos culturales, sus dificultades actuales y su voluntad de futuro. Por tanto, hay que integrar el fenómeno migratorio, no sólo como variable económica, sino también como realidad humana destinada a modificar la sociedad de acogida al modificarse a sí misma.» El sociólogo de la Sorbona cree que la actitud de Europa ante el problema migratorio es más temerosa que la de EE.UU. que, según él, abre las puertas con más generosidad. Sin embargo, hay dudas, pues, aunque sí es cierta una mayor tradición migratoria en Norteamérica, las alambradas y el trato denigrante a los «espaldas mojadas» procedentes de México y toda Centroamérica hacen sospechar de la generosidad norteamericana.

Por otro lado, la retórica de que los inmigrantes llegan para quitar el trabajo a los nacionales de los respectivos países es cuando menos equívoca: el sistema económico capitalista que ha triunfado tras los cambios de finales de los ochenta y principios de los noventa genera mucha riqueza, es verdad, pero mal repartida, también es verdad, y algunos de sus mayores fracasos, ya que se habla de globalización, es acentuar la distancia entre la riqueza y la pobreza del mundo. Y también dentro de los países ricos es incapaz de acabar con lo que los economistas denominan «paro estructural», que en el caso español supera el 12 % de la población activa. Así que se da la paradoja de que se necesitan emigrantes para trabajar y, al mismo tiempo, hay gentes que no tienen trabajo.

El racismo y la exclusión étnica están renaciendo en zonas del planeta fuertemente democratizadas y con tradición en la lucha por los derechos humanos, como una expresión de un nuevo enfrentamiento social. Si la segunda mitad del siglo XIX y buena parte del XX se caracterizaron por el enfrentamiento entre la burguesía y el proletariado, en el siglo XXI es seguro que los inmigrantes constituyen el nuevo proletariado.

Pero también la inmigración replanteará todo el tema de las identidades nacionales y culturales. Y aquí está otra aproximación al tema de la inmigración. Ésta es otra aproximación igualmente compleja y, como he advertido antes, con frecuencia se entremezcla con la aproximación social antes planteada.

Hasta ahora, en la mayoría de los Estados europeos se han tenido unos esquemas bastante simples respecto a la propia identidad: la mayoría de los ciudadanos de un país se consideraban pertenecientes a un conjunto más o menos homogéneo cultural y lingüísticamente, y con un imaginario colectivo construido por una historia común. Pero los Estados-nación están cambiando, igualmente como consecuencia de la globalización: las estructuras supranacionales, de las que la Unión Europea es una expresión, son la manifestación de afrontar el futuro, el siglo XXI, de otra manera. Y los movimientos migratorios que se están produciendo, bien sean fruto del desigual reparto de la riqueza, o de los enormes cambios políticos que se han dado en algunas zonas, como Europa oriental, los Balcanes, la Rusia caucásica y asiática, etc., están acentuando la crisis de la antigua identidad nacional. Se va inexorablemente hacia una sociedad pluricultural, en la que habrá que redefinir la identidad.

Este cambio se está produciendo más rápidamente de lo que creemos, de ahí las resistencias que surgen ante la incomprensión de lo que está ocurriendo. Es verdad, como ha escrito el filósofo español Fernando Savater, que la ignorancia y el miedo constituyen las palancas fundamentales del racismo. ¿Cuáles son las principales resistencias a la sociedad multicultural y multiétnica que ha de venir necesariamente? Pues ahí está el integrismo étnico, es decir, el racismo, y las nuevas versiones de exclusión étnica representadas por los nacionalismos de este cruce de los siglos XX y XXI, que frecuentemente quieren reconstruir la identidad nacional basándose en una etnia que, por supuesto, es imaginaria, como lo eran los arios de Hitler.

Pero junto a los nacionalismos, el integrismo religioso es otro obstáculo a tener en cuenta. El integrismo aspira a hacer de la religión el único referente, no sólo de la conciencia de cada cual, sino de la sociedad entera. A impregnar a la sociedad entera de sus normas, de sus creencias y aspiraciones. El integrismo es un peligro para la sociedad civil porque pretende eliminarla. Así que los que creen o piensan otras cosas diferentes están siendo perseguidos o expulsados en las sociedades que han caído en el integrismo. El integrismo religioso es excluyente por definición: aquí habrá, si se me permite la expresión, la xenofobia hacia los no creyentes.

Otra de las cuestiones importantes que debe resolver la Unión de cara al porvenir hace referencia a su propia estructura organizativa, sobre todo porque, de forma inmediata, hay seis países (Estonia, Polonia, República Checa, Eslovenia, Hungría y Chipre) que están llamando a las puertas de la Unión, y con la actual estructura de reparto de poder entre los países miembros es poco posible cualquier tipo de organización viable. Y no se trata sólo de la ponderación de votos o del número de comisarios en la Comisión, sino que también ha salido a relucir otro tema, que siempre ha estado presente, el de los déficit democrático y social de la Unión.

El Consejo Europeo de Niza (diciembre de 2000) trató de discutir estas cuestiones con unas perspectivas complejas, sobre todo ante la pretensión de Alemania de hacer valer su peso demográfico y económico para sacar ventaja a los otros países considerados *grandes* dentro de la Unión, problema que amenaza con hacer saltar por los aires el tradicional eje franco-alemán, que hasta ahora ha sido fundamental para hacer avanzar el proceso de integración de la Unión. El déficit democrático se va subsanando poco a poco: no sólo por las elecciones directas de los diputados, sino también por el aumento de las funciones de control del Parlamento Europeo, aunque es verdad que aún queda mucha distancia entre los burócratas de Bruselas y la ciudadanía europea. En el Consejo de Niza se proclamó la Carta de Derechos de la UE, que no ha llegado a convertirse, como era el deseo de muchos, en una auténtica Constitución, y que, por lo tanto, ha quedado convertida en una simple declaración sin efectos jurídicos concretos, tal y como antes ocurrió en menor escala en el Consejo de Maastricht. La Unión Europea afronta el nuevo milenio tratando de mantener el equilibrio tradicional entre funcionalismo y federalismo, que se subrayó en sus orígenes, pero seguramente la ampliación, que más tarde o más temprano acabará por producirse, romperá ese equilibrio.

El papel de la Comisión en las discusiones sobre las reestructuraciones organizativas no ha estado nada claro. Y recientemente algunos se preguntaban si existía la Comisión presidida por el italiano Romano Prodi, propuesto hace más de un año y medio por el Consejo Europeo de Berlín. Durante este plazo, los principales líderes europeos no han hecho más que asegurar que propugnan una «Comisión fuerte», dotada de una sólida dirección presidencial, que recupere el prestigio tras el desastre de la Comisión Santer.

Las iniciativas presentadas hasta ahora por Prodi han tenido escaso eco y estos magros resultados se achacan a la escasa habilidad del presidente de la Comisión, que con frecuencia confunde sus propios deseos con la realidad: Prodi ha expresado que la Comisión es un verdadero Gobierno europeo, pero en realidad no llega a tal. La Comisión gobierna muchas cosas, pero su competencia es más el impulso, la iniciativa y la creación de complicidades. El funcionamiento de la Unión obedece, no sólo a normas explícitas, sino también a reglas políticas no escritas. Una de ellas es que todo proyecto, por excelente que sea, para que empiece a ser tenido en cuenta debe contar al menos con el triángulo Bruselas-París-Berlín. Y a ser posible con Londres y Madrid. Cuando ese proyecto topa desde el inicio con la inquina general, o al menos de esas capitales, fallece. Para sacarlo adelante se requiere una importante labor de convencimiento, casi pedagógico, traducido en la famosa gira de capitales europeas, indispensable para sacar adelante consensos, algo que hasta ahora Prodi no ha hecho para la agenda pendiente de la Unión. Hay que decir también en su honor que ni Chirac ni Schröder son por su visión sobre Europa lo que antes fueron Mitterrand y Kohl.

Jacques Delors fue un maestro en la técnica de cocinar iniciativas, claro que contó con la ayuda inestimable de la señora Thatcher, que por sí sola, con su empecinamiento, se bastaba para que los demás se pusieran de acuerdo en lo que ella se oponía. Esta falta de iniciativa, de la que se acusa a la Comisión Prodi, es peligrosa y lo que es peor, se ha notado mucho en algunos problemas de la actualidad (la Comisión ha estado ausente de la cuestión de Chechenia, del huracán que asoló Francia o de los desastres naturales de Mozambique...). Mal augurio el que está dando el *professore* con su presidencia y hay que esperar que el letargo se supere porque el mundo global admite pocas esperas. Desde la otra orilla del Atlántico se escribió no hace mucho: «Es difícil ver cómo la Unión Monetaria Europea pueda tener éxito. Aún más difícil es imaginar que se le permita fracasar» (Kissinger). No está mal como manifestación de arrogancia y de cinismo.

Bibliografía

Bastid, P., *L'idée d'Europe et l'Organisation de l'Europe*, Milán, 1964.

Brugmans, H., *La idea europea, 1920-1970*, Madrid, 1972.

Carr, E. H., *Conditions of Peace*, Londres, 1944.

Dawson, C., *The Making of Europe: An Introduction to the History of European Unity*, Londres, 1950.

Dumont, G. F. (ed.)., *Les racines de l'identité européenne*, París, 1999.

Einaudi, L., *La Guerra e l'Unità Europea*, Milán, 1950.

Emerson, M., *El nuevo mapa de Europa*, Madrid, 1999.

Fontaine, P., *Una idea para Europa. La declaración Schuman (1950-1990)*, Bruselas, 1990.

Landuyt, A. (dir.), *Europe: Fédération ou nations*, París, 1999.

Landuyt, A. y Preda, D., *I movimenti per l'unitá europea, 1970-1986*, 2 vols., Bolonia, 2000.

Lane, J.-E. y Ersson, S., *Política europea: una introducción*, Madrid, 1998.

Maurois, A., *Choses Nues*, París, 1963.

Morata, F., *La Unión Europea. Procesos, actores y políticas*, Barcelona, 1998.

Moreno Juste, A., «Construcción europea e historia de las relaciones internacionales», *Cuadernos de Historia Contemporánea*, n.º 19, pp. 162-182.

— «La idea de Europa: balance de un siglo», *Cuadernos de Historia Contemporánea*, n.º 21, pp. 161-179.

Morin, E., *Penser L'Europe*, París, 1990.

Pasquinucci, D., *Europeismo e democracia. Altiero Spinelli e la sinistra europea, 1950-1986*, Bolonia, 2000.

CAPÍTULO 5

ESPAÑA EN EL PROCESO DE INTEGRACIÓN EUROPEA

por Antonio Moreno Juste
Profesor de Historia Contemporánea,
Universidad Complutense de Madrid

Las relaciones España-Europa se han visto afectadas por un cúmulo de condicionantes de todo tipo: estratégicos, políticos, económicos, culturales, ideológicos, y, sobre todo, domésticos, agudizados por el retraso con que se ha incorporado España al proceso de construcción europea. Ello ha supuesto la generalización de la idea de una relación fluctuante, contradictoria y asimétrica, explicada, en líneas generales, a partir del tópico global de la modernidad en una pendulación que oscila entre la «modernización insuficiente» de ayer y lo que algunos consideran «extrema modernidad» de hoy.

Ciertamente, la no participación de la España de Franco en las primeras fases del proceso de construcción europea y el alejamiento respecto a la evolución de Europa occidental han supuesto un gran lastre cuyos efectos, sobre todo en términos de cultura política y en costes socioeconómicos, son todavía reconocibles. A pesar de ello, la apuesta europea se inscribe en la convicción de que no ha habido ni hay otro proyecto nacional en la España contemporánea que no esté estrechamente vinculado a la recuperación de su vocación europea. No sólo la unanimidad política, sino también el unanimismo social con que se emprendió la «reincorporación» de España a Europa en los años setenta-ochenta ilustran que la libertad política, el progreso económico y la modernización ideológica y administrativa han sido indisociables de la apuesta europea y vertebradas en alta medida por ella.

La integración en Europa no ha sido, pues, para los españoles una operación comercial o política de signo coyuntural —como pretendió el franquismo en algún momento—, sino una apuesta secular, un verdadero esfuerzo por recuperar el ritmo histórico: la eliminación de los Pirineos como barrera mítica que les separaba física, mental, económica, social y políticamente del resto de los europeos.

1. Las relaciones España-Europa en el siglo XX

1.1. LA IDEA DE EUROPA Y ESPAÑA

Es evidente que la relación España-Europa se ha visto afectada por la acumulación de percepciones que resultan de una selección realizada —de forma somera pero ampliamente socializada— de hechos y experiencias históricas, y que en conjunto se pueden integrar dentro de ese acervo común que se ha definido como *conciencia histórica* en el que interviene un complejo juego de espejos que a su vez es también un juego de identidades. Esas imágenes —como afirma el profesor Jover—, asumidas desde un conocimiento real de lo español; aceptadas desde un conocimiento superficial; o de forma más general, asimiladas de forma muy elemental, se pueden reducir al común denominador de presentar los rangos europeos sujetos a una dialéctica que desarrolló una visión de la Península como un mundo aparte, marginado por la naturaleza y la historia de las pautas continentales. Ése es, probablemente, el estereotipo básico de las relaciones España-Europa que ha imperado en el imaginario social de los españoles hasta la adhesión a la Comunidad Europea, aunque, lo cierto es que la sociedad española ha venido observando la relación con Europa desde la integración con una perspectiva acrítica.

Esa situación, según Juan Carlos Pereira, puede explicar, en parte, la permanencia de dudas «históricas» sobre el carácter de lo español respecto a Europa —¿qué es España?— o las razones metafísicas argüidas para presentar la fórmula del *Spain is different* como algo endémico en nuestro despliegue histórico. Pero paradójicamente también ayuda a comprender parcialmente la sustitución de un cierto nacionalismo pesimista de raíz «noventayochista» por un optimismo de carácter liberal-democrático y, hasta cierto punto, triunfalista. Por otra parte, la misma actitud se puede reconocer también en torno a las polémicas nunca agotadas sobre el significado del término *Europa*, en buena medida porque se ha vivido durante muchos años la política vicariamente. Es decir, a través de acontecimientos foráneos a los que se trasladaba una óptica española, lo que ayuda a explicar el uso y abuso del término Europa que hemos experimentado en los últimos decenios. Situación que, asimismo, se ha traducido en la cierta banalización existente en torno a lo que representa Europa y lo que implica la construcción europea, y que se observa en el hecho de ser mencionado en cualquier discusión o debate sin ir más allá del mero enunciado. Es más, a las puertas del nuevo milenio, el debate en profundidad sobre la construcción europea es aún una asignatura pendiente para esos europeos sin complejos, europeos de la primera velocidad que son los españoles.

El problema de España: de la europeización al europeísmo

La idea de Europa ha significado entre los españoles algo muy diferente a lo largo del siglo XX. De hecho, no es el mismo referente Europa el que existe antes y después de la Segunda Guerra Mundial y muchos de sus elementos constitutivos a principios de siglo son muy lejanos a los que se plantearon durante la transición a la democracia —*el reto histórico de la integración*— y, desde luego, a la idiosincrasia presente de la relación España-Europa —*España como miembro de la Unión Europea*— o al carácter de la reflexión actual sobre Europa —*el proceso de construcción europea en el siglo XXI*—. Asimismo, Europa no siempre ha sido interpretada en clave modernizadora sino también en términos reaccionarios, e incluso ha aparecido asociada a otras ideas y procesos de carácter totalitario.

En cualquier caso, se pueden intentar señalar unas ciertas líneas de continuidad en el discurso sobre Europa que se identifican, a grandes rasgos, con tres nociones complementarias y yuxtapuestas en torno a la *idea de Europa* y su relación con una acción, *europeizar*, y con un discurso, el de la *europeización*.

— Europa ha sido considerada a lo largo de la última centuria como una necesidad ética, social y cultural, animada por ser uno de los principales ejes de reflexión en el pensamiento español, al aparecer vinculada a un discurso, el de la *europeización*. Europeización que se asentó, vigorizó y obtuvo sus frutos siempre con la ciencia como punto de partida y como meta a conquistar. De hecho, «*la meditación sobre Europa*» ha sido una de las escasas empresas colectivas del mundo cultural español en el siglo XX.
— Europa, asimismo, ha significado entre los españoles del siglo XX «modernización» en el sentido de «homologación» con lo europeo, valorándose como un *reto histórico* que se ha proyectado de forma casi inconsciente sobre la sociedad española a lo largo del siglo, posibilitando la evolución del país recientemente hacia la «normalidad» europea.
— Por último, Europa, a través de la *europeización*, se ha constituido en un proyecto de convivencia entre los españoles, transformándose en el gran objetivo movilizador y nacionalizador del siglo. Ese proyecto, desprovisto de buena parte de su carga intelectual, será difundido y aceptado por amplios sectores de la sociedad española, conformándose, incluso, en una especie de *programa político* cuyo significado último, en líneas muy generales, ha llegado hasta nuestros días. En ese sentido, como afirma Juan Pablo Fusi, «Europa desde la perspectiva española, significaba democracia política e industrialización».

En lo que respecta a la evolución del discurso sobre Europa a lo largo del siglo XX, si se toma como eje conductor el ensayo español a lo largo de los dos primeros tercios de la centuria, parece evidente que desde el mismo momento en que Joaquín Costa describe a Europa como paradigma de la modernización de España —y tras atravesar las contradicciones y paradojas de los noventayochistas—, pero sobre todo tras su aceptación sin reservas por parte de la *Generación del 14*, la aproximación a Europa se transforma en una necesidad, constituyéndose en un símbolo de laicización y de progreso científico y técnico para, progresivamente, ir asumiendo el significado de modernización social, de democratización y de desarrollo económico, que le hizo adquirir entre importantes sectores de las elites intelectuales españolas el sentido de un «reto histórico». Europeizar España fue, en ese sentido, lo que intentó Ramón y Cajal desde el punto de vista científico, Ortega a través del pensamiento o Azaña en el ámbito político.

Sin embargo, esta línea de acción se interrumpe con la guerra civil y con lo que España conoce a continuación: la dictadura del general Franco. Tras la guerra civil y los esfuerzos de los vencedores por liquidar la raíz liberal del pensamiento español, se eclipsa el término europeización al paralizarse en la sociedad española el proceso de modernización.

El fin de la Segunda Guerra Mundial, por otra parte, con los inicios del proceso de integración europea, traerá consigo un cambio en la valoración del referente *Europa*, basado en los principios organizativos de Europa occidental: democracia constitucional, derechos humanos y libertades individuales junto a derechos sociales, economía mixta y moderación al aplicar el derecho colectivo de la autodeterminación nacional. En este sentido, el término *europeización* se vinculará progresivamente al término *europeísmo*, uniéndose, de este modo, el ideal de modernización y progreso, a la lucha contra la dictadura, al margen del comúnmente otorgado-asumido en la Europa occidental de corriente de ideas y acciones tendentes a conseguir la unidad política, económica y cultural del Viejo Continente.

Esa *sui generis* idea de Europa se irá constituyendo en un elemento básico de la cultura política de la oposición, tanto en el exilio como en la del interior, a la par que Europa se transformará en aglutinante y referente obligado a la hora de cualquier valoración sobre la situación de España y, posteriormente, en un preciso programa para la democratización y en modelo para el desarrollo económico y social.

El hecho de que Europa sea en los años sesenta un «objeto compartido» entre el Régimen franquista y la oposición, pondrá de relieve la frustración de los españoles ante lo europeo e irradiará más confusión hacia lo que se considera el *modelo de Europa* y el *europeísmo*. Sin embargo, la evolución del discurso del Régimen, en líneas generales, poco tuvo que ver con la asimilación y aceptación de la idea de una Europa unida. La integración en Europa fue considerada como un medio, no como un fin deseable en sí mismo.

En ese momento fue cuando comenzó a destacarse con una fuerza cada vez mayor en el imaginario colectivo de los españoles la ecuación: Europa = Bienestar = Democracia, y cuando el unanimismo europeísta de la transición —algo más que un mero consenso, en nuestra opinión— permitió romper el aislacionismo político y la autarquía mental, tanto desde un punto de vista sociológico como cultural.

En primer lugar, esa ecuación afectó, desde el ámbito de las representaciones y la cultura política, al propio discurso legitimador de la democracia española. Las interpretaciones más difundidas sobre la naturaleza de la transición política desde regímenes autoritarios hacen hincapié en la existencia de unos prerrequisitos culturales que facilitaran la democratización. Para el caso español, la *mirada* sobre Europa precipitó la maduración de una sociedad civil compleja como condición previa al cambio político.

Al inicio de la Transición, los rasgos básicos de la cultura política de los españoles eran esencialmente comparables a los de los ciudadanos de las democracias europeas y se confiaba en que el proceso de socialización política adulta, es decir, la práctica en la vida democrática, permitiría colmar las brechas que en algunos aspectos concretos seguían diferenciando España de Europa. Todo ello hizo posible que las elites llegaran a establecer un pacto básico sobre el que se construyó, en un lapso muy breve, una democracia comparable a la de los países de Europa occidental.

El rasgo diferenciador, en suma, de la sociedad española, su «modernización insuficiente», entendida en su doble vertiente de incompleta y desigual según sus regiones e identidades étnicas o nacionales había sido superado en un acelerado proceso de confluencia con Europa occidental iniciado en los años sesenta. En consecuencia, el ingreso en las Comunidades Europeas fue tan sólo un hito final, legalmente visible de lo que ya se había consumado. De hecho, la incorporación a Europa y la participación en la construcción europea se aceptaron como un hecho necesario y positivo para enterrar definitivamente nuestro más inmediato pasado histórico.

Sin embargo, en los años setenta, las actitudes reformistas del grueso de la población se concretaban en una particular concepción de la democracia. Este sistema, el más conveniente para España —según los sondeos de opinión—, a la salida del franquismo, era entendido por la mayoría en términos liberales. Es decir, la democracia, cuyo referente máximo siguió siendo en todo momento Europa, aparecía en las encuestas como un sistema que garantizaba las libertades individuales y colectivas, más que uno que hubiera de tender a la igualdad de todos los ciudadanos.

En segundo lugar, el unanimismo europeísta se debe relacionar con la recuperación del discurso orteguiano de «España como problema y Europa como solución» y que va a subyacer en un sentido amplio en el europeísmo español desde la transición democrática. De ahí que la voluntad española de entrar en la Comunidad Europea tenga mucho de afectivo, en el sentido de apuesta emocional frente a los ideales que Europa representa y no tanto de utilitario en el sentido de objetivos concretos. En otras palabras, la Comunidad Europea fue vista como solución a los problemas históricos de España: democracia, modernización y proyección internacional.

No puede extrañar, por tanto, que la idea de Europa, vinculada a la europeización orteguiana, se haya venido interpretando en términos políticos y mediáticos demasiado mecánicamente. En múltiples ocasiones y bajo diversas formas ha sido considerada como un «ungüento milagroso» de la modernización que permitiría a los españoles, dentro de un marco de convivencia democrática, bien abandonar el «limex» entre el centro y la periferia; bien, como afirmaba Dionisio Ridruejo, «resolver el problema de España superando las tendencias casticistas».

El reto de la homologación con Europa

El ingreso en Europa y la consolidación de la joven democracia española no harían sino confirmar la superación de los viejos demonios de su cultura política y el éxito de las propuestas modernizadoras, frente a las intenciones del pasado de mantener a España como un «país diferente». La modernización de las estructuras políticas, económicas, sociales y educativas definieron progresivamente, a través de ese reiterado anhelo de *homologación con Europa*, gran parte del itinerario recorrido por España desde la vuelta de la democracia.

En ese anhelo y en su representación más característica, entender Europa como el gran reto histórico de la sociedad española, posiblemente deben de buscarse los orígenes de las peculiaridades y contradicciones que presentarán, tanto la integración en las Comunidades como el europeísmo español:

— unanimidad de los partidos políticos democráticos y debilidad de la sociedad civil que se traduce, tanto en la falta de iniciativas ciudadanas y dependencia institucional como en un lento desarrollo de grupos de opinión y de presión sensibles al proceso de construcción europea;

— desorientación acerca de los problemas concretos a los que se enfrenta el proceso de construcción europea más allá del discurso nacionalista y oportunista o de una militancia europeísta de carácter voluntarista;

— escaso peso de la sociedad española en los debates sobre definición de la posición nacional ante las grandes cuestiones comunitarias, especialmente visible durante el proceso de adhesión a las Comunidades Europeas.

Europa, en definitiva, será la representación de un anhelo general de libertad y la esperanza particular de cientos de miles de emigrantes, con esa mezcla algo ingenua de romanticismo y modernidad que mantendrá la palabra «Europa» para los oídos españoles hasta los años ochenta.

Pero la *homologación con Europa* es un hecho que necesita de alguna matización. El paso de la dictadura franquista a la socialdemocracia en el plazo de siete años significó según Gabriel Tortella, «una *revolución social* con grandes costes y con graves problemas». La transformación adquirió caracteres radicales, pero tuvo lugar en un ambiente tal de cambio vertiginoso que pocos percibieron lo que realmente estaba sucediendo. El cambio consistió en el reconocimiento de una serie de derechos ciudadanos que homologaban —palabra continuamente pronunciada en estos años— a España con la Comunidad Europea (educación, sanidad, pensiones, seguro de desempleo...) y que pretendían colocar España a la vanguardia de la *Europa social*. Sin embargo, la rapidez de su extensión provocó una explosión de expectativas por encima de lo que las perspectivas económicas justificaban.

Ese unanimismo al que hacemos referencia y que permitió afrontar la adhesión sin excesivos problemas de identidad conllevaba también su propio talón de Aquiles: al no existir posturas radicalmente opuestas, el expediente europeo dio origen a escasa polémica y la escasez del debate provocó una cierta superficialidad de las convicciones sociales. Ello no fue preocupante en la primera fase de la puesta en marcha de la integración. Los buenos resultados económicos facilitaron la digestión del reto europeo.

A este respecto, cabe destacar el modo en que se ha subrayado el mantenimiento de elevados sentimientos europeístas en España. Si bien a finales de los ochenta el *euroentusiasmo* español hacía saltar los sensores sociológicos con los que Bruselas evalúa el grado de respaldo a sus proyectos, siempre han existido algunos nacionalistas que negaban la conveniencia para España de compromisos integradores adicionales a la mera adhesión, y *euroescépticos*, más o menos britanizados y desigualmente equipados argumentalmente, que desconfiaban de los ritmos y condiciones impuestos a esa pretensión por hacer de Europa algo más que un *mercado común* y que, a lo largo de los años noventa, han ido ganando terreno en la opinión pública.

La causa de la lenta transformación de las actitudes y del discurso hay que buscarla posiblemente en que al ciclo económico positivo de la segunda mitad de los ochenta le sucedió otro recesivo coincidente con la apuesta en términos políticos de una construcción europea mucho más ambiciosa a que dio lugar el debate de Maastricht en la primera mitad de los noventa. En ese momento comenzaron a surgir reticencias y recelos con carácter todavía periférico a lo que es el núcleo central de la política española, a pesar de que desde Europa se dibujaba un balance español en Europa infinitamente más positivo que en buena parte de los círculos de opinión internos.

Europa, en cualquier caso, no ha constituido un grave problema social, ni un objeto de profunda controversia política como en varios países de nuestro entorno. Sólo algo más tarde, ya casi al final de los años noventa, han comenzado a surgir algunos signos que apuntan a la incorporación del «tema europeo» en la agenda política, por lo que habrá que esperar todavía unos años para ver el modo en que dicho cambio se traduce en la cultura política española y si se agudizan los elementos *euroescépticos* en el discurso sobre Europa.

La situación, hoy, puede resumirse en la necesidad de reabrir el debate acerca del significado de Europa desde unos nuevos planteamientos, a observar de forma más crítica nuestra situación en Europa y respecto a Europa, así como el papel de España en el proceso de construcción europea y, fundamentalmente, a valorar desde diferentes perspectivas el grado de europeización de nuestro sistema político-institucional y el nivel de cohesión nacional existente ante una emergente identidad europea en el marco del proceso de mundialización.

1.2. EUROPA Y LA POLÍTICA EXTERIOR ESPAÑOLA

Un hecho parece incontrovertible a estas alturas. Para España, Europa es más importante que para otros países, por tamaño, por posición geográfica —guste o no guste, periférica—, por su historia, por su grado de desarrollo económico y por su propia estructura interna. Integrarse en Europa, estar con los del *centro* es la mejor manera de compensar su excentricidad y ésta ha sido y es una constante de la política europea de España a lo largo del siglo XX.

Esa afirmación, en nuestra opinión, exige que el análisis de las relaciones España-Europa se aborde con ciertas cautelas, lo que implica tener en cuenta una serie de enfoques complementarios entre sí:

— la perspectiva de España como parte integrante del sistema regional europeo inserto en la dinámica de cambio permanente de la sociedad internacional;
— la perspectiva de Europa como una sociedad de Estados y pueblos en la que España desea integrarse en plano de igualdad;
— la perspectiva de las relaciones España-Europa como parte de una red de complejas interdependencias (políticas, comerciales, ideológicas, culturales...), y
— la perspectiva de los factores internos, en especial los diferentes cambios de régimen político que condicionan las relaciones de España con Europa.

Asimismo, y desde un punto de vista histórico, es preciso referirse al problema de cómo delimitar las tendencias de mayor o menor duración en las que se ha desenvuelto *la política europea de España en el siglo XX*. Lo cierto es que las interpretaciones y reflexiones realizadas sobre la posición y el papel internacional de España respecto a Europa, si bien han conocido una variada tipología de formulaciones, son susceptibles de reducirse, a grandes rasgos, bajo el común denominador de la tensión entre la *exigencia de integración* y la *tendencia hacia el aislamiento* como *ítems* tradicionales del devenir internacional de España en el siglo XX. El resultado que arroja la utilización de esa antinomia demuestra, no sólo la cambiante posición de España respecto al sistema internacional, sino también la interacción entre el universo interno y una sociedad internacional dinámica en la política exterior española.

La tensión integración-aislamiento

En nuestra opinión, esa tensión aislamiento-integración ha conocido al menos tres momentos y tres significados diferentes en la política europea de España a lo largo del siglo XX, sin contar los puntos de inflexión que constituyen tanto la guerra civil como la recuperación de las libertades y el final de la transición en cuanto a política exterior se refiere y que determinan a su vez la asincronía o la correlación de los ritmos entre la política exterior española y la política internacional.

El primer momento se desarrolló durante la primera mitad de siglo y en ella la relación de España con Europa ha dibujado una trayectoria de perfiles sinuosos y con tendencia a constantes altibajos, como resultado de la presencia de dos voluntades contradictorias en la proyección exterior del Estado. De una parte, la necesidad de inserción en el complejo entramado de los intereses europeos derivada de la estrecha vinculación de España a los destinos de Europa (actitud española ante el Memorándum Briand, papel de España en la Sociedad de Naciones) cada vez más perceptible con el paso del tiempo; de otra, la conveniencia del alejamiento de los conflictos continentales, impuesta por la situación de debilidad del país y la gravedad de la confrontación europea (las dos guerras mundiales, consideradas como guerras civiles entre europeos).

Posiblemente, ninguna otra coyuntura fue tan propicia para poner al descubierto el dilema en que se debatía la política europea de España y su misma política exterior, como la de los años treinta, porque España entró en la senda de la democracia y con ella también se abrieron todas las vías posibles de relación con Europa, especialmente al tratarse de un régimen que, como la Segunda República, nacía con el propósito deliberado de europeizar España.

Un segundo momento se define a través de un aislamiento impuesto y progresivamente matizado a la España de Franco desde el final de la Segunda Guerra Mundial. La indefinición de la posición internacional de España, su precaria vinculación con Occidente y su incompleta inserción en Europa hasta los años ochenta —como consecuencia de las circunstancias políticas internas definidas por la persistencia de la dictadura franquista en el entorno democrático de la Europa occidental—, dificultará enormemente la proyección exterior de España. El orden internacional, definido por el conflicto bipolar, tan sólo permitió la subsistencia al fervientemente anticomunista Régimen español, y una funcional y limitada rehabilitación internacional.

De hecho, los intentos de aproximación a las Comunidades Europeas en los años sesenta —parte integrante de la vertiente exterior de la política económica *desarrollista*— arrojaron un resultado mediocre y una relación de bajo perfil: España no dejó de ser un problema secundario en la compleja agenda comunitaria durante este período. El franquismo, en consecuencia, simplificará la cuestión al máximo; de una parte, ponderó las dificultades políticas que dimanaban de la constitución interna del

Estado franquista; de otra, magnificó los problemas económicos que la aproximación a Europa planteaba. Esa situación se mantendría hasta la muerte de Franco.

El tercer momento, por último, se desarrolla tras el retorno de la democracia y la adhesión a las Comunidades Europeas en 1986 y se define en función del nuevo reto que para España supuso el final de la guerra fría y la caída del Muro. España pronto será consciente de que Europa giraba hacia el este y que ello supondría, antes o después, la ruptura del equilibrio comunitario Norte-Sur. En ese contexto, el problema ha radicado en evitar el regreso a un sentimiento de periferia, una vez que tan costosamente se ha alcanzado el centro de la construcción europea, situación que se torna más compleja en los últimos años por el impacto del proceso de globalización.

Esa triple dualidad, probablemente, tiene un efecto no deseado, ya que en cierta forma parece reforzar algunos estereotipos sobre la *excepcionalidad* del caso español en el contexto europeo que es preciso matizar.

El dilema entre participación y retraimiento, en primer lugar, no es exclusivo del caso español. España actúa en Europa, sobre todo en las primeras décadas del siglo —y con mayor frecuencia de lo que a menudo se piensa—, de modo similar a como lo hicieron otros Estados de su misma condición: *una pequeña potencia*, participando con más o menos acierto en los asuntos continentales en tiempos de paz, pero rehuyendo involucrarse directamente en los enfrentamientos bélicos.

En segundo lugar, España no es el único país europeo que ha sufrido una compleja relación con Europa y que parece haber encontrado su solución a través del proceso de construcción europea. Con distinta intensidad y condicionantes internos y externos muy diferentes, los grandes Estados europeos han tenido que resolver conflictos de identidad nacional y de vocación internacional a lo largo del siglo xx en relación con Europa o a través de Europa. Durante los años cuarenta y cincuenta, por ejemplo, Francia encuentra en Europa, concretamente en la creación de las Comunidades Europeas, la solución a su crisis de identidad internacional, o Alemania, durante los años noventa ante el problema de la unificación tras la caída del Muro.

Por último, España ha sabido adaptarse a las mutaciones y transformaciones experimentadas en Europa en los últimos años. Si bien es cierto que la situación de Europa ha cambiado notablemente, tanto a nivel comunitario —Tratado de Unión Europea, ampliación a quince Estados de la Unión, Unión Económica y Monetaria, Tratado de Amsterdam...— como supracomunitario —fin de la bipolaridad, la recesión económica de los noventa...—, también lo es que la posición de España no es la misma que tras la adhesión. España ya no es un país recién incorporado que tiene que hacer el triple esfuerzo concentrado de adaptarse a las Comunidades Europeas existentes, al mercado único y últimamente a la moneda única, dentro de un contexto general de globalización económica marcado por la construcción de un nuevo orden/desorden internacional.

El concepto de política europea

Finalmente, creemos preciso abordar una cuestión básica; el alcance actual de la expresión *política europea* y sus implicaciones sobre el entramado institucional y político-administrativo; sobre el proceso de integración y la política exterior y de defensa; sobre el discurso europeísta de las fuerzas políticas, o sobre el uso de Europa como instrumento de política interna en los ámbitos económico, financiero, tecnológico, social, educativo, ecológico, etc. Ámbitos que, en conjunto, parecen exceder la consideración tradicional de política exterior.

Para Andrés Ortega, España, tras su ingreso en la Comunidad Europea, descubrió un nuevo tipo de política, una política europea que cubre la Unión Europea y otras cuestiones que no son genéricamente política exterior en su concepción clásica. Esta política europea vendría a cubrir también las relaciones bilaterales de España con otros Estados miembros de la Unión, que se han transformado desde el ingreso, o incluso antes, en particular con Francia, Portugal, Alemania e Italia, países con los que España celebra regularmente cumbres bilaterales.

Esta definición, muy acertada, resulta, sin embargo, posiblemente insuficiente para cubrir todas las dimensiones de análisis presentes en la agenda europea de España. De ahí —como afirma Esther Barbé—, la necesidad de ampliar los ámbitos de acción que conforman dicha política. En este sentido, es preciso considerar la reflexión surgida durante la última década en torno a la política exterior de la Unión Europea en tanto que desafío al análisis tradicional de la política exterior.

De ese debate surge la idea de que la política exterior europea está en realidad constituida por tres tipos de actividades interrelacionadas: la dimensión exterior de la Comunidad Europea, la política exterior y de seguridad de la Unión Europea y las políticas exteriores de los Estados miembros. Lo cual hace necesario que en el estudio se tome en consideración los tres campos de acción como en el caso de la política exterior tradicional: actores, procesos y temas de agenda; instrumentos, factores o contexto internacional y resultados.

Sin embargo, a esos ámbitos debe añadirse la dimensión nacional de los mismos. Este extremo les acerca al ámbito de la política interior, poniendo de manifiesto la tendencia a una disolución progresiva —al menos para las cuestiones europeas—, de la barrera entre lo interior y lo exterior, de lo nacional y lo internacional, en un contexto marcado por el antagonismo entre un regionalismo supranacional que no termina de eclosionar y la globalización mundial que se extiende de forma inexorable. En ese sentido, Esther Barbé define la *política europea* como «una política que integra lo estrictamente comunitario con la dimensión diplomática y de seguridad internacional del país y que incide en el ámbito doméstico».

2. España y el proceso de construcción europea desde 1945

Las dimensiones anteriormente estudiadas de la política europea de España actúan como auténticas variables temporales marcando los puntos de fractura y de continuidad en su evolución, lo que nos permite definir la penalización siguiente para las relaciones entre España y el proceso de construcción europea desde 1945.

2.1. LA ESPAÑA DE FRANCO Y LAS ORGANIZACIONES REGIONALES EUROPEAS (1945-1975)

Si bien la Europa que surge de la Segunda Guerra Mundial nunca tuvo pretensiones de transformarse en un modelo universal, sin embargo, en los años cuarenta y cincuenta, Europa ensayó algo que se acercaba a un modelo: rechazo de cualquier forma de totalitarismo y dictadura; régimen parlamentario y democracia pluralista; reformismo keynesiano y economía mixta con un grado de planificación indicativa considerable; construcción del «Welfare State»; proyecto de constituirse internacionalmente como tercera fuerza ante el rígido sistema bipolar; esfuerzos por superar la mera cooperación internacional a través de fórmulas institucionales de carácter supranacional...

En este contexto de la Europa occidental, tenía una difícil inserción la España surgida en 1939 con su retórica nacionalista, su economía autárquica, su provincianismo intelectual y su «democracia orgánica».

Los factores condicionantes

a) Dictadura *versus* democracia. La situación económica y la aproximación a Europa

El régimen político español fue una dictadura y esta asintonía básica respecto a Europa occidental definió la situación internacional de España hasta la desaparición de Franco en 1975. De hecho, esa *diferencia* respecto a Europa impedirá, tanto una clarificación de la posición internacional de España, como su acomodación a la arquitectura institucional del Viejo Continente. El franquismo fue un régimen autoritario con connotaciones fascistas en el que convergieron en su nacimiento ciertos factores —*el estigma del Eje*— que difícilmente podían ser pasados por alto en las democracias de Europa occidental.

En lo relativo al modelo económico iniciado tras la guerra civil, la asintonía respecto a Europa es también evidente. De hecho, el modelo autárquico estará agotado al final de los años cincuenta: el crecimiento se hacía más difícil cada vez, aumentando los estrangulamientos; la economía se hallaba atenazada por tensiones inflacionistas y por un déficit exterior insostenible. Ante esta situación, para el franquismo fue imprescindible conectar la economía española con los mercados exteriores y participar en los circuitos financieros internacionales para obtener suministros de materias primas, bienes de capital y lograr recursos financieros exteriores, ante lo cual se planteará la necesidad de un ajuste estabilizador que permitiera soportar y potenciar los beneficios de una apertura exterior, según las pautas de los organismos económicos internacionales, fundamentalmente Organización Europea de Cooperación Económica (OECE), Fondo Monetario Internacional (FMI) y Banco Mundial (BM). Lo primordial para el Régimen apuntaba a la consecución de una cierta homologación económica con Occidente, vía cooperación internacional.

En esa dirección, cualquier análisis sobre las relaciones entre la España franquista y Europa debe partir de la consideración de que el Régimen de Franco no participó en el proceso de construcción europea, pero sí lo hizo en los procesos de cooperación internacional que se desarrollaron a partir de la posguerra mundial.

b)   La guerra fría y sus consecuencias

Esa participación, por otra parte, en los procesos de cooperación internacional se vio favorecida por otro factor de singular intensidad en la posguerra europea: las necesidades estratégicas de la defensa occidental resultado de la confrontación bipolar.

El progresivo cambio que se va a producir en las relaciones entre los aliados y que condujo a la guerra fría supuso trocar el antifascismo de la inmediata posguerra por el anticomunismo, lo que tuvo graves consecuencias en la valoración sobre la situación interna de España: los imperativos de la defensa en Europa se antepusieron a cualquier otra consideración ética o moral. El temor expresado por algunas cancillerías occidentales de que una caída de Franco supondría la implantación de un régimen comunista en el sur de Europa pesó no sólo en las proyecciones de los estrategas.

Sin embargo, ante esta cuestión, no conviene aumentar ni sacar de contexto la importancia estratégica de España. España era una pieza de cierta importancia en el tablero geoestratégico occidental, ya que podía actuar de plataforma de suministro y de repliegue en el caso de producirse una agresión soviética en Europa occidental. España ocupaba una posición periférica en relación con el centro de gravedad europeo, pero su futuro concernía directamente tanto a la Organización del Tratado del Atlántico Norte (OTAN) como al resto de organizaciones regionales europeas con cuyos miembros compartía fronteras.

Estados Unidos pronto comprendió esta situación firmando unos Pactos económico-militares con España en 1953 que se transformaron en instrumento básico de la la incompleta y utilitaria legitimación internacional del franquismo al servicio de la causa occidental.

c)   La actitud europea hacia el franquismo

No obstante, coexistieron diferentes sensibilidades respecto a España y la recuperación de las libertades democráticas. Actitudes sobre las que se definieron, básicamente, tres posiciones ante el franquismo y su participación en el sistema regional europeo surgido en la posguerra mundial:

1.   La de aquellos que ponían énfasis en la tesis de propiciar la democratización de España a través de la cooperación económica. Esta cooperación económica tendría varios efectos: una elevación del nivel de vida de los españoles; impediría la reutilización del sentimiento nacionalista para justificar el aislamiento del Régimen español y supondría una liberalización económica que inevitablemente sería el fermento de una liberalización política.
2.   Los que consideraban que cualquier ayuda económica al Régimen de Franco supondría un reforzamiento de su posición interior retrasando, por tanto, la democratización de España. Esta tesis rechazaba, en consecuencia, cualquier participación de España en las organizaciones regionales europeas.
3.   Finalmente, una tercera posición —muy minoritaria—, que representó a aquellos que consideraban que una entrada de España en Europa, a todos los niveles, favorecería la democratización del país.

En el origen y evolución de esas posiciones debemos considerar dos hechos. En primer lugar, la persistencia en la posguerra mundial de ciertos estereotipos sobre España heredados de la guerra civil y que oscilan entre la «imagen romántica» y la «leyenda negra», y que se identifican, a grandes rasgos, con una interpretación «humanista y laica» y una interpretación «tradicionalista y católica» del conflicto 1936-1939, la primera favorable a la República, la segunda a la España de Franco. La principal consecuencia a medio plazo de esa bipolarización fue que el franquismo cayó en el olvido para unos y fue estigmatizado por otros, aunque la *cuestión española* continuó suscitando controversias y avivando pasiones en Europa hasta la desaparición de éste.

— La *interpretación tradicionalista y católica* servirá para armar intelectualmente a aquellos que observaban como positiva la permanencia del Régimen de Franco y que consideraban fundamental el concurso de España en la defensa occidental.
— La *interpretación humanista y laica* se construirá en Europa sobre la base de un «antifranquismo emotivo» pero sin grandes consecuencias que perdurará hasta la muerte de Franco.

Es ciertamente complejo desde una perspectiva actual comprender esa situación, por lo que parece necesario remitir a una doble explicación. De una parte, la explicación político-ideológica: el franquismo había sobrevivido a todas las demás experiencias autoritarias o fascistas de la preguerra, lo que influyó en el desarrollo de una cierta mala conciencia, sobre todo entre la izquierda europea, por la continuidad del dictador. De otra, la explicación de carácter cultural: el franquismo fue valorado como un retroceso en la historia de España hacia una nueva edad oscura, siguiendo el estereotipo de la contrarreforma católica (la España negra), lo que permitió, unido al desconocimiento de la situación interior, el silencio sobre España.

En segundo lugar es necesario considerar las diferentes actitudes hacia la España de Franco entre los actores principales de los procesos de cooperación intergubernamental e integración supranacional desarrollados en Europa: los Estados, las organizaciones internacionales y los grupos europeístas:

a) *Los Estados*.   La postura de las potencias occidentales respecto a España no fue completamente unánime. Mientras que para Estados Unidos la *cuestión española* fue claramente desde el primer momento un problema de seguridad, la posición de los gobiernos europeos no estuvo exenta de cierta dosis de ambigüedad.

Si bien, en la inmediata posguerra, era prioritaria la dimensión política interna y la reacción de las respectivas opiniones públicas que exigían la condena al franquismo, no hubo mayor obstáculo para que hasta 1975 los gobiernos europeos convivieran con el Régimen de Franco sin excesivos sobresaltos, ni para que Europa, en general, se beneficiara de la aportación de la España franquista a la seguridad occidental sin tener que ofrecerle nada a cambio.

Esa situación puede parcialmente explicarse a partir del papel jugado por Estados Unidos en las relaciones España-Europa al apoyar una aproximación de la España de Franco a las organizaciones regionales europeas, no sólo a las de carácter defensivo, cuyo mejor exponente fue la OTAN, sino también a las de carácter económico en las que directa o indirectamente participaba, como en el caso de la OECE.

No obstante, las relaciones con España a lo largo de la dictadura fueron una cuestión bilateral y cada país condujo las relaciones con el régimen de Franco como le pareció más favorable a sus intereses sin llegar a cuestionar seriamente, al menos desde 1949, la permanencia del franquismo. Ese *statu quo* fue especialmente evidente en el caso de las relaciones de España con Francia, Alemania y Gran Bretaña, aunque los países nórdicos, los neutrales y los del Benelux mantuvieron una actitud beligerante ante el franquismo hasta su desaparición.

b) *Los grupos europeístas*.   Para los grupos de opinión favorables a la integración del Viejo Continente y, en general, para la izquierda europea, era evidente que la España de Franco no debía participar en la construcción europea. Esa línea de actuación tomó forma desde los inicios del proceso de integración con la invitación a destacados dirigentes del exilio republicano al *Congreso de Europa* en La Haya, en mayo de 1948. Unos meses después, el *Comité de Estudios para la Unión Europea* adoptó la conclusión ya expresada en La Haya: la España de Franco debía quedar excluida. Como recuerda Paul-Henri Spaak: «Sólo España queda al margen del esfuerzo común. En aquella época, se esperaba todavía obtener la desaparición del General Franco.»

Ese apoyo del europeísmo a la oposición antifranquista se mantendrá a lo largo de la dictadura. De hecho, bajo los auspicios del IV Congreso del Movimiento Europeo reunido en Munich (junio 1962) se produjo un importante encuentro entre representaciones de la oposición democrática exiliada y del interior en la que se acordó exigir a las instituciones europeas la exclusión de España mientras no se recuperasen las libertades democráticas. Es más, la desmesurada reacción represiva del régimen hacia los asistentes del interior no haría sino reafirmar la resolución aprobada y dificultar aún más la aproximación de la España de Franco a la Europa comunitaria.

c) *Las organizaciones regionales europeas.* Aunque las relaciones con España serán un problema secundario en la compleja agenda comunitaria hasta la desaparición del franquismo, ciertamente, las democracias occidentales toleraron durante décadas la existencia de un régimen autoritario en España. De hecho, la actitud de los países europeos tan sólo encontrará su expresión colectiva frente al problema español en el marco del proceso de construcción europea, del que son magníficos exponentes el *Informe Birkelback* al Parlamento Europeo sobre «los aspectos políticos e institucionales de la adhesión y la asociación a la Comunidad», presentado el 15 de enero de 1962 —tan sólo unas semanas antes de la solicitud española de apertura de negociaciones con la CEE—, y el *Informe Renger* a la Asamblea Consultiva del Consejo de Europa sobre «la situación política en España», el 7 de abril de 1962.

En cualquier caso, desde el punto de vista de las instituciones europeas, la presencia de una dictadura desafiaba los principios sobre los cuales se pretendía edificar la unidad del Viejo Continente. De hecho, las dos únicas instituciones gubernamentales internacionales que se negaron a aceptar como miembros a Estados no democráticos fueron el Consejo de Europa y, posteriormente, las Comunidades Europeas.

La aproximación a Europa de la España de Franco

En la «agenda internacional» del franquismo, la aproximación a las organizaciones regionales europeas tuvo una diferente valoración. Tras el período de aislamiento en la inmediata posguerra, la aproximación a Europa pasará de ser un problema de *pequeña política* entre 1949 y 1955 (fase de simple información y valoración, de creciente interés por insertarse en los procesos de cooperación económica internacional), a ser valorado como un problema de *política intermedia* entre 1957 y 1962 (período de formulación y desarrollo de una política de *wait and see* ante Europa), para finalmente transformarse desde 1962 y hasta la muerte de Franco en un problema de *alta política* (período de definición ante Europa y toma de decisión ante la integración europea), en el que se intentará, reiteradamente, abrir cauces de relación con las instituciones comunitarias.

Esta pendulación responderá a cuatro momentos distintos de la posición internacional de España en Europa tras el aislamiento posterior a la Segunda Guerra Mundial: la normalización de las relaciones bilaterales con el entorno europeo (1949-1955); la participación en las corrientes de cooperación internacional surgidas en la posguerra (1955-1962); la ineludible necesidad de aproximación al proceso de construcción europea como consecuencia de las necesidades del proceso de liberalización económica y apertura comercial al exterior (1962-1970), y la lógica desarrollista que conducirá al Acuerdo Comercial Preferencial de 1970 coincidiendo con la crisis final del régimen (1970-1975).

a)   La ruptura del aislamiento y el inicio de la cooperación multilateral (1945-1955)

Las condenas internacionales al franquismo desde la declaración de Potsdam (2 de agosto de 1945) y, sobre todo, en el seno de las Naciones Unidas con la aprobación de la Resolución 39 (I) por la Asamblea General (12 de diciembre de 1946), recomendando la exclusión de España de toda organización o conferencia internacional mientras no se produjera un cambio en su régimen político, alejarán a España de los procesos de cooperación internacional desarrollados en Europa. En el plano europeo, esa condena al Régimen se manifestó, tanto en el veto de los países europeos a la participación de España en el Plan Marshall (1947-1948) como en la resolución aprobada por la Asamblea Consultiva del Consejo de Europa (10 de agosto de 1950), exigiendo la desaparición de la dictadura como requisito previo a su ingreso en las instituciones europeas.

No obstante, el interés del Régimen de Franco por encontrar un lugar en la Europa de posguerra —a través de diversas tentativas diplomáticas bilaterales y posteriormente multilaterales—, y por invertir la negativa imagen que sobre él persistía en la opinión pública europea, se traducirán en un esfuerzo consciente por abrir cauces de relación con todo organismo regional europeo, preferentemente de carácter militar y económico-técnico, en el que se pudiera introducir España con el objeto de intentar forzar la entrada como miembro de pleno derecho y, en su defecto, conseguir algún tipo de vinculación ventajosa para España en aquellos organismos de mayor significación política: OTAN, OECE, Consejo de Europa. Esta acción se desarrollará con desigual éxito, ya que si bien España ingresa como país asociado en la OECE en 1958, y suscribirá acuerdos técnicos del Consejo de Europa como el «Convenio Europeo sobre la clasificación internacional de patentes», en 1955 o el «Convenio Cultural Europeo», en 1956, no conseguirá incorporarse al Consejo de Europa hasta 1977 o a la OTAN hasta 1981.

En consecuencia, el franquismo desarrollará un discurso reivindicativo frente a las esencias de Europa en torno a los principios de catolicidad y anticomunismo desde el fin de la Segunda Guerra Mundial hasta finales de los años cincuenta. Lo trascendente era la defensa de Occidente, lo accidental una Europa unida en la que no se creía.

b)   Los problemas de definición ante Europa: la política
de *wait and see* (1955-1962)

En líneas generales, la posición por la que atravesó España en la segunda mitad de los años cincuenta podría resumirse en que una vez que el Régimen de Franco —tras un período de aislamiento internacional y casi quince años de relación *sui generis* con Occidente— había logrado una mínima inserción en el sistema europeo forjado en la posguerra mundial. La *relance* del proceso de integración europea desde 1955 iba a implicar una revisión de la actitud política a desarrollar y en la relación económica a establecer ante la mudable y cambiante circunstancia europea. Situación que coincide con el agotamiento del modelo económico autárquico y la necesidad de introducirse en la dinámica económica internacional. Ciertamente, desde esos momentos la política exterior fue a remolque de la política interior, singularmente de las necesidades de la política económica.

Cuestión diferente es la valoración realizada sobre el proceso de construcción europea. Ésta se observó desde dos ópticas diferentes que resumen perfectamente las luces y las sombras en la actitud del franquismo ante la integración europea:

— La primera se caracterizó por ser un análisis fundamentalmente político, muy próximo a las proyecciones realizadas desde el Ministerio de Asuntos Exteriores. Sus valoraciones se realizarán en torno a la idoneidad política de elegir entre los procesos de cooperación internacional o de integración supranacional para una aproximación del Régimen a Europa. En el caso de tener que optar por alguno de los modelos que se debatían, serían partidarios del concepto de «Europa de las patrias» enunciado por De Gaulle, es decir: oposición al carácter supranacional de las instituciones europeas y sustitución del principio de integración económica por una solidaridad política entre Estados soberanos.

— La segunda posición se desarrollaría como consecuencia del debate abierto sobre la liberalización de la economía española a partir de 1957 y representaría la percepción de la Alta Administración económica, preocupada por el peligro de volver a caer en un nuevo aislamiento, esta vez de carácter económico y, según su valoración, «irreversible y de consecuencias imprevisibles para España». En su opinión, el acercamiento a Europa era la única forma de evitar la congelación del comercio exterior que paralizaría el desarrollo económico y condenaría a España al subdesarrollo; políticamente, la cesión de soberanía que se produjese sería menor que la resultante de la no integración y de la dependencia del exterior.

Los esfuerzos de adaptación al medio internacional culminarán con la solicitud de apertura de negociaciones con la CEE respondiendo a una lógica económica que garantizase la supervivencia del Régimen por evidentes que fuesen los límites de esa aproximación, tanto desde un punto de vista económico como, sobre todo, político.

La puesta en marcha de un modelo económico *desarrollista*, las necesidades acuciantes del comercio exterior para mantener y ampliar las exportaciones hacían imprescindible una nueva relación con Europa y con la CEE. La cooperación como un mero *partnership* secundario no era suficiente para los planes de la economía española. Era necesaria una mejor inserción en Europa, sobre todo tras la puesta en marcha de la Política Agraria Común, el 14 de enero de 1962, y su sistema de *prévelement* (preferencias) que amenazaban el futuro de las exportaciones agrícolas españolas.

c)   Los intentos de aproximación al proceso de construcción europea (1962-1970)

Desde un punto de vista institucional, la historia de las relaciones de España con la Comunidad Económica Europea se remonta a los últimos meses de 1959 en que se negocia por parte del Gobierno español la acreditación de una representación diplomática, obteniendo el *placet* el primer embajador español en enero de 1960. La primera aproximación se producirá al calor de los cambios en la política económica del Régimen y coincidiendo con una tímida aproximación a Europa occidental auspiciada por el ministro Castiella. El 9 de febrero de 1962, el gobierno español expresó a la Comunidad el deseo de «apertura de negociaciones para una asociación susceptible de llegar en su día a la plena integración», confiando en una actitud benévola por parte de Francia y Alemania Occidental, en cierto modo valedores europeos del régimen español por diferentes razones políticas, económicas o estratégicas, y coincidiendo con la puesta en marcha de los trabajos sobre el Plan de Desarrollo. De hecho, ambas decisiones se adoptaron en la misma reunión de la Comisión Delegada del Gobierno para Asuntos Económicos, el 19 de enero de 1962.

Ante la solicitud española, la CEE se vio obligada a tomar oficialmente postura frente al Régimen de Franco. La posición, tanto en las cancillerías europeas como en los organismos regionales europeos con asambleas parlamentarias o con mayor impronta política hacia la España de Franco, coincidía en su valoración: la liberalización interior —económica y política—, debía ser *causa* de la integración en Europa y no *efecto*. Éste será el *techo europeo* contra el que se estrelló el Régimen: los relativos e incompletos esfuerzos de aproximación a las políticas económicas desarrolladas en Europa fueron considerados como una condición *necesaria* pero *no suficiente*. La liberalización política, o al menos la existencia de elementos de juicio que hiciesen creíble esa evolución por parte del Régimen español, era considerada por Europa occidental como imprescindible para cualquier vinculación que sobrepasase lo estrictamente económico y técnico.

Es interesante recordar, en este sentido, las declaraciones de Jean Monnet durante una breve estancia en Barcelona a finales de los años sesenta sobre la aproximación de la España de Franco a las Comunidades Europeas: «[...] la entrada de España en las actuales circunstancias es totalmente imposible por razones políticas. Sí, la entrada en estos momentos es poco menos que utópica y no vale, desde luego, la hipótesis de que se pueden negociar las condiciones de la entrada en el plano político. Se está dispuesto a aceptar las condiciones que se impongan o no».

La «carta Castiella» quedó sin respuesta; tan sólo existió un mero acuse de recibo. Sin embargo, en enero de 1964, el gobierno español volvió a renovar su solicitud de apertura de negociaciones, ahora con el objetivo de tratar de obtener de las Comunidades Europeas un acuerdo arancelario y comercial. El 2 de junio de 1964 —dos años y medio después de la primera solicitud— la CEE, a través del presidente del Consejo de Ministros, Paul Henri Spaak, contestó oficialmente a las demandas españolas con una salida de compromiso: autorizar el estudio de los problemas que la Comunidad planteaba a España.

d)   El Acuerdo Comercial Preferencial de 1970

Tras unas largas conversaciones exploratorias —que no se cerrarían hasta 1967—, y después de un largo camino, sembrado de dificultades políticas y técnicas —fueron necesarios dos mandatos del Consejo de Ministros (julio 1967 y octubre 1969) para proseguir las negociaciones—, el 29 de junio de 1970, el ministro español de Exteriores, Gregorio López Bravo, el presidente del Consejo en ejercicio, Pierre Harmel y el presidente de la Comisión, Jean Rey, firmaron un Acuerdo Comercial Preferencial, que se inscribía dentro de la política mediterránea de la Comunidad. De hecho, las negociaciones con España se desarrollaron en paralelo con las de Israel y ambos acuerdos estuvieron a lo largo del proceso negociador ligados entre sí, firmándose, incluso, en la misma fecha.

En líneas generales, el Acuerdo, que entró en vigor el 1 de octubre de 1970, establecía «un sistema general de preferencias con vistas a la supresión progresiva de los obstáculos, en lo esencial, de los intercambios entre España y las Comunidades Europeas». Posteriormente, en 1973 se le añadió un Protocolo Adicional de carácter provisional que intentaba dar respuesta al doble impacto de la ampliación comunitaria a Gran Bretaña, Irlanda y Dinamarca, y el establecimiento de un área de libre comercio con la EFTA, ambos muy negativos para la economía española. Desde ese momento y hasta 1975, España y la CEE se enzarzarán en una compleja negociación técnica para mejorar sus posiciones. No obstante, y por diversas circunstancias, el Acuerdo de 1970 estaría en vigor hasta la adhesión de España a las Comunidades, el 1 de enero de 1986.

Una cuestión que es preciso destacar en relación con el Acuerdo del 70 reside en la polémica desarrollada, tanto sobre el fondo político del mismo como sobre la supuesta asimetría económica a que daría lugar. Lo cierto es que mientras para la CEE el Acuerdo firmado con España era estrictamente comercial y de importancia menor, para España era crucial, tanto desde el punto de vista político —se presentó como un triunfo del Régimen en Europa— como económico, ya que permitía colarse en la Comunidad, aunque fuese por la puerta trasera. En cualquier caso, ambos planos —político y económico— parecen yuxtaponerse.

Desde un punto de vista político, el franquismo afirmó que su objetivo era establecer —con carácter progresivo—, una unión aduanera con el *Mercado Común*, pero lo cierto es que las Comunidades Europeas habían tomado la precaución de que sólo se pudiese llegar al final de ese proceso cuando las circunstancias políticas lo permitieran, lo que tácitamente quería decir tras la muerte de Franco y la desaparición de su régimen. Es más, el Acuerdo se inscribía dentro de la Política Comercial Común de la CEE y no contenía ningún elemento que rebasase el ámbito comercial, razón por la cual no tuvo que ser consultado al Parlamento Europeo ni ratificado por los parlamentos nacionales.

Asimismo, las autoridades españolas todavía estaban intentando adaptarse económica e institucionalmente al Acuerdo cuando se produjo la muerte de Franco en un clima de virulenta represión interior —Proceso de Burgos (diciembre 1970), Proceso 1001 (1972-1973), caso Puig Antich (1973-1974), caso del obispo Añoveros (1974), fusilamientos de septiembre de 1975—, que provocó una fuerte reacción de indignación en la sociedad europea que culminó, institucionalmente, con la suspensión de las negociaciones entre la Comunidad y España en octubre de 1975 —cercenando un posible acuerdo negociado en secreto por Ullastres y Kergorlay—. De hecho, a partir de la negociación con España, la CEE se replanteó esta política de Acuerdos Comerciales Preferenciales para hacerla mucho más restrictiva en el futuro —sobre todo con los países europeos—, reservando dicha figura exclusivamente como preparatoria para cualquier adhesión.

Desde un punto de vista económico, aparentemente, el Acuerdo no tenía un gran alcance para ninguna de las partes, pero dejaba muchas puertas abiertas para productos industriales que España supo aprovechar muy bien y no lesionó los intereses exportadores de su agricultura. De hecho, se ha afirmado que con él, prácticamente se consolidaría la integración económica de España en la CEE, como lo corrobora la evolución de la balanza comercial que llegó a tener superávit en los años previos a la adhesión. No obstante, también contribuyó a esa evolución positiva la mejora de la productividad, el favorable tipo de cambio de la peseta, las desgravaciones fiscales a la exportación y la necesidad de búsqueda de nuevos mercados.

2.2. La Transición y la consolidación democrática (1975-1986): el reto histórico de la integración

En nuestra opinión, el reto histórico de la integración —es decir, la normalización del papel de España en Europa— debe ser observado en relación con otros procesos políticos, económicos, sociales, e internacionales, desarrollados en la sociedad española en el período de la Transición y consolidación democrática. De hecho, en ese proceso, Europa y la integración europea jugaron —incluso antes de la muerte de Franco— un complejo sistema de incentivos y garantías a medio y largo plazo tendentes a favorecer la democratización de las instituciones y la recuperación de las libertades.

No obstante, la relación España-Europa es una relación larga y cubierta de desencuentros. La democratización de España, en este sentido, no fue argumento suficiente para favorecer automáticamente el ingreso en la CEE, ya que fueron necesarios más de siete años de complejas negociaciones para la consecución de ese *reto histórico*. Es más, el eje de la relación España-Comunidad Europea, durante estos años, no consistió tan sólo en la *homologación* del régimen político español con el modelo europeo —y cuyo final sólo podía ser la adhesión a las Comunidades—, sino que residió, sobre todo, en el choque de intereses nacionales en un ámbito de negociación multilateral de carácter supranacional, sujeto, tanto a la evolución de una sociedad internacional en permanente cambio —que pasó de la *distensión* en el conflicto bipolar durante los años setenta a la *segunda guerra fría* en los primeros años ochenta—. Como a una fluctuante y, en general, negativa coyuntura económica mundial.

Las bases del proceso de integración

Es un lugar común afirmar que Europa y las instituciones comunitarias jugaron un papel positivo en los procesos de transformación y cambio acaecidos en España desde los años setenta, pero al margen de esa alusión, no suele señalarse los ámbitos donde se produjo esa influencia, unánimemente reconocida como beneficiosa. En nuestra opinión, el papel de Europa se puede intentar concretar en seis vectores diferentes:

a) Contribuyó a reforzar la legitimidad de la democracia tal y como se practicaba en Europa occidental a ojos de las elites y de la opinión pública española.

b) Permitió el consenso —aunque sin debate— entre todas las fuerzas políticas democráticas ante la adhesión a la Comunidad Europea que fue interpretada como una garantía indispensable para la joven y frágil democracia española.

c) Funcionó como un amortiguador de la cuestión nacional-regional durante la transición española. Es decir, la expectativa de integración en Europa fue un elemento que ayudó a modular el enfrentamiento entre el Estado central y las nacionalidades históricas permitiendo el desarrollo del Estado de las Autonomías.

d) Transformó radicalmente la realidad social española a través de una modernización sin precedentes en la cultura política española que encuentra en Europa un modelo a imitar y en el que integrarse.

e) Facilitó la adaptación de las estructuras financieras, empresariales y productivas con las negociaciones para la adhesión a las Comunidades Europeas. Reformas que sin ese horizonte hubieran sido difícilmente realizables, dados los costes que llevaban aparejados.

f) Permitió resolver una antigua y fundamental cuestión de la política exterior: la definición de la posición internacional de España.

a) La legitimidad democrática del modelo europeo

La existencia de un veto político al ingreso de España en las instituciones europeas influyó —sobre todo tras los fusilamientos de septiembre de 1975 y la Declaración del Consejo de Ministros de la Comunidad, el 7 de octubre de 1975— en el ánimo de algunos sectores de la sociedad española que habían tolerado o apoyado a la dictadura, algunos con gran influencia social, como la Iglesia Católica, y otros con influencia económica, como el empresariado español, que empezaba a ver en el franquismo un obstáculo para la realización de sus aspiraciones. Ese hecho, unido a otros factores de mayor duración, como la creciente prosperidad y estabilidad de la mayoría de los países europeos, contribuyó a reforzar desde finales de los años sesenta la legitimidad de la democracia tal y como se practicaba en Europa occidental a ojos de las elites y de la opinión pública española.

De este modo, Europa y su expresión más coherente en la percepción de los españoles, la CEE, pasó a convertirse en un símbolo de todo aquello que el Régimen de Franco había negado durante tantos años a los españoles. Por ello, cuando las elites políticas españolas, tanto reformistas, es decir, procedentes del mismo régimen como de la oposición política y sindical, pensaban en un futuro democrático, lo hacían con la vista puesta en los mecanismos institucionales y los comportamientos públicos que observaban en las democracias europeas de su entorno.

En definitiva, tanto en los momentos anteriores a la transición como a lo largo de su desarrollo, la Comunidad Europea supuso una importante garantía para quienes contemplaban la desaparición de la dictadura con aprensión como afirma Charles Powell parecía razonable suponer —como efectivamente se produjo— que un gobierno de transición deseoso de incorporarse a la CEE evitaría a toda costa poner en entredicho los derechos y valores propios de la Europa occidental para evitar el rechazo de los socios comunitarios.

b)   La unanimidad ante la integración europea

Tras la muerte de Franco, Europa se transformará en un elemento esencial de la cultura política democrática en construcción y actuará como aglutinante de la clase política emergente. Europa alcanzará en este momento su punto máximo como modelo para el sistema de convivencia democrática de los españoles. Ser admitidos, homologados por Europa, se constituye en una de las banderas principales de socialización política de la naciente democracia. El vehículo, evidentemente, de tal homologación pasaría por el ingreso en las organizaciones regionales europeas: Consejo de Europa, Comunidades Europeas. Todas las fuerzas políticas democráticas interpretaron que la adhesión a la Comunidad Europea era una garantía indispensable para la joven y frágil democracia española.

Las declaraciones institucionales desde el Congreso de los Diputados —como el manifiesto realizado a la Asamblea Parlamentaria del Consejo de Europa el 8 de octubre de 1977— no dejan lugar a dudas, ni tampoco la actitud y respuesta de las instituciones europeas ante momentos especialmente críticos de la transición española como ante el intento de golpe de Estado del 23 de febrero de 1981, al que se respondió con la contundente Declaración del Parlamento Europeo del 8 de marzo de 1981.

En lo relativo a las diferentes opciones sobre la construcción europea, muchos de los partidos políticos de la joven democracia española mantendrán las líneas de colaboración, abiertas en tiempos de la lucha contra la dictadura, con sus homólogos ideológicos continentales, mimetizando generalmente las posiciones más avanzadas en aspectos relativos a la integración europea, caso por ejemplo del Informe Spinelli en los primeros años ochenta.

c)   La vertebración nacional

La construcción europea, asimismo, actuó positivamente en otro ámbito fundamental de la transición española. El ingreso en Europa funcionó como un amortiguador de la cuestión nacional-regional. España necesitaba una nueva «vertebración nacional» que permitiera a sus nacionalidades históricas, Cataluña, Euskadi, Galicia, Andalucía, su reacomodación en una realidad democrática después de cuarenta años de dictadura centralista.

Si bien hubo un consenso unánime, desde el primer momento, respecto a trasvasar poderes del Estado hacia arriba por parte de las fuerzas políticas españolas —la integración en la Comunidad Europea no fue discutida—, caso distinto fue el acuerdo sobre el reparto de poderes hacia abajo, donde no se pudo lograr un completo consenso. Existía en esos años una sobrecarga ideológica en el debate político y era necesario superar ciertos comportamientos y actitudes alentados durante la dictadura franquista sobre la cuestión nacional de Cataluña y Euskadi, principalmente.

Sin embargo, ambos procesos avanzaron en paralelo desde los mismos inicios del proceso de transición: el desarrollo hacia el autogobierno de las nacionalidades históricas más allá de la mera descentralización administrativa y los avances de la política de Estado hacia el proceso de integración europea. Probablemente, esa compatibilidad —aunque no exenta de tensiones— fue uno de los factores que permitió resolver en un primer momento las relaciones Estado central-nacionalidades históricas.

Esa compatibilidad entre la recuperación de las libertades democráticas, la creación del Estado de las Autonomías y la incorporación de España a Europa son elementos que forman parte del mismo proceso de cambio de la cultura política española, de la que son ejemplos los resultados de las encuestas sobre la opinión de los españoles ante Europa o las representaciones que se desarrollaron entre los ciudadanos del Estado español, fundamentalmente en las nacionalidades históricas, en forma de antinomias: franquismo = centralismo = aislamiento / democracia = autonomía = Europa.

d)   El reto de la modernización

Sin lugar a dudas, y a pesar de las deficiencias que persisten en la economía española, su modernización es uno de los más importantes resultados de esa búsqueda de la «homologación con Europa». Es más, la integración en la CEE supondrá la opción definitiva por una auténtica economía de mercado, la apertura de España al exterior y la modernización de su aparato productivo.

La tímida liberalización de la economía española iniciada con el Plan de Estabilización y Liberalización de 1959 y continuada en los años sesenta permitió —como a otros países de la periferia de Europa— superar parte de su retraso gracias a la proximidad y a las intensas relaciones económicas mantenidas con los países de la CEE. Durante la transición, la Comunidad representará ese estímulo para la economía española, al tiempo que fue un instrumento para hacer frente a los devastadores efectos de la crisis económica de los años setenta (inflación cercana al 30 %, gran aumento del desempleo, etc.).

Para España, la entrada en la CEE requería, según Pedro Solbes, cambios sustanciales en el sentido de racionalidad económica, una armonización de estructuras que implicaba una transformación profunda de las políticas económicas y un cambio radical de la cultura empresarial. Esa reforma económica era casi sinónimo de una relajación de los mecanismos de intervencionismo estatal y de una apertura a los mercados europeos. Implicaba la supresión de monopolios y del comercio de Estado, la mayor transparencia de las ayudas públicas, la introducción de las normas de competencia entre empresas vigentes en la CEE, etc.

El objetivo de la adhesión significaba, también, una mayor apertura al exterior y no sólo frente a la Comunidad. Exigía la supresión de los derechos arancelarios y de las restricciones cuantitativas a la importación, así como la modificación de las numerosas normas y prácticas que aumentaban la protección del mercado interior. Asimismo, incentivaba la modernización del aparato productivo y financiero, poco competitivos.

No obstante, esa apertura tendrá efectos estructurales mucho más profundos. De una parte, aumentó notablemente el volumen de intercambios con la CEE, pasando en 1970 de representar el 32,8 % de las importaciones y el 36,1 % de las exportaciones al 50,2 y 60 %, respectivamente, en 1986. De otra, el cambio de rumbo en la política comercial se emprendió no sólo a través de la progresiva reducción de las barreras al comercio como estímulo de la adaptación de la competencia en un mercado de 320 millones de consumidores, sino también mediante la gradual expansión de los sistemas de apoyo a la exportación, de la evolución favorable de la competitividad internacional y de la capacidad de cambio de la oferta exportadora, a lo que se unía la atonía de la demanda interna. Todo ello orientó a las empresas españolas en la búsqueda de mercados exteriores, lo que produciría una importante mejora de los saldos comerciales.

Por otra parte, junto a las transformaciones de la estructura económica, la aproximación a Europa en el período 1975-1986 implicó una transformación del tejido social no exenta de contradicciones y dificultades que afectaron también a la política económica. Según Gabriel Tortella, tras la vuelta de la democracia e incluso antes del ingreso en las instituciones europeas, la sociedad española manifestó una especial sensibilidad hacia los aspectos sociales de la construcción europea dentro de un contexto de confusión generalizada sobre su significado, lo que se tradujo en un crecimiento del gasto público muy por encima de los incrementos experimentados en esos años por la media comunitaria.

e) La inserción en la sociedad internacional

La indefinición en la posición internacional de España y su incompleta inserción internacional hasta los años ochenta dificultó enormemente la proyección exterior de España durante la dictadura. Desde esa perspectiva, puede asegurarse que sólo a raíz de una definición clara y precisa de la posición de España en la sociedad internacional es cuando se puede dar por cerrada la transición en cuanto a materia exterior se refiere.

El año 1986 es, posiblemente, el momento que ha concitado mayor unanimidad entre los estudiosos de la política exterior española para dar por terminada la transición en materia exterior, ya que es ahora cuando se produce la entrada en vigor del Tratado de Adhesión a las Comunidades Europeas, la firma del Acta Única Europea y la celebración del referéndum sobre la permanencia de España en la Organización del Tratado del Atlántico Norte. De hecho, a partir de esos momentos, la política exterior española se irá despersonalizando y se normalizará institucionalmente, adaptándose a los usos y modelos comunitarios.

En esencia, la integración en Europa supuso la afirmación de una nueva dimensión de la política exterior y la superación definitiva de su tradicional pero matizable aislamiento internacional. España, tras la adhesión, no sólo consiguió definir una política exterior propia, sino que además adquirió, a través de la Cooperación Política Europea y de la dimensión internacional de las políticas comunitarias, una importante proyección exterior que le permitió alcanzar un notable protagonismo internacional en los primeros años noventa.

Negociación, adhesión e integración en Europa

La integración de España en Europa implicó la superación de la imagen del *Spain is different* y, en ese sentido, España fue tratada como un «país normal» —en términos de exigencia— por parte de la CEE. Es más, las negociaciones para la adhesión estuvieron determinadas por la defensa de encontrados intereses nacionales y, desde luego, los negociadores españoles no acudieron a Bruselas con una actitud ingenua sino conscientes de lo que estaba en juego. En cualquier caso, una valoración a medio plazo sobre sus implicaciones encontraría, quizás, como único elemento negativo, el hecho de que en esos años no se generase un debate en profundidad sobre las implicaciones que, en todos los órdenes, supondría el ingreso en las Comunidades.

Por otra parte, desde la perspectiva comunitaria, la integración de España se produjo dentro de lo que se ha venido denominando «la ampliación hacia el sur», resultado de los procesos de transición democrática desarrollados en tres países de la Europa del sur: Grecia, Portugal y España. Esta ampliación se produjo en dos fases: Grecia presentó su solicitud de adhesión en 1975 y el 1 de enero de 1981 se convirtió en el décimo Estado miembro de la Comunidad, mientras que los dos países ibéricos habrían de esperar hasta 1986, a pesar de haber presentado su demanda de adhesión en 1977.

Las causas de ese retraso hay que buscarlas tanto en que las negociaciones para la adhesión de España a las Comunidades Europeas no fueron fáciles para ninguno de los dos lados —la duración del proceso negociador (1979-1985) da una idea de las complejidades económicas, políticas y técnicas que planteaba la adhesión española—, como en el hecho de que la solicitud española coincidió con un contexto especialmente difícil para la CEE, resultado de la doble crisis, económica —*la eurosclerosis*— e institucional —*el estancamiento comunitario*—, producto del impacto del primer choque petrolífero entre 1973-1974 y de los contenciosos generados en las Comunidades tras la primera ampliación de 1972.

La principal consecuencia fue que la negociación España-CEE añadió una serie de nuevos problemas a una sobrecargada agenda comunitaria que, a inicios de los ochenta, buscaba afanosamente el relanzamiento del proceso de construcción europea:

— reticencias entre algunos Estados miembros y, en particular, Francia, sobre el potencial agrícola español;
— previsible aumento del gasto comunitario derivado de la adhesión ibérica en el contexto del enfrentamiento por la aportación británica al presupuesto de la Comunidad;
— interferencias en las negociaciones intergubernamentales que desembocarían en la firma del Acta Única Europea.

Respecto a este último punto se ha llegado a afirmar que la adhesión de España y Portugal influyó en gran medida sobre la reforma institucional ligada al Acta Única Europea. Esa observación puede exigir alguna matización: la Comisión, como la mayor parte de los Estados miembros, estaban convencidos del peligro que para el futuro del proceso de integración supondría un bloqueo permanente de los mecanismos de toma de decisión, con una Comunidad ampliada a doce Estados. Y esa percepción de la situación comunitaria facilitó —aparentemente— que los parones dilatorios en la negociación propiciados por Francia fuesen contrarrestados en las últimas fases del proceso por la actitud alemana de convertir las adhesiones de España y Portugal en paso previo para desbloquear otros temas de la agenda comunitaria, en general aquellas cuestiones directamente vinculadas a la reforma de los Tratados y, singularmente, algunos temas por los que Francia mostraba mayor interés, como el aumento de los recursos financieros o la reforma de la Política Agraria Común. No obstante, también debe tenerse en cuenta que la obstruccionista actitud británica en los Consejos facilitó el entendimiento del eje franco-alemán en otros temas, como en el caso de la ampliación a España y Portugal.

Atendiendo a la evolución de la negociaciones entre España y las Comunidades Europeas se pueden distinguir básicamente cuatro etapas:

a)   Las Comunidades Europeas y los primeros gobiernos
   de la monarquía (1975-1977)

Los contactos realizados con los países europeos tras la muerte de Franco arrojaron, invariablemente, un mismo resultado: si España quería ingresar en las Comunidades Europeas debía aportar pruebas claras de democratización. Y esa exigencia, para los primeros gobiernos de la monarquía, entrañaba grandes problemas:

— España no era una democracia y el franquismo aún no había sido desmantelado. Esa situación afectaba negativamente a los esfuerzos diplomáticos realizados en Europa, ya que incluso los argumentos del ministro de Exteriores, José M.ª de Areilza, recordaban en muchas cancillerías al discurso franquista de los años sesenta.

— La oposición consideraba a las nuevas autoridades meros continuadores del «franquismo sin Franco» y exigía, con carácter previo a todo acercamiento político entre España y Europa, unas condiciones mínimas (libertad de expresión, de reunión, de sindicación, legalización de partidos políticos sin exclusiones, amnistía para los presos políticos, libre retorno de los exiliados...), como se afirmaba en el documento presentado en Bruselas por la célebre «Platajunta», en marzo de 1976.

— Las instituciones europeas, a través del Parlamento Europeo en su resolución de 12 de mayo de 1976, tras la presentación del *Informe Faure* sobre la «situación política en España» señalaron las pautas para que el nuevo sistema político español —si quería— pudiera incorporarse al modelo democrático de Europa occidental: «1. Considera fundamental el reconocimiento de las libertades individuales, políticas, sindicales y, en particular, la rápida legalización de todos los partidos políticos. 2. Estima que debe concederse una amplia amnistía a todos los detenidos políticos y que los exiliados deben ser autorizados a entrar libremente en su patria.»

No obstante, el 20 de enero de 1976, el Consejo de Ministros de la CEE —en parte, acuciado por las críticas al Acuerdo del 70 de varios Estados miembros— desbloqueó las negociaciones suspendidas con España en octubre del año anterior provocando la protesta del Parlamento Europeo. Sin embargo, desde ese mismo momento, España dejó claro que deseaba pasar de cualquier renegociación parcial del Acuerdo para tratar directamente la adhesión con todos los derechos y obligaciones. Evidentemente, el horizonte del Acuerdo Preferencial no era suficiente para la joven monarquía española, que necesitaba, por razones políticas, una mayor imbricación con su entorno internacional inmediato. Esas razones podrían sintetizarse en la necesidad de romper el aislamiento exterior en que la dictadura sumió en sus últimos tiempos al país y en asumir unas coordenadas europeas que insertasen a España, en pie de igualdad, en el entramado de intereses económicos y político-defensivos del mundo occidental.

Para ello era necesario el tránsito desde un régimen autoritario a una democracia representativa, lo que se consiguió con el proceso de reforma política puesto en marcha tras la llegada de Adolfo Suárez a la Presidencia del Gobierno —y una vez superados los generalizados recelos iniciales hacia su persona y significación política—. La principal consecuencia fue un progresivo cambio de actitud, no sin tesiones, tanto en la oposición, que aceptó la «reforma sin ruptura» o la «ruptura pactada», como de las instituciones europeas, que facilitaron su ingreso en el Consejo de Europa el 24 de noviembre de 1977, aun cuando todavía España no contaba con una Constitución democrática. El gobierno de Madrid respondió a la confianza ratificando en menos de un año los pactos internacionales sobre derechos económicos, sociales y culturales, y sobre derechos civiles y políticos.

b)   La solicitud de adhesión y el inicio de las negociaciones
        con la CEE (1977-1979)

El 15 de junio de 1977 se celebraban en España las primeras elecciones libres desde 1936; el 6 de julio, el Parlamento Europeo se congratulaba por el desarrollo de las mismas y reafirmaba «su voluntad política de ver a España ocupar su sitio en la Comunidad Europea cuanto antes». Unas semanas más tarde, el 28 de julio de 1977, la España democrática presentó oficialmente su demanda de Adhesión a las Comunidades Europeas. El nuevo gobierno de la UCD —como manifestó Marcelino Oreja, el 20 de septiembre de 1977 en el Congreso de los Diputados— pretendía satisfacer al mismo tiempo varias aspiraciones:

— la confirmación de la respetabilidad política del nuevo sistema político,
— la participación en el proceso de construcción europea,
— la redifinición de la posición internacional de España, y
— la apertura al exterior de la economía española.

Mucho se ha debatido sobre la urgencia y oportunidad con que se presentó dicha solicitud y sobre el exceso de optimismo en una rápida integración. En líneas generales, existen dos tipos de explicaciones al respecto. La primera responde a razones de carácter técnico: Grecia había solicitado la adhesión el 12 de junio de 1975 y Portugal el 28 de marzo de 1977 y todo hacía prever que su negociación sería fácil, mientras que la integración de España se daba por seguro que sería complicada, dadas sus dimensiones económicas. Se pretendía con ello evitar que las Comunidades decidiesen abordar, en una primera fase, las adhesiones de Grecia y Portugal y se aplazasen las negociaciones con España a su conclusión.

La segunda explicación encuentra las causas de la solicitud en la situación política interna, sobre todo en la necesidad de consolidar sobre bases internacionales el recientemente recuperado sistema parlamentario español y, en ese sentido, el optimismo imperante sería una extensión de la lógica establecida por el éxito alcanzado en el rápido proceso de ingreso en el Consejo de Europa y de la convicción gubernamental de «tener ganada la batalla de Europa».

En cualquier caso, la solicitud española —apoyada con una serie de viajes por las capitales europeas del presidente Suárez— consiguió que en septiembre de 1977 el Consejo de Ministros de la Comunidad formulase su opinión favorable a la adhesión, encargando —de acuerdo con lo previsto en el Tratado de Roma— a la Comisión Europea la elaboración de un «Dictamen» sobre las implicaciones para la CEE de la adhesión de España. No obstante, tan sólo unos meses después —y consciente de los problemas que planteaba el proceso—, el gobierno, en su declaración de 9 de marzo de 1978, adoptó una actitud de prudencia: «La negociación va a ser compleja [...] España no acepta un sistema de adhesión por fases ni un régimen de preadhesión. La adhesión debe realizarse de forma plena y absoluta.» Evidentemente, el veto político no era lo único que se interponía entre España y su ingreso en la CEE.

El 10 de abril de 1978, la Comisión hizo llegar al Consejo un documento que contenía las reflexiones de conjunto sobre los problemas de la ampliación de la Comunidad de «Nueve» a «Doce» miembros (*Reflexiones globales relativas a los problemas para la adhesión*). Pero no sería hasta el 29 de noviembre de 1978 cuando la Comisión aprobó y transmitió al Consejo el «Dictamen» sobre la candidatura española, favorable a la adhesión.

Finalmente, el 5 de febrero de 1979 tuvo lugar en Bruselas la sesión de apertura oficial de las negociaciones para la adhesión de España. Esa fecha marca el inicio de dos procesos paralelos denominados «examen del Derecho derivado» y «análisis de conjunto». El primero consistía en un repaso a toda la legislación comunitaria, realizado conjuntamente, mientras que el segundo constituía la primera etapa de negociación propiamente dicha, que consistía en que cada parte exponía por escrito su opinión sobre la forma en que cada país candidato debía adoptar el acervo comunitario.

La percepción del gobierno español en esos momentos era francamente optimista. En el debate parlamentario celebrado el 27 de junio de 1979, sobre las relaciones España-CEE, se afirmó: «El gobierno estima que el proceso negociador puede exigir un plazo aproximado de dos años [...]. Un desarrollo normal de las negociaciones y de los posteriores procesos de ratificación debe, por tanto, permitir que España sea miembro de pleno derecho de las Comunidades Europeas hacia 1982.»

No obstante, toda una carrera de obstáculos se iniciaba en ese momento: si las negociaciones habían comenzado casi dos años después de haberse presentado la candidatura, la aspiración a una rápida adhesión tras su inicio se desvanecería mucho más rápido. Pronto surgirían voces criticando la marcha de las mismas e, incluso, algún partido de la oposición afirmaría que se encontraba en mejores condiciones que el propio gobierno para llevarlas a cabo a mejor término y más rápidamente. Por lo demás, el tiempo se encargaría de ampliar aquel plazo señalado en torno a 1982 hasta el primero del mes de enero de 1986.

c)   Los primeros problemas: el bloqueo francés (1980-1982)

Cronológicamente, los primeros problemas en la negociación se manifestaron a principios de 1980, cuando la Comunidad no presentó el análisis de conjunto relativo a la agricultura. La causa del retraso se debió a las reticencias francesas en materia agrícola ante la integración de España. A grandes rasgos, esa posición era el resultado lógico de la actitud del presidente Giscard de subordinar la «segunda ampliación» a la solución previa de los problemas internos comunitarios (reforma de la PAC, problemas financieros y recursos propios), situación que a su vez, se derivaba tanto de las necesidades políticas internas relacionadas con el calendario electoral como de los efectos del segundo choque petrolífero entre 1979-1980, sobre la economía europea. Por dar un dato técnico, solamente la preparación de los estudios exigidos por Francia implicaba el plazo adicional de un año, lo que a fin de cuentas suponía tanto como congelar las negociaciones con España por el mismo período.

Sin embargo, el intento de golpe de Estado de 23 de febrero de 1981 y las presiones españolas tras el mismo propiciaron que desde varios ámbitos comunitarios se emitieran opiniones favorables a desbloquear las negociaciones. Ello originó un pequeño repunte en el proceso —al que contribuyó un viaje a Bruselas del presidente Leopoldo Calvo Sotelo—, que hizo posible que se cerraran seis de los dieciséis capítulos de que constaba la negociación: Movimiento de capitales, Armonización de Legislaciones, Transporte, Cuestiones Económicas y Financieras, Política Regional, Libertad de Establecimiento y Libre Prestación de Servicios, tras una sesión de negociación a nivel gubernamental el 22 de marzo de 1982. No obstante, el gobierno Calvo Sotelo, a pesar del cambio hacia unos intereses más inmediatos y reales en la política europea, no consiguió desbloquear el estancamiento en que se encontraban las negociaciones.

Finalmente, tras la visita del presidente François Mitterrand a España en junio de 1982, se produjo un cambio en la actitud francesa con el envío a la Comisión de un «inventario» de los problemas que planteaba, en su opinión, la ampliación. De esta forma, pese a que la paralización en materia agrícola persistía, se pudo seguir avanzando a buen ritmo en otros ámbitos, sobre todo tras la victoria socialista en las elecciones legislativas de octubre de 1982.

d)   Hacia la Europa de los Doce (1982-1986)

El nuevo gobierno español abordó las negociaciones desde un prisma diferente, aunque sin modificar el objetivo básico: conseguir una adhesión basada en los principios de equilibrio, progresividad y reciprocidad. Se trataba de incentivar la marcha de las negociaciones de carácter técnico con acciones políticas complementarias que facilitasen su desarrollo, como hizo público el presidente González en su discurso de investidura el

30 de noviembre de 1982. Dentro de ese cambio de orientación en la política europea cabe destacar:

1. La introducción de nuevos elementos en el discurso. Se «enarboló —en expresión de Fernando Morán, ministro español de Exteriores— la bandera europeísta frente a los Estados miembros» en cuestiones consideradas «críticas» para el futuro del proceso de construcción europea.

2. La definición de un calendario de negociación. Tras los resultados del Consejo de Stuttgart (junio 1983), en que se estableció una relación directa entre la ampliación de la Comunidad y el incremento de los recursos comunitarios, el presidente González expresó por carta (noviembre 1983) a los jefes de Estado y primeros ministros de los Estados miembros la necesidad de cerrar las negociaciones para la adhesión de España antes del 1 de enero de 1986.

3. Los esfuerzos por mejorar las relaciones bilaterales con los países vecinos, en especial con Francia y Portugal, poniendo en marcha un sistema de cumbres bilaterales con periodicidad anual.

Sin embargo, los dos problemas más importantes que se plantearon para la adhesión de España en esta última fase de la negociación fueron:

— las reivindicaciones británicas que podrían haber afectado negativamente el nexo establecido entre la ampliación de la Comunidad y el incremento de los recursos comunitarios para desbloquear las negociaciones con España;

— la «ambigüedad calculada» que caracterizará la posición española ante la OTAN, ya que vinculó la adhesión a la Comunidad y la permanencia en la Alianza Atlántica, tanto ante la opinión pública española como ante Europa.

En cualquier caso, las negociaciones técnicas continuaron avanzando por buen camino. En enero de 1984, la Comisión presentó al gobierno español sus posiciones en materia agrícola, lo que permitió entrar en la recta final de las negociaciones. En esta fase, la negociación se desarrolló por paquetes de grandes temas y sobre ellos surgieron las mayores dificultades: los períodos transitorios. No obstante, entre diciembre de 1984 y marzo de 1985 se consiguieron acuerdos sobre la mayoría de los distintos paquetes negociadores, situación que permitiría que los capítulos pendientes fuesen cerrados el 26 de marzo de 1985. A partir de esta fecha, los principales escollos habían sido superados, tanto desde el punto de vista político como económico. Sólo quedaban por cerrar los últimos flecos técnicos: la negociación bilateral entre España-Portugal sobre un régimen transitorio especial y la redacción de los instrumentos de adhesión.

El Tratado de Adhesión, firmado en Madrid el 12 de junio de 1985, fijó un proceso de incorporación inmediata que se haría efectivo el 1 de enero de 1986, pero al mismo tiempo establecía una dinámica de integración progresiva, por etapas, a través de un largo y complejo período transitorio. Las distintas valoraciones realizadas en el momento de la adhesión coincidían en asegurar que, a la larga, el ingreso en las Comunidades Europeas sería beneficioso para el desarrollo económico y social de España; sin embargo, se difería a la hora de valorar los efectos de los procesos transitorios para la industria (siete años) y para la agricultura (diez años).

En líneas generales, la crítica se centró en considerar excesivamente largo el período transitorio de la agricultura en comparación con la industria. Sin embargo, la propia dinámica del proceso de construcción europea y la coyuntura económica de la segunda mitad de los ochenta redujeron tanto algunos plazos, que concluirían el 1 de enero de 1993, coincidiendo con la culminación del *mercado interno*, como los efectos traumáticos de la adhesión en varios sectores.

2.3. ESPAÑA EN EUROPA (1986-2000): LA NORMALIZACIÓN

La firma del Tratado de Adhesión de España a las Comunidades Europeas marca, sin lugar a dudas, un punto de inflexión en las relaciones entre España y Europa que ahora se normalizan en todos los aspectos.

En el plano comunitario, se pasó en los primeros años del apoyo al ingreso en la CE por razones eminentemente políticas a utilizar la adhesión como instrumento para la modernización de la estructura económica y del tejido social. La principal consecuencia de ese cambio de objetivo fue el desarrollo de una estrategia que basaba la defensa de los intereses españoles en la introducción de modificaciones en el acervo comunitario que permitiesen una mejora de posiciones dentro de la Comunidad.

En el interior, coincidiendo con el gran esfuerzo de adaptación realizado en todos los órdenes a las exigencias comunitarias, España conoció —como la mayor parte de las democracias europeas— el impacto del doble proceso de reestructuración del Estado «hacia arriba» y «hacia abajo», aunque posiblemente lo sufriría con mayor intensidad dada la casi simultaneidad de la creación del Estado de las Autonomías con el ingreso en la Comunidad. No obstante, el gran desafío de esos primeros años fue la reforma económica y, en este sentido, hay que destacar la finalización de la reconversión industrial —especialmente en los sectores de la industria pesada—, las mejoras estructurales en la agricultura, la pesca y las telecomunicaciones y la definición de nuevas políticas sobre innovación tecnológica, formación profesional, medio ambiente, etc.

En cualquier caso, la participación española ha arrojado un balance unánimemente reconocido como positivo:

— en el plano interno se ha fortalecido la democracia y el país se ha beneficiado de las políticas y los fondos europeos (medio ambiente, política de I+D, desarrollo regional, infraestructuras y competencia), consiguiendo, asimismo, importantes resultados en lo relativo a la redistribución de la riqueza;

— en el comunitario se ha logrado romper con el tradicional aislamiento consiguiendo el reconocimiento de los demás socios europeos y llegando incluso a desempeñar, durante algunos años, un incipiente liderazgo en determinados temas comunitarios.

Las adaptaciones institucionales de españa a la UE

La multiplicación de los protagonistas que participan en el proceso de construcción europea y la diversificación de las formas de representación e intervención en el proceso de negociación comunitaria han afectado de forma notable a las relaciones entre España y la Unión Europea desde el mismo momento de la adhesión, lo que ha obligado a un gran esfuerzo de adaptación institucional. Grupos de interés, opinión pública, partidos políticos, grupos parlamentarios, entes subestatales, Ministerios y otros organismos de la Administración del Estado, universidades, colectivos sociales, organizaciones no gubernamentales, etc., han determinado una política europea más abierta, transparente y democrática, sujeta a un mayor control legislativo y parlamentario, en la cual, algunas responsabilidades se colectivizan. Todo ello ha supuesto una proliferación de actores, de cauces y de nuevos problemas que no pueden ser ni infravalorados ni sencillamente ignorados, ya que, en conjunto, definen la agenda europea de España.

a)   La formulación y coordinación de las posiciones nacionales

No cabe duda de que la adhesión tuvo un importante impacto en las instituciones públicas, cuyas estructuras y procedimientos tuvieron que adecuarse a las exigencias de la integración europea. En ese sentido, adquiere sigular importancia considerar las estructuras de coordinación entre los diferentes ámbitos departamentales implicados en la formulación de las posiciones nacionales, elemento de capital importancia en un marco de negociación multilateral permanente como el que se practica en la Unión Europea.

España no dispone de un Ministerio exclusivamente responsable de las cuestiones europeas, aunque esas competencias dependen del Ministerio de Asuntos Exteriores. Esa labor ha sido realizada por la Secretaría de Estado para la Comunidad Europea (SECE), que entre 1986 y 1996 se encargó de la coordinación de las posiciones españolas en la Unión Europea, con excepción de las cuestiones relativas a la Cooperación Política Europea y, posteriormente, de la Política Exterior y de Seguridad Común que, por sus implicaciones diplomáticas, fueron competencia de la Secretaría General de Política Exterior.

Con el cambio de Gobierno de 1996 se produjo una reestructuración consistente en la creación de la Secretaría de Estado de Política Exterior y Comunidades Europeas (SEPE-UE), que englobaba a los dos departamentos. Más recientemente, tras las elecciones de 1999 se han vuelto a segregar ambas Secretarías de Estado, regresando a una situación semejante a la de 1996. La SE-UE, actualmente, es responsable no sólo de la ejecución de la política europea de España, sino también de las relaciones entre las distintas Administraciones del Estado.

Dentro de esa estructura existe desde 1985 la Comisión Interministerial para Asuntos relacionados con la CE (CIAE-CE) con el objeto de agilizar la coordinación intragubernamental, y algunos comités especializados como el Comité de Seguimiento y Coordinación de los Asuntos relacionados con el Tribunal de Justicia de la UE con la función de analizar los procedimientos emprendidos contra España o susceptibles de afectar a los intereses nacionales. Asimismo, es preciso destacar el papel desempeñado por la Representación en España ante las Comunidades Europeas, en Bruselas, en la defensa de los intereses nacionales y en la ejecución de la política europea.

En resumen, la Secretaría de Estado para la Unión Europea juega un papel central en el proceso de negociación supranacional en la medida en que constituye un vehículo de información y comunicación intraministerial y un instrumento básico en los procedimientos de coordinación, tanto formales como informales. Esto no quiere decir, sin embargo, que no se hayan producido —ni se produzcan— conflictos burocráticos y/o políticos entre distintos departamentos y/o administraciones como consecuencia de que muchos problemas comunitarios afectan a diferentes organismos e instituciones de la Administración del Estado, ni que ello no haya afectado, en algún momento, a la ejecución de la política europea de España.

b)   El papel del Parlamento en la política europea

En líneas generales, el Parlamento español no ha participado directamente en el proceso de decisión de la Unión Europea. Sin embargo, se han venido produciendo algunas reformas con el objetivo de vincularlo de forma más estrecha al control del Ejecutivo y a la formulación de las posiciones nacionales en los temas comunitarios. La intervención de las Cortes Generales se ha articulado fundamentalmente a través de la Comisión Mixta Congreso-Senado para la UE, creada en 1985. Sus funciones, en un primer momento, se limitaban a la obligación del gobierno de informar a la Comisión acerca de los proyectos normativos de las Comunidades y de las líneas inspiradoras de la política comunitaria del gobierno, con lo que su papel era meramente testimonial. A partir de 1988 se ha introducido una serie de mejoras en el funcionamiento de la Comisión con el objeto de transformarla en un foro de debate político.

Desde 1993 se han realizado reformas tendentes a agilizar su funcionamiento y dotarlo de mayor personalidad: elección del presidente de la Comisión entre la oposición, creación de ponencias encargadas del estudio y seguimiento de cuestiones fundamentales, participación en la Conferencia Intergubernamental de 1996, capacidad para presentar proyectos al Gobierno sobre cuestiones comunitarias y, en consecuencia, llevarlos a los plenos del Congreso con obligación de asistencia del Ejecutivo; presentación por parte del Gobierno de informes semestrales sobre la labor de la presidencia rotatoria de la UE y sobre el resultado de los Consejos Europeos.

Finalmente, es preciso destacar que el Gobierno está obligado a llevar a los Plenos del Congreso su política europea y balances sobre la evolución de la UE. No obstante, el hecho de que el presidente del Gobierno deba informar acerca de las Cumbres europeas tras su celebración obviamente resta importancia e interés a los debates parlamentarios.

c)   Las funciones de las Comunidades Autónomas

Las CC.AA. son consideradas administración comunitaria en la medida en que implementan las políticas de la UE con arreglo a la distribución de sus competencias. En general, las administraciones autonómicas también han debido adecuar su estructura a las exigencias derivadas de su papel en la ejecución y seguimiento de las políticas comunitarias que les competen, en especial Fondos Estructurales, política ambiental y Política Agraria Común.

No obstante, la división de competencias plantea problemas, tanto en el plano interno como en el comunitario, lo que dificulta el establecimiento de mecanismos eficaces de coordinación, seguimiento y control en algunas políticas comunitarias. En cualquier caso, la participación de las CC.AA. en el proceso de toma de decisión europeo ha sido y es un tema de permanente debate y negociación intergubernamental desde la adhesión de España. La propuesta de reforma del Senado, en ese sentido, es considerada por Francesc Morata como un eje básico para, siguiendo el modelo alemán, dotar «de un mayor protagonismo autonómico la política europea de España».

En la actualidad, las Comunidades Autónomas mantienen relaciones directas con las instituciones europeas a través de oficinas regionales abiertas en Bruselas. Su labor estriba, básicamente, en el seguimiento de la normativa comunitaria, los programas de la Comisión de interés regional, la preparación de visitas y contactos o, incluso, la prestación de servicios al sector privado.

d)   Las actividades de los grupos de interés

España comparte la tradición continental de considerar la participación del sector privado en la formulación de las decisiones públicas como un obstáculo para la consecución del «interés general»; sin embargo, ello no significa la inexistencia de una influencia directa de lo privado sobre lo público. Es más, el particular método de negociación comunitario ha contribuido a legitimar estas relaciones. De hecho, la relevancia de las decisiones europeas sobre la mayoría de los sectores económicos y sociales ha significado un cada vez mayor interés de los intereses privados por la construcción europea.

Por lo que a la Administración española respecta, es cada vez más habitual que los Departamentos implicados en políticas comunitarias tiendan a establecer contactos informales con grupos de interés y de presión al objeto de formular las posiciones técnicas ante una eventual negociación. Por sectores, la Banca, las Cámaras de Comercio e Industria y las organizaciones empresariales, junto a las PYMEs y algunas organizaciones agrarias, aparecen como los *lobbies* privados españoles más activos en Bruselas. Otros grupos como ONGs y organizaciones de consumidores han creado sus propios instrumentos de contacto con las instituciones comunitarias, aunque su capacidad de influencia es todavía muy reducida.

La política europea de España

Es, posiblemente, una observación obvia afirmar que la política europea de España ha variado desde su adhesión a la CE en 1986; sin embargo, tanto las causas del cambio como la forma en que se ha producido dicho cambio no parecen tener ese carácter. Como afirma Esther Barbé —a quien seguimos preferentemente en esta parte—, dicho cambio ha tenido un carácter reactivo como consecuencia de que los factores del cambio no han sido internos sino que se han producido a nivel comunitario —ampliación de la UE a quince Estados, reforma del Tratado de Unión Europea— y a nivel internacional —fin de la bipolaridad, recesión económica de los primeros noventa—. De ahí que la evolución experimentada por la política europea se deba más a la necesidad de adaptarse a las nuevas circunstancias de Europa que a una proyección política propia.

De hecho, la idea de cambio o de evolución de la política europea de España se halla en el centro de las dos ocasiones, en los quince años de pertenencia a la Comunidad, en que se ha oído hablar insistentemente al Gobierno español de «momento histórico». El primer momento se produjo cuando Felipe González, en 1992, destacó el papel de España en el Tratado de Maastricht. El segundo fue en 1998, cuando José María Aznar afirmó, con ocasión de la «cumbre del euro» que, por primera vez, España no perdería el ritmo histórico. Ambos momentos coinciden, en líneas generales, con puntos de inflexión en la política europea de España.

Sin embargo, no se puede olvidar que la política española hacia Europa —como en general toda la política exterior en conjunto— va a ir a remolque de la política interior, además de dominar más el continuismo que el cambio —aunque se han producido significativas excepciones—. Es más, Europa ha sido en estos años, a la vez, una política de Estado y un instrumento al servicio del debate interno, ya que los partidos políticos han intentado reforzar sus posiciones internas respaldando unas u otras opciones de política comunitaria, de forma que la posición de España ante cuestiones europeas ha podido y puede tener —aun hoy si cabe con mayor intensidad— implicaciones en el orden interno. La dimensión interna a la que hacemos referencia se relaciona con aquellos aspectos que, bien definen los cambios de gobierno o bien condicionan su política y son específicas de España. No obstante, dichas relaciones, las políticas que las vertebran y los cambios que en ellas se producen tienen con frecuencia distinto tiempo y diferente ritmo. Tendencias que, por último, sólo son perceptibles a medio plazo.

Atendiendo a estos factores, se pueden distinguir a grandes rasgos cuatro fases en la política europea de España entre 1986-2000:

a) El diseño de la política europea después de la Adhesión (1986-1989)

Este período se caracteriza por la adaptación y la puesta en marcha de una nueva política comunitaria tras la adhesión con los siguientes objetivos:

— Incrementar el peso relativo de la Europa del sur, y en especial de España, consiguiendo mayores recursos financieros con arreglo al principio de cohesión económica y social y al reconocimiento de sus especiales condiciones geográficas.
— Obtener un trato más favorable como país menos desarrollado mediante derogaciones temporales o extensión de los plazos de aplicación de la normativa comunitaria en medio ambiente, derechos de consumidores, unión aduanera, reconversión de la industria naval y siderúrgica, libertad de circulación o contratos públicos.
— Reforzar los lazos de la CEE con el sur del Mediterráneo y, sobre todo, con Latinoamérica.

El 1 de enero de 1986, España (junto a Portugal) entraba a formar parte de la Comunidad cerrando así un proceso de ocho años de negociaciones. La adhesión española se formalizó mediante un Tratado largo y minucioso de 204 artículos, sin precedentes en las negociaciones anteriores. Posiblemente, esa larga y dura negociación preparó a la Administración española para asumir importantes retos:

— Transposición de 800 directivas pertenecientes al acervo comunitario inmediatamente antes de la adhesión.
— Adaptación con relativa facilidad y rapidez a los cambios introducidos por el Acta Única Europea en el sistema de toma de decisiones frente a los problemas que planteó a otros socios comunitarios, acostumbrados al procedimiento de unanimidad.

Uno de los ámbitos donde inicialmente mejor se manifestó esa capacidad de adaptación fue el de la negociación presupuestaria. Si el primer saldo para España arrojó en 1986 un balance mínimamente positivo, la presión española consiguió que los recursos asignados a los Fondos Estructurales se duplicaran, para 1988, con la consiguiente mejora del saldo financiero a favor de España.

Estratégicamente, durante los primeros años, la defensa de los intereses nacionales se produjo adoptando el punto de vista de la Comisión Europea sobre el Mercado Único. Es decir, la creación del mercado interno aumentaría la distancia entre pobres y ricos, por lo que esa tendencia debía contrarrestarse con medidas que promovieran un mayor grado de «cohesión» en la Comunidad. En este sentido, la búsqueda de un «equilibrio norte-sur» que contrarrestase la mayor competitividad de los «países del norte» debía producirse a través de medidas que favoreciesen la *cohesión económica y social*.

Asimismo, el objetivo de definir una política exterior propia y desempeñar un mayor protagonismo internacional, implementando los recursos de las políticas comunitarias, se puso de manifiesto en el esfuerzo por trasvasar algunos elementos particulares de la agenda internacional de España a la agenda comunitaria.

En líneas generales, España logró con relativa rapidez la imagen de un país serio, estable y eficaz —sobre todo tras la presidencia comunitaria desarrollada en el primer semestre de 1989—, en términos político-administrativos, consiguiendo inspirar la confianza de inversores potenciales. Sin embargo, el cambio radical que sufrió la sociedad internacional tras la caída del Muro de Berlín afectó notablemente a su margen de maniobra. El final de la guerra fría supuso un peligro real: dejar a España nuevamente en una situación periférica respecto al centro de la construcción europea apenas tres años después de la adhesión.

b) La definición del modelo español de construcción europea (1986-1991)

La segunda fase se caracterizó por la definición del modelo español de construcción europea —«Europa como espacio de solidaridad»— y por su voluntad de alcanzar un perfil internacional destacado en el contexto de las trasformaciones experimentadas por Europa tras el final de la guerra fría. Ambos objetivos descansaron, en cierta medida, sobre la unanimidad europeísta existente entre las fuerzas políticas y la opinión pública.

Los cambios en la política europea de España, por otra parte, se desarrollaron en el marco de negociación intergubernamental que daría lugar al Tratado de Unión Europea entre 1989-1991 y, en este sentido, esas transformaciones deben entenderse, tanto como un intento de adaptación a las implicaciones político-institucionales, sociales, económicas y monetarias de la creación del Mercado Único y de la articulación de las cuatro libertades comunitarias (libre circulación de personas, mercancías, servicios y flujos financieros) previstas para 1992, como a la forma del mismo proceso negociador, desarrollado en torno al sistema de dos conferencias intergubernamentales simultáneas —una dirigida al estudio de la Unión Económica y Monetaria y otra a los trabajos sobre la Unión Política—, y que finalizó en el Consejo Europeo de Maastricht en diciembre de 1991.

La estrategia española a lo largo de esos años se basó en una premisa básica: la defensa de los intereses nacionales —compaginando un impecable discurso europeísta con fuertes dosis de pragmatismo— a través de la presentación de propuestas propias de calado político y económico. Ese esquema precipitaría en la formulación de un modelo de Unión Europea, caracterizado por la defensa de un objetivo prioritario, *la cohesión económica y social*, un objetivo de prestigio, *la ciudadanía europea* y un objetivo europeísta por excelencia, *la PESC, incluida la defensa europea*.

En lo relativo al desarrollo de las negociaciones es preciso tener en cuenta que, tanto el tono del discurso como el pragmatismo de las posiciones facilitaron la aproximación de España —en la búsqueda de coaliciones en los espacios de negociación intergubernamental que constituyen las Conferencias Intergubernamentales— a las tesis franco-alemanas de impulsar una Unión Europea, centradas en el desarrollo de una Política Exterior y de Seguridad Común en el marco de la Conferencia Intergubernamental sobre Unión Política. Esa alianza, por otra parte, permitió a España adquirir un mayor perfil internacional que, ante la opinión pública, la venía a colocar en la posición del país «grande del sur».

Pero el protagonismo de España también se debió a su capacidad para presentar propuestas propias. No hay duda de que la *Europa de la cohesión económica y social* fue el objetivo por excelencia del Gobierno español y que marcó el punto más destacado de la actuación española. El gobierno de Felipe González logró la incorporación al Tratado de la «cohesión» como principio comunitario y la consiguiente dotación de recursos a través de la creación de un nuevo fondo, el Fondo de Cohesión. Posiblemente, ése fue el verdadero éxito: colocar la cohesión como uno de los principios de la construcción europea sin que se transformase en una cuestión presupuestaria que girase, como en otros muchos temas, en torno a las implicaciones de la Unión Económica y Monetaria y los criterios de convergencia que se establecerían en Maastricht. No obstante, España —como otros países— entró en el juego de las amenazas de veto a cambio de concesiones particulares en la fase final de la negociación.

Respecto al concepto de *ciudadanía europea*, también incluido en el Tratado de Unión Europea, éste fue presentado como una contrapartida política ante una Europa cada vez más centrada en lo económico y como una superación lógica de la formulación de la «Europa de los ciudadanos», ligada a los aspectos económicos del Mercado Único y «la Europa sin fronteras» (las cuatro libertades comunitarias), y enunciada unos años antes en el Informe Spinelli. Los réditos de la propuesta española probablemente haya que medirlos en términos de prestigio y del *status* obtenido por España dentro de las instituciones europeas y en el ámbito, más genérico, de la construcción europea.

Finalmente, la contribución española a la PESC fue más limitada, entre otras cosas porque el apoyo a la propuesta franco-alemana respondía a una lectura de la situación europea, tras la caída del Muro, teñida de pragmatismo. Asimismo, la posición española representaba perfectamente el grado de normalización e inserción internacional conseguido, tanto en términos de seguridad occidental —miembro de la OTAN y de la UEO, participación en la guerra del Golfo durante 1991— como en la voluntad de alcanzar un mayor protagonismo en el plano supracomunitario: elección por la Asamblea General de las Naciones Unidas como miembro no permanente del Consejo de Seguridad, creación de un *lobby* internacional a partir de las Cumbres Iberomericanas, celebración en Madrid de la Conferencia de Paz sobre Oriente Medio.

c) España y la Europa de Maastricht: la nueva agenda europea (1991-1996)

Básicamente, se puede caracterizar este período como una etapa difícil para la política europea de los gobiernos socialistas por varias razones:

— En el marco de la UE, las dificultades surgen con la nueva agenda comunitaria y la crisis económica de la primera mitad de los noventa, y se agravan con la ampliación a Quince, al disminuir su influencia política dentro de la Unión —pese a mantener su capacidad de bloqueo en el Consejo—, y con las dificultades para cumplir los criterios de convergencia establecidos en Maastricht.
— En el interior, la ofensiva antiMaastricht, generalizada en Europa, tuvo su lógico reflejo en España en un contexto de desgaste político y de recesión: Maastricht fue asimilada en algunos sectores a crisis económica y se transformó en amenaza de ruptura del consenso interno ante la construcción europea («sí» a la unión política; «no» a su dimensión monetarista).

Las causas de esa situación hay que buscarlas en diversos factores: los cambios derivados de la posguerra fría y de la crisis económica de la Europa posterior a Maastricht: las críticas al modelo defendido por España que se evidencian en el proceso de ratificaciones del Tratado de Unión Europea; las variaciones en las prioridades comunitarias de sus aliados en Maastricht; la inevitable ampliación comunitaria a quince y la ruptura del precario equilibrio norte-sur; desplazamiento del centro de gravedad comunitario hacia el este; una nueva agenda dominada por los conflictos abiertos en la Europa de la posguerra fría que conducen al fracaso en los Balcanes de una balbuciente PESC.

Asimismo, el proceso de convergencia hacia la tercera fase de la Unión Económica y Monetaria (criterios de inflación, precio del dinero, déficit público, deuda, pertenencia al sistema monetario europeo) se transformó, debido a las duras condiciones establecidas en Maastricht, pero sobre todo porque coincidía con la recesión económica de la primera mitad de los noventa, en argumento para la crítica a la política económica de un gobierno desgastado por los escándalos de corrupción.

La reacción gubernamental ante el acoso interno al que estaba sometido fue un aumento del compromiso con la política de convergencia y un redoblamiento de los esfuerzos por permanecer en el *centro* de la construcción europea, a través de la máxima de «más Europa». Sin embargo, las prioridades económicas fueron contestadas por los agentes sociales, que dudaban sobre la conveniencia para España de los sacrificios exigidos para formar parte del pelotón de cabeza de la UEM, dudas que se desplazaron al Parlamento amenazando, en más de un momento, con romper la unanimidad europeísta existente desde la transición. El debate interno, en esos años, se planteó con toda crudeza en los términos de europeísmo *versus* interés nacional.

Lo cierto es que la situación interna llevó al gobierno socialista a privilegiar la política europea, posiblemente buscando fuera una solución a los problemas internos. Pero paradójicamente, esa política alimentaba la percepción de ser un *país del sur y periférico* ante las dificultades que dimanaban de no cumplir los criterios de convergencia en los años más álgidos de la crisis. Ante este estado de cosas, la respuesta española en el ámbito comunitario consistió en insistir en que España debía tener la consideración de *país grande* en el proceso comunitario de toma de decisiones y en el mantenimiento del principio de la cohesión económica y social.

No cabe duda de que la política europea en estos años se caracterizó tanto por el pragmatismo como por el voluntarismo y, en ese sentido, España hizo de la cohesión económica y social el principal pilar de su discurso europeísta. La implementación de ese objetivo se basó en la defensa del acervo comunitario y en el rechazo de cualquier iniciativa tendente a imponer una *Europa de dos velocidades* o de *geometría variable*. Sin embargo, esas posiciones se fueron flexibilizando en el transcurso de una negociación más amplia en la que se incluía la financiación del *paquete Delors II* que dotaba el Fondo de Cohesión, eje de la agenda europea de España en el Consejo Europeo de Edimburgo de diciembre de 1992.

Esas líneas de actuación se agudizaron en el proceso de «ampliación hacia el norte», que se dilató hasta 1995, tras el proceso de ratificaciones. En el mismo, España planteó el trato recibido en las negociaciones para su adhesión presionando para mejorar posiciones en algunas materias especialmente sensibles ante la opinión pública como, por ejemplo, en la pesca. Pero también sacó a relucir sus intenciones de mantener el *roll* de un *país grande* al defender el criterio de población en la reponderación del voto en el Consejo de Ministros consecuencia de la ampliación a Suecia, Finlandia y Austria, en el Consejo extraordinario de Ioannina de 1994. Probablemente, la percepción de una disminución del peso específico de España en la Unión Europea ayude parcialmente a entender los cambios introducidos en la política europea de esos años:

— España se encuadra dentro de los países que defienden la lógica de excepcionalidades (mantenimiento del derecho de veto).
— La defensa de las posiciones españolas se efectúa claramente en términos de *interés nacional*.
— España cambia el sentido de sus alianzas comunitarias para aparecer frecuentemente junto a Gran Bretaña.

Por último, es preciso destacar que bajo la presidencia española en el segundo semestre de 1995 se iniciaron los trabajos preparatorios para la Conferencia Intergubernamental que revisaría Maastricht, se definieron los contenidos de la nueva agenda transatlántica y se dio nombre a la moneda única, el euro. No obstante, el enfoque de la presidencia española, con un perfil pragmático y de gestión, definió perfectamente tanto el gradualismo que imperaba en esos momentos en los objetivos de su política europea como los esfuerzos por capitalizar políticamente hacia el interior el éxito de la presidencia semestral de la Unión Europea.

En definitiva, a lo largo de este período, la voluntad expresada de ser un *país central* se manifestó preferentemente en dos ámbitos. En primer lugar, en los esfuerzos realizados para llegar a la tercera fase de la Unión Económica Europea en el grupo de países de cabeza, de participar en el «núcleo duro» de la moneda única. En segundo lugar, el regreso a una percepción de ser *periferia*, tras la «ampliación al norte» de una Unión que también ahora comenzaba a orientarse hacia el este, se intentó contrarrestar con actuaciones de carácter político hacia el sur, hacia el Mediterráneo, cuyo mejor exponente fue la Conferencia Euromediterránea de Barcelona, en noviembre de 1995.

d)   España, en el «núcleo duro» de la Unión Económica y Monetaria (1996-2000)

Ésta, de momento última fase, se inicia con la llegada del Partido Popular al gobierno tras las elecciones legislativas de 1996, coincidiendo con las negociaciones para la revisión del Tratado de Maastricht.

Posiblemente, la cuestión principal —sin menoscabo para el ingreso de España en la tercera fase de la Unión Económica y Monetaria, en 1998— resida en valorar si se ha modificado parcial o totalmente el modelo de construcción europea respecto al período anterior en que se inició —como consecuencia de la debilidad interna y de las necesidades de adaptación a los cambios y transformaciones experimentados en Europa— una erosión de las formulaciones de los primeros noventa.

Si bien, es común escuchar la afirmación de que la política europea es una política de Estado y en consecuencia ha primado más la continuidad que el cambio, lo cierto es que existen algunos rasgos que hacen pensar en ciertas modificaciones no únicamente en cuanto a estilo. Sin embargo, es más complejo deducir si los cambios experimentados obedecen únicamente a consideraciones estratégicas surgidas de la necesidad de adaptación a las transformaciones de la Unión Europea, o si bien existen razones de mayor peso que permiten hablar de un nuevo modelo. En cualquier caso, la herencia que dejó González a Aznar puede concretarse en tres retos básicos a los que, en líneas generales, los populares han intentado dar una respuesta propia:

— formar parte del núcleo de países que acceden a la moneda única en 1999;
— conseguir que la ampliación al este se realice sin grandes costes para los países de la cohesión;
— mejorar las posiciones españolas dentro de las instituciones europeas en términos de poder e influencia.

No obstante, la relativa continuidad en los objetivos se ha visto mediatizada tanto por la irrupción de unos nuevos elementos en la agenda europea —reforma de la PESC, Identidad Europea de Seguridad y Defensa, Consejos de Helsinki (diciembre 1999) y Lisboa (junio, 2000)— como por una diferente sensibilidad política e ideológica sobre algunas cuestiones comunitarias —dimensión neoliberal de la construcción europea, cumbre social de Luxemburgo, 1997—. Esos cambios son especialmente visibles en el terreno diplomático —abandono de las alianzas tradicionales con Alemania y Francia—, de la seguridad —proyección mucho más atlantista que europeísta—, y en el debate político interno —aumento de las líneas de fractura en lo relativo a política económica y política social.

Por otra parte, esa dimensión interna de la política europea se ha manifestado en la cerrada defensa de las posiciones españolas sobre los Fondos de Cohesión en la cumbre de Berlín de marzo de 1999 —Agenda 2000 y marco financiero para el período 2000-2006—, que se saldaron con el mantenimiento de la dotación presupuestaria para los mismos y la polémica interna sobre si Aznar había conseguido más o menos que González en Edimburgo.

Hasta el momento, la política europea de José M.ª Aznar se ha proyectado a través de los temas principales abordados en la agenda europea: La CIG'96 y el Tratado de Amsterdam; el euro y las negociaciones de la Agenda 2000 y la nueva Conferencia Intergubernamental convocada como consecuencia de la necesidad de adaptar las instituciones europeas a la ampliación hacia el este. Un balance provisional de esa política ofrece luces y sombras: éxito rotundo al conseguir entrar en la moneda única y más puntuales en el mantenimiento de los Fondos de Cohesión pero, en líneas generales, un menor peso político de España en la UE, patente desde el Tratado de Amsterdam, en 1997.

Por último, la reforma del Tratado de Amsterdam se ha planteado por los Estados miembros en términos de relaciones de poder, y en ese sentido, las posiciones españolas se han definido por el objetivo de intentar mejorar sus posiciones dentro de una Unión ampliada a 25 o 30 miembros —España ha defendido ser uno de los cinco «grandes» en el Consejo Europeo, junto a Alemania, Francia, Gran Bretaña e Italia—, complementado con la incorporación de un objetivo europeísta, la introducción de la Carta de Derechos Fundamentales en el nuevo Tratado y la tácita aceptación de una *Europa de varias velocidades* volcada en los aspectos económicos.

Asimismo, el enfoque español de la Conferencia Intergubernamental 2000 ha defendido una «agenda estrecha», con pocos temas —como se ha propugnado por el eje franco-alemán—, pero las posiciones españolas se han formulado en negativo —cooperaciones reforzadas, por ejemplo—, lo que ha dado la impresión en algunos socios comunitarios de que, con esa actitud, se quiere soslayar la ausencia de una visión a largo plazo de la construcción europea —ambigüedad ante la futura constitución de Europa—. De hecho, el gobierno popular parece haber optado, básicamente, por una política europea de preservación a ultranza de las posiciones alcanzadas y un cambio radical en las alianzas estratégicas para su mantenimiento, optando por un modelo neoliberal en lo económico e intergubernamental en lo político.

En definitiva, las relaciones España-Europa a lo largo del siglo XX se podrían definir como una *tensión dialéctica* que ha conocido diferentes formas y modulaciones, hasta que tras la recuperación de las libertades democráticas España ha dado un salto cualitativo desde una *posición marginal y periférica* hacia el *centro* de la construcción europea. «La visión de Ortega y Gasset —escribe Raymond Carr— de una *España europeizada* se ha hecho realidad. La incorporación a la moneda única es un hito que pone de manifiesto las credenciales de España.»

En cualquier caso, la relación España-Europa ha sido, es y —probablemente— será una relación larga y cubierta de encuentros y desencuentros que han hallado en la *modernización* política, económica, social y cultural un punto de inestable equilibrio a partir de la recuperación de las libertades democráticas y de la participación activa en el proceso de integración.

Ese proceso hacia la *normalización* de la posición de España en Europa permitió la formulación de una política europea que se ha venido basando, a grandes rasgos, en el mantenimiento del *europeísmo* en los objetivos, el *intergubernamentalismo* en los métodos y el *gradualismo* respecto a la construcción europea. No obstante, hay elementos en la política europea desarrollada en los últimos años que parecen apuntar hacia un cambio en el modelo de Unión Europea defendido por España hacia posiciones de repliegue y en el que parece pesar más el componente atlantista que el componente europeísta.

Lo cierto es que desde 1986, a España, en líneas generales, le ha ido muy bien en Europa y no hay razones para que, si sabe ser fuerte y creativa hacia dentro, siga sacando gran provecho de esa pertenencia a Europa, por mucho que inevitablemente *cambie* Europa. Sin embargo, la situación actual de España en Europa, como en el pasado, no está exenta de paradojas y dilemas —problemas que, posiblemente, se verán acrecentados por un juego de interacciones en el que confluyan viejos y nuevos procesos en torno al particularismo, el europeísmo y la globalización—. Como acertadamente ha escrito Andrés Ortega, esa situación podría resumirse en la frase: «España, país excéntrico, busca buena posición.»

Bibliografía

Algieri, F. y Regelsberger, E. (eds.), *Synergy and Work. Spain and Portugal in European Foreign Policy*, Bonn, European Union Verlag, 1996.

Almarcha Barbado, A. (ed.), *Spain and the EC Membership Evaluated*, Londres, Pinter, 1993.

Alonso, A., *España en el Mercado Común*, Madrid, Espasa Calpe, 1985.

Alonso, M.; Areilza, J. M.ª; Fuentes, E.; Rojo, L. A.; Sánchez Asiaín, J. A.; Truyol, A. y Velarde, J., *España y la Unión Europea: las consecuencias del Tratado de Maastricht*, Barcelona, Plaza y Janés, 1992.

Álvarez Miranda, B., *El Sur de Europa y la adhesión a la Comunidad. Los debates políticos*, Madrid, Centro de Investigaciones Sociológicas, 1996.

Barbé, E., *La política europea de España*, Barcelona, Ariel, 1999.

Bassols, R., *España en Europa. Historia de la adhesión, 1957-1985*, Madrid, Política Exterior, 1995.

Beneyto, J. M.ª, *Tragedia y razón. Europa en el pensamiento español del siglo XX*, Madrid, Taurus, 1999.

Bueno, G., *España frente a Europa*, Barcelona, Alba Editorial, 1999.

Closa, C., «La europeización del sistema político español», en Paniagua, J. L. y Monedero, J. C. (eds.), *En torno a la democracia en España. Temas abiertos del sistema político español*, Madrid, Tecnos, 1999, pp. 473-501.

Dastis, A., «La Administración española ante la Unión Europea», *Revista de Estudios Europeos*, n.º 90 (1995), pp. 223-350.

Fernández, D., «España en la Unión Europea: Antecedentes, negociaciones y consecuencias económicas de la integración», en Díaz, J. R.; Fernández, D.; González, M. J.; Martínez, P. y Soto, A., *Historia de la España actual 1939-1996: autoritarismo y democracia*, Madrid, Marcial Pons, 1998, pp. 383-426.

Gillespie, R.; Rodrigo, F. y Story, J. (eds.), *Las relaciones exteriores de la España democrática*, Madrid, Alianza, 1996.

Guirao, F., *Spain and West European Economic Cooperation, 1945-1957*, Londres, MacMillan, 1997.

— *Información Comercial Española*, número monográfico «Diez años en la Unión Europea», n.º 866 (1997).

Laporte, M.ª T., *La política europea del régimen de Franco (1957-1962)*, Pamplona, EUNSA, 1992.

Marks, M., *The formation of European Policy in Post Franco Spain*, Aldershot, Avebury, 1997.

Martín, C., *España en la nueva Europa*, Madrid, Alianza Económica, 1997.

Messía, J. L., *Por palabra de honor. La entrada de España en el Consejo de Europa: un largo recorrido desde el «contubernio de Munich»*, Madrid, Parteluz, 1995.

Ministerio de Asuntos Exteriores. Secretaría de Estado para las Comunidades Europeas, *Las negociaciones para la adhesión de España a las Comunidades Europeas*, Consejo Superior de Cámaras de Comercio, Industria y Navegación de España, 1985.

Molina del Pozo, C. (coord.), *España en la Europa comunitaria: balance de diez años*, Madrid, Editorial Centro de Estudios Ramón Areces, 1996.

Montes, P., *La integración en Europa*, Madrid, Trotta, 1993.

Moreno, A., *Franquismo y construcción europea (1951-1962). Anhelo, necesidad y realidad de la aproximación a Europa*, Madrid, Tecnos, 1998.

— *España y el proceso de construcción europea*, Barcelona, Ariel, 1998.

Muñoz Alemany, E., *El proceso de integración de España en el Consejo de Europa*, Granada, Universidad de Granada, 1989.

Ortega, A., *La razón de Europa*, Madrid, El País-Aguilar, 1994.

Pereira, J. C., «Europeización de España/Españolización de Europa: el dilema histórico resuelto», *Documentación Social*, n.º 111 (1998), pp. 39-58.

Pereira, J. C. y Moreno, A., «España ante el proceso de integración europea desde una perspectiva histórica: panorama historiográfico y líneas de investigación», *Studia Historica*, vol. IX (1991), pp. 129-153.

— «Il Movimento per l'Unità Europea e il processo di transizione e di consolidamento democratico in Spagna», en Landuit, A. y Preda, D. (eds.), *I Movimenti per l'unità europea (1970- 1986)*, tomo I —a cargo de Ariane Landuit—, Bolonia, Il Mulino, 2000, pp. 337-363.

Preston, P. y Smyth, D., *España ante la CEE y la OTAN*, Barcelona, Grijalbo, 1985.

Pulido, A., *Así entramos en la Comunidad Europea*, Madrid, Pirámide, 1997.

Ramírez, M., *Europa en la conciencia española y otros estudios*, Madrid, Trotta, 1996.

Satrústegui, J.; Álvarez de Miranda, F.; Bru, C. M.ª; Baeza, F. y Moreno A. (equipo editorial), *Cuando la transición se hizo posible. El «contubernio de Munich»*, Madrid, Tecnos, 1993.

— *Sistema*, número monográfico «España-Europa», n.ºs 86-87 (1988).

Solbes. P. y otros, *La presidencia española de las Comunidades Europeas*, Madrid, Centro de Estudios Constitucionales, Col. Cuadernos y Debates, 1988.

Tamames, R., *La larga marcha de España a la Unión Europea. Un futuro para el desarrollo*, Madrid, Edimadoz, 1999.

VV.AA., Prólogo de Abel Matutes, *España y la negociación del Tratado de Amsterdam*, Madrid, Biblioteca Nueva-Política Exterior, 1998.

CAPÍTULO 6

EL RETO FINISECULAR: EL PROYECTO DE AMPLIACIÓN DE LA UNIÓN EUROPEA A LOS PAÍSES DE LA ANTIGUA EUROPA DEL ESTE

por Ricardo M. Martín de la Guardia
Profesor titular de Historia Contemporánea,
Universidad de Valladolid

*«No he hecho más que desear y satisfacer mis deseos,
para anhelar siempre de nuevo, pasando así impetuosamente
a través de la vida; con ritmo grandioso y enérgico al principio,
que se va haciendo ahora prudente y mesurado.
El círculo de la tierra me es de sobra conocido.»*

Goethe, *Fausto*

1. Introducción: la división de bloques y la Europa del Este

El 2 de julio de 1947 la Unión Soviética había rehusado formalmente colaborar con los Estados Unidos en la reconstrucción de Europa mediante el «Plan Marshall»; el rechazo soviético a dicha iniciativa significó también la renuncia de sus satélites de Europa del Este, la cual, en palabras de Jean Monnet, «cavó en el corazón de Europa un profundo foso: sus consecuencias fueron inmensas y duraderas». De ello se hizo eco la Conferencia de La Haya de 1948, conocida también como «Congreso de Europa», en la que participó, encabezada por Paul Auer, antiguo embajador de Hungría en París, una representación de emigrados o exiliados políticos de las «naciones cautivas» de la Europa del Este sovietizada, separadas de la parte occidental por el denominado «telón de acero».

Como reacción al plan estadounidense de reconstrucción socioeconómica del Viejo Continente y a la creación en 1948 de la Organización Europea de Cooperación Económica (OECE), la URSS y los países satélites del este de Europa constituyeron el 1 de enero de 1949 el Consejo de Ayuda Económica Mutua (CAEM-COMECON), imaginado a partir de los años cincuenta, más desde un punto de vista ideológico que económico, como la alternativa socialista a las Comunidades Europeas. Los países sovietizados no podrían establecer vínculos con la Europa comunitaria; sólo Polonia, en 1968, que desde años atrás había intentado un acercamiento con las instituciones comunitarias, pudo iniciar lo que los ideólogos del régimen denominaron una «aproximación no oficial a los asuntos de la Comunidad Económica Europea». El CAEM-COMECON fue creado para intentar evitar en el terreno socioeconómico, pero también político, «el triunfo de Occidente», la integración «totalmente europea» sobre la base de las premisas occidentales: una Europa unicéntrica, tal como terminaría por perfilarse ante el colapso general del sistema socialista realmente existente cuarenta años después.

A lo largo de la década de los cincuenta se iniciaba en la Europa occidental el proceso de integración europea a partir de la puesta en marcha en 1951 de la Comunidad Europea del Carbón y del Acero (CECA), y en 1957 de la Comunidad Económica Europea (CEE) y la Comunidad Económica de la Energía Atómica (CEEA-EURATOM), proceso de gran importancia a la hora de impulsar los vínculos económicos y monetarios y el consiguiente bienestar socioeconómico de los países comunitarios y de todos los países occidentales en general, candidatos a integrarse en las Comunidades Europeas, además de consolidar los valores occidentales de paz, libertad y democracia fundamentados en el Estado de Derecho y el respeto de los derechos humanos. Con motivo de la firma en 1957 de los Tratados de Roma, y en particular con la creación de la Comunidad Económica Europea, el Instituto Soviético de la Economía Mundial y de las Relaciones Internacionales, en un informe estructurado en «diecisiete tesis», refutaba el proceso comunitario occidental por «imperialista» y «monopolista», además de «belicoso», al ser considerado como parte integrante de la estrategia antisoviética dirigida por la OTAN y en última instancia por Estados Unidos.

Poco tiempo después, a la altura de 1958, los ideólogos soviéticos volvían a rechazar y poner en cuestión el proceso de integración europeo: el estudio publicado como libro y titulado *Fracaso de los planes de unificación de Europa* marcaría la actuación de los partidos comunistas occidentales contrarios a la integración europea occidental en marcha. Sin embargo, ante los buenos resultados en materia económica y la consiguiente consolidación de las Comunidades Europeas, los ideólogos de la Unión Soviética, en una Conferencia económica celebrada en Moscú durante los meses de agosto y septiembre de 1962, readecuaron sus puntos de vista sobre el proceso de integración europea occidental mediante «treinta y dos tesis», rectificando parcialmente sus juicios y prejuicios anteriores al considerar la experiencia comunitaria como algo novedoso en el panorama económico mundial; ello llevó al máximo dirigente de la URSS, L. Breznev, a una especie de «reconocimiento verbal» de las Comunidades Europeas en la primavera de 1972, aunque los soviéticos siguieron viendo en dicho proceso una influencia muy negativa en las relaciones internacionales al contribuir a apuntalar el sistema de dominación capitalista.

En todo caso, la Unión Soviética no dudó con todos los medios a su alcance, incluso *manu militari*, en preservar la división de Europa con la sovietización de la parte central y suroriental: sólo cuarenta años más tarde, ante el desplome del sistema socialista realmente existente y la desintegración de la URSS, los países del Este pudieron rectificar su camino en libertad y expresar su voluntad de «retorno a Europa» para integrarse en las instituciones de la Unión Europea. Superados los largos años de «separación impuesta por la fuerza a hombres que quieren vivir juntos», que tanto conturbó a los fundadores de las Comunidades Europeas y en especial a Jean Monnet —como quedó de manifiesto en el discurso pronunciado por éste en la Rheinishe Friedrich-Wilhelm-Universität, durante la entrega del Premio Robert Schuman, en Bonn, el 8 de diciembre de 1966—, el Este y el Oeste del Viejo Continente pasaban a ser sólo una realidad geográfica resuelta a soldarse en la identidad común de la Europa unida.

2. El proceso de transición en los antiguos países de Europa del Este

Entre 1989 y 1990 los países de la antigua Europa del Este lograron sin apenas violencia (salvo en el caso de Rumanía) romper con el sistema del socialismo real vigente hasta esos años en la zona. A partir de 1990, y sin solución de continuidad, comenzó para todos ellos una nueva etapa, la transición, con el objetivo de consolidar definitivamente en la zona el sistema democrático-parlamentario y lograr la consiguiente modernización económica y social.

Durante la segunda mitad de los años ochenta terminaron malográndose en Polonia todos los proyectos de las autoridades comunistas para sacar al país de la crisis; así, destacó la derrota del gobierno Messner en el referéndum sobre «democratización de las instituciones políticas y la reforma económica», celebrado en noviembre de 1987. Ante la evolución de los acontecimientos, los dirigentes comunistas se vieron obligados a entrar en contacto con los dirigentes de Solidaridad, y ambas partes ponían en marcha en febrero de 1989 una negociación permanente («mesa redonda»). Una vez que las autoridades aceptaron el fin del monopolio del poder del partido comunista, en abril fue posible cerrar los acuerdos de la «mesa redonda», que contaban con las siguientes cláusulas: la legalización de Solidaridad, el reconocimiento de la libertad religiosa, el acceso a los medios de comunicación, la reforma del sistema educativo, la restauración del Senado como Cámara alta y la instauración del pluripartidismo a través de un proceso dirigido en un primer momento por el gobierno. La oposición aceptó las reglas del juego con la seguridad de que los resultados electorales harían fracasar los planes gubernamentales, lo que sucedió en los comicios semilibres de junio de 1989: los candidatos de Solidaridad alcanzaron todos los escaños reservados a la oposición en el Sejem (el 35 % de la Cámara) y 99 de los 100 escaños posibles del Senado. Al perder el POUP la mayoría parlamentaria, el presidente de la República, general Jaruzelski, encargó la formación del gobierno a T. Mazowiecki, de Solidaridad: en septiembre quedaba constituido el nuevo gobierno polaco de mayoría no comunista.

Dos fueron los grandes objetivos del ejecutivo de Mazowiecki: *a*) impulsar el cambio institucional sobre la base de un nuevo texto constitucional, y *b*) terminar con la crónica crisis económica que padecía Polonia, con una deuda de más de cuarenta mil millones de dólares y una inflación del 1.000 %. En relación con este último punto, el Gobierno ponía en marcha en enero de 1990 un plan económico con el fin de terminar con los desequilibrios en el aparato productivo y combatir drásticamente la inflación. La «terapia de choque» aplicada a ésta permitió reducir a partir de febrero su tasa media mensual del 79 al 2 %. El aumento del desempleo, además de la disminución de los salarios reales y la caída de la producción industrial, fueron las consecuencias más negativas del cambio económico.

Al comenzar la década de los noventa, algunos acontecimientos de gran importancia marcaron el inicio de la transición. Polonia y Alemania alcanzaron un acuerdo, negociado entre noviembre de 1990 y junio de 1991, por el que reconocían la frontera entre ambos países en la denominada línea Oder-Neisse; y en diciembre de 1990 fue elegido Lech Walesa para el cargo de presidente de la República. La primera tarea del presidente Walesa fue nombrar primer ministro a J. K. Bielecki, economista y miembro del Congreso Liberal Democrático. El nuevo gobierno, sin abandonar el plan de ajuste y reordenación de la economía, decidió actuar con mayor decisión en la privatización del aparato productivo (en 1992, el sector privado representaba el 40 % del PNB); pero la terapia de choque de la economía implicaba un gran coste social (paro, pérdida de poder adquisitivo, etc.) y fue enérgicamente contestada por la población en general y la oposición ex comunista del parlamento en particular.

Al mismo tiempo, la transformación de las estructuras políticas también resultó mucho más compleja y laboriosa de lo esperado, motivo por el cual las primeras elecciones totalmente libres sólo pudieron celebrarse en octubre de 1991. En estos comicios, caracterizados por la dispersión de voto (y la gran división, por tanto, del mapa político), el triunfo fue para el partido Unión Democrática (12,14 % de los votos), quedando en segundo lugar la Alianza de la Izquierda Democrática —ex comunistas— (11,64 %). En esta situación, el nuevo gabinete minoritario del primer ministro J. Olszewski encontró muchas dificultades para aplicar su programa de reformas: en febrero de 1992, el gobierno, sin renunciar al control estricto de la política monetaria, procedía a cancelar los aspectos más radicales del plan de ajuste de la economía.

En Checoslovaquia, el fracaso de la reforma económica dirigida por el equipo de Husak llevó al sistema del socialismo real a un callejón sin salida; y Husak, al perder el partido comunista el control de la sociedad, fue apartado del cargo de primer secretario. Los nuevos responsables del partido no fueron capaces de recomponer la crítica situación que atravesaba el país. Ante la evolución de los acontecimientos, la disidencia logró unificar sus fuerzas y fundó en noviembre de 1989 en Praga el Foro Cívico, con V. Havel al frente; al mismo tiempo, los grupos opositores eslovacos crearon Público contra la Violencia. El primer éxito de la oposición fue obligar al gobierno a entablar negociaciones conjuntas con el objetivo de romper con el pasado y avanzar hacia el Estado de Derecho. En esta situación, el Politburó dimitió y a finales de noviembre el partido perdió el monopolio de la actividad política; pocos días después, el gobierno cesaba en sus funciones. El 11 de diciembre se formó un nuevo gobierno de «Unidad Nacional» apoyado por el Foro Cívico y de mayoría no comunista, presidido por el reformista M. Calfa; a continuación, el 29 de diciembre, Havel era nombrado por la Asamblea Nacional presidente interino de la República hasta la celebración de elecciones libres. En dichos comicios, celebrados en junio de 1990, el Foro Cívico y Público contra la Violencia lograron la mayoría absoluta en la Asamblea Federal. La nueva Cámara confirmaba a Havel y a Calfa en los puestos de presidente de la República y de primer ministro, respectivamente.

El camino de la transición quedaba expedito, pero los nuevos dirigentes debían afrontar importantes problemas, tanto los económicos como los nacionalistas. Para empezar, se resaltaba el carácter federal del Estado, que tomaba el nombre de República Federativa Checa y Eslovaca. Sin embargo, los sectores independentistas eslovacos no tardaron en radicalizar la cuestión nacional. Por lo que respecta a la economía, en la primavera de 1990 se sentaron las bases para avanzar hacia el mercado: con la cancelación de la planificación centralizada tomó carta de naturaleza la iniciativa privada. Al comenzar el nuevo año entraba en vigor un plan de estabilización de la economía que postulaba, entre otras cosas, la convertibilidad de la moneda, la liberalización de los precios, así como la privatización a gran escala de los sectores productivos. La consolidación del Estado de Derecho no pudo evitar la ruptura de la unidad nacional y el 1 de enero de 1993 Eslovaquia alcanzó su independencia.

En Hungría, en el otoño de 1988, los comunistas reformistas habían logrado hacerse con el poder dentro del Politburó; a continuación, las nuevas autoridades hacían pública su voluntad de «crear un Estado constitucional moderno». Para avanzar en esa línea, en el invierno de 1989 (una vez que el partido había renunciado al monopolio del poder) quedó regulado el pluripartidismo, y en octubre de ese mismo año, Hungría se convirtió en «Estado democrático de Derecho, donde los valores de la democracia burguesa y del socialismo democrático se reconocen por igual»; actuando en consecuencia, en octubre, el partido único optó por disolverse y de sus cenizas surgían el Partido Socialista Húngaro, de carácter reformista, y el Partido Socialista Obrero Húngaro, de ideología comunista. El impulso reformista también llegó a la economía, donde comenzó a aplicarse un plan de austeridad que conllevaba la privatización de empresas estatales. De cara al exterior, Hungría comenzaba el 9 mayo de 1989 una política de buena vecindad con los países occidentales al abrir su frontera con Austria, por donde llegaron a la República Federal de Alemania miles de alemanes procedentes del este.

Con el propósito de alcanzar la plena normalidad política, las autoridades reformistas aceptaron negociar con la oposición al régimen. De la «mesa redonda» salió el acuerdo de convocar elecciones libres en la primavera de 1990. En los comicios del 25 de marzo y 8 de abril resultó vencedor el Foro Democrático Húngaro (MDF), que obtuvo 164 escaños sobre 386 posibles, seguido de la Alianza de Demócratas Libres (SZDSZ), con 92 escaños. Una vez constituida la nueva Cámara, ésta daba su confianza al gobierno de J. Antall, dirigente del MDF, y nombraba a A. Göncz (SZDSZ) para el cargo de presidente de la República. La gran tarea pendiente de gobierno y oposición era lograr con el menor coste social posible la transformación de las estructuras del país; así, con el objetivo puesto en la futura vinculación a la Unión Europea, Hungría se esforzó en controlar la economía para reducir la deuda externa a límites llevaderos, mejorar los niveles de producción y productividad y frenar la tasa de desempleo.

Fue en Rumanía, ante la actitud intransigente del clan Ceaucescu, donde los acontecimientos de 1989 adquirieron tintes más sombríos. Las protestas contra los abusos de las autoridades en general y de la policía secreta del régimen (Securitate) en particular, producidas en diciembre de 1989 en Timisoara y Bucarest, llevaron al gobierno a decretar el 22 de diciembre el estado de excepción en todo el territorio nacional. La represión gubernamental, sin embargo, no produjo los efectos esperados y Rumanía entró en una situación de vacío de poder (el matrimonio Ceaucescu fue capturado al intentar escapar y ejecutado el día 25) que aprovechó la primera oposición formada en Rumanía para lanzar un comunicado a todo el país en el cual se confirmaba «una revolución pacífica, la revolución de todos; que el dictador había caído; y que el país era libre y los rumanos debían tomar su destino en sus propias manos». Rápidamente, el control del Estado pasó a manos del «Frente de Salvación Nacional» (FSN), un movimiento político controlado por comunistas contestatarios con I. Iliescu como cabeza visible, que bajo los auspicios de Moscú se había formado con el objetivo de dar un golpe de Estado contra Ceaucescu. Las nuevas autoridades del FSN pusieron en marcha la reforma necesaria para terminar con la legalidad del régimen comunista y facilitar la transición política y económica por medio de la convocatoria de elecciones libres.

En mayo de 1990 tuvieron lugar las elecciones generales a la Gran Asamblea Nacional (Cámara de Diputados y Senado) y las presidenciales. En las primeras, sin que pueda hablarse de fraude, el triunfo correspondió, con mayoría absoluta en ambas Cámaras, al FSN; en las segundas salió elegido Iliescu con el 86 % de los votos. En junio comenzaba a actuar el nuevo gobierno presidido por P. Roman. A partir de este momento, la oposición, sin amedrentarse ante la actitud poco tolerante de los nuevos responsables de la vida pública (recuérdense los incidentes de Bucarest protagonizados por los mineros del valle de Jiu en su afán de reprimir a grupos contestatarios al gobierno, o la indefensión de las minorías ante las provocaciones de organizaciones radicales), actuó más unida que nunca y formó la Alianza Cívica en noviembre de 1990 con el objetivo de consolidar en Rumanía el Estado de Derecho: en diciembre de 1991 se aprobó en referéndum una nueva Constitución democrática y parlamentaria de tipo presidencialista. Con todo, la tarea más urgente era transformar las estructuras económicas del país para paliar así las penurias de la población y lograr un desarrollo estable. Para facilitar las inversiones extranjeras, la reforma bancaria y fiscal o la liberalización de los precios, se aprobaron en julio de 1990 y agosto de 1991 leyes sobre reactivación y privatización de los sectores productivos, así como la ley de reforma agraria en febrero de 1991.

En Bulgaria, el fracaso de las reformas emprendidas por Jivkov según la estela de la *perestroika* de Gorbachov, así como el deterioro de la actividad económica, hicieron posible el cambio de dirigentes en el partido y el Estado, con el comunista reformista Mladenov como hombre fuerte del régimen. Al mismo tiempo, comenzaba a tomar cuerpo una primera oposición con el objetivo fundamental de defender los derechos humanos. Precisamente el impulso de la sociedad civil obligó a las nuevas autoridades del país a avanzar con más decisión en la transformación de las estructuras políticas, económicas y sociales. Para empezar, el gobierno reformó el Código Penal, aprobó una amnistía para los delitos políticos y anunció la celebración de elecciones libres para 1990. Asimismo, el partido comunista renunciaba a ejercer el monopolio del poder, y en abril, después de la celebración del XIV Congreso, de marcado carácter reformista, tomaba el nombre de partido socialista.

En estas condiciones, el nuevo Partido Socialista (PSB) obtenía la mayoría absoluta en las elecciones de junio de 1990, seguido a gran distancia por la Unión de Fuerzas Democráticas (UFD). La convergencia de criterios entre mayoría parlamentaria y oposición hizo renunciar a Mladenov a todos sus cargos, y la nueva Asamblea Nacional nombraba a J. Jeliev, disidente comunista y dirigente de la UFD, presidente de la República. A finales de 1990 tomó posesión un gobierno de coalición (y tecnocrático), dirigido por D. Popov, con la misión de poner en marcha un plan de ajuste y reestructuración de la economía y convocar nuevas elecciones para alcanzar la plena normalidad política en el país, de acuerdo con la Constitución aprobada en julio de 1991 y que hacía de Bulgaria un Estado de Derecho. En los comicios de octubre la UFD logró la victoria sobre el PSB, pero con un estrecho margen de votos; para culminar el proceso de reformas en curso, la Cámara, recién elegida, exceptuados los diputados ex comunistas, dio su confianza a un nuevo gobierno de coalición con Dimitrov al frente.

Las repúblicas bálticas, después del fallido golpe de Estado del 19 de agosto de 1991, que precipitó la desintegración de la Unión Soviética, lograban el 27 del mismo mes que las Comunidades Europeas reconocieran su soberanía; el 6 de septiembre, el nuevo Consejo de Estado de la URSS aceptaba su independencia. Desde ese momento, Estonia, Lituania y Letonia potenciaron sus vínculos comerciales con el norte y centro de Europa, en especial los ámbitos escandinavo y alemán, y pusieron en marcha sus procesos de transición a la democracia y a una economía social de mercado de tipo occidental para acercarse a la Europa comunitaria.

Ante el deterioro manifiesto de la situación desde la década de los ochenta, Yugoslavia, desarticulada socialmente y fragmentada en lo nacional, comenzó a deslizarse por la senda de la desintegración. De este modo, el vacío de poder existente y las pretensiones expansionistas de Serbia alentaron la secesión de las antiguas repúblicas yugoslavas: Eslovenia y Croacia se declararon independientes en junio de 1991, Macedonia, en septiembre del mismo año, y por último Bosnia-Herzegovina, en marzo de 1992; ante esta situación, las repúblicas de Serbia y Montenegro constituían en abril de 1992 una nueva unidad nacional denominada Federación Yugoslava. El inicio formal de la desintegración de Yugoslavia movilizó al ejército federal, en manos de los serbios, contra las repúblicas secesionistas.

La primera fase del conflicto bélico que a lo largo de la década de los noventa asoló a la antigua Federación Yugoslava se desarrolló del 27 de junio al 8 de julio de 1991 en Eslovenia y fue favorable a esta República, cuya independencia era reconocida el 23 de diciembre del mismo año por Alemania y el 15 de enero del siguiente por el resto de los países de la Europa comunitaria. A partir de ese momento, Eslovenia tuvo como objetivo fundamental consolidar el proceso de transición a la democracia y a la economía social de mercado para vincularse con las Comunidades Europeas.

3. De la «reconstrucción» a los «tratados europeos» de asociación

Era lógico que una vez que el control de la Unión Soviética sobre sus satélites se relajara, éstos volvieran su mirada hacia la Europa comunitaria. El objetivo último del CAEM-COMECON, la integración absoluta de las economías nacionales de los países miembros hasta fundirse en un conjunto capaz de progresar como una máquina sólida y eficaz, fue tan sólo una quimera que en ningún momento de la vida de la organización estuvo al alcance de lograrse. En el marco del CAEM quedaron sin solucionarse muchos de los problemas estructurales existentes en las economías nacionales, así como la ampliación de las diferencias regionales. La organización fue incluso un obstáculo para aquellos países más desarrollados (por ejemplo, la Checoslovaquia de mediados de los años setenta), constreñidos en las transacciones comerciales del área comunista precisamente cuando más necesidad tenían de extender sus mercados. A finales de los años ochenta se desplomaron tanto la estricta política proteccionista de los mercados internos de estos países canalizada mediante férreos dispositivos que hacían del Estado la única institución con competencias comerciales, como el proceso de industrialización rápida sin tener en cuenta los costos comparativos y la permanencia de la Unión Soviética no sólo como principal proveedor de materias primas y fuentes energéticas sino también como demandante de productos manufacturados en estos países. Uno de los signos más claros de estos fracasos fue la decisión en junio de 1991 de disolver el CAEM-COMECON, aunque ya desde prácticamente un año antes los propios gobiernos participantes habían dejado la organización vacía de contenido. A pesar de los ensayos practicados con el rublo transferible, la inexistencia de una verdadera divisa convertible que aceptaran los centros monetarios internacionales había contribuido todavía más a que aquellas economías se plegasen sobre sí mismas; de ahí que una de las primeras medidas adoptadas por los antiguos países miembros del COMECON fue la de realizar sus intercambios internacionales en divisas convertibles, suprimiendo así la hegemonía monetaria soviética para vincularse al sistema monetario capitalista, sistema en el que tratarían de amortiguar su dramática situación económica. Como ha señalado Fernando Luengo, «entre 1970 y 1990 la deuda externa bruta de Polonia se multiplicó por 34 y la relación entre deuda bruta y exportaciones aumentó en torno a un 400 por cien. El deterioro también fue muy importante en Bulgaria y Hungría, donde esas *ratios* registraron los valores de 15 y 146 por cien (Bulgaria) y 25 y 139 por ciento (Hungría); Checoslovaquia se encontró en un nivel intermedio, lejos de la crítica situación a la que habían llegado estos tres países». Además, la desaparición del CAEM provocó que las empresas de los países socialistas perdieran los mercados con los que venían trabajando desde los años cuarenta. Se hacía necesaria, por tanto, una profunda reflexión sobre las futuras estrategias comerciales, más aún cuando se tenía en cuenta la baja calidad de una parte muy importante del volumen productivo de los países de Europa Central y Oriental (PECO).

De hecho, el comercio de estos países con la Europa central y oriental con la Europa comunitaria sufrió un cambio brusco a favor de una fluidez y un mayor volumen de los intercambios ya antes de la desaparición de las dictaduras comunistas. En 1965 la Unión Soviética estableció un acuerdo comercial con Francia y cinco años después con la República Federal de Alemania, acuerdos que años más tarde se ampliaron a otros países del CAEM-COMECON. Después de transferidas las competencias sobre política comercial desde los ámbitos nacionales a las instituciones comunitarias, fue la CEE la que después de 1975 entabló conversaciones a este respecto con los países del bloque soviético. No obstante, según Donato Fernández Navarrete, la Europa comunitaria no aceptaba negociar con el CAEM, «alegando que éste no era una institución con personalidad jurídica internacional y que no tenía competencias en materia comercial. El resultado fue la firma de nuevos acuerdos bilaterales entre la Comunidad y los países europeos del CAEM, la mayor parte de carácter sectorial (aceros, textiles, etc.) prácticamente con todos ellos, salvo la URSS y la Alemania Democrática». Las relaciones entre los países del CAEM-

COMECON y las Comunidades Europeas entraron en una nueva fase después de los acuerdos de Luxemburgo de junio de 1988, de mutuo reconocimiento de ambas organizaciones: en septiembre y en diciembre de ese mismo año se firmaron sendos acuerdos de cooperación comercial entre las Comunidades Europeas y Hungría y Checoslovaquia; por ello, cuando los países de la Europa del Este comenzaron el proceso de ruptura con el bloque soviético, las Comunidades Europeas asumieron su responsabilidad al aceptar un papel destacado para colaborar en el proceso de transición y transformación puesto en marcha en los países de Europa central y suroriental. Como ha señalado Marie Lavigne, «en tanto que organización y en tanto que grupo de países, es la Comunidad Europea la que ha resultado más afectada por la transición, con nuevas responsabilidades y preocupaciones».

Indicadores demográficos y económicos
de los países de la Europa del Este (año 1988)

País	Población (en millones)	PNB (en miles de millones de dólares)	PNB per cápita (en dólares)
Polonia	38	207,2	5.453
Hungría	10,6	68,8	6.491
Checoslovaquia	15,6	118,6	7.603
RDA	16,6	155,4	9.361
Rumanía	23	94,7	4.117
Bulgaria	9	50,7	5.633
OCDE	824,8	12.073	14.637

Elaboración propia.
FUENTE: OCDE.

Sin duda, después de la desaparición del CAEM-COMECON y del inicio de la transición a la democracia, los países del Este tomaron como modelo a la Europa comunitaria. Tanto las declaraciones de los gobiernos de la transición como las estrategias económicas y políticas a medio plazo han tenido por objetivo la integración plena en la Unión Europea. Evidentemente, la pertenencia de los países del Este al bloque socialista hizo que la mayor parte de sus actividades comerciales se canalizaran a través de la URSS y dentro de los propios Estados socialistas, por lo que fue sobre todo cuando se introdujeron reformas políticas y económicas cuando comenzó la Unión Europea a reforzar sus vínculos con dichos países y a concederles la cláusula de nación más favorecida, por ejemplo, a Hungría en diciembre de 1988, tres meses después de rubricarse un acuerdo de cooperación con este país. También Polonia, un año más tarde, obtenía la misma cláusula; en enero de 1990 fueron Bulgaria y Checoslovaquia las favorecidas. Rumanía, dada su situación de inestabilidad, no lo lograba hasta mayo de 1991.

Dentro de los programas reformadores, uno de los grandes retos planteados por los revolucionarios del Este era el «retorno a Europa», afán calurosamente acogido por los responsables de las Comunidades Europeas, prestos a apoyar el cambio que se disponían a protagonizar los antiguos países del bloque soviético. Los dirigentes comunitarios, por medio del comunicado del Consejo Europeo celebrado en Estrasburgo los días 8 y 9 de diciembre de 1989, animaban a los antiguos países del Este a perseverar en el camino recientemente iniciado hacia la libertad, la democracia y el respeto de los derechos humanos, prometiéndoles, al mismo tiempo, todo el apoyo de las instituciones comunitarias en la tarea de reconstrucción:

> Los pueblos de Europa central y oriental claman cada día con mayor firmeza su voluntad de cambio. En todas partes se expresan aspiraciones profundas de libertad, democracia, respeto de los derechos humanos, justicia social y paz... La comunidad y los Estados que la integran son plenamente conscientes de la responsabilidad común que les atañe en este momento crucial de la historia de Europa. Por ello, están dispuestos a entablar relaciones más estrechas y concretas... Estas nuevas relaciones estarán basadas en la intensificación del diálogo político y en el aumento de la cooperación en todos los ámbitos y dependerán del compromiso por parte de estos países de avanzar por la ruta que han emprendido.

Derrumbados los obstáculos ideológicos, políticos y económicos que después de la Segunda Guerra Mundial levantó el sistema totalitario comunista de tipo soviético, los países del centro y sureste de Europa, una vez descartada una «tercera negación de Europa» (si consideramos que las dos «negaciones» anteriores habrían acaecido con la situación creada en Europa después de las dos guerras mundiales), estaban en condiciones de recuperar su plena identidad europea y formar parte por voluntad y decisión propias del proyecto de integración en marcha.

4. Las estrategias previas a la adhesión a la Unión Europea

András Inotai ha criticado la fórmula de preadhesión seguida por el excesivo celo de los países de la Unión en establecer criterios y condiciones muy severas a los países de Europa central y oriental sin haber reflexionado en profundidad sobre las transformaciones necesarias dentro de la propia estructura de la Unión. De ahí derivaría la lentitud del proceso, relacionada más con los intereses económicos y estratégicos de algunos miembros y menos con encontrar una línea de actuación conjunta y coherente de la Unión Europea, la cual no ha sido capaz de establecer un programa con etapas definidas y contenidos claros, sino que ha practicado una política a corto plazo determinada por las circunstancias coyunturales.

En efecto, las amplias condiciones expuestas por el Consejo de Copenhague de 1993 resultaban poco definidas e incluso ambiguas en ocasiones al quedar abiertas todas las cuestiones relacionadas con el cambio institucional necesario para acoger a los previsibles nuevos miembros. Cuatro ejes constituyeron el engranaje del proceso de preadhesión hasta la publicación de la Agenda 2000: el programa PHARE, los acuerdos europeos, el Libro Blanco sobre el mercado único y el diálogo estructurado.

4.1.   EL PROGRAMA PHARE

Efectivamente, ante la evolución de los acontecimientos en Europa del Este, y poco tiempo antes del colapso final del sistema del socialismo real en la zona, el grupo de países más desarrollados (G-7) acordó, en la cumbre celebrada en París en julio de 1989, delegar en las Comunidades Europeas la coordinación del programa «Polonia-Hungría: Ayuda a la Reestructuración Económica» (PHARE) bajo la supervisión del G-24 (formado por Estados Unidos, Japón, Canadá, Australia, Nueva Zelanda, los doce Estados miembros de las Comunidades Europeas, Austria, Finlandia, Suecia, Noruega, Islandia, Suiza y Turquía). Sin solución de continuidad, el G-24 y las Comunidades Europeas animaban a los restantes países de la zona a seguir por la senda marcada por Polonia y Hungría:

> Tras las audaces decisiones de las autoridades de Polonia y Hungría por las que se adoptan programas de reforma de largo alcance, la comunidad internacional en su totalidad ha recibido favorablemente la ampliación de la reforma a otros países de Europa central y oriental. Corresponde ahora a los países industrializados aceptar el reto representado por el valor y la determinación de los pueblos más directamente afectados. *(Conclusiones del Plan de Acción de la Comisión Europea para la ampliación de la asistencia del G-24.)*

En mayo de 1990, y de acuerdo con las previsiones del Plan de Acción aprobado por el G-24 y la Comisión Europea, fueron incluidas dentro del programa PHARE Checoslovaquia, Rumanía y Bulgaria, la República Democrática de Alemania y Yugoslavia, aunque la aplicación del programa a este último país se suspendió en el otoño de 1991 debido al conflicto bélico allí desencadenado. Desde comienzos de la década de los noventa, las Comunidades Europeas apoyaron constantemente la reconstrucción económica, tanto de los países de la Europa del Este, por medio del programa PHARE, como de la ex Unión Soviética —la Comunidad de Estados Independientes (CEI)—, mediante el programa TACIS *(Technical Assistance to the Commonwealth of Independent States)* de julio de 1993, un esfuerzo económico global cifrado por encima de los setenta y cinco mil millones de ecus. Como ha señalado Donato Fernández Navarrete, «los países de la CEI que han firmado con la CE acuerdos de cooperación (tomando como base los arts. 133 y 310 del TCE) son los siguientes: Kazajstán, Kirghizistán, Moldavia, Rusia y Ucrania; los países de la CEI que únicamente cuentan con acuerdos comerciales sectoriales (art. 133 TCE) son: Armenia, Bielorrusia, Uzbekistán, Tayikistán y Turkmenikstán. Y los dos países de la ex URSS que no pertenecen a la CEI y que también cuentan con acuerdos comerciales de carácter sectorial (art. 133 TCE) son Azerbaiyán y Georgia».

El programa PHARE ha constituido el aporte financiero a fondo perdido más sustancioso para apoyar las reformas en marcha dentro de estos países. El programa, iniciado como ya se ha visto en 1989, está centrado en sectores básicos (agricultura, infraestructuras de transporte, energía) y presta además ayuda a la privatización en todos los campos de la economía y a la transformación de las estructuras financieras. Para lograr una efectividad mayor, el gobierno del país receptor de la ayuda y la Comisión Europea pergeñan cada año un plan de actuación que comprende las prioridades en los sectores hacia donde debe dirigirse la ayuda. Desde su puesta en marcha y a pesar de las críticas a su funcionamiento, excesivamente burocratizado, el PHARE ha servido para financiar multitud de proyectos de mejora de infraestructuras y programas específicos en los distintos países del Este, al margen de otro tipo de acciones concertadas de carácter bilateral o multilateral. El balance también es positivo, aunque la rigidez de las estructuras administrativas de los países en transición o de la propia Unión Europea haya entorpecido el buen funcionamiento de algunos programas concretos. La Comisión Europea, por ejemplo, ha manifestado en ocasiones estas deficiencias debidas a la lentitud del aparato burocrático en Bulgaria, Eslovaquia o Rumanía. Además, las ayudas destinadas por el PHARE tienen también una repercusión positiva para la Unión en tanto una parte económica a veces muy sustancial de las mismas retorna a los países occidentales a través de los encargos a compañías consultoras para la confección de determinados proyectos.

Ante las evidentes dificultades que presentaba el proceso de transformación de los antiguos territorios comunistas, los dirigentes de los países más desarrollados firmaron, en mayo de 1990, el protocolo de constitución del «Banco Europeo para la Reconstrucción y el Desarrollo» de Europa del Este (BERD), integrado en la red PHARE del G-24, creado en la Conferencia de París del 19 de enero de dicho año conforme a lo establecido en la cumbre europea de Estrasburgo de 1989, y en el cual las Comunidades Europeas participaban con el 51 % del capital social. Según el artículo primero de sus Estatutos, el BERD tenía por objeto «favorecer la transición a una economía abierta de mercado y promover la iniciativa privada y empresarial en los países de Europa central y oriental que suscriban y apliquen los principios de la democracia multipartidista, el pluralismo y la economía de mercado»; posteriormente, el BERD hizo extensivo su programa de ayudas a las repúblicas de la antigua Unión Soviética. En la misma época, y ante la nueva situación creada en Europa, el Consejo Europeo celebrado en Dublín el 28 abril de 1990 insistía en su propósito de facilitar el acercamiento entre las Comunidades y los antiguos países del Este:

El Consejo Europeo expresa su profunda satisfacción por los acontecimientos de Europa central y oriental y se felicita por la continuación del
proceso de cambio en estos países, con cuyos pueblos compartimos una
herencia y una cultura comunes. Este proceso de cambio se está aproximando cada vez más a una Europa que, después de haber superado las divisiones antinaturales que le impusieron la ideología y la confrontación, se
mantiene unida en un compromiso con la democracia, el pluralismo, el
imperio de la ley, el pleno respeto de los derechos humanos y los principios de la economía de mercado.

4.2. Los acuerdos europeos de asociación

En virtud de todo ello se establecieron los acuerdos especiales de asociación, denominados «acuerdos europeos», puestos en marcha según
cuatro principios: 1) el libre comercio; 2) la cooperación industrial, científica y técnica; 3) la ayuda financiera, y 4) la creación de foros permanentes para el diálogo en todos los ámbitos, especialmente el político. El
8 de junio de 1990, el vicepresidente de la Comisión Europea, Frans Andriessen, señaló en Bruselas que para poder concretar los mencionados
acuerdos de asociación los candidatos debían manifestar con claridad su
intención de evolucionar de manera «irreversible hacia la democracia
efectiva con plena apertura a la economía de mercado». En diciembre de
1991, las Comunidades Europeas firmaron acuerdos de asociación con
Polonia, Hungría y Checoslovaquia (después Chequia y Eslovaquia), los
cuales entraron en vigor al mes siguiente. Estos países formaban el «Grupo de Visegrado», constituido formalmente en febrero de 1991 a instancia
de las Comunidades Europeas, vinculados entre sí por acuerdos económicos y de seguridad y defensa, pues otro de sus objetivos era la integración
en la OTAN, aunque el fin principal del Grupo era poner las bases para
crear una zona de libre comercio que pudiera servir de ensayo y de ejemplo para ampliaciones posteriores.

En noviembre de 1992 las Comunidades también firmaron acuerdos
de asociación con Bulgaria y Rumanía, en vigor desde febrero y marzo de
1993, respectivamente. Antes, en mayo de 1992, la Comunidad había ru-
bricado una serie de acuerdos comerciales y de ayuda técnica y económica, como paso previo a los de asociación, con Albania, Lituania, Letonia y
Estonia; posteriormente, en junio de 1995, los países bálticos firmaron
también dichos acuerdos de asociación. En cambio, con las antiguas repúblicas yugoslavas, la Unión Europea sólo rubricó un acuerdo de este
tipo con Eslovenia en junio de 1996, después de que estuviera en vigor varios años un acuerdo de cooperación global económica y financiera. Todos estos países ingresaron también en el Consejo de Europa, el cual cer-
tificaba sus credenciales democráticas para poder optar a la integración
en las Comunidades Europeas. Asimismo, en diciembre de 1992 nacía la
Central Europea de Libre Comercio para dinamizar los intercambios co-

merciales de productos industriales, eliminar trabas aduaneras y propiciar un aumento del volumen exportador. En 1996, Eslovenia pasaba a integrarse en la CEFTA; al año siguiente lo hacía Rumanía y en 1999, Bulgaria.

Los acuerdos europeos que entraron en vigor en 1992 manifestaron la voluntad de la Unión Europea de establecer un marco de relación mucho más amplio y vigoroso con los países del Este en tanto que contemplaban la ampliación de la Unión hacia esos países, si bien no se concretaban fechas. Con el objetivo de fomentar la política liberalizadora, tales acuerdos venían a eliminar en la práctica los aranceles existentes en el comercio de productos industriales entre la Unión y los PECO; sin embargo, los productos agrícolas y ganaderos quedaban fuera de los acuerdos por el temor a la presión de este sector en los países de la Europa comunitaria. Así, la política proteccionista en este aspecto evitaba la temida avalancha de productos agropecuarios del centro y este de Europa, aunque, por otra parte, limitaba la capacidad exportadora de estos países, fundamental para su estabilidad económica. También en el marco de los acuerdos europeos, para minimizar las disfunciones provocadas en las economías más pobres, la Unión establecía un plazo liberalizador variable en el caso de la producción industrial. Así, los PECO deberían llevar a cabo la liberalización completa en diez años; los países de la Unión, sólo en cinco. Como han señalado Manuel Ahijado y Rubén Osuna, «los índices de liberalización se mueven entre 0 y 1, donde 1 correspondería a los estándares de los países de la UE. Los logros son espectaculares en tan poco tiempo, sobre todo en liberalización comercial y de precios. También se alcanzan cotas notables en privatizaciones y reforma bancaria, aunque aquí los índices varían mucho más (Hungría, Estonia y la República Checa los más exitosos, los tres de primera ola, y Bulgaria, Rumanía y Albania, que no están en la lista de entrantes, con mucho peores resultados). Casi todos superan el 0,6 y en los índices conjuntos, los de primera velocidad, salvo Eslovenia (es decir, Hungría, Polonia, la República Checa y Estonia) están en torno al 90 %; precisamente por ello, entre otras razones, forman parte de la primera hornada».

El objetivo de los acuerdos europeos era la firma de acuerdos bilaterales entre cada país y la Unión Europea con el fin de crear un marco de cooperación tanto económica como política como base de entendimiento e integración. La UE no estipulaba la obligatoriedad de los mismos dentro de la estrategia de preadhesión, pero resultaban un buen ejercicio de preparación al establecer áreas de libre comercio entre los países firmantes de forma transitoria hasta un máximo de diez años. Aunque el plazo parecía excesivo —y de ahí las críticas recibidas—, una vez que entraron en vigor fueron anuladas tanto tasas como restricciones cuantitativas en más de la mitad de los productos exportados por Chequia, Eslovaquia, Hungría y Polonia; incluso el 85 % en 1998. El porcentaje restante está relacionado con la producción agrícola, una de las cuestiones problemáticas desde el inicio de las conversaciones y todavía hoy candente. Sin duda, como se ha puesto de manifiesto en muchas ocasiones (por ejemplo, en los trabajos de Carl B. Hamilton y L. Alan Winters o de Zdenek Drábek y Alasdair Smith), la agricultura constituye uno de los problemas más graves en las relaciones comerciales entre la Unión Europea y los antiguos países comunistas. Es indudable que los acuerdos han favorecido el crecimiento comercial antes de que las políticas económicas de los países del Este de Europa adopten plenamente las directrices comunitarias, puesto que la mayoría de estos países han liberalizado su economía y permitido la llegada de inversiones foráneas, limitando al máximo las prácticas proteccionistas.

En general, los acuerdos europeos resultaron muy provechosos para los antiguos satélites de la Unión Soviética. Aun cuando la calidad de sus productos distaba mucho de la comunitaria, las cifras del volumen exportador siguieron aumentando y el proceso liberalizador abierto en estas economías favoreció su posición en mercados foráneos donde hasta hacía algunos años eran prácticamente inexistentes. Fernando Luengo, siempre crítico con este proceso, piensa que «el Sistema de Preferencias Generalizadas (SPG) del cual los PECO disfrutaban antes de la entrada en vigor de los AEI era superior a los que se derivaban de la aplicación de los referidos acuerdos, por ejemplo, en los textiles y productos de confección. En segundo lugar, aunque los AEI se inscriben en una concepción liberal de la política comercial, al menos en lo relativo a los productos industriales, en los países de la UE se pueden aplicar disposiciones proteccionistas, vulnerando las prescripciones de los propios acuerdos, en el caso de que las exportaciones procedentes de los PECO provoquen distorsiones sobre su mercado [...]. En tercer lugar, la asimetría a favor de los PECO que incorporan los AEI ha quedado en gran medida compensada por la drástica liberalización comercial que estos países habrían llevado a cabo durante los primeros años de la reforma y que ha facilitado la penetración en sus mercados de los productos occidentales».

Poco tiempo después, sin olvidar que las condiciones para la adhesión exigían el funcionamiento correcto de la economía de mercado, así como la estabilidad institucional en el marco de la democracia parlamentaria, el respeto de los derechos humanos y la protección de las minorías, la Unión Europea reiteraba en los siguientes términos su firme disposición de ampliarse hacia el Este con la histórica promesa realizada el 22 de junio de 1993 por el Consejo Europeo de Copenhague:

> Los países asociados de Europa Central y del Este que lo deseen ingresarán en la UE en cuanto sean capaces de asumir las obligaciones de la pertenencia, satisfaciendo las condiciones económicas y políticas exigidas.

Además de las obligaciones expuestas durante los dos días que duró este Consejo Europeo de Copenhague, el Anexo II de las Conclusiones de la Presidencia introdujo un marco de actuación para profundizar en la cooperación con los países asociados y facilitar las vías de integración definitiva en la Unión. Además de los acuerdos europeos, de carácter bilateral, quiso promoverse una serie de reuniones entre los diferentes países y el Consejo de la Unión Europea. Las demás disposiciones tenían carácter económico: mejora de las relaciones entre la Unión y los países del Este a través de rebajas aduaneras, puesta en marcha de programas para rentabilizar las inversiones comunitarias en los países del Este (sobre todo mediante el PHARE), así como todo tipo de proyectos en los cuales estos países pudieran participar.

Este avance significativo en las relaciones entre las Comunidades y los antiguos países del Este no presuponía una vinculación de derecho de estos últimos a las estructuras comunitarias, pero debía facilitar la adhesión paulatina de los Estados «asociados» a las instituciones comunitarias, sobre todo cuando, después de su incorporación al Consejo de Europa, habían obtenido, en la reunión del 8 y 9 de octubre de 1993, el apoyo de dicha institución en sus pretensiones de vinculación a la Unión Europea: el 31 de marzo de 1994, Hungría presentaba oficialmente su candidatura de integración, y el 5 de abril lo hacía Polonia.

4.3. EL *LIBRO BLANCO* SOBRE EL MERCADO ÚNICO

El Consejo de junio de 1995 ratificó el texto redactado por la Comisión; en él se pretendía recoger la legislación sobre intercambio de bienes y servicios dentro de la Unión para ofrecer a los países aspirantes un *corpus* sobre el cual trabajar para adecuar sus respectivas legislaciones nacionales. En primer lugar, el libro indicaba los fundamentos para hacer posible ese funcionamiento y los medios e instrumentos que la Comunidad estimaba más acordes para lograrlo; a continuación se recogían las normas complementarias. Cada uno de los gobiernos de los países aspirantes debería definir sus propios intereses y prioridades a la hora de asumir y poner en práctica las diferentes normas, y así situarse en una vía más rápida de integración. De alguna forma, la Unión Europea mostraba el camino, aunque sin establecer plazos para comenzar a negociar ni recoger sugerencias, excepciones o asumir contrapartidas u obligaciones; de ahí que las autoridades de estos países no tengan más remedio que aceptar íntegramente las indicaciones contenidas en el *Libro Blanco*, pilar sin lugar a dudas del acervo comunitario, pese a cuya enorme complejidad y extensión la reacción de la mayor parte de los países aspirantes ha sido satisfactoria en su capacidad de transformación y adecuación de sus leyes a lo requerido en dicho texto, más aún, cuando la situación de partida, tanto en política como en economía, era directamente heredera de la época comunista y completamente diferente a las de los que sucesivamente fueron formando parte de la Comunidad y, por tanto, los cambios estructurales eran todavía más difíciles de llevar a cabo. Por eso, como comentan Heather Grabbe y Kirsty Hughes, «una cuestión central tanto para las decisiones políticas como para las cuestiones técnicas es qué parte del acervo debe desarrollarse antes y qué parte después de la adhesión. Grecia, Portugal o España gozaron de largos períodos transitorios en algunos capítulos. De igual forma es muy importante saber si es necesario para la adhesión de estos países cumplir completamente con las libertades de circulación de bienes, servicios, capital y trabajo, puesto que una ampliación más "suave" permitiría a las economías de los países de Europa central y del Este derogaciones sustanciales en términos de condiciones de producción (medio ambiente y niveles sociales, por ejemplo), mientras se podría insistir en que los productos alcanzaran los niveles del mercado único. Una concesión de este tipo reduciría la presión y podría facilitar los ajustes». Por su parte, los Estados miembros no parecen dispuestos a negociar períodos transitorios de media o larga duración: existe el temor de que la llegada de productos de estos países sin las exigencias requeridas ocasione prácticas de *dumping*.

En efecto, tanto los acuerdos europeos como el *Libro Blanco* han generado una línea de acción en el proceso de la ampliación hacia el Este: estos países llevan a cabo un ingente esfuerzo por ajustar su legislación a la comunitaria, asumiendo el acervo. Sin embargo, el camino por recorrer, incluso para los más avanzados en su estrategia de preadhesión, parece largo, ya que el proceso de integración en las Comunidades se ha iniciado en estos países al mismo tiempo que sus transiciones globales de la dominación comunista a la democracia representativa y al capitalismo, por lo que la envergadura de su transformación hace insostenible la comparación con otros procesos previos de ampliación comunitaria. Sin duda, esto debe obligar a la Unión a considerar las enormes dificultades de tal esfuerzo y valorar la rapidez y contundencia de los cambios operados en el este de Europa y también, de igual modo, a estar atenta para que, aun cuando el proceso se alargue más, los países aspirantes estén realmente preparados en el momento de la incorporación sin menoscabo del nivel de exigencia mínimo requerido.

4.4. EL DIÁLOGO ESTRUCTURADO

Debido a las grandes dificultades que entrañaba el proceso, hubo algunos instrumentos que no resultaron útiles. El «diálogo estructurado» pretendía generar un espacio para el encuentro y el debate sobre las cuestiones relacionadas con la integración que sirviera para fortalecer los lazos de unión y estimulara los acuerdos bilaterales entre los países de la Unión Europea y los de la Europa central y oriental. La propia indefinición de partida, la imposibilidad de tomar decisiones de envergadura en un foro de este tipo y las exigencias definidas en el *Libro Blanco* y, en general, en el acervo comunitario, dejaron vacío de contenido este proyecto, calificado por muchos como «monólogo estructurado», dada la inflexibilidad de la Unión en materia de exigencias para la adhesión. La Comisión Europea reconoció el fracaso y llamó la atención sobre este hecho en la

Agenda 2000 para proponer que simplemente se sustituyera por los tradicionales encuentros bilaterales o multilaterales entre países.

5. De la consolidación democrática a la adhesión a la Unión Europea

5.1. LA CONSOLIDACIÓN DEMOCRÁTICA EN LOS PAÍSES DEL ESTE

A lo largo de la década de los noventa, los países de la Europa central y suroriental lograron consolidar su proceso de transición y estrechar así sus vínculos con la Unión Europea. En Polonia, junto a la lógica alternancia gubernamental en función de mayorías políticas, protagonizada en 1993 por la coalición entre la Alianza de Izquierda Democrática (AID) y el Partido Campesino de Polonia, o en 1997 por la Acción Electoral «Solidaridad» y la Unión por la Libertad, el proceso de transición quedó prácticamente concluido en 1995, cuando el carismático Lech Walesa traspasó sus poderes al frente de la República al dirigente de la AID, Aleksander Kwasniewski.

Después de la ruptura nacional de Checoslovaquia (31 de diciembre de 1992), la gobernabilidad de la República Checa estuvo en manos de la coalición formada por el Partido Cívico Democrático y la Alianza Cívica Democrática mediante las mayorías parlamentarias conseguidas en los diferentes comicios celebrados, y frente al Partido Socialdemócrata como primera fuerza de la oposición. En las elecciones legislativas de 1998, sin embargo, los socialdemócratas lograron la victoria y formaron un gobierno de coalición. En Eslovaquia, por su parte, la vida política ha estado marcada desde 1993 por la necesidad de dar estabilidad a la nueva entidad estatal independiente, con la celebración de elecciones de todo tipo, desde comicios legislativos y municipales hasta un referéndum nacional. En los primeros años como país independiente, tal como se demostró en las elecciones generales de 1994, la principal fuerza política ha sido el Movimiento por Eslovaquia Democrática; sin embargo, en los comicios de 1998, el triunfo correspondió a la Coalición Democrática Eslovaca, que logró un respaldo popular mayoritario.

En Hungría, desde 1994 hasta 1998, año en que se produjo la alternancia política, la mayoría gubernamental correspondió al Partido Socialista en coalición con la Alianza de Demócratas Libres: en las elecciones de mayo de 1998 ganó el centro-derecha, con la Federación de Jóvenes Demócratas al frente; a continuación se formó un nuevo gobierno de coalición.

En Rumanía, el Frente de Salvación Nacional del presidente Ion Iliescu dominó la vida política de la primera mitad de la década de los noventa; después, los comicios de 1996 dieron el triunfo a la coalición Convención Democrática, y en las elecciones presidenciales de noviembre de 1996 logró la victoria Emil Constantinescu, que tuvo el apoyo de CD.

La alternancia política también ha funcionado en Bulgaria, y ello ha contribuido a la consolidación del sistema democrático y parlamentario: el Partido Socialista, que había contado con la mayor parte de los votos en las elecciones de 1994, se vio superado en los comicios de 1997 por la Unión de Fuerzas Democráticas.

Una vez reconocida su independencia y tras ingresar en la ONU y en el Consejo de Europa, Estonia inició la consolidación de su transición hacia la democracia parlamentaria y la economía social de mercado. Desde mediados de los años noventa, con el objetivo de integrarse en la Unión Europea, las autoridades estonas, incluidos tanto el presidente de la República, Lennart Meri, como los distintos gobiernos salidos de las elecciones generales, han dado prioridad a la puesta en marcha de las recomendaciones hechas desde el Consejo Europeo, destacando las de tipo económico e institucional —como la reducción del déficit comercial y reforma administrativa— y las de tipo social —la integración no traumática de la población rusófona.

Los mismos pasos que su vecino del norte siguió Letonia después de su independencia: ingresó en la ONU y en el Consejo de Europa; y potenció desde ese momento una nueva política de reformas administrativas y de seguridad interna. En julio de 1993 fue elegido presidente de la República Guntis Ulmanis; a partir de entonces se han ido sucediendo diversos gobiernos, entre ellos la coalición de centro-derecha que ganó las elecciones de octubre de 1998. Desde principios de los años noventa las difíciles relaciones con Rusia, a pesar de su necesidad de mantener con ella vínculos económicos, constituyen uno de los principales problemas de Letonia, país cuyos índices económicos han mejorado ostensiblemente desde 1996 en función de los programas de renovación de sus estructuras económicas en general y agrarias en particular, aunque no olvida su objetivo de integración en la Unión Europea.

El camino de Lituania desde el momento de la independencia fue semejante al de sus hermanos bálticos: ingreso en la ONU y en el Consejo de Europa, y consolidación de la transición política, económica y social. Al mismo tiempo, tanto la presidencia de la República —con Algirdas Brazauskas al frente de la misma desde 1992, sustituido en 1998 por Valdas Adamkus— como los distintos gobiernos salidos de los comicios electorales —desde 1996, la coalición de cristiano-demócratas, conservadores y centristas dirigida por Gediminas Vagnorius— han tenido como tarea primordial normalizar las relaciones exteriores del nuevo país, en especial con Polonia y la Federación Rusa, además de seguir por la senda de las reformas estructurales potenciadas por la mejora de la situación económica. Al igual que Estonia y Letonia, otro objetivo básico de Lituania sigue siendo la integración en la Unión Europea.

Después del reconocimiento de su independencia por la comunidad internacional, Eslovenia ingresaba en la ONU y en el Consejo de Europa y se vinculaba a los países del grupo de Visegrado. En ese momento comenzaba para el país el proceso de consolidación de la transición política sobre la base de la democracia parlamentaria, como ha demostrado la celebración de elecciones generales, donde destaca el respaldo popular al Partido Demócrata Liberal, forjador de diversos gobiernos de coalición presididos desde abril de 1992 por Janez Drnovsek. Durante todos estos años, el gobierno ha puesto en marcha importantes reformas sociales y económicas, además de impulsar la privatización de empresas para conseguir una economía social de mercado con el objetivo de lograr su plena integración en la Unión Europea.

5.2. HACIA LA ADHESIÓN A LA UNIÓN EUROPEA

En vista de la evolución de los acontecimientos, siguiendo la estela de Hungría y Polonia, que habían presentado sus candidaturas de adhesión a la Unión Europea en la primavera de 1994, los restantes países de la Europa central y suroriental se sumaron a sus predecesores: en 1995 lo hizo Rumanía (22 de junio); después Eslovaquia (27 de junio), Letonia (27 de octubre), Estonia (28 de noviembre), Lituania (8 de diciembre) y Bulgaria (14 de diciembre). En 1996 presentaron la solicitud de adhesión la República Checa (17 de enero) y Eslovenia (10 de junio, el único país de la antigua Federación Yugoslava con posibilidades a medio plazo de integrarse en la Unión Europea).

Tanto el Consejo Europeo de Corfú (24 y 25 de junio de 1994) como el de Essen (9 y 10 de diciembre de 1994) alentaron la fluidez de las relaciones entre la Unión Europea y los PECO al insistir en la concreción de un escenario de reuniones periódicas entre ellos y, sobre todo, en que los gobiernos respectivos se comprometieran a actuar con prontitud y firmeza en la preparación de sus países para asumir el «acervo comunitario», entendido éste en sus tres elementos fundamentales: por un lado, el *Libro Blanco* sobre el mercado, en especial todo lo que se refiere a cuestiones fiscales y financieras para unificar mercados; en segundo lugar, el acuerdo europeo que facilita la circulación sin restricciones de personas y mercancías por los territorios comunitarios; por último, otros aspectos relacionados con el sector primario, transportes, fuentes energéticas, ecología y política interior de los países, pues al mismo tiempo debían adoptarse medidas relativas a tecnología, educación y cultura, además de las relacionadas con las ayudas financieras y regularización de mercados.

Por otra parte, el Parlamento Europeo, por resolución de 30 de noviembre de 1994, encargó a la Comisión la elaboración de un estudio sobre lo que supondría para la Unión Europea la ampliación definitiva al Este. Además, ese mismo año, el Banco Europeo para la Reconstrucción y el Desarrollo de la Europa del Este publicaba un «Informe sobre la transición económica en veinticinco países de Europa del Este y de la ex URSS» donde se indicaba que eran Polonia, Hungría, la República Checa, Eslovaquia, Eslovenia y Croacia los que marchaban en el grupo de cabeza en el camino hacia la reestructuración de la economía, la privatización empresarial y la reforma financiera; en un segundo grupo estaban Bulgaria, Rumanía y la Federación Rusa, y en el último aparecían citados los restantes países de la zona. Finalmente, y más allá de los aspectos puramente técnicos, el 10 de diciembre de 1994, la Unión Europea, en el Consejo Europeo de Essen, proclamó de nuevo su compromiso de contribuir a la creación de un gran espacio europeo en el que pudieran participar todas las naciones del Viejo Continente.

Fue en la reunión del Consejo Europeo de Madrid en diciembre de 1995 donde se trató de reconducir el proceso sobre bases más sólidas. El Consejo elevó una petición formal a la Comisión Europea para que le informase de los dictámenes elaborados acerca de cada uno de los peticionarios, y para que asimismo redactase un estudio riguroso y profundo sobre las consecuencias que tendría la entrada de los países del Este en la Unión Europea. Este análisis debe ir acompañado de un informe prospectivo sobre la situación económica, sobre todo financiera, previsible para el período 2000-2006. El estudio solicitado por el Consejo Europeo y presentado públicamente en julio de 1997 constituye la «Agenda 2000». También en el Consejo Europeo de Florencia celebrado en junio de 1996 se había reiterado a la Comisión este mensaje de continuar fomentando las relaciones con los países del Este y de analizar el impacto real que la futura integración de los mismos causaría a las Comunidades, así como de estudiar detenidamente una vez más los dictámenes existentes sobre los países candidatos.

6. El inicio de las negociaciones de adhesión

Poco tiempo después, el Consejo Europeo de Luxemburgo de 12 y 13 de diciembre de 1997 autorizó la puesta en marcha del proceso de ampliación a los países del Este. Las negociaciones comenzaron el 31 de marzo de 1998, presididas por Gran Bretaña, y los países seleccionados para una primera etapa fueron Polonia, Hungría, República Checa, Eslovenia y Estonia, a los cuales se añadió Chipre. La comisión alegaba fundamentalmente razones de índole económica para postergar las conversaciones con Lituania, Letonia, Bulgaria y Rumanía, y de problemas en el proceso democratizador para el caso de Eslovaquia.

6.1. OBSERVACIONES SOBRE EL PROCESO DE DEMOCRATIZACIÓN

Las discusiones académicas sobre qué debe entenderse por democratización efectiva han tenido su reflejo en la práctica de la Comisión Europea al afrontar la ampliación hacia el Este. Todo el mundo conoce la obligación de los miembros de la Unión de respetar los derechos fundamentales del hombre, la libertad de éste en su sentido profundo y extenso y el imperio de la ley, según establece el Tratado de la Unión Europea. Sin embargo, el problema real se presenta cuando más allá de estos principios generales se hace necesario concretar criterios que determinen la solidez democrática de un determinado país, dificultad acrecentada cuando consideramos países recientemente salidos de prolongadas dictaduras comunistas e inmersos en transiciones políticas, sociales y económicas de enorme gravedad. De hecho, y salvo en el caso eslovaco, donde existía unanimidad en reconocer las disfunciones del sistema político, los países restantes no presentaban precisamente características comunes a este respecto. Mary Kaldor e Ivan Vejvoda han analizado con rigor cómo el fin de las dictaduras comunistas y la aprobación de nuevas constituciones donde se recogen el respeto a los derechos humanos, la división de poderes, elecciones libres y, en general, todos los fundamentos de la teoría democrática, tienen luego un desarrollo muy desigual en la práctica del sistema; algo lógico, por otra parte, si pensamos en la rapidez de los cambios producidos después de años de sometimiento a un régimen cuyo funcionamiento real estaba muy alejado del democrático: el hecho de pronunciarse sobre la efectividad o no de la práctica democrática resulta así extremadamente complejo. Ante esta situación, la Comisión ha preferido llevar a cabo valoraciones sobre fundamentos muy laxos, poco o nada especificados, atendiendo a los tres criterios establecidos en el Consejo de Copenhague, pero de una forma muy imprecisa. Así, la Comisión afirmaba sobre el caso eslovaco: «en lo que se refiere al imperio de la ley y a la democracia, no están todavía suficientemente arraigados […] una democracia no puede ser considerada estable si los respectivos derechos y obligaciones de instituciones como la Presidencia, el Tribunal Constitucional o la Comisión Central electoral, pueden ser cuestionados por el propio gobierno, como lo es también el papel legítimo de la oposición en las comisiones parlamentarias». En principio, también quedaron en entredicho los regímenes de Bulgaria y Rumanía por motivos parecidos; sin embargo, gracias a los cambios gubernamentales de 1997 en estos países, los progresos democratizadores se consideran ahora que van por buen camino. Mención aparte merece la espinosa cuestión del respeto a las minorías, capítulo donde si las mejoras han sido sustanciales, todavía no quedaba claro el reconocimiento de los derechos de la minoría húngara en Eslovaquia o la plena incorporación de la población de origen ruso en Estonia y Letonia al ejercicio de sus derechos.

6.2. Los progresos en la economía de mercado

En el caso de la estabilidad económica y el grado de funcionamiento del mercado, la Comisión ha sido más explícita y rigurosa al atender a los indicadores macroeconómicos utilizados habitualmente para enjuiciar la salud de otras economías de mercado. La Comisión no cita expresamente las fuentes de las que se vale, pero, al margen de los propios informes internos de que dispone, acude obviamente a los estudios de organizaciones internacionales solventes. Por ejemplo, en varios estudios del BERD y del Banco Mundial sobre los años noventa, eran ya Hungría, Polonia,

Chequia, Eslovaquia y Eslovenia los países con un mejor desarrollo económico. El caso de los tres Estados bálticos resultaba también interesante: aunque por su pertenencia previa a la Unión Soviética, el proceso de transición a la democracia tuviera más dificultades y comenzara más tarde que en los países de la Europa central y oriental, las contundentes medidas económicas tomadas por sus respectivos gobiernos después de 1991 han logrado limar diferencias con estos últimos y colocarse en una buena posición económica. Bulgaria y Rumanía, países atrasados dentro del bloque comunista, están encontrando muchos más problemas para enderezar su transición. La crisis económica de 1996-1997 actuó sobre una base industrial arcaica y sobre una población campesina todavía muy abultada en número, lo que condujo al gobierno búlgaro a aprobar un programa de choque cuyas consecuencias no pueden evaluarse todavía. En Rumanía, la escasa efectividad de las «reformas» Iliescu previas a 1996 entorpecieron aún más la marcha. Respecto al funcionamiento de la economía de mercado, la Comisión dio como válido el sistema en Hungría, Polonia, Chequia, Eslovenia y Estonia y reconoció que Eslovaquia estaba muy cerca de cumplir el criterio. Bulgaria, Rumanía, Lituania y Letonia debían perseverar en las reformas liberalizadoras y en avanzar hacia la estabilidad antes de alcanzar el *placet* comunitario. También es muy positiva la estimación de la Comisión respecto a la mejora de las infraestructuras y a la liberalización comercial, si bien recuerda el funcionamiento todavía deficiente del mercado de capitales en todos los países aspirantes. En cuanto a la capacidad competitiva de las empresas de estos países dentro de la Unión, la situación no resulta tan clara. Quizás por la práctica inexistencia de estudios sobre las repercusiones que en el mercado único tendrían que soportar sus empresas, la Comisión no ha entrado a valorar en detalle los problemas sino que simplemente alerta sobre sus previsibles dificultades de acomodación.

6.3. LA INCORPORACIÓN DEL ACERVO COMUNITARIO

Si el cumplimiento de los requisitos del mercado y de la competencia resulta complicado para las economías en transición, todavía encontramos un grado de dificultad mayor en la incorporación del acervo comunitario a la legislación propia de cada país. Según la Comisión, Hungría ha sido el país con mayor nivel de avance, mientras Polonia y la República Checa, que han protagonizado a lo largo de los años noventa enfrentamientos comerciales con la Unión, caminan más lentas, al igual que Eslovenia. En la legislación específica del mercado único, Hungría, Chequia y Polonia han avanzado de forma notable. Sin embargo, al margen de todos estos avances, el problema de fondo se mantiene: falta una estructura sólida dentro de la cual poder aplicar lo legislado. Por citar un ejemplo, la propia Comisión ha puesto en evidencia las dificultades originadas al trasladar las indicaciones del *Libro Blanco* a las legislaciones concretas, ya que para lograr la efectividad requerida sería necesario disponer de una administración pública y un poder judicial lo suficientemente consolidados para aplicar y hacer un seguimiento inmediato de la legislación aprobada. De igual forma, debido al escaso tiempo transcurrido desde la caída del comunismo, faltan instrumentos vitales para llevar a cabo las regulaciones comunitarias tales como las formas de controlar la actividad financiera y bancaria o las inspecciones sanitarias y medioambientales. De hecho, la Comisión encontró en estas carencias un obstáculo importante para la adhesión de estos países y de ahí su recomendación de que un 30 % de las ayudas PHARE se recondujeran hacia una mejora de estas situaciones. En otros aspectos, no obstante, queda todo por hacer. La calidad del agua, la contaminación del aire y el deterioro medioambiental exigen importantes inversiones para su adecuación a los niveles comunitarios. En definitiva, la adquisición del acervo está lejos de las posibilidades de los países del centro y este europeos, incluso los mejor situados a este respecto como Chequia y Estonia sólo podrían cumplirlo a largo plazo.

En cuestiones novedosas y de suma importancia para el desarrollo futuro como las telecomunicaciones, algunos países (Hungría, Chequia, Eslovaquia, Estonia y Letonia) han alcanzado avances notables gracias a una política de infraestructuras bien dirigida, por ello, las diferencias entre éstos y el resto de aspirantes son mucho más profundas que en otras áreas como los asuntos sociales donde, salvo Bulgaria y Rumanía, todos los países mantienen políticas avanzadas, incluso en campos innovadores como la seguridad en el trabajo.

7. En el camino de la integración en la Unión Europea

Resultan admirables los enormes logros alcanzados por los PECO en el proceso de transición del comunismo al capitalismo si se tiene en cuenta el escaso tiempo transcurrido para una transformación de tal envergadura, así como la catastrófica situación de partida y las dificultades añadidas por el período de globalización económica, en el cual, hasta las grandes empresas multinacionales o las empresas de los países financieramente potentes están haciendo enormes inversiones para mejorar la competitividad. Así, la introducción simultánea de tecnología punta y de mano de obra cualificada en los mecanismos económicos de los países del Este constituye un aspecto esperanzador para su regeneración socioeconómica en un futuro próximo. En nuestra opinión, algunos autores son excesivamente críticos sobre este punto, al negar formas auténticamente democráticas en los sistemas de organización política de estos países después del colapso del comunismo. Valgan por todos ellos las tesis de Stephen Holmes, según el cual los procesos de transición en la Europa del Este han generado regímenes fuertemente populistas y semiautoritarios donde la vida parlamentaria o el poder judicial están viciados por prácticas corruptas. Pese a estas interpretaciones pesimistas, los primeros frutos son ya sustanciosos a pesar del camino que todavía queda por recorrer. Desde 1993 y 1994, la mejora de las economías de la mayor parte de los países de la Europa central y oriental es apreciable tras haberse hundido inmediatamente después de desaparecer los sistemas socialistas. Así, en Hungría, Polonia o Chequia, el Producto Interior Bruto por habitante ha aumentado ostensiblemente, si bien todavía está lejos de alcanzar las cifras comunitarias (por ejemplo, la República Checa tenía en 1998 un 40 % menos que la media de la Unión Europea, y otros países como Rumanía o Bulgaria no habían llegado ni siquiera a los valores que tenían en 1993). En peores términos se encuentran las tasas de inflación, las cuales, incluso en los países mejor situados para la adhesión, triplican la media comunitaria. De hecho, en cuanto a la convergencia macroeconómica, y según los criterios establecidos por el Tratado de la Unión Europea, ninguno de los PECO cumple los requisitos requeridos sobre deuda pública o tipo de cambio, por ejemplo.

Por si ello fuera poco, la mayor parte de los indicadores muestran que la renta per cápita de los países candidatos a formar parte de la Unión Europea apenas llega a la tercera parte de la media en la Comunidad. Además, tanto la población activa dedicada a la agricultura como la importancia de este sector dentro del producto social es mucho mayor y, en general, con índices de productividad muy inferiores a los comunitarios. Por todo ello, las inversiones de capital extranjero y la importación de infraestructura de última generación, con el crecimiento consiguiente de la productividad, constituyen elementos decisivos para la mejora de la situación económica de todos estos países.

7.1. LA CONSOLIDACIÓN DE LA TRANSICIÓN ECONÓMICA EN LOS AÑOS NOVENTA

Conviene destacar la rápida marcha de los países del Este hacia la economía de mercado y, a pesar de las diferencias existentes entre ellos, el fortalecimiento extraordinario del comercio con la Unión Europea, por lo que no resulta aventurado afirmar que los beneficios derivados de la integración se están produciendo antes de la integración plena. El crecimiento comercial ha sido asombroso, como han escrito Heather Grabbe y Kirsty Hughes, «las exportaciones de los seis países de Europa oriental (Bulgaria, Chequia, Hungría, Eslovaquia, Polonia y Rumanía) hacia la UE crecieron un 25 % por año en los siete primeros años de la transición (1989-1995) y las importaciones de éstos, cerca de un 21 % aunque con fluctuaciones importantes, incluida la recesión en Europa occidental a principios de los noventa; por supuesto, aunque este crecimiento ha ocurrido respecto al comercio con otros ámbitos mundiales, en general es mucho menor (por ejemplo, con Estados Unidos es todavía pequeño)».

En efecto, la Unión Europea se convertía en 1994 en la principal área de exportación para los seis países citados. Las diferencias eran, sin embargo, notables. Los países mejor situados para aspirar a la integración definitiva —Polonia, Hungría, Chequia y Eslovenia— absorbían en 1995 las tres cuartas partes del total de exportaciones-importaciones de los seis países del Este más Eslovenia con la UE. Así, en ese año, cerca del 30 % del comercio de dichos países con la Unión era polaco; el 20 %, checo; el 16 %, húngaro y el 10 %, esloveno; la distancia de separación del resto de países aspirantes marca nítidamente las enormes diferencias entre unos y otros desde el punto de vista de la integración económica.

Porcentaje de crecimiento anual del comercio entre la Unión Europea y los países del Este (1989-1995)

	% crecimiento sobre el año anterior							% crecimiento
	1989	1990	1991	1992	1993	1994	1995	1989-1995
Unión Europea - 12 exportaciones a los 6 países del Este	16	47	16	28	9	19	38	131
Unión Europea - 12 importaciones de los 6 países del Este	8	30	16	22	-3	31	40	185

FUENTE: FMI (1997).

Reorientación del comercio de los 6 países de Europa del Este: exportaciones, 1989-1995 (%)

	1989	1995
Exportaciones de los países del Este hacia:		
Antiguo CAEM-COMECON	47	23
Unión Europea - 15	35	63
Estados Unidos	2	2
Japón	1	1
Resto del mundo	15	11

FUENTE: FMI (1997).

Desde la otra parte, los miembros de la Unión también participan de forma muy diferente en el comercio con los países del Este. El desequilibrio es tan palmario que en 1995 prácticamente la mitad de todas las exportaciones de la Unión tienen su origen en Alemania, mientras que Gran Bretaña, teniendo en cuenta su importancia en los mercados mundiales, no llega al 5,5 %. Es evidente por todo ello que los países del Este están mucho más interesados en potenciar el comercio con la Unión Europea que en mantener los intercambios tradicionales entre ellos, como lo es la indiscutible primacía alemana en la región. A mediados de la década de los noventa, Alemania era el socio comercial comunitario más importante para Polonia, Hungría, Chequia, Eslovenia, Letonia, Lituania, Rumanía y Bulgaria; el segundo para Eslovaquia (después de la República Checa) y el tercero para Estonia (después de Finlandia y Suecia); con ello no sólo ha afirmado su posición en el *hinterland* tradicional de influencia centroeuropea sino que se ha extendido con fuerza a los países bálticos y a los Balcanes. Además, otros países de la Unión como Austria, Italia o Francia son también socios importantes para las economías de Polonia, Hungría, Chequia, Eslovenia o Rumanía, mientras las repúblicas bálticas todavía realizan un importante comercio con Rusia y Finlandia (ésta absorbe cerca de la mitad de las importaciones comunitarias de los tres Estados bálticos).

Una cuestión importante del proceso de preadhesión en tanto en cuanto pueda reflejar el interés de la UE por potenciar las economías de transición ha sido el volumen de inversiones directas en los países del Este. Aunque en los primeros años los datos proporcionados por los propios países y los ofrecidos por la Unión Europea o algunas multinacionales no coinciden, podemos establecer de acuerdo con los datos del Banco Mundial que diez países (los tres bálticos, más los seis países del Este y Eslovenia) han recibido treinta y nueve mil millones de dólares de inversión. Polonia por sí sola ha recibido trece mil quinientos; Hungría, casi trece mil, seguida por Chequia con siete mil y, ya muy lejos, Rumanía con cerca de mil seiscientos. Alemania y Estados Unidos, cada uno aproximadamente con el 20 % de las inversiones, dominan el panorama. Francia sólo aportó un 7 % y Gran Bretaña, sobre el 4 %. También en este capítulo la influencia alemana es notable mientras el desinterés británico es manifiesto en comparación con su posición de inversor en el resto del mundo. Aunque algunos autores como Richard E. Baldwin estiman bajo el volumen de inversiones, parece que una vez despejados los principales temores y las incertidumbres suscitadas por la rápida caída del comunismo, la estabilidad creciente de los regímenes políticos en el Este ha impulsado las inversiones después de unos primeros años de relativa moderación. De hecho, la inversión directa per cápita en Hungría estaba en 1995 justo detrás de Francia, España y el Reino Unido, y delante de Portugal. Como parecía lógico y han demostrado S. Estrin, K. Hughes y S. Todd, la mayor parte de las inversiones producidas han estado en relación directa con la mayor estabilidad institucional alcanzada en los procesos de transición y con la política liberalizadora de los gobiernos según las pautas comunitarias de eliminar obstáculos para apoyar la llegada de capital extranjero; también han dependido del tamaño del mercado y de los costes de producción y salariales.

En efecto, las diferencias en la evolución de los antiguos Estados comunistas del centro y este de Europa son notables no sólo por el punto de partida de la economía sino también por el comportamiento de las empresas extranjeras en el área. Así, si atendemos a estadísticas oficiales, en el quinquenio 1990-1995 fueron precisamente Polonia, Hungría y Chequia los tres Estados que absorbieron casi el 90 % del capital foráneo invertido en los antiguos países comunistas de la zona. Las compañías alemanas y norteamericanas han sido las principales inversoras en este aspecto, sobre todo en el campo de las telecomunicaciones y en fabricación de automóviles (ATT, Panasonic, Opel o Volkswagen, entre otras).

En resumen, en el aspecto económico, dentro del proceso de acomodación de la estructura económica al mercado, el crecimiento del volumen comercial y de inversiones con la consiguiente mejora de la productividad y de la calidad del producto final han contribuido sustancialmente a beneficiar a estos países mucho antes de su incorporación plena a la Unión Europea.

Datos demográficos y económicos de los países de la Unión Europea (UE) y de la Europa central y oriental (PECO) a finales de la década de los noventa (UE 15 + PECO 10 = EUROPA 25)

País	Población % s/ EUROPA 25	PIB % s/ EUROPA 25
Bélgica	2,1	2,8
Dinamarca	1,1	1,5
Alemania	17,1	22,2
Grecia	2,2	1,7
España	8,2	7,4
Francia	12,2	15,3
Irlanda	0,8	0,8
Italia	12,1	14,8
Luxemburgo	0,0	0,2
Holanda	3,2	4,0
Austria	1,7	2,2
Portugal	2,1	1,6
Finlandia	1,1	1,2
Suecia	1,8	2,2
Reino Unido	12,3	13,8
UE 15	*77,9*	*91,7*
Polonia	8,1	2,9
Hungría	2,1	0,9
Chequia	2,2	1,4
Eslovenia	0,4	0,3
Estonia	0,3	0,1
PECO 5	13,1	5,6
Eslovaquia	1,1	0,5
Letonia	0,5	0,1
Lituania	0,8	0,2
Bulgaria	1,8	0,5
Rumanía	4,8	1,3
PECO 5	9,0	2,7
PECO 10	*22,1*	*8,3*

(NOTA: PIB en paridad de poder adquisitivo. Datos para 1995, 1997 y 1999).
FUENTE: Brunet, Ferran, *Curso de integración europea*, Madrid, Alianza Editorial, 1999.

8. Unas primeras conclusiones

Desde el punto de vista de los Estados miembros, la ampliación hacia el Este ha merecido una atención desigual, si bien todos ellos han apostado por abrir cauces de diálogo con los antiguos países comunistas, sobre todo después de la celebración del Consejo de Copenhague. Desde un primer momento, y dependiendo de sus vínculos tradicionales previos a 1945, algunos países mostraron mayor interés; así, Alemania o Austria apostaron por estrechar relaciones con Polonia, Hungría o Checoslovaquia, Estados limítrofes con los cuales, los lazos culturales y comerciales se remontaban a siglos atrás. Por su parte, Portugal o España, a pesar de las insistentes declaraciones de sus respectivos gobiernos, no tenían en principio un gran interés, menos aún si pensamos en el temor de perder fondos estructurales si se incorporan los países del Este.

La cuestión de la seguridad regional ha desempeñado también un papel importante para los países miembros con fronteras hacia el Este en tanto en cuanto valoran la posibilidad de una futura ampliación para acabar con la inestabilidad crónica de estas áreas que, de otra manera, podría redundar negativamente en el crecimiento económico o en la paz social (cabe pensar en Austria, Italia o los países escandinavos, por ejemplo). Antes del Consejo de Luxemburgo (1997), los Estados de la Unión ya habían mostrado un interés por la estabilidad geopolítica y de ahí en buena medida las diferentes posiciones surgidas ante la ampliación. Dinamarca, Suecia y Grecia abogaban por *una regatta approach*, es decir, con todos los aspirantes a la vez para evitar que quedaran descolgados de las conversaciones los Estados bálticos, Bulgaria o Rumanía, ámbitos de relación e influencia tradicional de escandinavos y griegos y, después, que se avanzara en el proceso según el interés de cada uno de los países en profundizar en las directrices comunitarias. Por su parte, países como Alemania preferían una aproximación paulatina, paso a paso: primero se negociaría con Polonia y luego con Chequia y Hungría. Klaus Kinkel, ministro alemán de Exteriores, fue el principal impulsor de este sistema «Stadion-Modell», según el cual, habría que empezar a hablar con los candidatos que tuvieran una mejor situación de partida, aunque conforme fueran entablándose las negociaciones y democratizándose las estructuras de los antiguos países comunistas, cualquier país podría eventualmente situarse incluso por delante de los primeros aspirantes.

Los problemas de la llegada de una inmigración masiva generadora de conflictos, capaz de afectar a la popularidad de los gobiernos, también han sido muy discutidos y los medios de comunicación se han hecho eco extensamente de ellos en Alemania u Holanda. La opinión pública interna podría estar más predispuesta ante el discurso antieuropeísta de algunos partidos minoritarios que insistirían sobre las consecuencias de una previsible llegada de población de los países del Este en busca de puestos de trabajo mejor remunerados.

Desde un primer momento, los países del Este entendieron la recuperación de la democracia pluripartidista y la economía de mercado dentro de un proceso general e ineluctable de integración en las estructuras comunitarias. A pesar de los problemas y de algunas decepciones, los principales partidos políticos y organizaciones sociales de aquellos países no se han planteado ni siquiera la posibilidad de no optar por favorecer la integración rápida. Resulta muy significativo que desde la clase política hasta la investigación académica se insista en el paralelismo de sus procesos de transición con los de España, Portugal o Grecia para legitimar el derecho de los países del Este a participar con prontitud en la esfera comunitaria, además de reiterar desde los medios de comunicación a las autoridades políticas o a los intelectuales la indiscutible pertenencia cultural, geográfica e histórica a Europa como argumento igualmente justificativo. Por si ello no fuera suficiente, estos criterios tienen un peso mucho mayor que los económicos o los de seguridad a la hora de explicar a la población las razones de la necesaria incorporación a Europa: evidentemente, en la práctica, la prosperidad económica y el bienestar social de los Estados comunitarios son elementos decisivos en la configuración en la política europeísta de los países del Este y en el propio imaginario colectivo de sus poblaciones. En este aspecto, las expectativas creadas son ciertamente mucho más importantes que lo reflejado por los discursos políticos, tal como demuestran numerosas encuestas de opinión, donde la perspectiva de mejora socioeconómica constituye uno de los elementos primordiales en la aceptación entusiasta y acrítica del proceso integrador por parte de la población: por ejemplo, en el campesinado rumano o polaco, sectores sociales muy poco informados y que, paradójicamente, serían los primeros en sufrir las consecuencias de asumir los requisitos comunitarios, el grado de aceptación ha sido elevado.

El consenso entre los gobiernos y la oposición es casi total en cuanto al camino emprendido para convertirse en miembros plenos de la Unión. El fin ha primado sobre los medios porque, si bien existen discusiones sobre las consecuencias para determinados sectores socioeconómicos como la agricultura, su intensidad es mínima y el objetivo de la integración total oscurece cualquier intento de crítica sobre las duras condiciones para alcanzarla rápidamente. El caso húngaro es paradigmático de la ausencia práctica de discusiones, debates o críticas sobre el proceso integrador al estar de acuerdo los principales partidos políticos. Algo parecido a lo que ocurre en Chequia donde, salvo discusiones de detalle, gobierno y oposición socialdemócrata después de 1997, coinciden en la defensa a ultranza de la adhesión. De hecho, los medios de comunicación de ambos países abordan en contadas ocasiones estos asuntos si no es para comentar laudatoriamente los avances logrados. En Polonia, la espinosa cuestión de la agricultura y el enorme peso de las inversiones de su vecina Alemania han movilizado a algunos partidos nacionalistas de derecha como el Movimiento por la Reconstrucción de Polonia, preocupación compartida por los socialistas y algunos pequeños partidos de izquierda, alarmados por las consecuencias que la integración pudiera tener sobre los grupos sociales

Imagen de la Unión Europea entre los ciudadanos de los países
de la Europa central y oriental

Países de la Europa central y oriental	Valoración positiva de la Unión Europea a) (en % del total) (datos de 1998)	Sí a la integración a la Unión Europea b) (en % del total) (datos de 1998)
Polonia	46	93
Hungría	30	80
Chequia	26	79
Eslovenia	35	79
Estonia	30	76
Eslovaquia	31	88
Letonia	35	80
Lituania	23	86
Bulgaria	27	86
Rumanía	50	97

(NOTA: «*a*): Respuestas a la pregunta: "Como usted sabe, 15 Estados de *Europa occidental* forman la *Unión Europea.* ¿Sus impresiones sobre los objetivos y las actividades de la Unión Europea son, en general, positivas, neutras o negativas?" *b*) Respuestas a la pregunta: "Si mañana hubiera un referéndum sobre la adhesión a la Unión Europea, ¿votaría a favor o en contra?"»)
FUENTE: Brunet, F., *Curso de integración europea*, Madrid, Alianza Editorial, 1999.

más desprotegidos (pequeños propietarios agrícolas, parados, jubilados). No obstante, la población en general sigue apostando por la entrada en la Unión Europea.

En Eslovenia se ha producido un fenómeno curioso: los líderes de los principales partidos políticos son partidarios de la integración pero mantienen una postura de cierta ambigüedad: un país pequeño y poco poblado podría perder fácilmente sus señas de identidad, diluidas además en una estructura comunitaria federal que podría recordar a la antigua Yugoslavia. La identificación de la Unión Europea con la defensa de los Estados bálticos frente a Rusia ha sido uno de los mensajes más difundidos por los partidos políticos en su afán de lograr el apoyo de la población, y sin duda lo han conseguido a tenor de las expectativas de la opinión pública de estos países respecto a la integración. En Bulgaria y Rumanía son sobre todo las mejoras de las condiciones sociales y económicas las que impulsan a la población a apostar decididamente por la Unión Europea.

En definitiva, partidos políticos, grupos de interés, organizaciones sociales y sindicales están de acuerdo en general en apoyar las políticas gubernamentales de sus respectivos países en pro de una integración rápida. La mejora del nivel de vida y la seguridad colectiva son quizá los dos motivos que más influyen en la opinión pública de estos países en la apuesta por la integración.

Como ya hemos apuntado, la agricultura constituye también uno de los retos importantes. El problema de los excedentes agrarios y el elevado número de habitantes dedicado al primario, rémora todavía en algunos países comunitarios del sur, se agravaría sin duda con la inclusión de países cuyas obsoletas estructuras agrarias no son rentables. Por ello, en el Consejo Europeo de Madrid se analizó también un informe estratégico sobre el sector primario con los objetivos de eliminar progresivamente el control sobre los precios de los productos agrarios y fomentar un desarrollo global de las áreas rurales a través de vías alternativas. Además de las consideraciones histórico-culturales y socioeconómicas, otro aspecto destacado es el de la seguridad colectiva. Por las relaciones traumáticas vividas con la Unión Soviética, algunos de estos países, sobre todo Polonia, Hungría o los Estados bálticos, estiman que su inclusión en la Unión Europea —al margen de sus nuevas relaciones con la OTAN— constituye el mejor aval para evitar cualquier futura intromisión de su poderoso vecino ruso, aun cuando no existan pactos firmados de defensa mutua. En 1999, además, se integraron plenamente en la OTAN Polonia, Hungría y la República Checa, las cuales en la cumbre de la Organización Atlántica celebrada en Madrid los días 8 y 9 de julio de 1997, dos años antes, habían visto apoyadas sus pretensiones de vincularse a la Alianza militar occidental.

Sin embargo, las condiciones impuestas por la Unión Europea en el *Libro Blanco* en particular y en el acervo comunitario en general suponen interferencias en la política interior de estos países. Así lo manifiesta, entre otros, Helene Sjursen, para quien muchos de estos presupuestos no son meramente indicativos, sino que realmente obligan a los futuros Estados miembros a variar líneas políticas que en principio tendrían que depender de la voluntad de los gobiernos respectivos.

Desde el punto de vista de la Unión, la acción hacia los países del Este puede suponer un avance en la configuración de una política exterior común, cuya ausencia ha sido muy criticada desde ámbitos académicos y políticos, sobre todo por la incapacidad de la Unión Europea de constituirse como tal en un agente internacional de primer orden después de la caída del comunismo y la reorganización del orden mundial.

La Agenda 2000 constituye ya un auténtico plan para la integración al establecer un detallado programa financiero que incluye en el presupuesto comunitario del sexenio 2000-2006 la previsión de los recursos necesarios para llevar a la práctica la ampliación al Este. Esto implica que la Unión Europea concreta el coste real de dicha ampliación, siempre bajo el principio de la moderación presupuestaria: se estima que en dicho período el aporte general comunitario para los países del Este sea de cuarenta y cinco mil millones de ecus. No obstante, las inversiones directas de grandes empresas, la utilización de fuentes energéticas y materias primas disponibles y la presencia de una mano de obra cada vez más cualificada redundarán también de forma muy beneficiosa sobre las economías occidentales. Son indudables los beneficios de todo tipo obtenidos por los PECO; sin embargo, uno de los graves problemas continúa siendo cómo conjugar este proceso de integración económica global con un fortalecimiento equilibrado de las estructuras económicas más débiles. Por esta razón, Marie Lavigne piensa que el desafío real, más allá incluso de la propia integración, radica en la convergencia efectiva en tanto que estos procesos de adhesión a la comunidad se efectúen limando las diferencias sociales, tecnológicas y productivas. Sin embargo, la Agenda 2000 no fue concebida como un plan global sobre el futuro de una Unión Europea de veintiséis miembros en donde aparecieran recogidos la estructura operativa, los objetivos y la forma de llevarlos a cabo. Ni siquiera define claramente cómo acomete la ampliación, esto es, si debe seguir las líneas directrices de ampliaciones anteriores o variar éstas a tenor del elevado número de países peticionarios, las diferencias existentes entre ellos y la complejidad mucho mayor que hace años de asumir totalmente el acervo comunitario. Aunque en ocasiones pueda parecer que se avance poco, debe tenerse en cuenta lo intrincado de las negociaciones entre la Unión Europea y los países de Europa central y oriental para valorar debidamente los logros conseguidos.

Posteriormente, el Consejo Europeo de Helsinki, celebrado en diciembre de 1999, anunciaba la inmediata inclusión en las negociaciones para el proceso de ampliación de Rumanía, Bulgaria, Eslovaquia, Letonia y Lituania —países de la denominada «segunda etapa»—, además de Malta y Turquía. De esta manera se perfilaba, teóricamente al menos, una Unión Europea de más de veinte países en los comienzos del siglo XXI, coincidiendo con el quincuagésimo aniversario de la puesta en funcionamiento de la CECA o con la firma de los Tratados de Roma.

«¿Qué Europa aparece en el horizonte del año 2000? La pregunta —según A. Gélédan— queda para el futuro, pero la transición no triunfará sino con la condición de que los países de Europa central y oriental sean integrados económica y socialmente de la manera más rápida posible en la Unión Europea, espacio que debe ofrecerles importantes posibilidades.» A ello se refirió en la primavera de 1995 el comisario europeo de relaciones con los antiguos países del Este, Hans Van den Broek, al afirmar que «los otros países de Europa miran hacia nosotros en busca de garantías de estabilidad, paz y prosperidad y de la oportunidad para representar su papel en la integración. Quieren hacerlo como miembros de pleno derecho de la Unión y tenemos una obligación moral y política de ayudarles a crear las condiciones para una ampliación con éxito mediante la estrategia de preingreso. Consolidar su reciente encontrada libertad y democracia y estabilizar su desarrollo, no va sólo en interés suyo, sino también en el nuestro».

Bibliografía

Ahijado Quintillán, M., *Historia de la unidad europea. Desde los precedentes remotos a la ampliación al Este*, Madrid, Pirámide, 2000.

Ahijado Quintillán, M. y Osuna Guerrero, R., *Unión Económica y Monetaria europea: la ampliación al Este I. Teoría de la transición, hechos estilizados y el punto de vista comunitario*, Madrid, Pirámide, 1999.

— *Unión Económica y Monetaria europea: la ampliación al Este II. Europa Central y Oriental, Países Bálticos, Chipre y Turquía*, Madrid, Pirámide, 1999.

Baldwin, R. E., *Towards an Integrated Europe*, Londres, Centre of Economic Policy Research, 1994.

Broek, H. Van den, «La futura forma de Europa», *Política Exterior*, n.° 44 (abril-mayo 1995).

Brunet, F., *Curso de integración europea*, Madrid, Alianza Editorial, 1999.

Brzezinski, Z., «La gran transformación», *Política Exterior*, n.° 38 (abril-mayo 1994).

Campos, C., «Reunificar Europa: la UE y los PECO», *Cuadernos del Este —Europa, de la guerra a la paz fría—*, n.° 15 (1995).

Dahrendorf, R., *Reflexiones sobre la revolución en Europa*, Barcelona, Emecé, 1991.

Díez Espinosa, J. R. y Martín de la Guardia, R. M., *Historia contemporánea de Alemania (1945-1995)*, Madrid, Síntesis, 1998.

Duchêne, G. y Tartarin, R., «Les transitions économiques à l'Est. Origines, situations, perspectives», en Duchêne, G. y Tartarin, R. (dirs.), *La grande transition. Économie de l'après-communisme*, París, Éditions Cujas, 1991.

Drábek, Z. y Smith, A., *Trade performance and trade policy in Central and Eastern Europe*, Londres, Centre for Economic Research Policy, Discussion Paper, n.° 1.182, 1995.

Estrin, S.; Hughes, K., y Todd, S., *Foreign Direct Investment in Central and Eastern Europe: Multinationals in Transition*, Londres, Royal Institute of International Affaires-Pinter, 1997.

Fejtö, F., *La fin des démocraties populaires. Les chemins du post-communisme*, París, Seuil, 1992.

— (dir.), *La transition en Europe. Économie privée et action publique —*Rapport de l'atelier «Continent européen» du groupe «Monde-Europe», XIè Plan (1993-1997)—, París, La Documentation française, 1993.

Fernández Navarrete, D., *Historia y economía de la Unión Europea*, Madrid, Centro de Estudios Ramón Areces, 1999.

Fishkin, J., *Democracia y deliberación. Nuevas perspectivas para la reforma democrática*, Barcelona, Ariel, 1995.

Flores, G. y Luengo, F., «Introducción: el desarrollo en la Europa del Este. Balance (1989-2000)», en Flores, G. y Luengo, F. (coords.), *Tras el Muro: diez años después de 1989*, Barcelona, El Viejo Topo, 2000.

Gautron, J.-C., «La problématique politique des relations entre la Communauté Européenne et l'Europe de l'Est», en Gautron, J.-C. (dir.), *Les relations Communauté Européenne Europe de l'Est*, París, Economica, 1991.

Gélédan, A., *Transitions a l'Est*, París, Le Monde-Édition, 1995.

González Enríquez, C., «Las transiciones a la democracia en Europa del Este. Un análisis comparado», *Revista de Estudios Políticos* (Nueva Época), n.° 78 (octubre-diciembre 1992).

— «Peculiaridades de la transición húngara a la democracia. Comparación con la transición española», *Cuadernos del Este*, n.° 8 (1993).

Gorbachov, M., *Perestroika. «Mi mensaje a Rusia y al mundo entero»*, Barcelona, Ediciones B, 1990.

Grabbe, H. y Hughes, K., *Enlarging the EU Eastwards*, Londres, The Royal Institute of International Affairs, 1998.

Hamilton, C. B. y Winters, L. A., «Opening up International Trade with Eastern Europe», *Economic Policy*, n.° 14 (abril 1992).

Heller, Á. y Fehér, F., *El péndulo de la modernidad. Una lectura de la era moderna después de la caída del comunismo*, Barcelona, Ediciones Península, 1994.
— *De Yalta a la «Glasnost»*, Madrid, Editorial Pablo Iglesias, 1992.
Holmes, S., «Cultural legacies or State collapse? Probing the Postcommunist Dilemma», en Mandelmaum, M. (dir.), *Post-Communism: Four Perspectives*, Nueva York, Council on Foreign Relations, 1996.
Inotai, A., *From Association Agreements to Full Membership? The Dynamics of Relations Between the Central and Eastern European Countries and the European Union*, Budapest, Institut for World Economics, Working Papers, n.º 52, 1995.
Kaldor, M. y Vejvoda, I., «Democratization in Central and Eastern European Countries», *International Affaires*, n.º 73 (1997).
Laulau, Y.-M., «Entre le chaos et la renaissance», *La Revue de Politique Independente* —dossier: *Où va l'Europe de l'Est?*— n.º 4 (4.º trimestre 1993).
Lavigne, M., *L'Europe de l'Est. Du plan au marché*, París, Éditions Liris, 1992.
— «Conditions for Accession to the EU», *Comparative Economic Estudies*, vol. 30, n.º 3 (1998).
Luengo, F., «La crisis económica de la región», en VV.AA., *Europa del Este. ¿Transición o crisis?* —Informe Anual del Instituto de Europa Oriental—, Madrid, Editorial Complutense, 1993.
— «Los laberintos de la transición hacia el mercado», en Luengo, F. (coord.), *Europa del Este. El laberinto del cambio* —Informe Anual del Instituto de Europa Oriental—, Madrid, Editorial Complutense, 1994.
— *La economía de los países del Este. Autarquía, desintegración e inserción en el mercado internacional*, Madrid, Síntesis, 1999.
Martín de la Guardia, R. M. y Pérez Sánchez, G. Á., «¿Es totalitario el socialismo real? Consideraciones ante la caída del Muro», *Veintiuno. Revista de pensamiento y cultura*, n.º 22 (verano 1994).
— *La Europa del Este, de 1945 a nuestros días*, Madrid, Síntesis, 1995.
Maravall, J. M., *Los resultados de la democracia*, Madrid, Alianza Editorial, 1995.
Muñoz Albarrán, S., «Las relaciones entre la UE y la Europa central y oriental», *Cuadernos del Este —Europa, de la guerra a la paz fría—* n.º 15 (1995).
Offe, C., «¿Capitalismo como objetivo democrático? La teoría democrática frente a la triple transición en la Europa central y oriental», *Debats*, n.º 40 (junio 1992).
Pérez Sánchez, G. Á., *Crisis, revolución y transición en la Europa del Este*, Barcelona, Ariel, 1999.
Potucek, M., «Markets, States, and Social Citizenship in Central and Eastern Europe», en Klausen, J. y Tilly, L. A. (eds.), *European Integration in Social and Historical Perspective, 1850 to the present*, Lauham, Rowman of Little Field Publishers, 1997.
Sidjanski, D., *El futuro federalista de Europa. De los orígenes de la comunidad Europea a la Unión Europea*, Barcelona, Ariel, 1998.
Sjursen, H., «Enlargement and the Common Foreign and Security Policy: transforming the EU's external identity?», en Henderson, K. (ed.), *Back to Europe. Central and Eastern Europe and the European Union*, Londres, UCL Press, 1999.
Soulet, J.-F., *La mort de Lénine. L'implosion des systèmes communistes*, París, Armand Colin, 1991.
Taibo, C., *Las transiciones en la Europa central y oriental. ¿Copias de papel carbón?*, Madrid, Los Libros de la Catarata, 1998.

Taylor, P., *The European Union in the 1990s*, Oxford, Oxford University Press, 1996.

Villafañe, J., «Presentación», en Luengo, F. (coord.), *Europa del Este. El laberinto del cambio* —Informe Anual del Instituto de Europa Oriental—, Madrid, Editorial Complutense, 1994.

VV.AA., *La Comunidad Europea y sus vecinos del Este*, Luxemburgo, Oficina de Publicaciones Oficiales de las Comunidades Europeas, 1991.

ANTE EL CAMBIO DE SIGLO: LA CONSOLIDACIÓN DEL PROCESO DE INTEGRACIÓN EUROPEA

por Ricardo M. Martín de la Guardia
y Guillermo Á. Pérez Sánchez
Profesores titulares de Historia Contemporánea,
Universidad de Valladolid

«Finis saeculi novam rerum faciem aperuit.»

Leibniz

En este cambio de siglo, lejos de encontrarnos ante una nueva «crisis de la conciencia europea», como la que vivió el Viejo Continente en las décadas postreras del siglo XVII y primeras del XVIII, parece resaltarse la «nueva conciencia europea», según la cual, existe hoy en día «una demanda silenciosa y profunda de Europa en los pueblos europeos», fruto de los fructíferos resultados del proceso de integración europea en marcha, cuyo objetivo fundamental consistió en terminar con los conflictos entre europeos, especialmente los sufridos a lo largo del siglo XX con las dos grandes guerras y los terribles añadidos del Holocausto y el Gulag; un siglo generador, por tanto, de las peores tragedias sufridas por la humanidad.

El siglo XX ha sido una época de desencuentros y conflictos seculares entre las naciones europeas que pareció llegar a su fin después de la Segunda Guerra Mundial. Con Europa en ruinas surgió la esperanza de la reconstrucción, y por medio de ésta la instauración de la paz, la cimentación de un nuevo orden económico capaz de generar riqueza y desarrollo sostenible, la refundación de los valores democráticos del Estado de Derecho, la apuesta decidida por el respeto de los derechos humanos y la implantación de la justicia social garante del bienestar socioeconómico de los pueblos.

Con Europa de nuevo en pie, y con la lección aprendida del tiempo pasado, los nuevos responsables de los destinos de Europa, representantes de una generación de europeístas convencidos —Robert Schuman, Jean Monnet, Konrad Adenauer, Walter Hallstein, Paul-Henri Spaak y Alcide de Gasperi, entre los más sobresalientes— comenzaron a proyectar, imbuidos de los mejores ideales, el proceso de integración europea sostenido sobre cuatro grandes pilares: la fuerza moral de Churchill, que logró expandirse a todo el continente a partir de su discurso en la Universidad de Zurich; el Programa de Recuperación Económica o «Plan Marshall»; la Conferencia de La Haya, conocida por su importancia como el «Congreso de Europa», y la «Declaración Schuman».

Con esta firme voluntad europeísta y gran fe en el futuro del continente comenzó el proceso de integración con la creación, en 1951, de la Comunidad Europea del Carbón y del Acero impulsada por Francia y la República Federal de Alemania, que puso fin a la llamada «cuestión alemana», y contó con la inmediata adhesión de los tres países del Benelux y de Italia. Parafraseando a Denis de Rougemont, la vocación de la Europa comunitaria al poner en marcha el proceso de integración consiste de manera permanente en «animar, equilibrar y federar»: animar a todos los países del Viejo Continente a vincularse a las Comunidades Europeas; lograr el equilibrio socioeconómico mediante el mercado común, hasta alcanzar un grado óptimo de desarrollo interregional y de cohesión social en todos los Estados comunitarios; y avanzar serena y paulatinamente por el camino de la unión económica y monetaria y política hacia la más perfecta unión europea, con la permanente vocación de hacer Europa, una Europa con una organización propia, moderna, abierta y eficaz, fundamentada en los valores de la unidad en la diversidad.

Esta pequeña Europa de los Seis avanzó rápidamente en el proceso de integración supranacional con el método funcionalista aplicado por Jean Monnet al crearse, en 1957, dos nuevas comunidades, la Comunidad Económica Europea —el llamado Mercado Común— y la Comunidad Europea de la Energía Atómica. Con la ampliación del marco de actuación de las Comunidades y, después de la crítica década de los sesenta —los años de la «crisis de crecimiento»—, tan mediatizada por la Francia del general De Gaulle, la incorporación de nuevos países, a comienzos de los años setenta se lograba la Europa de los Nueve —la llamada «ampliación al Norte»—, con la adhesión de Gran Bretaña, Irlanda y Dinamarca; y en los ochenta, la «ampliación al Sur», en dos fases: primero Grecia, en 1981; después, en 1986, Portugal y España. La Europa de los Doce reafirmaba sus convicciones integradoras potenciando su capacidad de actuación mediante el Acta Única de 1986, y, sobre todo, mediante el Tratado de Unión Europea de 1992, así como fomentando las políticas de solidaridad social y regional para lograr una más perfecta cohesión ciudadana, regional y nacional en su seno.

La interpretación «optimista» del proceso de integración europea después de la Segunda Guerra Mundial puede matizarse con otra más escéptica que tiene en Eric J. Hobsbawn, uno de sus más importantes representantes. En primer lugar, según el historiador británico, la Comunidad Europea no hubiera existido como tal sin el nuevo orden internacional basado en la Guerra Fría por el interés de Estados Unidos de mantener un aliado fuerte en contra de la Unión Soviética. En segundo lugar, y dejando a un lado los intereses económicos de la integración, los partidos políticos, los grupos de presión, los gobiernos y la propia opinión pública muestran unas discrepancias más que evidentes en los objetivos que se pretenden y en el método de llevar a cabo la Unión. Así, en tercer lugar, la «identidad europea» de la que tanto se habla en las décadas posteriores a 1945 no parece calar en la conciencia de la inmensa mayoría de la población europea, cuya característica más destacada es precisamente la diversidad. En última instancia queda por resolver la cuestión de la democracia real de las instituciones comunitarias, y su poder efectivo respecto a los gobiernos nacionales.

Ante la desintegración de la Unión Soviética y la crisis del sistema socialista en la Europa del Este (simbolizada por la caída del Muro de Berlín), las Comunidades Europeas, dirigidas en este afán por la Alemania reunificada, impulsaron una nueva ampliación al centro y norte del continente: la adhesión en 1995 de Austria, Suecia y Finlandia era sólo un primer paso antes de la gran ampliación al este mediante la cual se debía integrar lo antes posible a los países de la antigua Europa del Este sovietizada.

Así, desde el punto de vista de las transformaciones estructurales, cuyos últimos jalones por el momento son el «Nuevo Tratado de la Unión Europea» de 1997 y la «Agenda 2000», y ante las sucesivas ampliaciones, incluso con la impensada e imposible durante más de cuatro décadas al este, la integración europea se mostraba como el mejor proyecto de progreso imaginado, una especie de «creación continua» que si se estancara perdería impulso, adecuada siempre a la diversidad cultural y a la dispar evolución histórica de sus Estados nacionales, obligada a repensar un federalismo propiamente europeo, distinguido con los valores propios del buen gobierno justo y eficiente: ésta es la gran empresa europea de las décadas venideras.

CRONOLOGÍA Y CARTOGRAFÍA

por RICARDO M. MARTÍN DE LA GUARDIA
y GUILLERMO Á. PÉREZ SÁNCHEZ
Profesores titulares de Historia Contemporánea,
Universidad de Valladolid

1900 Congreso de Ciencias Políticas de París, en el cual los diversos participantes, y entre ellos Anatole Leroy-Beaulieu, recuerdan la vigencia de los postulados del ideal europeísta basados en la «paz perpetua», el «buen gobierno» y el «bienestar socioeconómico» de los pueblos.

1905 Triunfo del Japón en la guerra ruso-japonesa (1904-1905). Señal del despertar del mundo asiático en el siglo XX.

1914 Estalla (28 de julio-4 de agosto) la Gran Guerra o Primera Guerra Mundial que enfrenta a las potencias centrales, con el Imperio alemán y Austria-Hungría al frente, y a las potencias aliadas, dirigidas por Francia, Gran Bretaña y Rusia.

1917 Los Estados Unidos de Norteamérica entran en la Primera Guerra Mundial (2 de abril).

1917 El zar Nicolás II abdica (15 de marzo). En Rusia entra en funciones el gobierno provisional.

1917 Golpe de Estado-revolución en Rusia (octubre) protagonizado por el Partido Bolchevique (comunista) de Lenin. En enero de 1918, Lenin consuma el golpe de Estado al clausurar *manu militari* la Duma.

1918 Tratado de Brest-Litovsk entre la Rusia bolchevique y el Imperio alemán (marzo).

1918 Abdica el kaiser Guillermo II de Alemania (noviembre) y se produce la desintegración del Imperio austro-húngaro. Se firma el armisticio (11 de noviembre) que pone fin a la Primera Guerra Mundial.

1919 Comienza en París la Conferencia de Paz (18 de enero).

1919 Se firma el Tratado de Versalles (28 de junio) que hace del Imperio alemán el responsable del estallido de la guerra. Por el Tratado de Saint Germain (10 de septiembre) se da carta de naturaleza a la desaparición del Imperio de Austria-Hungría. De los despojos de la doble monarquía se formaron los nuevos Estados de Austria, Checoslovaquia y el Reino de los Serbios, Croatas y Eslovenos (Yugoslavia).

1920   Se crea en Ginebra la Sociedad de Naciones (10 de enero), preconizada por el presidente de Estados Unidos, Wilson, aunque finalmente esta potencia no formó parte de dicha organización.

1922   Los gobiernos de Bélgica y Luxemburgo acuerdan (1 de mayo) la creación de la Unión Económica y Aduanera Belga-luxemburguesa (UEBL).

1922   Richard Coudenhove-Kalergi anuncia a través de los medios de comunicación su proyecto de fundar la organización «Unión Paneuropea».

1922   Con la Marcha sobre Roma (octubre), Mussolini se hace con el poder en Italia: comienza la era fascista.

1923   Richard Coudenhove-Kalergi funda en Viena la «Unión Paneuropea», inspirada en los principios del ideal europeísta.

1923   Richard Coudenhove-Kalergi publica una obra fundamental con el inequívoco título de *Paneuropa*, y cuyas aportaciones al proceso de unidad servirán de base para el inicio del proceso de integración europeo.

1923   Con la instauración de la República, presidida por Mustafá Kemal, «Atatürk», comienza una nueva etapa en la historia de Turquía.

1924   Coudenhove-Kalergi saca a la luz el «Manifiesto Paneuropeo» en el que animaba a luchar por la unión de los pueblos de Europa dentro de una federación.

1925   Gracias al impulso de Gustav Stresemann y Aristide Briand se firma el Tratado de Locarno (16 de octubre) que reconoce el orden europeo salido de la Primera Guerra Mundial y permite, un año después, la incorporación de Alemania a la Sociedad de Naciones.

1926   Stresemann y Briand son reconocidos con el Premio Nobel de la Paz.

1926   Se celebra en Viena (1 de octubre) el Primer Congreso Paneuropeo preconizado por Coudenhove-Kalergi. En 1927, Aristide Briand es elegido presidente de honor de la Unión Paneuropea.

1929   Aristide Briand, apoyado por su colega alemán Stresemann, presenta (7 de septiembre) en la X Asamblea de la Sociedad de Naciones su proyecto de «Asociación Europea».

1929   Caída de la Bolsa de Nueva York (octubre): crisis socioeconómica e inicio de la «gran depresión».

1930   La Unión Paneuropea de Coudenhove-Kalergi y Briand establece en Berlín (25 de febrero) el proyecto de pacto europeo para los «Estados Federales de Europa».

1930   Presentación del *Memorándum* de Briand en la Sociedad de Naciones (septiembre), en cuyo seno se crea la Comisión de Estudios para la «Asociación Europea», presidida por Briand.

1933 Adolf Hitler es nombrado canciller de Alemania (enero): comienza la era totalitaria nacionalsocialista.

1936 Guerra Civil Española.

1938 La Alemania nacionalsocialista de Hitler se anexiona *(Anschluss)* Austria (marzo).

1938 La Alemania de Hitler y las principales potencias europeas firman los «Acuerdos de Munich» (septiembre).

1939 Alemania firma con Italia el «Pacto de Acero» (mayo) y con la URSS el «Pacto de No Agresión» (agosto).

1939 Comienza la Segunda Guerra Mundial: invasión de Polonia (1 de septiembre) por parte de la Alemania nacionalsocialista, que lleva a Gran Bretaña y Francia a declarar la guerra a Alemania (3 de septiembre).

1941 Firma de la «Carta del Atlántico» por parte de F. D. Roosevelt, presidente de Estados Unidos, y W. Churchill, primer ministro del Reino Unido.

1941 Estados Unidos entra en la Segunda Guerra Mundial (7 de diciembre) al ser atacado por Japón.

1942 Sobre la base de la Unión Económica y Aduanera Belga-Luxemburguesa, a partir de 1942, el político belga Paul-Henri Spaak animó a los gobiernos de Bélgica, Holanda y Luxemburgo a ampliar sus vínculos de cooperación económica.

1943 La Unión Soviética sale victoriosa de la batalla de Stalingrado. Comienza la «gran alianza» entre las potencias occidentales, Estados Unidos y Gran Bretaña, y la Unión Soviética, convertida en la gran potencia oriental, con el objetivo común de derrotar a las potencias del Eje.

1943 Bélgica y Luxemburgo, que en 1922 habían creado la Unión Económica Belga-Luxemburguesa, cierran con Holanda un acuerdo (octubre) con el objetivo de poner en marcha entre los tres países una Convención Aduanera.

1944 A propuesta del presidente Roosevelt, y con la participación de delegados de cuarenta y cuatro países, se celebró (julio) en Bretton Woods (en el estado norteamericano de Nueva Hampshire) la Conferencia Monetaria y Financiera que, entre otros acuerdos, instituyó el Fondo Monetario Internacional (FMI) y el Banco Internacional para la Reconstrucción y el Desarrollo (BIRD), conocido también como Banco Mundial (BM). Comenzaba el «nuevo orden económico» de la posguerra dirigido por Estados Unidos.

1944 Lanzamiento en Ginebra (julio) del «Manifiesto de las Resistencias Europeas», alentando a la unión federal de todos los pueblos de Europa.

1945 Conferencia de Yalta (febrero) entre Roosevelt, Stalin y Churchill con el objetivo de marcar las pautas para la paz una vez derrotados los ejércitos nazifascistas.

1945 Rendición de Alemania (8 de mayo) y fin de la Segunda Guerra

Mundial en Europa. Conferencia de Potsdam (julio). Rendición de Japón (2 de septiembre) y fin de la Segunda Guerra Mundial en Asia y el Pacífico.

1945   En la Conferencia de San Francisco (junio), medio centenar de Estados firman la Carta fundacional de la Organización de Naciones Unidas (ONU).

1946   El general De Gaulle abandona la presidencia del gobierno francés (enero).

1946   Winston Churchill, ex primer ministro del Reino Unido, plantea en la Universidad de Zurich (19 de septiembre) la necesidad de construir los «Estados Unidos de Europa». En ese mismo año, en Fulton (Missouri), alerta al mundo entero sobre un «telón de acero» que está a punto de caer sobre Europa, dividiéndola en dos partes antagónicas.

1946   Proclamación de la República Italiana (junio).

1946   Conferencia de París (julio a octubre) preparatoria de la solemne sesión de la firma de la paz (febrero de 1947) entre vencedores y vencidos de la Segunda Guerra Mundial.

1947   Francia y Gran Bretaña suscriben el acuerdo de Dunkerque constitutivo del «Tratado de Alianza y Asistencia Mutua» (marzo).

1947   El presidente de Estados Unidos, H. Truman, pronuncia en el Congreso un discurso (marzo) en el que anuncia el final de la «gran alianza» y la puesta en marcha de una política de «contención» al expansionismo soviético en Europa del Este con el objetivo de apoyar a los «países libres». Al mismo tiempo, Estados Unidos anuncia su intención de permanecer indefinidamente en Alemania. Comenzaba la denominada «guerra fría».

1947   El secretario de Estado norteamericano, Georges C. Marshall, anuncia (6 de junio), en un discurso pronunciado en la Universidad de Harvard, la intención de su país de poner en marcha un plan de ayuda para la reconstrucción de Europa («Plan Marshall»). Los países europeos occidentales apoyan dicho plan (España y Finlandia fueron excluidos de sus beneficios), pero los países de Europa del Este, empezando por la URSS, lo rechazaron.

1947   Independencia de la India británica con la constitución de dos nuevos países, la Unión India y Pakistán (agosto).

1947   La Unión Soviética crea (septiembre) la Oficina de Información de los Partidos Comunistas (Kominform).

1947   Con la entrada en vigor de la Constitución de 1947, Japón comenzaba una nueva etapa de su historia. En el verano de 1951 firmaba el tratado de paz y en diciembre de 1956 ingresaba en la ONU.

1947   La ONU acuerda (noviembre) la partición de Palestina en dos Estados, uno árabe y otro judío. Dicha medida fue rechazada por los árabes, pero no así por los judíos. Éstos, en mayo de 1948, proclamaron unilateralmente el Estado de Israel, lo que llevó a la primera guerra árabe-israelí en la zona, resuelta en enero de 1949 de manera favorable a los intereses hebreos: en ese mismo año, la independencia de Israel era reconocida por la ONU.

1947   Firma del Tratado Interamericano de Ayuda Recíproca (TIAR).

1948   Comienza a funcionar (1 de enero) la Convención del Benelux compuesta por Bélgica (Be.), Holanda (Ne.) y Luxemburgo (Lux.), considerada como el «laboratorio» del Mercado Común Europeo.

1948   La expulsión (julio) de la República Federativa de Yugoslavia del Kominform confirma la ruptura entre Stalin y Tito.

1948   Con el objetivo de acceder al «Plan Marshall», los países europeos occidentales celebraron en París (1947) una Conferencia de Cooperación Económica Europea, y el 16 de abril de 1948, los países europeos que apoyaron el «plan Marshall» —Austria, Bélgica, Dinamarca, Francia, Grecia, Islandia, Italia, Luxemburgo, Noruega, Países Bajos, Portugal, Gran Bretaña, Suecia, Suiza, Turquía y la zona occidental de Alemania— creaban junto a Estados Unidos la Organización Europea para la Cooperación Económica (OECE) con el objetivo de gestionar la ayuda estadounidense para la reconstrucción europea.

1948   Convocado por el «Comité Internacional de Coordinación para la Unión Europea», se reúne (7 al 10 de mayo) en la ciudad de La Haya la denominada Conferencia de La Haya o «Congreso de Europa» que, además de animar el proceso de unidad europea, apoyó la creación de un Consejo de Europa (5 de mayo de 1949).

1948   Bélgica, Holanda y Luxemburgo se adhieren (17 de marzo) al Tratado de Alianza y Asistencia Mutua franco-británico, constituyendo, por el Tratado de Bruselas, la «Unión Occidental».

1948   El «bloqueo de Berlín» (junio) decretado por las autoridades de ocupación soviéticas fue respondido por las potencias de ocupación occidentales con el establecimiento de un «puente aéreo» que mantuvo unida a la antigua capital del *Reich* con los territorios occidentales de Alemania. En mayo de 1949, los soviéticos levantaron el «bloqueo». Berlín se convertía en símbolo de la guerra fría.

1948   Se firma en Bogotá la Carta de la Organización de Estados Americanos (OEA).

1948   Elección (1 de septiembre) de Konrand Adenauer para el cargo de presidente del Consejo Parlamentario de Alemania Occidental, quien se convertirá en agosto de 1949 en canciller de la República Federal de Alemania.

1948   Aprobación (diciembre) por la Asamblea General de la ONU de la «Declaración Universal de Derechos Humanos».

1949   Fundación por el Tratado de Londres (5 de mayo) del Consejo de Europa, integrado, en un primer momento, por Francia, Gran Bretaña, Bélgica, Holanda, Luxemburgo, Irlanda, Italia, Dinamarca, Noruega y Suecia.

1949   Ante la evolución de los acontecimientos que dan lugar a la guerra fría, los países occidentales euronorteamericanos (Estados

Unidos, Canadá, Francia, Gran Bretaña, Bélgica, Holanda, Luxemburgo, Dinamarca, Islandia, Italia, Noruega y Portugal), firmaban en Washington (4 de abril) el «Tratado del Atlántico Norte» (OTAN).

1949   La Unión Soviética impulsa en su zona de influencia la creación (25 de enero) del Consejo de Ayuda Económica Mutua (CAEM-COMECON).

1949   Después de la crisis del «bloqueo de Berlín», la creación de la República Federal (mayo) y la República Democrática (octubre) consuman la división de Alemania.

1949   Primera sesión del Consejo de Europa (agosto).

1949   Fundación de la República Popular de China (octubre), con el líder comunista Mao Zedong al frente del país.

1950   El ministro de Asuntos Exteriores de Francia, Robert Schuman, hace público (9 de mayo) un proyecto —la «Declaración Schuman»— para unificar las producciones de carbón y de acero de los países europeos occidentales, empezando por Francia y Alemania.

1950   Comienza la guerra de Corea, uno de los momentos culminantes de la guerra fría (junio).

1950   Creación de la Unión Europea de Pagos (19 de septiembre).

1950   R. Pleven presenta (24 de octubre) en la Asamblea Nacional francesa el plan de una Comunidad Europea de Defensa (CED).

1950   Impulsado por el Consejo de Europa, se firma en Roma (4 de noviembre) el Convenio Europeo de protección de los Derechos Humanos.

1951   Puesta en funcionamiento por el Tratado de París (18 de abril) de la Comunidad Europea del Carbón y del Acero (CECA), primera institución de carácter supranacional en el camino de la integración europea, formada por Francia, la República Federal de Alemania, Italia, Bélgica, Holanda y Luxemburgo.

1952   Los Seis Estados de la CECA firman en París (27 de mayo) el Tratado de la Comunidad Europea de Defensa (CED).

1952   Comienza a funcionar la CECA (julio), con el francés Jean Monnet al frente de la Alta Autoridad de dicha institución.

1952   Golpe de Estado en Egipto contra la monarquía del rey Faruk promovido por los «oficiales jóvenes», que provocó la abdicación del monarca (julio). En junio de 1953 se proclama la República y en abril de 1954, Nasser se convierte en el hombre fuerte del país.

1952   Eisenhower es elegido (noviembre) presidente de los Estados Unidos de Norteamérica.

1953   Muerte de Stalin (marzo). Primera oleada de crisis en el bloque soviético al calor del revisionismo: conflictos en Berlín Este, Polonia y Checoslovaquia.

1953   Firma del armisticio entre las dos Coreas (julio): se mantiene la división de la península entre dos Estados antagónicos como legado de la guerra fría.

1953 El general Georges C. Marshall, por su contribución a la recuperación de Europa, es distinguido con el Premio Nobel de la Paz.

1954 Con la derrota francesa en Dien Bien Phu (febrero) termina toda una época de predominio francés en el sureste asiático. Los acuerdos de Ginebra ponen fin a la dominación francesa de Indochina con el reconocimiento de la independencia (diciembre) de Vietnam, Laos y Camboya.

1954 Con el levantamiento de los nacionalistas argelinos contra Francia comienza el conflicto por la independencia de Argelia.

1954 Después del fracaso de la Comunidad Europea de Defensa (CED), al no ser ratificado su Tratado constitutivo por la Asamblea Nacional francesa (30 de agosto), y, por tanto, de la Comunidad Política Europea (CPE), y para resolver la integración de Alemania Federal en la defensa occidental se creaba (octubre) la «Unión Europea Occidental» (UEO), fundamentada sobre la antigua Unión Occidental. La dirección de la OTAN anuncia la admisión en su seno de la República Federal de Alemania.

1955 Cumbre de Bandung, Indonesia (abril), de los países independientes de Asia y África, que deciden impulsar el proceso de descolonización y reclamar para los nuevos países del Tercer Mundo o del Sur los mismos derechos políticos y las mismas posibilidades que los países desarrollados del Primer y Segundo Mundo. Sukarno (Indonesia), Nehru (India) y Nasser (Egipto) se consolidan como los nuevos líderes de los países del Tercer Mundo.

1955 Las potencias vencedoras de la Segunda Guerra Mundial ponen fin a la ocupación de Austria (Tratado de Estado de Austria, de 27 de julio), aunque este país es obligado por la URSS a no firmar pactos internacionales que pongan en peligro el *statu quo* instaurado por la política de bloques en Europa.

1955 Entrada de la República Federal de Alemania en la OTAN (mayo).

1955 Como contrapartida a la expansión de la Alianza Atlántica y para impulsar la colaboración militar del bloque soviético se constituye el Pacto de Varsovia (14 de mayo).

1955 Ante el impulso del belga Paul-Henri Spaak, los seis países miembros de la CECA se reúnen en Mesina (1 y 2 de junio) para avanzar en el proceso de integración europeo.

1955 Creación (15 de octubre) del Comité de Acción para los Estados Unidos de Europa, animado y presidido por Jean Monnet.

1955 España ingresa en la ONU (diciembre).

1956 XX Congreso (febrero) del Partido Comunista de la Unión Soviética (PCUS), conocido como el congreso de la «desestalinización» con motivo del llamado informe secreto de Kruschov.

1956 Debido a la nacionalización del canal de Suez por parte de Nasser se llega a una nueva crisis en el Próximo Oriente ante la actitud beligerante del Reino Unido y de Francia, que dará lugar a la segunda guerra árabe-israelí.

1956   Nueva crisis en la Europa del Este representada por el «octubre» polaco y la contestación húngara, con la insurrección de Budapest (noviembre), que pone en cuestión el Sistema Soviético y es reprimida gracias a la intervención del Ejército rojo acantonado en el país.

1956   El mandato de la Conferencia de Mesina se completa con el visto bueno por parte de los ministros de Asuntos Exteriores de los Seis reunidos en Venecia (29 de mayo) para iniciar el proceso de creación de las Comunidades Europeas. Un mes más tarde comienza en Val-Duchesse (Bruselas) la conferencia intergubernamental de los Seis para redactar los acuerdos sobre la Comunidad Económica Europea (Mercado Común) y la Comunidad Europea de la Energía Atómica.

1957   Cumbre de los Seis en París (febrero) en la que se alcanza el acuerdo sobre las nuevas Comunidades Europeas.

1957   Los Seis Estados de la CECA crean por los Tratados de Roma (25 de marzo) la Comunidad Económica Europea (CEE) y de la Comunidad Europea de la Energía Atómica (CEEA o EURATOM).

1957   Ghana, con Nkrumah al frente, logra la independencia, abriendo el camino a los demás países africanos sobre la base del *panafricanismo* y el neutralismo activo.

1958   Comienzan a funcionar la CEE y la CEEA-EURATOM (1 de enero).

1958   Robert Schuman es elegido presidente del Parlamento Europeo (19 de marzo).

1958   Recrudecimiento de la crisis de Argelia, que anuncia la guerra de liberación capitaneada por el Frente de Liberación Nacional (FLN) y el final del dominio francés en la zona.

1958   El general De Gaulle es elegido (21 de diciembre) presidente de la República Francesa.

1958   Intento de unión árabe capitaneada por Nasser, que fracasó en 1961 al no consolidarse su proyecto de República Árabe Unida con Siria y Yemen.

1959   Entrada en vigor (1 de enero) de las primeras medidas de unión aduanera (reducción de los derechos arancelarios) de la Comunidad Económica Europea.

1959   Victoria de los insurrectos cubanos (enero) contra el dictador Batista. Comienza la revolución cubana con Fidel Castro al frente, instaurándose a continuación un régimen comunista de tipo soviético.

1959   Grecia solicita (8 de junio) la «asociación» con las Comunidades Europeas, firmándose el Tratado el 9 de julio de 1961.

1959   Turquía solicita (9 de junio) la «asociación» con las Comunidades Europeas, firmándose el Tratado el 14 de septiembre de 1963.

1959   España ingresa en la OECE (21 de julio).

1960   La ONU aprueba, por la resolución 1514 —XV— de 14 de diciembre, la Declaración sobre la concesión de la independencia a los países y pueblos coloniales, conocida como la «carta magna de la descolonización».

1960 John F. Kennedy triunfa en las elecciones presidenciales de noviembre en Estados Unidos.

1960 Crisis en las relaciones entre la URSS y China. Una año más tarde, la Unión Soviética y Albania rompen relaciones.

1960 Constitución de la Asociación Europea de Libre Cambio —AELC-EFTA—, por el Tratado de Estocolmo de 4 de enero, formada por: Gran Bretaña, Suecia, Noruega, Dinamarca, Austria, Suiza, Islandia y Portugal.

1960 Puesta en marcha del Fondo Social Europeo (20 de septiembre).

1960 La OECE se transforma (20 de diciembre) en la Organización de Cooperación y Desarrollo Económico (OCDE).

1960 Los Seis aceptan (20 de diciembre) los principios de la Política Agraria Común (PAC).

1960 Con la finalidad de hacer oír su voz en el concierto económico mundial, una serie de países con intereses en el sector del petróleo crean (septiembre) la «Organización de Países Exportadores de Petróleo» (OPEP).

1961 En la cumbre de Bad Godesberg (julio), los jefes de Estado y de Gobierno de los Seis deciden impulsar la unión política.

1961 Irlanda, Dinamarca y el Reino Unido presentan (31 de julio y 9 de agosto, respectivamente) la solicitud de adhesión a las Comunidades Europeas.

1961 Construcción (agosto) del Muro de Berlín. En contrapartida, visita del presidente Kennedy a Berlín Oeste para reiterar el apoyo norteamericano a la Alemania Federal.

1961 Se firma en Turín la Carta Social Europea (18 de octubre).

1961 Presentación de los Planes Fouchet I (octubre) y Fouchet II (enero, 1962), auspiciados por Francia, para dar respuesta a la futura unión política europea, que no contaron con el respaldo de los demás socios comunitarios.

1962 Se pone en marcha la Política Agraria Común (enero).

1962 España solicita la apertura de negociaciones con las Comunidades Europeas (9 de febrero).

1962 Noruega presenta la solicitud de adhesión a las Comunidades Europeas (30 de abril).

1962 La situación de Berlín y el caso de los misiles en Cuba marcan una nueva situación crítica de la guerra fría.

1962 Después del triunfo del FLN en la guerra contra Francia, Argelia, en función de los acuerdos de Evian, logra el reconocimiento de la independencia. Comienza la edificación de un régimen político socialista de tipo soviético.

1962 Apertura del Concilio Vaticano II.

1963 El general de Gaulle anuncia en una conferencia de prensa el veto a la ampliación de las Comunidades: primer veto a Gran Bretaña (14 de enero).

1963 Firma del Tratado de Cooperación Franco-Alemán (22 de enero).

1963   Creación en Addis-Abeba de la Organización para la Unidad Africana (OUA) con el objetivo de potenciar la recuperación de la identidad africana.

1963   Los países en vías de desarrollo forman el «Grupo de los 77» con el objetivo de lograr un orden económico más justo.

1963   Muerte de Robert Schuman (4 de septiembre).

1963   Las Comunidades Europeas y Turquía firman el Tratado de Asociación (14 de septiembre).

1963   El presidente Kennedy es asesinado en Dallas (noviembre).

1964   Entrada en vigor (1 de junio) de la «Convención de Yaundé», firmada el 20 de julio de 1963 entre las Comunidades Europeas y dieciocho países africanos.

1964   Entrada en vigor del reglamento sobre el Fondo Europeo de Orientación y Garantía Agrícola (1 de julio).

1964   Con el propósito de paliar los graves problemas socioeconómicos que venían padeciendo los países en vías de desarrollo, el «Grupo de los 77» logró que la ONU pusiera en marcha una Conferencia de las Naciones Unidas para el Comercio y el Desarrollo (CNUCED o UNCTAD), la primera de las cuales se celebró en Ginebra, entre marzo y junio.

1964   Con el apoyo de la Liga de Estados Árabes se constituye la Organización para la Liberación de Palestina (OLP), que tendrá en Yasir Arafat, a partir de 1969, a su máximo dirigente. Después de que la ONU reconociera a la OLP como «Movimiento Nacional», en 1974 se le otorgaba el estatus de miembro observador de Naciones Unidas.

1964   Muerte de Alcide de Gasperi (18 de agosto).

1964   Destitución de Kruschov como secretario general del PCUS (octubre).

1965   Reestructuración de las Comunidades Europeas al acordarse por el Tratado de Fusión de los Ejecutivos la integración (8 de abril) de la Alta Autoridad de la CECA, de las respectivas Comisiones de la CEE y de la CEEA-EURATOM, así como de los Consejos de Ministros, en una Comisión única y un Consejo único de las Comunidades.

1965   Crisis comunitaria (julio-diciembre) de la «silla vacía» provocada por Francia ante la falta de acuerdo sobre la financiación de la Política Agrícola Común (PAC).

1965   Ante la situación en el sureste asiático por el impulso del movimiento comunista en la zona, Estados Unidos comienza una política de apoyo al régimen de Vietnam del Sur, lo que puede considerarse como el inicio de la guerra de Vietnam.

1966   Con el Acuerdo de Luxemburgo (29 de enero) termina la crisis de la «silla vacía»: Francia logra mantener el principio de la unanimidad en la toma de ciertas decisiones.

1966   Comienza la «Revolución Cultural» en China sobre la base del culto a la personalidad de Mao (esta fase de revolución permanente fue clausurada en 1969).

1966 Leónidas Breznev es elegido secretario general del PCUS (abril).

1967 Intervención militar de Israel de carácter «preventivo» contra los países árabes de la zona; comienza la tercera guerra árabe-israelita o guerra de los «Seis Días» (junio). Con el triunfo judío en la guerra de los «Seis Días», Israel pone en marcha la política de ocupación militar de toda Palestina como garantía de su seguridad interior. Resolución 242 de la ONU pidiendo a las partes que abrieran negociaciones para resolver el conflicto. Se celebró la Cumbre de Jartum (Sudán), en agosto de 1967, promovida por los Estados árabes para rechazar todo acuerdo futuro con Israel, tomando la decisión de los «tres noes»: *no* a la paz, *no* a la negociación, *no* a la existencia del Estado judío.

1967 Muerte de Konrad Adenauer (19 de abril).

1967 Gran Bretaña, Dinamarca e Irlanda presentan de nuevo sus candidaturas para ingresar en las Comunidades Europeas (10 y 11 de mayo); y también Noruega (julio).

1967 Entrada en vigor (1 de julio) del Tratado de Fusión de los Ejecutivos con la puesta en marcha de una Comisión Europea y un Consejo de Ministros comunes para las tres Comunidades.

1967 El general De Gaulle rechaza de nuevo (27 de noviembre) la ampliación de las Comunidades: segundo veto a Gran Bretaña.

1968 Movilización estudiantil de carácter general en las universidades de medio mundo, sobre todo en Europa y Estados Unidos. El momento culminante de dichas movilizaciones fue el «mayo francés».

1968 Protesta en la ciudad de México que dio lugar a una represión gubernamental indiscriminada en la plaza de las Tres Culturas de magnitudes trágicas.

1968 La política reformista del Partido Comunista checoslovaco, conocida como la «primavera de Praga», es cercenada por la intervención militar del Pacto de Varsovia dirigido por la URSS (agosto).

1968 Instauración de la Unión Aduanera —supresión de los derechos arancelarios y tarifa aduanera común— entre los Seis (1 de julio), un año y medio antes de lo establecido en el Tratado fundacional de la CEE.

1969 El general De Gaulle abandona la presidencia de la República Francesa (29 de abril).

1969 Acuerdo de Arusha entre las Comunidades Europeas y tres Estados del África oriental (24 de septiembre).

1969 Cumbre de La Haya (1 y 2 de diciembre) de los jefes de Estado y de Gobierno de las Comunidades Europeas para completar el Mercado Común e impulsar el proceso de integración de los Seis y dar el visto bueno a la ampliación de las Comunidades (el «tríptico» de La Haya).

1970 Muerte del presidente egipcio Nasser (septiembre), sustituido por Annuar el Sadat, quien impulsará las negociaciones bilaterales con Israel comenzadas por su predecesor.

1970   Cumbre de Erfurt (enero) entre los máximos dignatarios de la República Federal de Alemania, W. Brandt, y la República Democrática, W. Stoph, que impulsa el proceso de acercamiento entre los dos Estados alemanes.

1970   Toma posesión el Gobierno de Unidad Popular en Chile presidido por el socialista Salvador Allende.

1970   España y las Comunidades Europeas firman un Acuerdo Comercial Preferente (29 de junio).

1970   El Comité presidido por P. Werner, jefe de Gobierno de Luxemburgo, presenta un Informe («Plan Werner») para la realización progresiva de la Unión Económica y Monetaria (octubre).

1970   Los jefes de Estado y de Gobierno de los Seis aprueban el «Informe Davignon», en el que se presenta la forma de avanzar hacia una mayor unidad política.

1970   Muerte del general De Gaulle (9 de noviembre).

1971   Entrada en vigor del Acuerdo de Luxemburgo (1 de enero) por el que se establece en las Comunidades Europeas la progresiva aplicación de un sistema de recursos propios y se amplían las competencias del Parlamento Europeo en materia presupuestaria.

1971   Segundo Convenio de Yaundé (1 de enero) entre las comunidades Europeas y diecinueve países de África, el Caribe y el Pacífico (ACP).

1971   Acuerdo de los Seis sobre el «Plan Werner» (9 de febrero) para la puesta en marcha de las distintas fases de la Unión Económica y Monetaria.

1971   Ingreso de la China comunista en la ONU, sustituyendo en la misma a la China nacionalista (Taiwan), y formando parte del Consejo de Seguridad en calidad de miembro permanente.

1971   Guerra de secesión en Pakistán: la zona oriental del país alcanza la independencia con el nombre de Bangla-Desh («nación bengalí»).

1971   Los desórdenes monetarios que terminaron por afectar al dólar, moneda que desde la Segunda Guerra Mundial había sido el patrón base, determinaron la libre flotación de las monedas.

1972   Se establece el «Preludio» del *Himno de la Alegría* de la Novena Sinfonía de Beethoven como himno de las Comunidades Europeas (18 de enero).

1972   Los gobiernos de Gran Bretaña (una vez superados los vetos franceses de 1963 y 1967), Dinamarca, Irlanda y Noruega firman sus respectivos tratados de adhesión a las Comunidades Europeas (22 de enero).

1972   Los gobiernos comunitarios establecen la «serpiente monetaria» (24 de abril).

1972   Muerte del conde Richard Coudenhove-Kalergi (27 de julio).

1972   Muerte de Paul-Henri Spaak (29 de julio).

1972   La ONU (Resolución de noviembre) vuelve a insistir sobre la necesidad de impulsar el proceso descolonizador.

1973   Gran Bretaña, Irlanda y Dinamarca se convierten en socios de las Comunidades Europeas (1 de enero), que pasan de la «pequeña Europa» de los Seis a la Europa de los Nueve. La adhesión de Noruega no se confirmó ante el rechazo en referéndum de su incorporación a las Comunidades.

1973   Entrada en vigor del Tratado de Asociación entre Chipre y las Comunidades Europeas (1 de enero).

1973   Congreso de Londres en conmemoración del veinticinco aniversario del «Congreso de Europa» de La Haya de 1948 (11 al 13 de mayo).

1973   Conferencia de Copenhague de los jefes de Estado y de Gobierno de las Comunidades Europeas (14 y 15 de diciembre): firma de la «Declaración sobre la Identidad Europea».

1973   Ante la degradación de la situación socioeconómica del país, debido al programa de socialización intentado por el Gobierno de Unidad Popular, el Ejército chileno dirigido por el general Augusto Pinochet pone fin al mandato del presidente Salvador Allende, instaurando (septiembre) una época de dictadura en Chile bajo el poder personal del general Pinochet.

1973   Los países árabes de la zona atacan por sorpresa a Israel para terminar con el dominio judío de los territorios ocupados, pero la denominada guerra árabe-israelí (octubre) del *Yom Kippur* no terminó con la victoria árabe, manteniéndose el *statu quo* de 1967. Nueva resolución de la ONU —338— sobre dicho conflicto.

1973   Ante el apoyo occidental a Israel, los países árabes exportadores de petróleo deciden subir el precio del crudo y reducir la producción contribuyendo con dicha decisión a la generalización de la crisis económica en el mundo desarrollado.

1973   Firma del acuerdo de paz de París (enero) sobre el conflicto vietnamita, que supuso el fin de la intervención norteamericana en Vietnam, pero sólo con la entrada de las tropas comunistas en Saigón, abril de 1975, la guerra pudo darse por concluida. En 1976 era proclamada la República Democrática Popular del Vietnam.

1973   Los jefes de Estado y de Gobierno de las Comunidades Europeas hacen pública una «Declaración sobre la Identidad Europea» (14 de diciembre).

1974   Las Comunidades Europeas inician (enero) la «Aplicación del Sistema de Preferencias Generalizadas» con Rumanía.

1974   Muerte de G. Pompidou (2 de abril).

1974   El escándalo «*Watergate*» en Estados Unidos arrastra al presidente Nixon a la dimisión en agosto.

1974   Cumbre de París (9 y 10 de diciembre) que institucionalizaba las reuniones de los jefes de Estado y de Gobierno de las Comunidades Europeas (Consejo Europeo); también se decide la elección del Parlamento Europeo por sufragio universal.

1975   El Parlamento Europeo aprueba (enero) un nuevo proyecto para la elección de sus miembros por sufragio universal directo («Informe Patijn»).

1975 Firma (28 de febrero) del I Convenio de Lomé (capital de Togo) entre las Comunidades Europeas y 46 países de África, del Caribe y del Pacífico (ACP).

1975 Celebración en Dublín del primer Consejo Europeo, oficialmente constituido (10 de marzo).

1975 Creación del Fondo Europeo de Desarrollo Regional —FEDER— y del Comité de Política Regional (18 de marzo).

1975 En el referéndum celebrado el 5 de junio, los británicos deciden mantenerse en las Comunidades Europeas.

1975 Presentación (12 de junio) de la solicitud de adhesión a las Comunidades Europeas por parte de Grecia.

1975 Firma en Helsinki del Acta Final de la Conferencia de Seguridad y Cooperación en Europa, que se venía desarrollando desde 1973. Especialmente relevantes resultaron los aspectos relativos a los cambios de fronteras por métodos pacíficos (de gran importancia para la reunificación alemana) y a los derechos humanos, palanca esta última en la que se apoyaron las distintas oposiciones al sistema del socialismo real para precipitar su caída.

1975 Muerte de Franco (20 de noviembre). Proclamación de Juan Carlos I como Rey de España (22 de noviembre).

1975 Presentación del «Informe Tindemans» de la Unión Europea (29 de diciembre).

1976 Las Comunidades Europeas y el CAEM-COMECON ponen en marcha (febrero) una vía de diálogo permanente.

1976 Vigésimo quinto aniversario del Tratado de París constitutivo de la CECA (18 de abril).

1976 El Consejo Europeo aprueba definitivamente el «Acta relativa a la elección de los representantes en el Parlamento Europeo por sufragio universal directo» (20 de septiembre).

1977 Portugal (28 de marzo) y España (28 de julio) presentan las solicitudes de adhesión a las Comunidades Europeas.

1977 Se completa la unión aduanera entre los Nueve países comunitarios.

1977 España ingresa en el Consejo de Europa (24 de noviembre).

1978 El Consejo Europeo de Brëmen (6 y 7 de julio), a propuesta de Francia y la República Federal de Alemania, decide la creación del Sistema Monetario Europeo (SME).

1978 Se firman los acuerdos de Camp David (septiembre) entre Egipto e Israel, que condujeron a la paz entre ambos países en 1979, y a la devolución a Egipto de la península del Sinaí en 1982. Era la primera vez que la diplomacia lograba en la zona la llamada política de «paz por territorios».

1978 Karol Wojtila, arzobispo polaco de Cracovia, es elegido (octubre) nuevo Papa con el nombre de Juan Pablo II. El Papa «llegado del frío» desempeñará un papel fundamental en el final de los regímenes comunistas de Europa del Este.

1978 El Consejo Europeo de Bruselas (4 y 5 de diciembre) adopta el ecu *(European Currency Unit)* como «unidad monetaria europea».

1979 Triunfo de la revolución islámica en Irán, que termina con el régimen del sha. El ayatolá Jomeini se pone al frente de la nueva República Islámica (abril) e insta a todos los musulmanes a terminar con los regímenes políticos ateos y prooccidentales.

1979 Con la invasión soviética de Afganistán (septiembre), promovida por los comunistas locales, comenzaba el último capítulo de la guerra fría.

1979 Comienza a funcionar (marzo) en el seno de las Comunidades Europeas el Sistema Monetario Europeo (SME), fundamentado en tres aspectos: «una unidad monetaria europea de cuenta: el ecu, un mecanismo de cambios e intervención, y varios mecanismos de créditos y transferencias»; el Reino Unido no se adhirió inicialmente al Sistema.

1979 Muerte de Jean Monnet (17 de marzo).

1979 Firma por parte de Grecia del acta de adhesión a las Comunidades Europeas (28 de mayo).

1979 Elección (7 y 10 de junio) por sufragio universal de los miembros del Parlamento Europeo (410 escaños); la eurodiputada francesa Simone Veil se convirtió en la primera presidenta de la Cámara de Estrasburgo por elección directa de los ciudadanos europeos.

1979 Firma (30 de octubre) en Lomé del II Convenio de Cooperación entre las Comunidades Europeas y 58 Estados de África, del Caribe y del Pacífico (ACP).

1979 El papa Juan Pablo II viaja a Polonia (junio) para reclamar la apertura del sistema y la libertad religiosa, logrando con su presencia y apostolado un impacto muy positivo en el pueblo polaco.

1980 Polonia vuelve a movilizarse (verano) contra el régimen comunista con toda una serie de protestas y huelgas obreras solicitando mejoras del nivel de vida de la población y el respeto por parte de las autoridades de los derechos humanos. Los huelguistas terminaron por hacer valer sus reivindicaciones y la aceptación de las mismas por parte del gobierno. Poco tiempo después, en la localidad de Gdansk se fundaba (septiembre) el sindicato Solidaridad, con Lech Walesa al frente del mismo. Para intentar contrarrestar la influencia de Solidaridad, el general Jaruzelski declaraba en diciembre de 1981 la «Ley marcial» que supuso el último intento fallido del régimen por preservar el poder por parte del Partido Comunista.

1980 Muerte del mariscal Tito. Comienza en Yugoslavia la época del postitoísmo y la entrada del país por la senda de la desintegración.

1980 La ONU, con motivo del vigésimo aniversario de la «carta magna de la descolonización», instaba, de nuevo, a terminar definitivamente con el colonialismo.

1980   La actuación del presidente francés, Giscard d'Estaing, que condiciona la nueva ampliación de las Comunidades Europeas a la solución de los problemas agrícolas y financieros, frena —el llamado «parón» Giscard del 17 de julio— las negociaciones para la incorporación de España y Portugal.

1980   En los Consejos Europeos de Dublín y Luxemburgo (17 de julio), el Reino Unido expresa su disconformidad por lo que considera una excesiva contribución al presupuesto comunitario, logrando una importante reducción de su aportación a las arcas comunitarias.

1981   Con la integración (1 de enero) de Grecia en las Comunidades Europeas se ponía en marcha el segundo gran proceso de ampliación de la Comunidad, en este caso al sur.

1981   El ecu, que ya se utilizaba desde 1978 como moneda simbólica en los actos oficiales de las Comunidades, se convierte (1 de enero) en la unidad monetaria europea de cuenta.

1981   La República Federal de Alemania e Italia presentan (17 de diciembre) un proyecto de «Acta Europea» destinada a mejorar el funcionamiento de las instituciones: el denominado «Plan Genscher-Colombo».

1982   Vigésimo quinto aniversario de los Tratados de Roma constitutivos de las Comunidades Europeas (25 de marzo).

1982   Con la muerte de Breznev (noviembre), la Unión Soviética entra en crisis. La desaparición de tres secretarios generales (Breznev, Andropov y Chernenko) en los tres años siguientes era su muestra más evidente.

1983   El Consejo Europeo de Stuttgart aprueba la «Declaración Solemne sobre la Unión Europea» (19 de junio).

1984   El francés Jacques Delors comienza (19 de enero) su mandato al frente de la Comisión de las Comunidades Europeas.

1984   El Parlamento Europeo aprueba (14 de febrero) el «Proyecto de Tratado relativo a la Unión Europea» (conocido como «Proyecto Spinelli»), «cuyo objetivo es ampliar el ámbito de competencias de las Comunidades Europeas y reforzar su legitimidad democrática».

1984   Firma del III convenio de Lomé (8 de diciembre) entre las Comunidades Europeas y sesenta y seis Estados de África, del Caribe y del Pacífico (ACP).

1985   Entrada en vigor del Pasaporte Europeo en los Estados miembros de las Comunidades Europeas.

1985   Aprobación (19 de marzo) del segundo y definitivo «Informe Dooge» sobre la reforma institucional de las Comunidades.

1985   El Consejo Europeo de Bruselas (29 y 30 de marzo) da su acuerdo para la integración de Portugal y España en las Comunidades Europeas.

1985   Para intentar salir de la situación de crisis que se vivía en la URSS, en marzo era elegido Mijail Gorbachov como nuevo secretario general del PCUS. Comenzaba una nueva etapa en la Unión Soviética bajo el signo de la *perestroika*.

1985 Firma de los Tratados de adhesión a las Comunidades Europeas de Portugal y España (12 de junio).

1985 Presentación al Consejo de Ministros de *Libro Blanco de la Comisión Europea* sobre mercado interior europeo (14 de junio).

1985 Firma del Acuerdo de Schengen (14 de junio) entre Francia, la República Federal de Alemania y los tres países del Benelux.

1985 El Consejo Europeo de Milán (29 de junio) aprueba el *Libro Blanco de la Comisión*, y convoca una Conferencia Intergubernamental (CIG) para la reforma de los Tratados fundacionales.

1985 El Consejo Europeo de Luxemburgo (3 de diciembre) da por concluidos los trabajos de la Conferencia Intergubernamental (CIG) sobre el Acta Única Europea.

1985 El Parlamento Europeo establece el «Premio de la Libertad de Pensamiento» o «Premio Sajarov» (13 de diciembre).

1986 Cierre de la ampliación al sur de las Comunidades Europeas con la integración de España y Portugal (enero): la Europa de los Doce.

1986 Los gobiernos de los Doce firman (febrero) el Acta Única Europea, que reforma los Tratados de París y Roma. Con este Tratado, los Doce se comprometen a crear, lo más tarde el 31 de diciembre de 1992, un mercado único, con libre circulación de personas, capitales, bienes y servicios. El Acta Única también establece la cooperación de los Estados miembros en política exterior y de seguridad.

1986 Las Comunidades Europeas establecen la bandera europea, que es izada el 29 de mayo en Bruselas a los acordes del himno europeo.

1986 El Consejo Europeo de Londres (5 y 6 de diciembre) se muestra dispuesto a la concertación en materia de terrorismo, y al establecimiento de un nuevo marco en las relaciones este-oeste.

1987 El presidente de la Comisión Europea, Jacques Delors, presenta la comunicación: «El Acta Única, una nueva frontera para Europa» (18 de febrero).

1987 Turquía solicita formalmente (14 de abril) su adhesión a las Comunidades Europeas.

1987 Entrada en vigor del Acta Única Europea (1 de julio).

1987 Se aprueba el programa «Erasmus» de movilidad de estudiantes comunitarios (15 de junio).

1988 El Consejo Europeo de Bruselas decide (11 al 13 de febrero) la reforma de los métodos de financiación de las Comunidades Europeas, conocido como «Paquete Delors».

1988 Se firma en Luxemburgo (24 de junio) una declaración conjunta de mutuo reconocimiento entre las Comunidades Europeas y el CAEM-COMECON.

1988 Los Doce acuerdan en el Consejo Europeo de Hannover (28 de junio) la unión monetaria y la eventual creación de un Banco Central comunitario. Se crea un Comité de Sabios con la misión de elaborar un informe sobre el proyecto.

1988 Las Comunidades Europeas firman (septiembre) un «Acuerdo de Cooperación y Comercio» con Hungría. En diciembre se concede a este país la Cláusula de Nación más Favorecida.

1988 El Comité de Sabios que, basándose en el Informe Werner de 1970, debe definir el marco de actuación de la Unión Económica y Monetaria europea (UEM) celebra su primera reunión en Basilea (13 de septiembre). Dicho Comité está formado por el presidente de la Comisión, Delors; el comisario Andriessen; los doce gobernadores de los Bancos centrales nacionales y tres expertos independientes.

1989 España asume por primera vez la presidencia de las Comunidades Europeas (1 de enero).

1989 Jacques Delors renueva por cuatro años al frente de la Comisión Europea (1 de enero).

1989 Las Comunidades Europeas acuerdan (enero) la «Aplicación del Sistema de Preferencias Generalizadas» a Hungría y Polonia.

1989 Las Comunidades Europeas y Checoslovaquia llegan a un acuerdo sobre el comercio de productos industriales (abril).

1989 Presentación del Informe Delors (17 de abril) proponiendo una Unión Económica y Monetaria (UEM) en tres etapas.

1989 El Consejo Europeo de Madrid (26 y 27 de junio) decide fijar el 1 de julio de 1990 como el momento para el comienzo de la primera etapa de la Unión Económica y Monetaria (UEM). España logra el apoyo del Consejo para fortalecer las relaciones de las Comunidades Europeas con Iberoamérica.

1989 Austria presenta su candidatura de adhesión a las Comunidades Europeas (17 de julio).

1989 Enrique Barón es elegido presidente del Parlamento Europeo.

1989 El Consejo Europeo de Estrasburgo (8 y 9 de diciembre) decide convocar antes de finales de 1990 una Conferencia Intergubernamental (CIG) para reformar los Tratados con miras a la Unión Económica y Monetaria (UEM); el gobierno del Reino Unido presenta una alternativa al «Plan Delors» para la Unión Europea, aunque acepta participar en el Sistema Monetario Europeo (SME). Los jefes de Estado y de Gobierno de las Comunidades, excepto el Reino Unido, aprueban la Carta de los Derechos Sociales Fundamentales de los Trabajadores.

1989 Caída del Muro de Berlín (9 de noviembre).

1989 Las Comunidades Europeas firman (septiembre) un «Acuerdo de Comercio y Cooperación» con Polonia. En diciembre se concede a este país la Cláusula de Nación más Favorecida.

1989 Las Comunidades Europeas ponen en marcha el programa PHARE: «Polonia-Hungría: ayuda a la Reconstrucción Económica» (8 de diciembre).

1989 El Consejo de Ministros de Asuntos Exteriores de las Comunidades Europeas define (19 de diciembre) el cuadro de cooperación con la Asociación Europea de Libre Comercio (AELC-EFTA) para la creación del Espacio Económico Europeo (EEE).

1989 Firma del IV Convenio de Lomé entre las Comunidades Europeas y sesenta y nueve países de ACP (15 de diciembre).

1990 Las Comunidades Europeas conceden a Bulgaria y Checoslovaquia la Cláusula de Nación más Favorecida (enero).

1990 Francia y la República Federal de Alemania proponen (abril) a sus socios comunitarios completar la Unión Económica y Monetaria con una Unión política.

1990 Las Comunidades Europeas firman (mayo) un «Acuerdo de Comercio y Cooperación» con Bulgaria.

1990 Constitución (mayo) del «Banco Europeo para la Reconstrucción y el Desarrollo» de Europa del Este (BERD).

1990 El Consejo de Ministros, la Comisión y el Parlamento Europeo se reúnen conjuntamente, por vez primera, en Estrasburgo para definir el futuro de la Europa unida.

1990 El Consejo Europeo de Dublín (25 y 26 de junio) decide convocar una segunda Conferencia Intergubernamental (CIG) para reformar los Tratados constitutivos con vistas a lograr una unión política y económica, mediante el mercado único y una política exterior y seguridad común en una Europa unida.

1990 Firma de los acuerdos por los que se crea el Banco Europeo de Reconstrucción y Desarrollo (29 de mayo).

1990 Entrada en vigor de los acuerdos de Schengen (19 de junio), que instauran la eliminación de las fronteras físicas entre la República Federal de Alemania, Francia, Holanda y Luxemburgo.

1990 Comienza (1 de julio) la primera etapa de la Unión Económica y Monetaria (UEM).

1990 La Conferencia 2+4 (Estados Unidos, Unión Soviética, Reino Unido y Francia, por una parte; y la República Federal de Alemania y la República Democrática de Alemania, por otra) establece el Tratado de Moscú que devuelve a Alemania su plena soberanía (12 de septiembre).

1990 Reunificación de Alemania (3 de octubre), cumpliéndose los pronósticos del canciller germanooccidental, Helmut Kohl, del 23 de octubre de 1989: «La unidad alemana sólo podrá realizarse si progresa la unidad de Europa.» Una vez conseguida aquélla, Kohl pronunció las siguientes palabras (3 de septiembre de 1992): «La unidad alemana y la construcción europea son las dos caras de una misma moneda: la culminación de la amistad franco-alemana.»

1990 Las Comunidades Europeas firman (octubre) un «Acuerdo de Comercio y Cooperación» con Checoslovaquia.

1990 Cumbre en París (19 al 21 de noviembre) de la Conferencia sobre Seguridad y Cooperación en Europa (CSCE). Los treinta y cuatro Estados miembros (toda Europa, excepto Albania, además de Estados Unidos y Canadá) apuestan, mediante la «Carta para una nueva Europa» o «Carta de París» por avanzar en esta etapa de las relaciones internacionales hacia la paz y la cooperación en Europa.

1990   El Consejo Europeo de Roma (14 y 15 de diciembre) pone en marcha las conferencias intergubernamentales, «que tienen la misión de transformar las Comunidades Europeas actuales en una auténtica unión económica y monetaria y en una unión política». Se acuerda que la segunda etapa de la Unión Económica y Monetaria (UME) comience el 1 de enero de 1994.

1991   Las Comunidades Europeas acuerdan (enero) la «Aplicación del Sistema de Preferencias Generalizadas» a Bulgaria y Checoslovaquia.

1991   Comienza la segunda guerra del golfo Pérsico (16 de enero).

1991   Polonia, Hungría y Checoslovaquia, los países del denominado «Grupo de Visegrado», establecen un «Acuerdo de Librecambio Centroeuropeo» (enero).

1991   Las Comunidades Europeas conceden a Rumanía la Cláusula de Nación más Favorecida (mayo). En diciembre se firma con este país un «Acuerdo de Comercio y Cooperación».

1991   Comienza la primera fase del conflicto yugoslavo: guerra en Eslovenia (junio).

1991   Fallido golpe de Estado en la Unión Soviética (19 al 22 de agosto).

1991   Las Comunidades Europeas reconocen la independencia de Estonia, Letonia y Lituania (27 de agosto).

1991   Los ministros de Economía de los Doce adoptan (21 de septiembre) tres principios básicos de actuación: «el paso a la tercera etapa de la UEM se abrirá antes de finales de 1996 a los países que el Consejo considere aptos según criterios objetivos; ningún Estado estará obligado a entrar en esta vía; el paso a la tercera etapa deberá contar con el consenso de los Doce».

1991   Las Comunidades Europeas y la AELC-EFTA «constituyen el mercado único más grande del mundo»: el Espacio Económico Europeo (22 de octubre).

1991   La Unión de Repúblicas Socialistas Soviéticas deja de existir (8 de diciembre).

1991   El Consejo Europeo de Maastricht (10 de diciembre) da por concluidos los trabajos de las Conferencias Intergubernamentales con un acuerdo sobre el contenido del nuevo Tratado de la Unión Europea.

1991   Las Comunidades Europeas firman (diciembre) acuerdos de asociación con Polonia, Hungría y Checoslovaquia (después Chequia y Eslovaquia).

1992   Los países comunitarios reconocen la independencia de Eslovenia y Croacia (16 de enero); y el 6 de abril la de Bosnia-Herzegovina.

1992   Firma por parte de los Doce (7 de febrero) del Tratado de Maastricht que da origen a la Unión Europea: «el mercado único se transforma en la Unión Europea, que consagra la unión política (política exterior y de seguridad común, derechos cívicos europeos, nuevas competencias para la Unión y poderes adicionales para el Parlamento) y la unión económica y monetaria, con la instauración de la moneda común».

1992 Refrendo (2 de mayo) por parte de los ministros de Asuntos Exteriores de las Comunidades y de la AELC-EFTA (salvo Suiza) del Tratado relativo al Espacio Económico Europeo (EEE).

1992 Francia y Alemania ponen en marcha el Euroejército (21 de mayo).

1992 La Confederación Suiza presenta su solicitud de adhesión a las Comunidades Europeas (26 de mayo).

1992 El Parlamento Europeo ratifica el Tratado de Unión Europea (2 de julio).

1992 La lira y la libra esterlina se salen del SME (17 de septiembre).

1992 Estados Unidos, Canadá y México firman el Tratado de libre cambio norteamericano —NAFTA— (7 de octubre).

1992 La Declaración de Birmingham (16 de octubre) reafirma la aplicación del Tratado de la Unión Europea y define el funcionamiento del principio de subsidiariedad: «los asuntos que pueden gestionarse mejor en un ámbito nacional o regional no serán competencia directa de las Comunidades. Las cuestiones públicas deben administrarse al nivel más próximo al ciudadano».

1992 Las Comunidades firman (noviembre) acuerdos de asociación con Bulgaria y Rumanía; y, posteriormente, con Eslovenia, Estonia, Letonia y Lituania.

1992 La cumbre comunitaria de Edimburgo reafirma su compromiso con el Tratado de la Unión Europea, y se decide comenzar las negociaciones para una nueva ampliación de las Comunidades Europeas (12 de diciembre).

1993 Entra en vigor el Mercado Único Europeo (1 de enero).

1993 Comienzan las negociaciones (1 de febrero) para la adhesión a la Unión Europea de Austria, Finlandia y Suecia; y con Noruega (5 de abril): ampliación con rumbo al centro y norte de Europa.

1993 Crisis del Sistema Monetario Europeo (SME) (31 de julio).

1993 Los Doce elaboran (13 de septiembre) la legislación imprescindible para afrontar la segunda fase de la UEM, que deberá empezar el 1 de enero de 1994.

1993 Entrada en vigor del Tratado de la Unión Europea (1 de noviembre).

1994 Comienza a funcionar (1 de enero) la segunda fase de la UEM: creación del Instituto Monetario Europeo (futuro Banco Central Europeo).

1994 Entrada en vigor del acuerdo sobre el EEE (1 de enero).

1994 La Cumbre de la OTAN (Bruselas) aprueba la creación de la «Asociación por la Paz» (10 de enero).

1994 Se constituye en Bruselas el Comité de las Regiones previsto en el Tratado de Unión Europea (9 y 10 de marzo).

1994   Hungría presentaba, el 31 de marzo, oficialmente su candidatura de integración en la Unión Europea, y el 5 de abril lo hacía Polonia.

1994   La Unión Europea y Rusia firman un Acuerdo de cooperación (23 de junio).

1994   La Alemania unificada asume por primera vez la presidencia de la Unión Europea (1 de julio).

1994   Cumbre Europea de Essen en la que participan como invitados: Suecia, Finlandia, Austria (socios de pleno derecho desde el 1 de enero de 1995), Polonia, Hungría, la República Checa, Eslovaquia, Rumanía y Bulgaria (antiguos países del Este asociados o con solicitud de adhesión presentada a la Unión Europea). La Unión Europea ofrece a los países de MERCOSUR (Brasil, Argentina, Uruguay y Paraguay) el establecimiento de una zona común de libre comercio.

1995   Incorporación a la Unión Europea de Austria, Finlandia y Suecia (1 de enero).

1995   Jacques Delors, después de diez años en el cargo, deja de ser presidente de la Comisión Europea (19 de enero).

1995   Se celebra en París (20 y 21 de marzo) la Conferencia para la Estabilidad en Europa con el objetivo de facilitar la aproximación de los países de la Europa central y oriental a la Unión Europea.

1995   La Comisión de las Comunidades Europeas aprueba el *Libro Blanco* «Preparación de los países asociados de Europa Central y Oriental para su integración en el mercado interior de la Unión Europea» (mayo).

1995   Entrada en vigor del Convenio de Schengen (1 de junio).

1995   Rumanía presenta (22 de junio) su candidatura de adhesión a la Unión Europea; después lo hicieron Eslovaquia (27 de junio), Letonia (27 de octubre), Estonia (28 de noviembre), Lituania (8 de diciembre) y Bulgaria (14 de diciembre).

1995   Durante el Consejo Europeo de Cannes (26 y 27 de junio), los jefes de Estado y de Gobierno de la Unión Europea se reúnen con sus homónimos de los nueve países asociados de la antigua Europa del Este (los seis de la Europa central y oriental y los tres Estados bálticos), más Malta y Chipre.

1995   Conferencia Euromediterránea de Barcelona (27 y 28 de noviembre) con la presencia de los Quince de la Unión Europea y doce Estados mediterráneos.

1995   Cumbre del Consejo Europeo en Madrid (16 y 17 de diciembre): vía libre al nacimiento del «euro» como futura moneda única europea, y al calendario para su puesta en circulación en los países cumplidores de los criterios de convergencia: la primera comenzará el 1 de enero de 1999, y la segunda el 1 de enero de 2002, momento en el cual, el euro sustituirá a las monedas nacionales.

1996   Entrada en vigor de la unión aduanera entre Turquía y la Unión Europea.

1996   La República Checa presenta (17 de enero) su candidatura de adhesión a la Unión Europea, y lo mismo hizo Eslovenia (10 de junio).

1996   Rusia entra en el Consejo de Europa (29 de febrero).

1996   Cumbre de Turín: la Conferencia Intergubernamental (CIG) inicia oficialmente sus trabajos (27 de marzo), centrados en tres ámbitos: una Unión más próxima a los ciudadanos; unas instituciones más democráticas y eficaces; y la ampliación del campo de la actuación de la Unión Europea.

1996   Croacia entra en el Consejo de Europa (6 de noviembre).

1997   Conmemoración en el Capitolio de la Ciudad Eterna del cuadragésimo aniversario de los Tratados de Roma (25 de marzo).

1997   Consejo Europeo de Amsterdam para la reforma del Tratado de Unión Europea (16 y 17 de junio).

1997   El presidente de la Comisión Europea, Jacques Santer, presenta ante el Parlamento Europeo la denominada «Agenda 2000» (16 de julio).

1997   La cumbre de la OTAN, celebrada en Madrid (8 y 9 de julio) acepta entablar negociaciones con Hungría, Polonia y República Checa de cara a su integración en la alianza militar occidental.

1997   Consejo Europeo en Luxemburgo (12 y 13 de diciembre): conforme a lo planteado en la cumbre de Amsterdam, los Quince acuerdan poner en marcha las negociaciones para una nueva ampliación de la Unión Europea, la ampliación al Este.

1998   Reunión en Londres de la primera Conferencia Europea entre la Unión Europea y los países de la Europa central y oriental (12 de marzo).

1998   Comienzo de la primera etapa de negociaciones (31 de marzo) con los países del Este: Polonia, Hungría, República Checa, Eslovenia y Estonia, a los que se sumó Chipre; Rumanía, Bulgaria, Eslovaquia, Letonia y Lituania quedaron para la segunda etapa.

1998   El Consejo Europeo de Bruselas (2 y 3 de mayo) decide los países que ponen en marcha la «zona euro» coincidiendo con la tercera fase de la Unión Económica y Monetaria: Alemania, Francia, Italia, España, Bélgica, Holanda, Luxemburgo, Austria, Finlandia, Portugal e Irlanda.

1998   Creación del Banco Central Europeo, con sede en Francfort (1 de junio).

1998   Entrada en vigor en la Unión Europea del Convenio Europol (1 de octubre).

1999   Se pone en marcha la tercera fase de la Unión Económica y Monetaria (1 de enero).

1999   Entra en vigor el «Nuevo Tratado de la Unión Europea» acordado en Amsterdam (2 de mayo).

1999   Aprobación por el Parlamento Europeo de las pautas financieras definidas en la reunión extraordinaria del Consejo Europeo de

Berlín (abril), conforme a las propuestas de la Comisión Europea en la llamada «Agenda 2000».

1999 Hungría, Polonia y la República Checa ingresan en la OTAN.

1999 El Consejo Europeo de Helsinki (diciembre) anunciaba la inclusión, a partir de enero de 2000, de los otros cinco países de la antigua Europa del Este de la «segunda etapa», es decir, Rumanía, Bulgaria, Eslovaquia, Letonia y Lituania, además de Malta y Turquía, en las negociaciones para el proceso de ampliación de la Unión Europea.

2000 Cincuentenario de la «Declaración Schuman» (9 de mayo).

MAPAS

LOS LÍMITES GEOGRÁFICOS DE EUROPA

EUROPA DESPUÉS DE LA SEGUNDA GUERRA MUNDIAL

Suecia

Finlandia

Noruega

Gran
Bretaña

Moscú ●

Dinamarca

Holanda

Irlanda

Berlín ●

Unión Soviética

Dublín

Londres ●

Bonn ●   Polonia ●

R.D.A.

R.F.A.   Varsovia ●

Bélgica   Checoslovaquia

Lux.

Océano Atlántico   París ●   Austria   Hungría

Francia   Suiza   Rumanía

Italia   Belgrado ●   Bucarest ●

Yugoslavia   Mar Negro

Portugal   Madrid ●   Bulgaria   Ankara ●

Albania

Lisboa ●   Roma ●   Grecia   Turquía

España

Mar Mediterráneo

Malta   Chipre

───── Línea divisoria entre Europa occidental
       y la Europa del Este

LAS COMUNIDADES EUROPEAS DE LOS SEIS (1951)

LAS COMUNIDADES EUROPEAS DE LOS NUEVE (1973)

LAS COMUNIDADES EUROPEAS DE LOS DOCE (1981-1986)

LA UNIÓN EUROPEA DE LOS QUINCE (1995)

Suecia

Finlandia

Gran
Bretaña

Dinamarca

Irlanda

Holanda

R.F.A.

Bélgica

Lux.

Océano Atlántico

Austria

Francia

Italia

Mar Negro

Portugal

Grecia

España

Mar Mediterráneo

LA UNIÓN EUROPEA POSIBLE DEL SIGLO XXI

ÍNDICE

Impreso en el mes de junio de 2001
en HUROPE, S. L.
Lima, 3 bis
08030 Barcelona